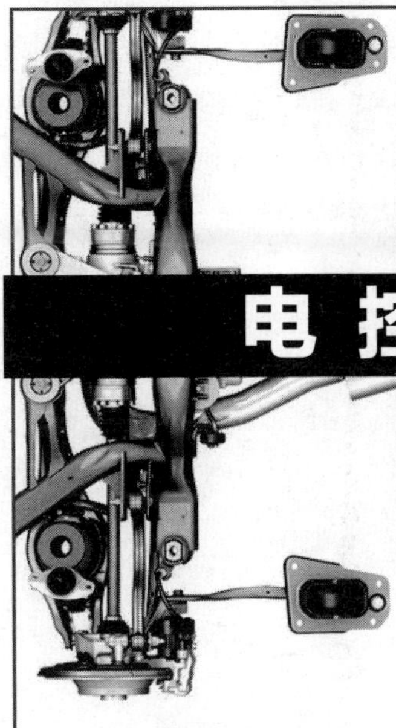

新款轿车电控单元端子检测速查手册

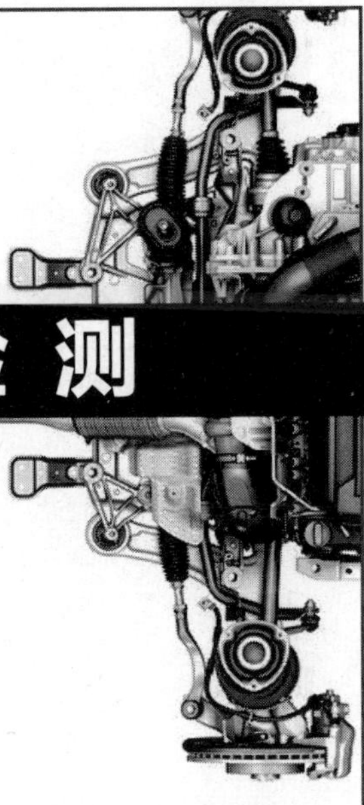

夏雪松 主编

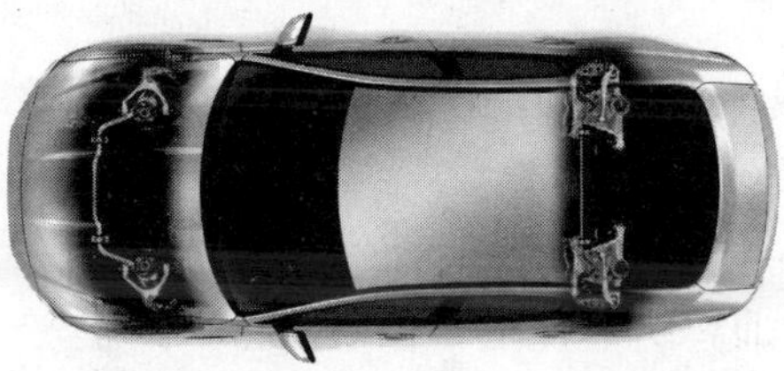

XINKUAN JIAOCHE DIANKONG DANYUAN DUANZI JIANCE SUCHA SHOUCE

化学工业出版社

·北京·

本书根据新款轿车车型保有情况，搜集编辑了12个车系的50多款畅销轿车电控单元检测数据。涉及的车型种类齐全、年款新，插图丰富、编排合理、查找方便，是维修人员必备的参考资料。

图书在版编目（CIP）数据

新款轿车电控单元端子检测速查手册/夏雪松主编．—北京：化学工业出版社，2017.1

ISBN 978-7-122-28649-9

Ⅰ.①新… Ⅱ.①夏… Ⅲ.①轿车-电子控制-检测-手册 Ⅳ.①U463.607-62

中国版本图书馆CIP数据核字（2016）第308404号

责任编辑：辛　田　陈景薇　刘　琳　　装帧设计：王晓宇

责任校对：王素芹

出版发行：化学工业出版社（北京市东城区青年湖南街13号　邮政编码100011）

印　　装：大厂聚鑫印刷有限责任公司

787mm×1092mm　1/16　印张22½　字数579千字　2017年2月北京第1版第1次印刷

购书咨询：010-64518888（传真：010-64519686）　售后服务：010-64518899

网　　址：http://www.cip.com.cn

凡购买本书，如有缺损质量问题，本社销售中心负责调换。

定　　价：78.00元

前言

FOREWORD

汽车电控单元是汽车电子控制系统中的核心元件，电控单元的端子功能说明及检测数据是车辆维修工作中参考价值极高的维修信息。鉴于此，我们根据最新年款车型的保有情况，有针对性地编辑整理了50多款畅销车型电控系统控制单元的端子功能说明和检测数据，供广大汽修人员参考使用。本书内容丰富、编排合理、查找方便，是一本极具实战价值和参考价值的维修工具书。

本书由夏雪松主编，其他参加编写的人员有江艳秋、徐志军、李杰清、王剑峰、刘玲、张雅成、崔秀平、田建宇、李文惠、刘刚、胡志涛、胡长宏、钱善虎、李小明、李晨、夏晓云、秦帅帅、孟晓波、王殿虎、罗秋婷、史玥丽、罗亮、宋鹏飞、贾利英、郭艳虎、李建明、王斌、赵彩英、李云娟、王志红。在此向他们表示衷心的感谢。

由于笔者水平有限，书中难免有不足之处，敬请读者批评指正。

编　者

目录

CONTENTS

第一章

SUBARU（斯巴鲁）车系

第一节　OUTBACK（傲虎）2.5L轿车（2010～2015年款）

发动机电控单元安装在右侧仪表板杂物箱后面，安装位置及端子识别见图 1-1-1，发动机电控单元端子检测见表 1-1-1。

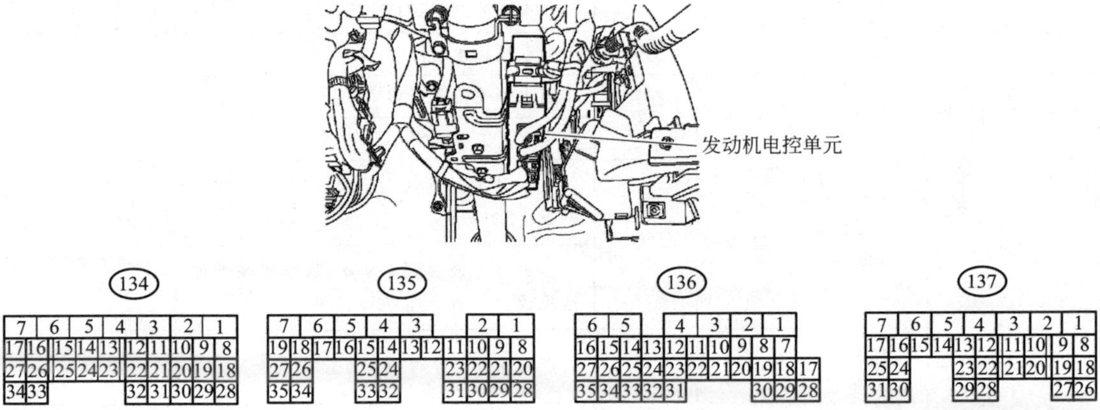

图 1-1-1　发动机电控单元端子识别

表 1-1-1　发动机电控单元端子检测

连接元件		接头	端子	检测条件	规范值
曲轴位置传感器	信号(+)	B137	17	点火开关设置到 ON 状态	0
				发动机怠速运行，用示波器测量传感器信号输出波形	应符合图 1-1-2 所示波形
	信号(−)	B137	25	点火开关设置到 ON 状态	0
				发动机怠速运行	0
	屏蔽	B137	31	点火开关设置到 ON 状态	0
				发动机怠速运行	0
凸轮轴位置传感器	信号(+)	B137	24	点火开关设置到 ON 状态	0
				发动机怠速运行，用示波器测量传感器信号输出波形	应符合图 1-1-3 所示波形
	信号(−)	B137	30	点火开关设置到 ON 状态	0
				发动机怠速运行	0
	屏蔽	B137	31	点火开关设置到 ON 状态	0
				发动机怠速运行	0

续表

连接元件		接头	端子	检测条件	规范值
电子节气门控制	主节气门	B134	18	发动机暖机后怠速运行，节气门全闭	0.6～0.7V
				发动机暖机后怠速运行，节气门全开	4V
	副节气门	B134	28	发动机暖机后怠速运行，节气门全闭	1.5～1.6V
				发动机暖机后怠速运行，节气门全开	4.2V
	供电	B134	19	点火开关设置到ON状态	5V
				发动机怠速运行	5V
	接地	B134	29	点火开关设置到ON状态	0
				发动机怠速运行	0
电子节气门控制电机(＋)		B134	2	点火开关设置到ON状态	占空比波形信号
				发动机怠速运行	占空比波形信号
电子节气门控制电机(－)		B134	1	点火开关设置到ON状态	占空比波形信号
				发动机怠速运行	占空比波形信号
电子节气门控制电机供电		B135	7	点火开关设置到ON状态	10～13V
				发动机怠速运行	12～14V
电子节气门控制电机继电器		B135	17	点火开关设置到ON状态	0
				点火开关设置到OFF状态	12～14V
加速踏板位置传感器	加速踏板位置主传感器信号	B135	23	点火开关设置到ON状态，不踩下加速踏板	1.5V
				点火开关设置到ON状态，彻底踩下加速踏板	3.5V
	加速踏板位置主传感器电源	B135	21	点火开关设置到ON状态	5V
				发动机怠速运行	5V
	加速踏板位置主传感器接地	B135	29	点火开关设置到ON状态	0
				发动机怠速运行	0
	加速踏板位置副传感器信号	B135	31	点火开关设置到ON状态，不踩下加速踏板	1.5V
				点火开关设置到ON状态，彻底踩下加速踏板	3.5V
	加速踏板位置副传感器电源	B135	22	点火开关设置到ON状态	5V
				发动机怠速运行	5V
	加速踏板位置副传感器接地	B135	30	点火开关设置到ON状态	0
				发动机怠速运行	0

续表

连接元件		接头	端子	检测条件	规范值
前氧传感器	信号(+)	B136	19	发动机怠速运行	2.7～2.9V
	屏蔽	B136	9	点火开关设置到 ON 状态	0
				发动机怠速运行	0
	信号(—)	B136	18	发动机怠速运行	2.25～2.35V
后氧传感器	信号	B136	20	发动机怠速运行	0～0.9V
	屏蔽	B138	9	点火开关设置到 ON 状态	0
				发动机怠速运行	0
前氧传感器加热器	信号 1	B136	6	点火开关设置到 ON 状态	10～13V
				发动机怠速运行	1～14V
	信号 2	B136	5	点火开关设置到 ON 状态	10～13V
				发动机怠速运行	1～14V
后氧传感器加热器信号		B135	6	点火开关设置到 ON 状态	10～13V
				发动机怠速运行	1～14V
发动机冷却液温度传感器		B137	22	点火开关设置到 ON 状态	1.0～1.4V
起动机开关		B136	16	点火开关设置到 ON 状态	0
				起动机驱动曲轴转动	8～14V
				启动后怠速运行时	0
起动机继电器控制		B135	26	点火开关设置到 ON 状态	低于 0.5V
				点火开关设置到 OFF 状态	10～13V
点火开关		B136	30	点火开关设置到 ON 状态	10～13V
				发动机怠速运行	12～14V
空挡位置开关	手动变速器车型	B136	35	挡位挂入空挡,开关关闭	11.5～12.5V
				挡位挂入空挡,开关接通	0
	无级变速器(CVT)车型	B136	35	变速器挂入驻车挡或空挡	0
				开关关闭	11.5～12.5V
检测模式开关		B136	34	点火开关设置到 ON 状态	10～13V
				发动机怠速运行	13～14V
爆震传感器	信号	B137	2	点火开关设置到 ON 状态	2.5V
				发动机怠速运行	2.5V
	屏蔽	B137	8	点火开关设置到 ON 状态	0
				发动机怠速运行	0
备用供电		B136	2	点火开关设置到 ON 状态	10～13V
				发动机怠速运行	12～14V
控制单元供电		B137	7	点火开关设置到 ON 状态	10～13V
				发动机怠速运行	12～14V
		B136	1	点火开关设置到 ON 状态	10～13V
				发动机怠速运行	12～14V

续表

连接元件		接头	端子	检测条件	规范值
点火控制	气缸 1	B134	21	点火开关设置到 ON 状态	0
				发动机怠速运行	0 或 5V
	气缸 2	B134	22	点火开关设置到 ON 状态	0
				发动机怠速运行	0 或 5V
	气缸 3	B134	31	点火开关设置到 ON 状态	0
				发动机怠速运行	0 或 5V
	气缸 4	B134	32	点火开关设置到 ON 状态	0
				发动机怠速运行	0 或 5V
喷油器	喷油器 1	B134	10	点火开关设置到 ON 状态	10～13V
				发动机怠速运行	1～14V
	喷油器 2	B134	11	点火开关设置到 ON 状态	10～13V
				发动机怠速运行	1～14V
	喷油器 3	B134	12	点火开关设置到 ON 状态	10～13V
				发动机怠速运行	1～14V
	喷油器 4	B134	13	点火开关设置到 ON 状态	10～13V
				发动机怠速运行	1～14V
燃油泵继电器控制		B136	33	点火开关设置到 ON 状态	低于 0.5V
				点火开关设置到 OFF 状态	10～13V
主冷却风扇继电器控制		B135	12	点火开关设置到 ON 状态	继电器接通：0～0.5V 继电器断开：10～13V
				发动机怠速运行	继电器接通：0～0.5V 继电器断开：13～14V
辅助冷却风扇继电器控制		B135	11	点火开关设置到 ON 状态	继电器接通：0～0.5V 继电器断开：10～13V
				发动机怠速运行	继电器接通：0～0.5V 继电器断开：12～14V
自动断电控制		B135	13	点火开关设置到 ON 状态	低于 0.5V
				发动机怠速运行	低于 0.5V
故障指示灯		B135	33	故障指示灯点亮	0～1V
				故障指示灯熄灭	10～14V
发动机转速信号输出		B135	15	发动机怠速运行	0～13V 或更高

续表

<table>
<tr><th colspan="2">连接元件</th><th>接头</th><th>端子</th><th>检测条件</th><th>规范值</th></tr>
<tr><td colspan="2">机油温度传感器信号</td><td>B137</td><td>21</td><td>点火开关设置到ON状态</td><td>1.0～1.4V</td></tr>
<tr><td colspan="2" rowspan="2">活性炭罐控制电磁阀</td><td rowspan="2">B137</td><td rowspan="2">6</td><td>点火开关设置到ON状态，电磁阀开启</td><td>1V或更低</td></tr>
<tr><td>点火开关设置到ON状态，电磁阀关闭</td><td>10～13V</td></tr>
<tr><td rowspan="8">废气再循环控制阀</td><td rowspan="2">信号1</td><td rowspan="2">B134</td><td rowspan="2">8</td><td>点火开关设置到ON状态</td><td>0或10～13V</td></tr>
<tr><td>发动机怠速运行</td><td>0或12～14V</td></tr>
<tr><td rowspan="2">信号2</td><td rowspan="2">B134</td><td rowspan="2">9</td><td>点火开关设置到ON状态</td><td>0或10～13V</td></tr>
<tr><td>发动机怠速运行</td><td>0或12～14V</td></tr>
<tr><td rowspan="2">信号3</td><td rowspan="2">B134</td><td rowspan="2">20</td><td>点火开关设置到ON状态</td><td>0或10～13V</td></tr>
<tr><td>发动机怠速运行</td><td>0或12～14V</td></tr>
<tr><td rowspan="2">信号4</td><td rowspan="2">B134</td><td rowspan="2">30</td><td>点火开关设置到ON状态</td><td>0或10～13V</td></tr>
<tr><td>发动机怠速运行</td><td>0或12～14V</td></tr>
<tr><td colspan="2" rowspan="2">动力转向机油压力开关</td><td rowspan="2">B137</td><td rowspan="2">28</td><td>点火开关设置到ON状态，压力开关接通</td><td>0</td></tr>
<tr><td>点火开关设置到ON状态，压力开关关闭</td><td>10～13V</td></tr>
<tr><td colspan="2" rowspan="2">机油油位开关</td><td rowspan="2">B136</td><td rowspan="2">26</td><td>点火开关设置到ON状态，机油油位正常</td><td>0</td></tr>
<tr><td>点火开关设置到ON状态，机油油位过低</td><td>10～14V</td></tr>
<tr><td rowspan="2">右侧机油开关电磁阀</td><td>信号(+)</td><td>B134</td><td>7</td><td>点火开关设置到ON状态</td><td>0</td></tr>
<tr><td>信号(−)</td><td>B134</td><td>15</td><td>点火开关设置到ON状态</td><td>0</td></tr>
<tr><td rowspan="2">左侧机油开关电磁阀</td><td>信号(+)</td><td>B134</td><td>5</td><td>点火开关设置到ON状态</td><td>0</td></tr>
<tr><td>信号(−)</td><td>B134</td><td>14</td><td>点火开关设置到ON状态</td><td>0</td></tr>
<tr><td colspan="2">右侧可变气门升程诊断机油压力开关</td><td>B137</td><td>14</td><td>点火开关设置到ON状态</td><td>0</td></tr>
<tr><td colspan="2">左侧可变气门升程诊断机油压力开关</td><td>B137</td><td>13</td><td>点火开关设置到ON状态</td><td>0</td></tr>
<tr><td colspan="2" rowspan="2">进气歧管绝对压力传感器</td><td rowspan="2">B137</td><td rowspan="2">20</td><td>点火开关设置到ON状态</td><td>3.4～3.8V</td></tr>
<tr><td>发动机怠速运行</td><td>1.4～1.8V</td></tr>
<tr><td rowspan="5">空气流量传感器</td><td>信号</td><td>B136</td><td>22</td><td>发动机怠速运行</td><td>0.3～4.5V</td></tr>
<tr><td rowspan="2">屏蔽</td><td rowspan="2">B136</td><td rowspan="2">10</td><td>点火开关设置到ON状态</td><td>0</td></tr>
<tr><td>发动机怠速运行</td><td>0</td></tr>
<tr><td rowspan="2">接地</td><td rowspan="2">B136</td><td rowspan="2">11</td><td>点火开关设置到ON状态</td><td>0</td></tr>
<tr><td>发动机怠速运行</td><td>0</td></tr>
<tr><td colspan="2">进气温度传感器信号</td><td>B136</td><td>31</td><td>发动机怠速运行</td><td>电压随进气温度在0.3～4.5V之间变化</td></tr>
<tr><td colspan="2">防非法启动通信信号</td><td>B135</td><td>25</td><td>点火开关设置到ON状态</td><td>电压在低于1V和高于4V之间往复变动</td></tr>
</table>

续表

连接元件	接头	端子	检测条件	规范值
SSM 故障诊断仪通信电路	B135	14	点火开关设置到 ON 状态	电压在低于 1V 和高于 4V 之间往复变动
传感器电源	B134	19	点火开关设置到 ON 状态	5V
			发动机怠速运行	5V
	B135	22	点火开关设置到 ON 状态	5V
			发动机怠速运行	5V
传感器接地	B134	29	点火开关设置到 ON 状态	0
			发动机怠速运行	0
	B135	30	点火开关设置到 ON 状态	0
			发动机怠速运行	0
发动机接地 1	B134	6	点火开关设置到 ON 状态	0
			发动机怠速运行	0
发动机接地 2	B134	4	点火开关设置到 ON 状态	0
			发动机怠速运行	0
发动机接地 3	B134	3	点火开关设置到 ON 状态	0
			发动机怠速运行	0
发动机接地 4	B137	1	点火开关设置到 ON 状态	0
			发动机怠速运行	0
发动机接地 5	B137	3	点火开关设置到 ON 状态	0
			发动机怠速运行	0
车身接地	B136	4	点火开关设置到 ON 状态	0
			发动机怠速运行	0
离合器开关	B135	9	点火开关设置到 ON 状态，离合器踏板踩下	0
			点火开关设置到 ON 状态，离合器踏板松开	10～13V
制动开关 1	B136	15	点火开关设置到 ON 状态，制动踏板踩下	0
			点火开关设置到 ON 状态，制动踏板松开	10～13V
制动开关 2	B136	3	点火开关设置到 ON 状态，制动踏板踩下	0
			点火开关设置到 ON 状态，制动踏板松开	10～13V
定速巡航系统主开关	B136	13	点火开关设置到 ON 状态，主开关开启	0
			点火开关设置到 ON 状态，主开关关闭	5V
燃油温度传感器	B136	23	点火开关设置到 ON 状态，环境温度为 25℃	2.5～3.8V
			发动机怠速运行，环境温度为 25℃	2.5～3.8V

续表

连接元件	接头	端子	检测条件	规范值
燃油箱压力传感器	B136	21	点火开关设置到 ON 状态，取下燃油加注盖后再安装好	2.3～2.7V
排放阀	B135	4	点火开关设置到 ON 状态	阀接通：0～1V 阀断开：10～13V
			发动机怠速运行	阀接通：0～1V 阀断开：12～14V
CAN(控制器区域网络)通信电路(高电平)	B136	17	点火开关设置到 ON 状态	2.5～3.5V
			发动机怠速运行	2.5～3.5V
CAN(控制器区域网络)通信电路(低电平)	B136	28	点火开关设置到 ON 状态	1.5～2.5V
			发动机怠速运行	1.5～2.5V

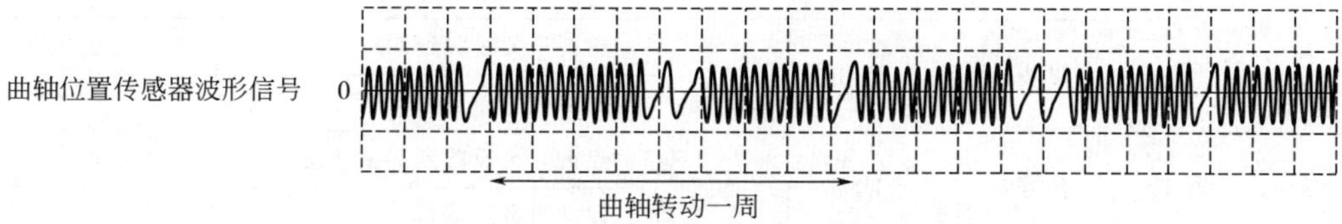

图 1-1-2　曲轴位置传感器检测波形

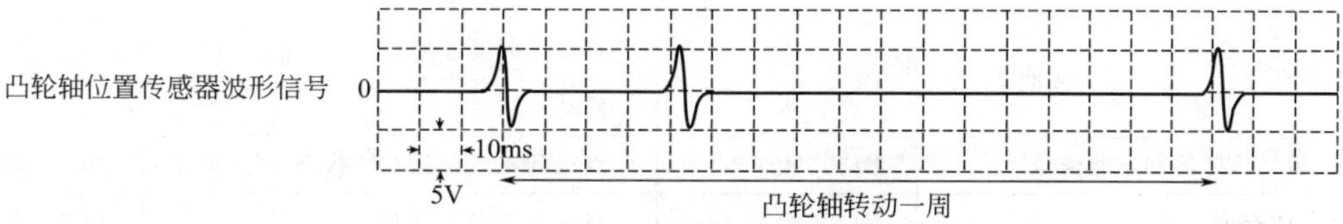

图 1-1-3　凸轮轴位置传感器检测波形

第二节　LEGACY（力狮）轿车（2010～2015 年款）

发动机电控单元安装在右侧仪表板杂物箱后，端子识别见图 1-2-1；发动机电控单元端子检测见表 1-2-1。

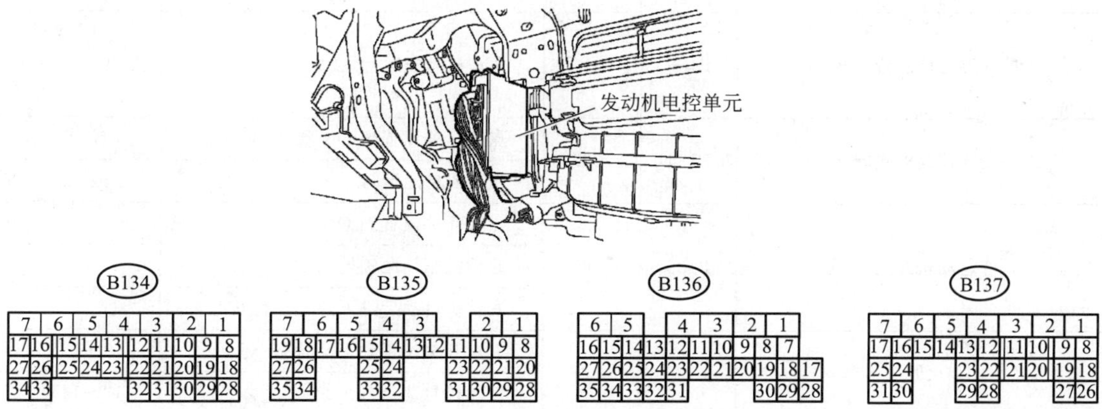

图 1-2-1　发动机电控单元端子识别

表 1-2-1　发动机电控单元端子检测

连接元件		接头	端子	检测条件	规范值
曲轴位置传感器	信号(+)	B137	17	点火开关设置到 ON 状态	0
				发动机怠速运行,用示波器测量传感器信号输出波形	应符合图1-2-2所示波形
	信号(-)	B137	25	点火开关设置到 ON 状态	0
				发动机怠速运行	0
	屏蔽	B137	31	点火开关设置到 ON 状态	0
				发动机怠速运行	0
前氧传感器	信号(+)	B136	19	点火开关设置到 ON 状态	2.8～3.2V
				发动机怠速运行	2.8～3.2V
	信号(-)	B136	18	点火开关设置到 ON 状态	2.4～2.7V
				发动机怠速运行	2.4～2.7V
	屏蔽	B136	9	点火开关设置到 ON 状态	0
				发动机怠速运行	0
后氧传感器	信号	B136	20	点火开关设置到 ON 状态	0
				发动机怠速运行	0～0.9V
	屏蔽	B136	9	点火开关设置到 ON 状态	0
				发动机怠速运行	0
	接地	B135	30	点火开关设置到 ON 状态	0
				发动机怠速运行	0
后氧传感器加热器信号		B135	6	点火开关设置到 ON 状态	0～13V
发动机冷却液温度传感器	信号	B137	22	点火开关设置到 ON 状态	1.0～1.4V
	接地	B134	29	点火开关设置到 ON 状态	0
空气流量传感器	信号	B136	22	发动机怠速运行	0.3～4.5V
	屏蔽	B136	10	点火开关设置到 ON 状态	0
				发动机怠速运行	0
	接地	B136	11	点火开关设置到 ON 状态	0
				发动机怠速运行	0
进气温度传感器信号		B136	31	发动机怠速运行	电压随进气温度在0.3～4.6V之间变化
废气控制电磁阀		B134	33	点火开关设置到 ON 状态	0或10～13V
				发动机怠速运行	0或12～14V
起动机开关		B136	16	点火开关设置到 ON 状态	0
				起动机驱动曲轴转动	8～14V
				发动机启动后进入怠速运行状态	0
点火开关		B136	30	点火开关设置到 ON 状态	10～13V
				发动机怠速运行	12～14V

续表

连接元件		接头	端子	检测条件	规范值
空挡位置开关		B136	35	挡位挂入空挡，开关接通	0
				开关关闭	10～13V
检测模式开关		B136	34	点火开关设置到 ON 状态	10～13V
				发动机怠速运行	13～14V
爆震传感器	信号	B137	2	点火开关设置到 ON 状态	2.8V
				发动机怠速运行	2.8V
	屏蔽	B137	8	点火开关设置到 ON 状态	0
				发动机怠速运行	0
发动机电控单元供电		B137	7	点火开关设置到 ON 状态	10～13V
				发动机怠速运行	12～14V
		B136	1	点火开关设置到 ON 状态	10～13V
				发动机怠速运行	12～14V
备用供电		B136	2	点火开关设置到 ON 状态	10～13V
				发动机怠速运行	12～14V
点火控制	气缸 1	B134	21	点火开关设置到 ON 状态	0
				发动机怠速运行	0 或 5V
	气缸 2	B134	22	点火开关设置到 ON 状态	0
				发动机怠速运行	0 或 5V
	气缸 3	B134	31	点火开关设置到 ON 状态	0
				发动机怠速运行	0 或 5V
	气缸 4	B134	32	点火开关设置到 ON 状态	0
				发动机怠速运行	0 或 5V
喷油器	喷油器 1	B134	10	点火开关设置到 ON 状态	10～13V
				发动机怠速运行	1～14V
	喷油器 2	B134	11	点火开关设置到 ON 状态	10～13V
				发动机怠速运行	1～14V
	喷油器 3	B134	12	点火开关设置到 ON 状态	10～13V
				发动机怠速运行	1～14V
	喷油器 4	B134	14	点火开关设置到 ON 状态	10～13V
				发动机怠速运行	1～14V
燃油泵控制单元	控制信号	B136	33	点火开关设置到 ON 状态	0 或 5V
	诊断信号	B135	10	点火开关设置到 ON 状态	0 或 10～13V
主冷却风扇继电器控制		B135	12	点火开关设置到 ON 状态	继电器接通：0～0.5V 继电器断开：10～13V
				发动机怠速运行	继电器接通：0～0.5V 继电器断开：13～14V

续表

连接元件		接头	端子	检测条件	规范值
辅助冷却风扇继电器控制		B135	11	点火开关设置到ON状态	继电器接通：0～0.5V 继电器断开：10～13V
				发动机怠速运行	继电器接通：0～0.5V 继电器断开：12～14V
发动机转速信号输出		B135	15	发动机怠速运行	0～13V或更高
燃油蒸发排放净化电磁阀1		B137	6	点火开关设置到ON状态	0或10～13V
				发动机怠速运行	0或12～14V
燃油蒸发排放净化电磁阀2		B137	15	点火开关设置到ON状态	0或10～13V
				发动机怠速运行	0或12～14V
进气歧管绝对压力传感器信号		B137	20	点火开关设置到ON状态	1.7～2.4V
				发动机怠速运行	1.1～1.6V
进气歧管绝对压力传感器供电		B134	19	点火开关设置到ON状态	5V
				发动机怠速运行	5V
进气歧管绝对压力传感器接地		B134	29	点火开关设置到ON状态	0
				发动机怠速运行	0
SSM故障诊断仪通信电路		B135	14	点火开关设置到ON状态	电压在低于1V和高于4V之间往复变动
电子节气门控制	主节气门	B134	18	发动机暖机后怠速运行，节气门全闭	0.64～0.72V
				发动机暖机后怠速运行，节气门全开	4.0
	副节气门	B134	28	发动机暖机后怠速运行，节气门全闭	1.48V
				发动机暖机后怠速运行，节气门全开	4.17V
	供电	B134	19	点火开关设置到ON状态	5V
				发动机怠速运行	5V
	接地	B134	29	点火开关设置到ON状态	0
				发动机怠速运行	0
电子节气门控制电机(＋)		B134	2	点火开关设置到ON状态	占空比波形信号
				发动机怠速运行	占空比波形信号
电子节气门控制电机(－)		B134	1	点火开关设置到ON状态	占空比波形信号
				发动机怠速运行	占空比波形信号

续表

连接元件		接头	端子	检测条件	规范值
电子节气门控制电机供电		B135	7	点火开关设置到 ON 状态	10～13V
				发动机怠速运行	12～14V
电子节气门控制电机继电器		B135	17	点火开关设置到 ON 状态	0
				点火开关设置到 OFF 状态	10～13V
进气凸轮轴位置传感器(左)		B137	16	点火开关设置到 ON 状态	0 或 5V
				发动机怠速运行，用示波器测量传感器信号输出波形	应符合图 1-2-3 所示波形
进气凸轮轴位置传感器(右)		B137	24	点火开关设置到 ON 状态	0 或 5V
				发动机怠速运行，用示波器测量传感器信号输出波形	应符合图 1-2-4 所示波形
排气凸轮轴位置传感器(左)		B137	29	点火开关设置到 ON 状态	0 或 5V
				发动机怠速运行，用示波器测量传感器信号输出波形	应符合图 1-2-5 所示波形
排气凸轮轴位置传感器(右)		B137	23	点火开关设置到 ON 状态	0 或 5V
				发动机怠速运行，用示波器测量传感器信号输出波形	应符合图 1-2-6 所示波形
凸轮轴位置传感器接地		B137	30	点火开关设置到 ON 状态	0
				发动机怠速运行	0
加速踏板位置传感器	加速踏板位置主传感器信号	B135	23	点火开关设置到 ON 状态，不踩下加速踏板	1.0
				点火开关设置到 ON 状态，彻底踩下加速踏板	3.3V
	加速踏板位置主传感器电源	B135	21	点火开关设置到 ON 状态	5V
				发动机怠速运行	5V
	加速踏板位置主传感器接地	B135	29	点火开关设置到 ON 状态	0
				发动机怠速运行	0
	加速踏板位置工传感器屏蔽	B136	4	点火开关设置到 ON 状态	0
				发动机怠速运行	0
	加速踏板位置副传感器信号	B135	31	点火开关设置到 ON 状态，不踩下加速踏板	1.0V
				点火开关设置到 ON 状态，彻底踩下加速踏板	3.5V
	加速踏板位置副传感器电源	B135	12	点火开关设置到 ON 状态	5V
				发动机怠速运行	5V
	加速踏板位置副传感器接地	B135	30	点火开关设置到 ON 状态	0
				发动机怠速运行	0
起动机继电器控制		B135	26	点火开关设置到 ON 状态，起动机继电器处于接通状态	低于 0.5V
				点火开关设置到 ON 状态，起动机继电器处于关闭状态	10～13V

续表

连接元件	接头	端子	检测条件	规范值
离合器开关	B135	9	点火开关设置到 ON 状态,离合器踏板踩下	0
			点火开关设置到 ON 状态,离合器踏板松开	10～13V
制动开关 1	B136	15	点火开关设置到 ON 状态,制动踏板踩下	0
			点火开关设置到 ON 状态,制动踏板松开	10～13V
制动开关 2	B136	3	点火开关设置到 ON 状态,制动踏板踩下	0
			点火开关设置到 ON 状态,制动踏板松开	10～13V
定速巡航系统控制开关	B135	24	点火开关设置到 ON 状态,操作定速巡航系统的 RES/ACC 开关	2.5～3.5V
			点火开关设置到 ON 状态,操作定速巡航系统的 SET/COAST 开关	0.5～1.5V
			点火开关设置到 ON 状态,操作定速巡航系统的 CANCEL 开关	0～0.5V
			点火开关设置到 ON 状态,不对定速巡航系统开关执行任何操作	3.5～4.5V
定速巡航系统主开关	B136	13	点火开关设置到 ON 状态,主开关开启	0
			点火开关设置到 ON 状态,主开关关闭	5V
自动断电控制	B135	13	点火开关设置到 ON 状态	0
			发动机怠速运行	0
动力转向机油压力开关	B137	28	发动机怠速运行,压力开关关闭	12～14V
			发动机怠速运行,压力开关开启	0
机油油位开关	B136	26	发动机怠速运行,机油油位正常	0
			发动机怠速运行,机油油位过低	10～14V
燃油温度传感器	B136	23	点火开关设置到 ON 状态,环境温度为 25℃	2.5～3.8V
			发动机怠速运行,环境温度为 25℃	2.5～3.8V
燃油箱压力传感器	B136	21	点火开关设置到 ON 状态,取下并安装好燃油加注盖	2.3～2.7V
压力控制电磁阀	B135	3	点火开关设置到 ON 状态	阀接通:0～1V 阀断开:10～13V
			发动机怠速运行	阀接通:0～1V 阀断开:12～14V

续表

连接元件	接头	端子	检测条件	规范值
传感器接地	B134	29	点火开关设置到 ON 状态	0
			发动机怠速运行	0
	B135	30	点火开关设置到 ON 状态	0
			发动机怠速运行	0
发动机接地 1	B134	6	点火开关设置到 ON 状态	0
			发动机怠速运行	0
发动机接地 2	B134	4	点火开关设置到 ON 状态	0
			发动机怠速运行	0
发动机接地 3	B134	3	点火开关设置到 ON 状态	0
			发动机怠速运行	0
发动机接地 4	B137	1	点火开关设置到 ON 状态	0
			发动机怠速运行	0
发动机接地 5	B137	3	点火开关设置到 ON 状态	0
			发动机怠速运行	0
车身接地	B136	4	点火开关设置到 ON 状态	0
			发动机怠速运行	0

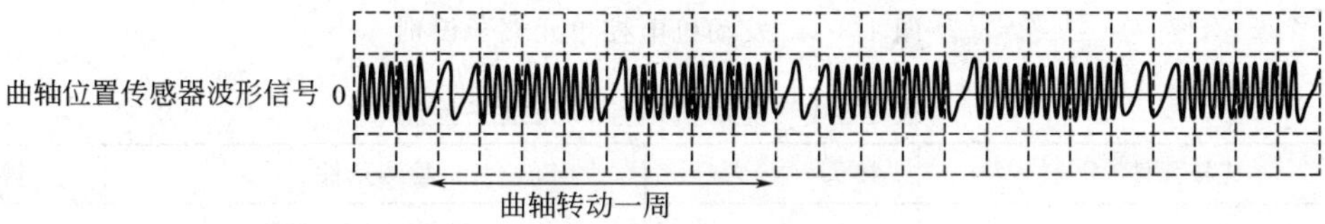

图 1-2-2　曲轴位置传感器波形信号

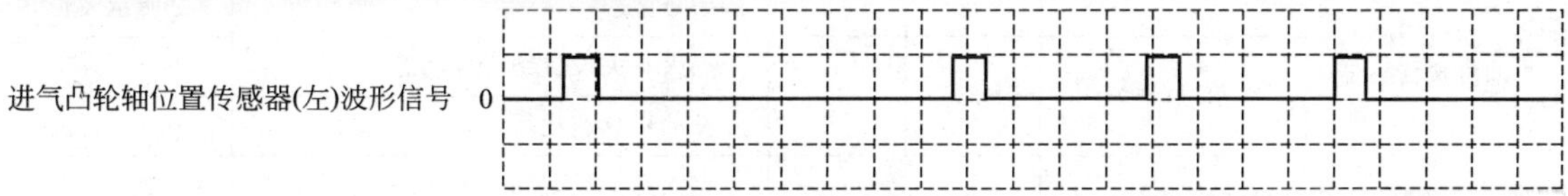

图 1-2-3　进气凸轮轴位置传感器（左）波形信号

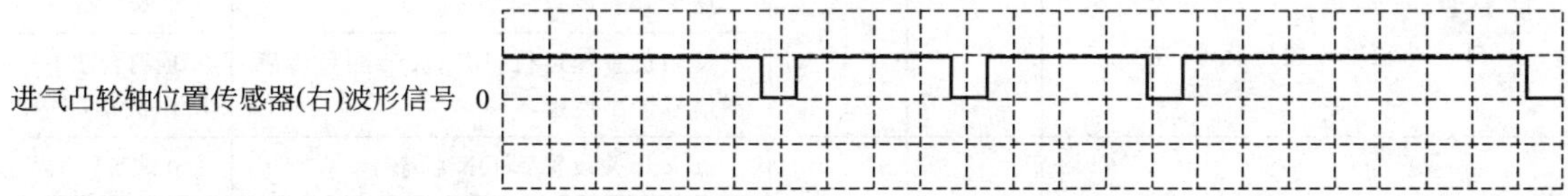

图 1-2-4　进气凸轮轴位置传感器（右）波形信号

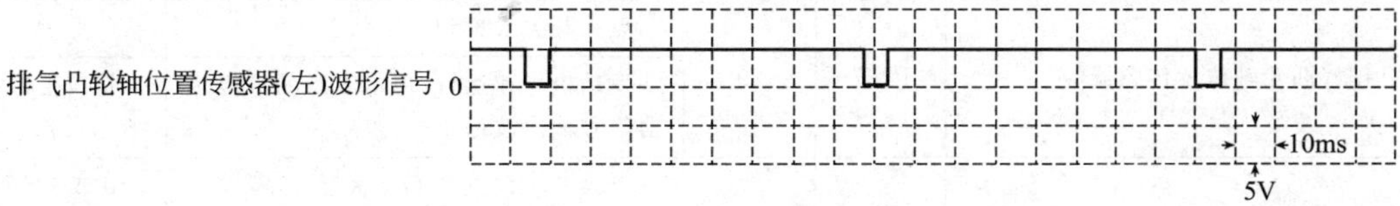

图 1-2-5　排气凸轮轴位置传感器（左）波形信号

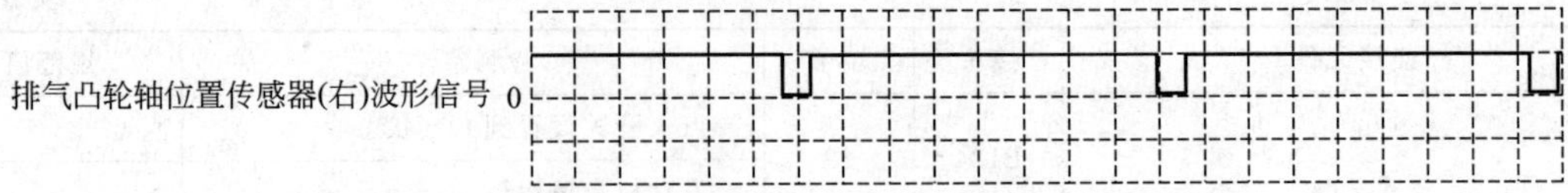

图 1-2-6　排气凸轮轴位置传感器（右）波形信号

第三节　TRIBECA（驰鹏）轿车（2010～2015 年款）

发动机电控单元端子识别见图 1-3-1，发动机电控单元端子检测见表 1-3-1。

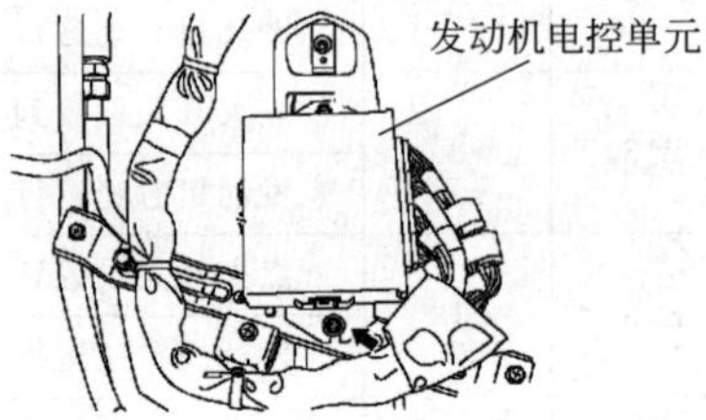

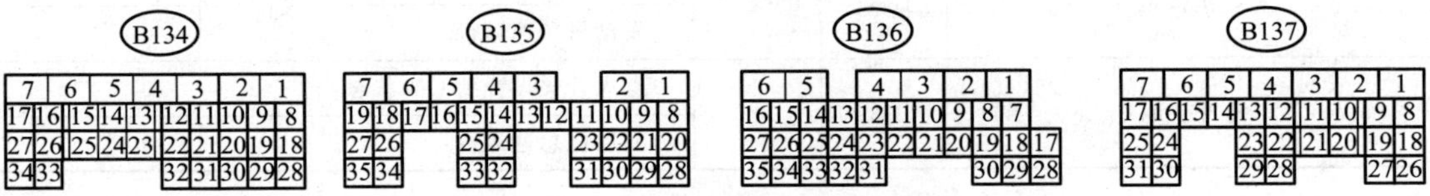

图 1-3-1　发动机电控单元端子识别

表 1-3-1　发动机电控单元端子检测

连接元件		接头	端子	检测条件	规范值
曲轴位置传感器	信号(＋)	B137	17	点火开关设置到 ON 状态	0
				发动机怠速运行，用示波器检测传感器信号波形	应符合图 1-3-2 所示波形
	信号(－)	B137	25	点火开关设置到 ON 状态	0
				发动机怠速运行	0
	屏蔽	B137	31	点火开关设置到 ON 状态	0
				发动机怠速运行	0
进气凸轮轴位置传感器(左)		B137	16	点火开关设置到 ON 状态	0 或 5V
				发动机怠速运行，用示波器测量传感器信号输出波形	应符合图 1-3-3 所示波形
进气凸轮轴位置传感器(右)		B137	24	点火开关设置到 ON 状态	0 或 5V
				发动机怠速运行，用示波器测量传感器信号输出波形	应符合图 1-3-4 所示波形
排气凸轮轴位置传感器(左)		B137	29	点火开关设置到 ON 状态	0 或 5V
				发动机怠速运行，用示波器测量传感器信号输出波形	应符合图 1-3-5 所示波形
排气凸轮轴位置传感器(右)		B137	23	点火开关设置到 ON 状态	0 或 5V
				发动机怠速运行，用示波器测量传感器信号输出波形	应符合图 1-3-6 所示波形

续表

连接元件		接头	端子	检测条件	规范值
凸轮轴位置传感器接地		B137	30	点火开关设置到ON状态	0
				发动机怠速运行	0
电子节气门控制	主节气门	B134	18	点火开关设置到ON状态，节气门全闭	0.64～0.94V
				点火开关设置到ON状态，节气门全开	4.01V
				发动机暖机后怠速运行	0.64～0.72V
	副节气门	B134	28	点火开关设置到ON状态，节气门全闭	1.51～1.76V
				点火开关设置到ON状态，节气门全开	4.23V
				发动机暖机后怠速运行	1.51～1.58V
电子节气门控制电机(+)		B134	2	点火开关设置到ON状态	占空比波形信号
				发动机怠速运行	占空比波形信号
电子节气门控制电机(—)		B134	1	点火开关设置到ON状态	占空比波形信号
				发动机怠速运行	占空比波形信号
电子节气门控制电机供电		B135	7	点火开关设置到ON状态	10～13V
				发动机怠速运行	12～14V
电子节气门控制电机继电器		B135	17	发动机怠速运行，继电器闭合	0
				发动机怠速运行，继电器断开	12～14V
加速踏板位置传感器	加速踏板位置主传感器信号	B135	23	点火开关设置到ON状态，不踩下加速踏板	1.0V
				点火开关设置到ON状态，彻底踩下加速踏板	3.6V
				发动机怠速运行，不踩下加速踏板	1.0V
				发动机怠速运行，彻底踩下加速踏板	3.3V
	加速踏板位置主传感器电源	B135	21	点火开关设置到ON状态	5V
				发动机怠速运行	5V
	加速踏板位置主传感器接地	B135	29	点火开关设置到ON状态	0
				发动机怠速运行	0
	加速踏板位置副传感器信号	B135	31	点火开关设置到ON状态，不踩下加速踏板	1.0V
				点火开关设置到ON状态，彻底踩下加速踏板	3.7V
				发动机怠速运行，不踩下加速踏板	1.0V
				发动机怠速运行，彻底踩下加速踏板	3.3V

续表

<table>
<tr><th colspan="2">连接元件</th><th>接头</th><th>端子</th><th>检测条件</th><th>规范值</th></tr>
<tr><td rowspan="4">加速踏板位置传感器</td><td rowspan="2">加速踏板位置副传感器电源</td><td rowspan="2">B135</td><td rowspan="2">22</td><td>点火开关设置到ON状态</td><td>5V</td></tr>
<tr><td>发动机怠速运行</td><td>5V</td></tr>
<tr><td rowspan="2">加速踏板位置主传感器接地</td><td rowspan="2">B135</td><td rowspan="2">30</td><td>点火开关设置到ON状态</td><td>0</td></tr>
<tr><td>发动机怠速运行</td><td>0</td></tr>
<tr><td colspan="2" rowspan="2">发动机冷却液温度传感器</td><td rowspan="2">B137</td><td rowspan="2">22</td><td>点火开关设置到ON状态</td><td>1.0～1.4V</td></tr>
<tr><td>发动机暖机后怠速运行</td><td>1.0～1.4V</td></tr>
<tr><td colspan="2" rowspan="3">起动机开关</td><td rowspan="3">B136</td><td rowspan="3">16</td><td>点火开关设置到ON状态</td><td>0</td></tr>
<tr><td>发动机怠速运行</td><td>0</td></tr>
<tr><td>起动机驱动曲轴转动</td><td>8～14V</td></tr>
<tr><td colspan="2" rowspan="4">起动机继电器</td><td rowspan="4">B135</td><td rowspan="4">26</td><td>点火开关设置到ON状态，继电器闭合</td><td>0</td></tr>
<tr><td>点火开关设置到ON状态，继电器断开</td><td>10～13V</td></tr>
<tr><td>发动机怠速运行，起动机继电器处于闭合状态</td><td>0</td></tr>
<tr><td>发动机怠速运行，起动机继电器处于断开状态</td><td>12～14V</td></tr>
<tr><td colspan="2" rowspan="2">空调开关</td><td rowspan="2">B136</td><td rowspan="2">29</td><td>点火开关设置到ON状态</td><td>开关接通：10～13V
开关关闭：0</td></tr>
<tr><td>发动机怠速运行</td><td>开关接通：12～14V
开关关闭：0</td></tr>
<tr><td colspan="2" rowspan="2">空调压力开关</td><td rowspan="2">B136</td><td rowspan="2">7</td><td>点火开关设置到ON状态，开关接通</td><td>0</td></tr>
<tr><td>点火开关设置到ON状态，开关关闭</td><td>10～13V</td></tr>
<tr><td colspan="2" rowspan="2">点火开关</td><td rowspan="2">B136</td><td rowspan="2">30</td><td>点火开关设置到ON状态</td><td>10～13V</td></tr>
<tr><td>发动机怠速运行</td><td>12～14V</td></tr>
<tr><td colspan="2" rowspan="2">空挡位置开关</td><td rowspan="2">B136</td><td rowspan="2">35</td><td>开关关闭</td><td>11.5～12.5V</td></tr>
<tr><td>开关接通</td><td>0</td></tr>
<tr><td colspan="2" rowspan="2">检测模式接头</td><td rowspan="2">B136</td><td rowspan="2">34</td><td>点火开关设置到ON状态</td><td>10～13V</td></tr>
<tr><td>发动机怠速运行</td><td>13～14V</td></tr>
<tr><td rowspan="4">爆震传感器1</td><td rowspan="2">信号</td><td rowspan="2">B137</td><td rowspan="2">2</td><td>点火开关设置到ON状态</td><td>2.4V</td></tr>
<tr><td>发动机怠速运行</td><td>2.4V</td></tr>
<tr><td rowspan="2">屏蔽</td><td rowspan="2">B137</td><td rowspan="2">8</td><td>点火开关设置到ON状态</td><td>0</td></tr>
<tr><td>发动机怠速运行</td><td>0</td></tr>
<tr><td rowspan="4">爆震传感器2</td><td rowspan="2">信号</td><td rowspan="2">B137</td><td rowspan="2">4</td><td>点火开关设置到ON状态</td><td>2.4V</td></tr>
<tr><td>发动机怠速运行</td><td>2.4V</td></tr>
<tr><td rowspan="2">屏蔽</td><td rowspan="2">B137</td><td rowspan="2">8</td><td>点火开关设置到ON状态</td><td>0</td></tr>
<tr><td>发动机怠速运行</td><td>0</td></tr>
</table>

续表

连接元件		接头	端子	检测条件	规范值
备用供电		B136	2	点火开关设置到 ON 状态	10～13V
备用供电		B136	2	发动机怠速运行	12～14V
控制电脑供电		B137	7	点火开关设置到 ON 状态	10～13V
控制电脑供电		B137	7	发动机怠速运行	12～14V
控制电脑供电		B136	1	点火开关设置到 ON 状态	10～13V
控制电脑供电		B136	1	发动机怠速运行	12～14V
传感器供电		B134	19	点火开关设置到 ON 状态	5V
传感器供电		B134	19	发动机怠速运行	5V
点火控制	气缸 1	B134	21	点火开关设置到 ON 状态	0
点火控制	气缸 1	B134	21	发动机怠速运行	12～14V
点火控制	气缸 2	B134	22	点火开关设置到 ON 状态	0
点火控制	气缸 2	B134	22	发动机怠速运行	12～14V
点火控制	气缸 3	B134	31	点火开关设置到 ON 状态	0
点火控制	气缸 3	B134	31	发动机怠速运行	12～14V
点火控制	气缸 4	B134	32	点火开关设置到 ON 状态	0
点火控制	气缸 4	B134	32	发动机怠速运行	12～14V
点火控制	气缸 5	B134	25	点火开关设置到 ON 状态	0
点火控制	气缸 5	B134	25	发动机怠速运行	12～14V
点火控制	气缸 6	B134	26	点火开关设置到 ON 状态	0
点火控制	气缸 6	B134	26	发动机怠速运行	12～14V
喷油器	喷油器 1	B134	10	点火开关设置到 ON 状态	10～13V
喷油器	喷油器 1	B134	10	发动机怠速运行	12～14V
喷油器	喷油器 2	B134	11	点火开关设置到 ON 状态	10～13V
喷油器	喷油器 2	B134	11	发动机怠速运行	12～14V
喷油器	喷油器 3	B134	12	点火开关设置到 ON 状态	10～13V
喷油器	喷油器 3	B134	12	发动机怠速运行	12～14V
喷油器	喷油器 4	B134	13	点火开关设置到 ON 状态	10～13V
喷油器	喷油器 4	B134	13	发动机怠速运行	12～14V
喷油器	喷油器 5	B134	23	点火开关设置到 ON 状态	10～13V
喷油器	喷油器 5	B134	23	发动机怠速运行	12～14V
喷油器	喷油器 6	B134	24	点火开关设置到 ON 状态	10～13V
喷油器	喷油器 6	B134	24	发动机怠速运行	12～14V
空调继电器控制		B135	35	点火开关设置到 ON 状态	继电器接通：0～0.5V 继电器断开：10～13V
空调继电器控制		B135	35	发动机怠速运行	继电器接通：0～0.5V 继电器断开：12～14V

续表

<table>
<tr><th colspan="2">连接元件</th><th>接头</th><th>端子</th><th>检测条件</th><th>规范值</th></tr>
<tr><td colspan="2" rowspan="2">冷却风扇继电器控制</td><td rowspan="2">B135</td><td rowspan="2">11</td><td>点火开关设置到ON状态</td><td>继电器接通：0～0.5V
继电器断开：10～13V</td></tr>
<tr><td>发动机怠速运行</td><td>继电器接通：0～0.5V
继电器断开：12～14V</td></tr>
<tr><td colspan="2" rowspan="2">冷却风扇供电继电器控制</td><td rowspan="2">B135</td><td rowspan="2">12</td><td>点火开关设置到ON状态</td><td>继电器接通：0～0.5V
继电器断开：10～13V</td></tr>
<tr><td>发动机怠速运行</td><td>继电器接通：0～0.5V
继电器断开：12～14V</td></tr>
<tr><td colspan="2" rowspan="2">自动断电控制</td><td rowspan="2">B135</td><td rowspan="2">13</td><td>点火开关设置到ON状态</td><td>0</td></tr>
<tr><td>发动机怠速运行</td><td>0</td></tr>
<tr><td colspan="2" rowspan="2">废气再循环控制阀信号1</td><td rowspan="2">B134</td><td rowspan="2">8</td><td>点火开关设置到ON状态</td><td>0或10～13V</td></tr>
<tr><td>发动机怠速运行</td><td>0或12～14V</td></tr>
<tr><td colspan="2" rowspan="2">废气再循环控制阀信号2</td><td rowspan="2">B134</td><td rowspan="2">9</td><td>点火开关设置到ON状态</td><td>0或10～13V</td></tr>
<tr><td>发动机怠速运行</td><td>0或12～14V</td></tr>
<tr><td colspan="2" rowspan="2">废气再循环控制阀信号3</td><td rowspan="2">B134</td><td rowspan="2">20</td><td>点火开关设置到ON状态</td><td>0或10～13V</td></tr>
<tr><td>发动机怠速运行</td><td>0或12～14V</td></tr>
<tr><td colspan="2" rowspan="2">废气再循环控制阀信号4</td><td rowspan="2">B134</td><td rowspan="2">30</td><td>点火开关设置到ON状态</td><td>0或10～13V</td></tr>
<tr><td>发动机怠速运行</td><td>0或12～14V</td></tr>
<tr><td colspan="2">发动机转速信号输出</td><td>B135</td><td>15</td><td>发动机怠速运行</td><td>0～13V或更高</td></tr>
<tr><td colspan="2" rowspan="2">燃油蒸发排放清污电磁阀</td><td rowspan="2">B137</td><td rowspan="2">6</td><td>发动机怠速运行，电磁阀开启</td><td>1.0V或更低</td></tr>
<tr><td>发动机怠速运行，电磁阀关闭</td><td>12～14V</td></tr>
<tr><td colspan="2" rowspan="2">动力转向机油压力开关</td><td rowspan="2">B137</td><td rowspan="2">28</td><td>点火开关设置到ON状态，压力开关接通</td><td>1V或更低</td></tr>
<tr><td>点火开关设置到ON状态，压力开关关闭</td><td>10～13V</td></tr>
<tr><td colspan="2" rowspan="2">进气歧管绝对压力传感器</td><td rowspan="2">B137</td><td rowspan="2">20</td><td>点火开关设置到ON状态</td><td>3.5～4.8V</td></tr>
<tr><td>发动机怠速运行</td><td>1.1～1.9V</td></tr>
<tr><td rowspan="6">空气流量传感器</td><td rowspan="2">信号</td><td rowspan="2">B136</td><td rowspan="2">22</td><td>点火开关设置到ON状态</td><td>0.74V</td></tr>
<tr><td>发动机怠速运行</td><td>0.3～4.5V</td></tr>
<tr><td rowspan="2">屏蔽</td><td rowspan="2">B136</td><td rowspan="2">10</td><td>点火开关设置到ON状态</td><td>0</td></tr>
<tr><td>发动机怠速运行</td><td>0</td></tr>
<tr><td rowspan="2">接地</td><td rowspan="2">B136</td><td rowspan="2">11</td><td>点火开关设置到ON状态</td><td>0</td></tr>
<tr><td>发动机怠速运行</td><td>0</td></tr>
<tr><td colspan="2">进气温度传感器信号</td><td>B136</td><td>31</td><td>发动机怠速运行，进气温度约25℃</td><td>电压在3.15～3.33V之间变化</td></tr>
</table>

续表

连接元件		接头	端子	检测条件	规范值
前氧传感器(左)	信号(＋)	B135	8	发动机怠速运行	2.8～3.2V
	信号(－)	B135	20	发动机怠速运行	2.4～2.7V
	屏蔽	B136	9	点火开关设置到 ON 状态	0
				发动机怠速运行	0
前氧传感器加热器(左)	信号 1	B135	2	点火开关设置到 ON 状态	12～14V
	信号 2	B135	1	点火开关设置到 ON 状态	12～14V
前氧传感器(右)	信号(＋)	B136	19	发动机怠速运行	2.8～3.2V
	信号(－)	B136	18	发动机怠速运行	2.4～2.7V
	屏蔽	B136	9	点火开关设置到 ON 状态	0
				发动机怠速运行	0
前氧传感器加热器(右)	信号 1	B136	6	点火开关设置到 ON 状态	12～14V
	信号 2	B136	5	点火开关设置到 ON 状态	12～14V
后氧传感器(右)	信号	B136	20	点火开关设置到 ON 状态	0
				发动机怠速运行	0～0.9V
	屏蔽	B136	9	点火开关设置到 ON 状态	0
				发动机怠速运行	0
后氧传感器加热器(右)信号		B135	6	点火开关设置到 ON 状态	12～14V
后氧传感器(左)	信号	B135	28	点火开关设置到 ON 状态	0
				发动机怠速运行	0～0.9V
	屏蔽	B135	9	点火开关设置到 ON 状态	0
				发动机怠速运行	0
后氧传感器加热器(左)信号		B135	5	点火开关设置到 ON 状态	12～14V
防非法启动通信信号 1		B135	25	—	—
防非法启动通信信号 2		B135	24	—	—
燃油泵控制单元诊断信号		B135	10	点火开关设置到 ON 状态	0 或 10～13V
				发动机怠速运行	12～14V
燃油泵控制单元控制		B136	33	点火开关设置到 ON 状态	0 或 5V
				发动机怠速运行	0 或 5V
制动开关 1		B136	15	点火开关设置到 ON 状态,制动踏板踩下	0
				点火开关设置到 ON 状态,制动踏板松开	10～13V
				发动机怠速运行,踩下制动踏板	0
				发动机怠速运行,松开制动踏板	12～14V
制动开关 2		B136	3	点火开关设置到 ON 状态,制动踏板踩下	10～13V
				点火开关设置到 ON 状态,制动踏板松开	0
				发动机怠速运行,踩下制动踏板	12～14V
				发动机怠速运行,松开制动踏板	0

续表

连接元件		接头	端子	检测条件	规范值
定速巡航控制开关		B136	12	点火开关设置到 ON 状态，操作定速巡航系统的 RES/ACC 开关	2.5～3.5V
				点火开关设置到 ON 状态，操作定速巡航系统的 SET/COAST 开关	0.5～1.5V
				点火开关设置到 ON 状态，操作定速巡航系统的 CANCEL 开关	0～0.5V
				点火开关设置到 ON 状态，执行定速巡航车距保持设置	1.5～2.5V
				点火开关设置到 ON 状态，不操作定速巡航系统的任何开关	3.5～4.5V
定速巡航系统主开关		B136	13	点火开关设置到 ON 状态，主开关开启	0
				点火开关设置到 ON 状态，主开关关闭	5V
进气机油控制电磁阀(右)	信号(+)	B134	34	点火开关设置到 ON 状态	0
				发动机怠速运行	0.6V
	信号(−)	B134	27	点火开关设置到 ON 状态	0
				发动机怠速运行	0
进气机油控制电磁阀(左)	信号(+)	B134	17	点火开关设置到 ON 状态	0
				发动机怠速运行	0.6V
	信号(−)	B134	16	点火开关设置到 ON 状态	0
				发动机怠速运行	0
排气机油开关电磁阀(右)	信号(+)	B134	7	点火开关设置到 ON 状态	0
				发动机怠速运行	1.9V
	信号(−)	B134	15	点火开关设置到 ON 状态	0
				发动机怠速运行	0
排气机油开关电磁阀(左)	信号(+)	B134	5	点火开关设置到 ON 状态	0
				发动机怠速运行	1.9V
	信号(−)	B134	14	点火开关设置到 ON 状态	0
				发动机怠速运行	0
发动机机油温度传感器信号		B137	21	点火开关设置到 ON 状态	1.0～1.4V
				发动机怠速运行	1.0～1.4V
SSM 故障诊断仪通信电路		B135	14	点火开关设置到 ON 状态	电压在低于 1V 和高于 4V 之间往复变动
燃油箱压力传感器		B136	21	点火开关设置到 ON 状态	2.3～2.7V
				发动机怠速运行	2.3～2.7V
排放阀		B135	4	点火开关设置到 ON 状态	阀接通:0～1V 阀断开:10～13V
				发动机怠速运行	阀接通:0～1V 阀断开:12～14V

续表

连接元件	接头	端子	检测条件	规范值
燃油箱温度传感器	B136	21	点火开关设置到ON状态，环境温度为25℃	2.3～2.7V
			发动机怠速运行，环境温度为25℃	2.3～2.7V
CAN(控制器区域网络)通信电路(＋)	B136	17	点火开关设置到ON状态	脉冲信号
			发动机怠速运行	脉冲信号
CAN(控制器区域网络)通信电路(－)	B136	28	点火开关设置到ON状态	脉冲信号
			发动机怠速运行	脉冲信号
传感器接地1	B134	29	点火开关设置到ON状态	0
			发动机怠速运行	0
传感器接地2	B135	30	点火开关设置到ON状态	0
			发动机怠速运行	0
发动机接地1	B134	6	点火开关设置到ON状态	0
			发动机怠速运行	0
发动机接地2	B134	4	点火开关设置到ON状态	0
			发动机怠速运行	0
发动机接地3	B134	3	点火开关设置到ON状态	0
			发动机怠速运行	0
发动机接地4	B137	1	点火开关设置到ON状态	0
			发动机怠速运行	0
发动机接地5	B137	3	点火开关设置到ON状态	0
			发动机怠速运行	0
发动机接地6	B137	5	点火开关设置到ON状态	0
			发动机怠速运行	0
车身接地	B136	4	点火开关设置到ON状态	0
			发动机怠速运行	0
制动真空传感器	B137	9	点火开关设置到ON状态	1～3.8V
			发动机怠速运行	1～3.8V
制动真空泵继电器	B135	27	点火开关设置到ON状态，真空泵关闭	10～13V
			点火开关设置到ON状态，真空泵开启	0
			发动机怠速运行，真空泵关闭	12～14V
			发动机怠速运行，真空泵开启	0

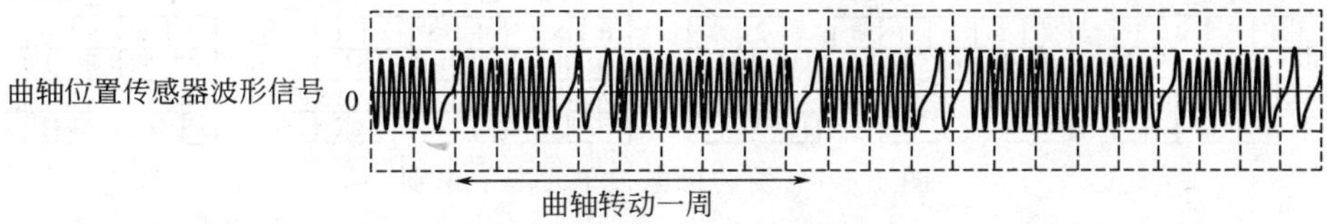

图1-3-2 曲轴位置传感器波形信号

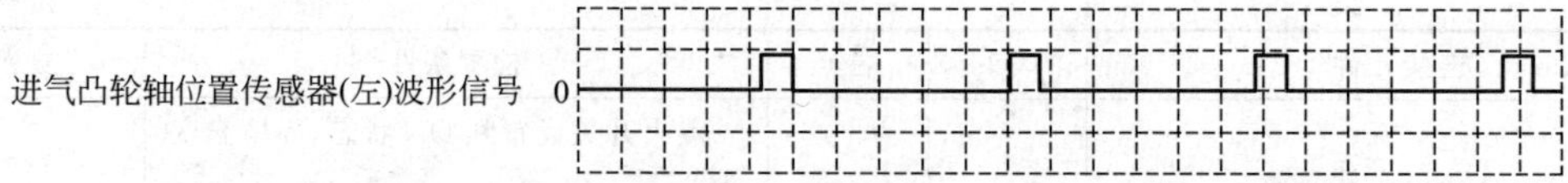

图 1-3-3　进气凸轮轴位置传感器（左）波形信号

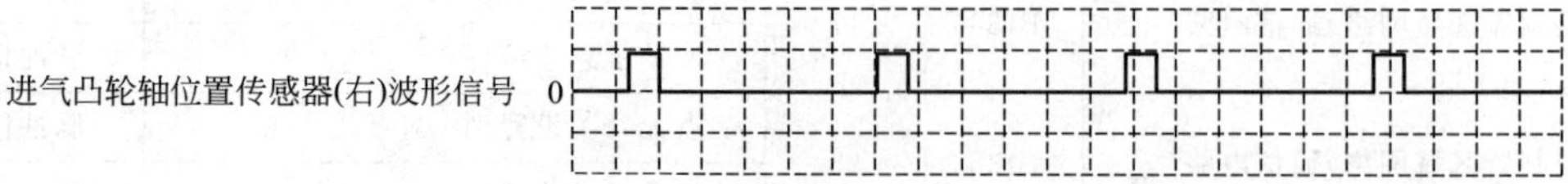

图 1-3-4　进气凸轮轴位置传感器（右）波形信号

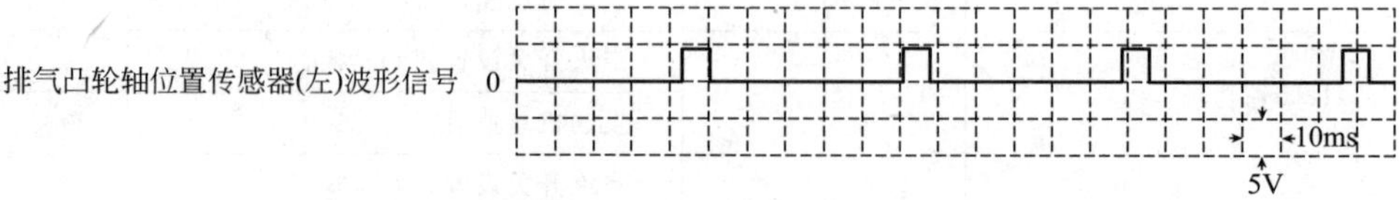

图 1-3-5　排气凸轮轴位置传感器（左）波形信号

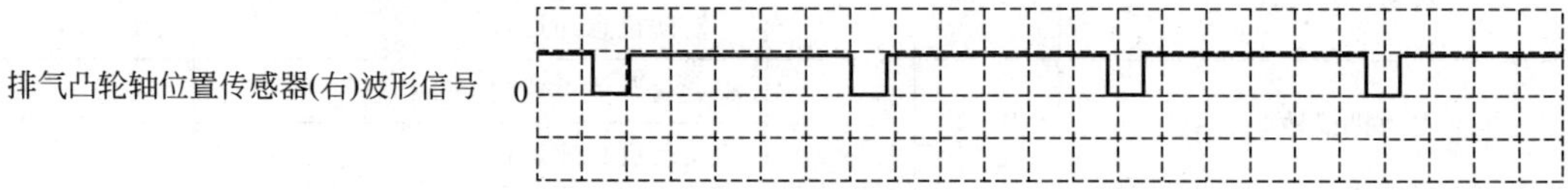

图 1-3-6　排气凸轮轴位置传感器（右）波形信号

第四节　FORESTER（森林人）轿车（2010～2015 年款）

发动机电控单元安装在右侧仪表板杂物箱后，端子识别见图 1-4-1，发动机电控单元端子检测见表 1-4-1。

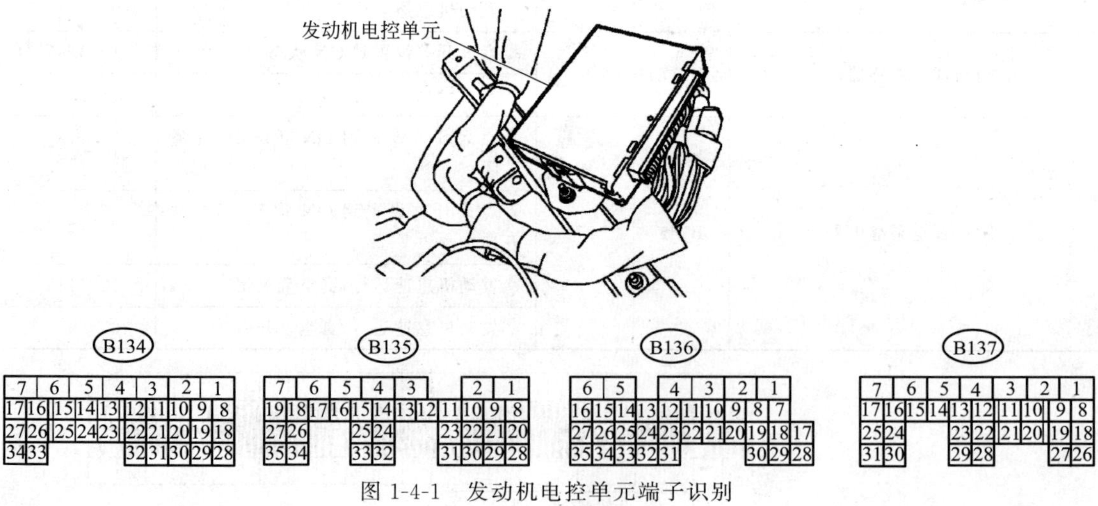

图 1-4-1　发动机电控单元端子识别

表 1-4-1　发动机电控单元端子检测

连接元件		接头	端子	检测条件	规范值
曲轴位置传感器	信号(＋)	B137	17	点火开关设置到ON状态	0
				发动机怠速运行，用示波器测量传感器信号输出波形	应符合图1-4-2所示波形
	信号(－)	B137	25	点火开关设置到ON状态	0
				发动机怠速运行	0
	屏蔽	B137	31	点火开关设置到ON状态	0
				发动机怠速运行	0
前氧传感器	信号(＋)	B136	19	点火开关设置到ON状态	2.8～3.2V
				发动机怠速运行	2.8～3.2V
	信号(－)	B136	18	点火开关设置到ON状态	2.4～2.7V
				发动机怠速运行	2.4～2.7V
	屏蔽	B136	9	点火开关设置到ON状态	0
				发动机怠速运行	0
后氧传感器	信号	B136	20	点火开关设置到ON状态	0
				发动机怠速运行	0～0.9V
	屏蔽	B136	9	点火开关设置到ON状态	0
				发动机怠速运行	0
	接地	B135	30	点火开关设置到ON状态	0
				发动机怠速运行	0
后氧传感器加热器信号		B135	6	点火开关设置到ON状态	0～13V
发动机冷却液温度传感器	信号	B137	22	点火开关设置到ON状态	1.0～1.4V
	接地	B134	29	点火开关设置到ON状态	0
空气流量传感器	信号	B136	22	发动机怠速运行	0.3～4.5V
	屏蔽	B136	10	点火开关设置到ON状态	0
				发动机怠速运行	0
	接地	B136	11	点火开关设置到ON状态	0
				发动机怠速运行	0
进气温度传感器信号		B136	31	发动机怠速运行	电压随进气温度在0.3～4.6V之间变化
发动机机油温度传感器信号		B137	9	点火开关设置到ON状态	1.0～1.4V
				发动机怠速运行	1.0～1.4V
起动机开关		B136	16	点火开关设置到ON状态	0
				起动机驱动曲轴转动	8～14V
				发动机启动后进入怠速运行状态	0
点火开关		B136	30	点火开关设置到ON状态	10～13V
				发动机怠速运行	12～14V

续表

连接元件		接头	端子	检测条件	规范值
空挡位置开关		B136	35	点火开关设置到ON状态，挡位挂入空挡，开关接通	0
				点火开关设置到ON状态，开关关闭	10～13V
检测模式开关		B136	34	点火开关设置到ON状态	10～13V
				发动机怠速运行	12～14V
爆震传感器	信号	B137	2	点火开关设置到ON状态	2.8V
				发动机怠速运行	2.8V
	屏蔽	B137	8	点火开关设置到ON状态	0
				发动机怠速运行	0
发动机电控单元供电		B137	7	点火开关设置到ON状态	10～13V
				发动机怠速运行	12～14V
		B136	1	点火开关设置到ON状态	10～13V
				发动机怠速运行	12～14V
备用供电		B136	2	点火开关设置到ON状态	10～13V
				点火开关设置到OFF状态	10～13V
				发动机怠速运行	12～14V
点火控制	气缸1	B134	21	点火开关设置到ON状态	0
				发动机怠速运行	0或5V
	气缸2	B134	22	点火开关设置到ON状态	0
				发动机怠速运行	0或5V
	气缸3	B134	31	点火开关设置到ON状态	0
				发动机怠速运行	0或5V
	气缸4	B134	32	点火开关设置到ON状态	0
				发动机怠速运行	0或5V
喷油器	喷油器1	B134	10	点火开关设置到ON状态	10～13V
				发动机怠速运行	1～14V
	喷油器2	B134	11	点火开关设置到ON状态	10～13V
				发动机怠速运行	1～14V
	喷油器3	B134	12	点火开关设置到ON状态	10～13V
				发动机怠速运行	1～14V
	喷油器4	B134	13	点火开关设置到ON状态	10～13V
				发动机怠速运行	1～14V
燃油泵继电器控制		B136	33	点火开关设置到ON状态	低于0.5V
				点火开关设置到OFF状态	10～13V
空调继电器控制		B135	35	点火开关设置到ON状态	继电器接通：0～0.5V 继电器断开：10～13V
				发动机怠速运行	继电器接通：0～0.5V 继电器断开：12～14V

续表

连接元件	接头	端子	检测条件	规范值
空调开关	B136	29	点火开关设置到ON状态	开关接通：10～13V 开关关闭：0
			发动机怠速运行	开关接通：12～14V 开关关闭：0
鼓风机风扇开关	B135	19	发动机怠速运行，风扇开关开启	0
			发动机怠速运行，风扇开关关闭	12～14V
空调压力开关	B136	7	发动机怠速运行，压力开关开启	0
			发动机怠速运行，压力开关关闭	12～14V
主冷却风扇继电器控制	B135	12	点火开关设置到ON状态	继电器接通：0～0.5V 继电器断开：10～13V
			发动机怠速运行	继电器接通：0～0.5V 继电器断开：13～14V
辅助冷却风扇继电器控制	B135	11	点火开关设置到ON状态	继电器接通：0～0.5V 继电器断开：10～13V
			发动机怠速运行	继电器接通：0～0.5V 继电器断开：12～14V
发动机转速信号输出	B135	15	发动机怠速运行	0～13V或更高
故障指示灯	B135	33	故障灯点亮	1V或更低
			故障灯熄灭	10～14V
燃油蒸发排放净化电磁阀	B137	6	点火开关设置到ON状态	0或10～13V
			发动机怠速运行	0或12～14V
废气再循环控制阀信号1	B134	8	点火开关设置到ON状态	0或10～13V
			发动机怠速运行	0或12～14V
废气再循环控制阀信号2	B134	9	点火开关设置到ON状态	0或10～13V
			发动机怠速运行	0或12～14V
废气再循环控制阀信号3	B134	20	点火开关设置到ON状态	0或10～13V
			发动机怠速运行	0或12～14V
废气再循环控制阀信号4	B134	30	点火开关设置到ON状态	0或10～13V
			发动机怠速运行	0或12～14V
进气歧管绝对压力传感器信号	B137	20	点火开关设置到ON状态	1.7～2.4V
			发动机怠速运行	1.1～1.6V
进气歧管绝对压力传感器供电	B134	19	点火开关设置到ON状态	5V
			发动机怠速运行	5V

续表

连接元件		接头	端子	检测条件	规范值
进气歧管绝对压力传感器接地		B134	29	点火开关设置到 ON 状态	0
				发动机怠速运行	0
SSM 故障诊断仪通信电路		B135	14	点火开关设置到 ON 状态	电压在低于1V 和高于 4V 之间往复变动
电子节气门控制	主节气门	B134	18	发动机暖机后怠速运行，节气门全闭	0.64～0.72V
				发动机暖机后怠速运行，节气门全开	4.0V
	副节气门	B134	28	发动机暖机后怠速运行，节气门全闭	1.48V
				发动机暖机后怠速运行，节气门全开	4.17V
	供电	B134	19	点火开关设置到 ON 状态	5V
				发动机怠速运行	5V
	接地	B134	29	点火开关设置到 ON 状态	0
				发动机怠速运行	0
电子节气门控制电机(＋)		B134	2	点火开关设置到 ON 状态	占空比波形信号
				发动机怠速运行	占空比波形信号
电子节气门控制电机(－)		B134	1	点火开关设置到 ON 状态	占空比波形信号
				发动机怠速运行	占空比波形信号
电子节气门控制电机供电		B135	7	点火开关设置到 ON 状态	10～13V
				发动机怠速运行	12～14V
电子节气门控制电机继电器		B135	17	点火开关设置到 ON 状态	0
				点火开关设置到 OFF 状态	10～13V
进气凸轮轴位置传感器(左)		B137	16	点火开关设置到 ON 状态	0 或 5V
				发动机怠速运行，用示波器测量传感器信号输出波形	应符合图 1-4-3 所示波形
进气凸轮轴位置传感器(右)		B137	24	点火开关设置到 ON 状态	0 或 5V
				发动机怠速运行，用示波器测量传感器信号输出波形	应符合图 1-4-4 所示波形
排气凸轮轴位置传感器(左)		B137	29	点火开关设置到 ON 状态	0 或 5V
				发动机怠速运行，用示波器测量传感器信号输出波形	应符合图 1-4-5 所示波形
排气凸轮轴位置传感器(右)		B137	23	点火开关设置到 ON 状态	0 或 5V
				发动机怠速运行，用示波器测量传感器信号输出波形	应符合图 1-4-6 所示波形

续表

<table>
<tr><th colspan="2">连接元件</th><th>接头</th><th>端子</th><th>检测条件</th><th>规范值</th></tr>
<tr><td colspan="2" rowspan="2">凸轮轴位置传感器接地</td><td rowspan="2">B137</td><td rowspan="2">30</td><td>点火开关设置到 ON 状态</td><td>0</td></tr>
<tr><td>发动机怠速运行</td><td>0</td></tr>
<tr><td rowspan="14">加速踏板位置传感器</td><td rowspan="2">加速踏板位置主传感器信号</td><td rowspan="2">B135</td><td rowspan="2">23</td><td>点火开关设置到 ON 状态，不踩下加速踏板</td><td>1.0V</td></tr>
<tr><td>点火开关设置到 ON 状态，彻底踩下加速踏板</td><td>3.3V</td></tr>
<tr><td rowspan="2">加速踏板位置主传感器电源</td><td rowspan="2">B135</td><td rowspan="2">21</td><td>点火开关设置到 ON 状态</td><td>5V</td></tr>
<tr><td>发动机怠速运行</td><td>5V</td></tr>
<tr><td rowspan="2">加速踏板位置主传感器接地</td><td rowspan="2">B135</td><td rowspan="2">29</td><td>点火开关设置到 ON 状态</td><td>0</td></tr>
<tr><td>发动机怠速运行</td><td>0</td></tr>
<tr><td rowspan="2">加速踏板位置主传感器屏蔽</td><td rowspan="2">B136</td><td rowspan="2">4</td><td>点火开关设置到 ON 状态</td><td>0</td></tr>
<tr><td>发动机怠速运行</td><td>0</td></tr>
<tr><td rowspan="2">加速踏板位置副传感器信号</td><td rowspan="2">B135</td><td rowspan="2">31</td><td>点火开关设置到 ON 状态，不踩下加速踏板</td><td>1.0V</td></tr>
<tr><td>点火开关设置到 ON 状态，彻底踩下加速踏板</td><td>3.5V</td></tr>
<tr><td rowspan="2">加速踏板位置副传感器电源</td><td rowspan="2">B135</td><td rowspan="2">12</td><td>点火开关设置到 ON 状态</td><td>5V</td></tr>
<tr><td>发动机怠速运行</td><td>5V</td></tr>
<tr><td rowspan="2">加速踏板位置副传感器接地</td><td rowspan="2">B135</td><td rowspan="2">30</td><td>点火开关设置到 ON 状态</td><td>0</td></tr>
<tr><td>发动机怠速运行</td><td>0</td></tr>
<tr><td colspan="2" rowspan="2">起动机继电器控制</td><td rowspan="2">B135</td><td rowspan="2">26</td><td>点火开关设置到 ON 状态，起动机继电器处于接通状态</td><td>0</td></tr>
<tr><td>点火开关设置到 ON 状态，起动机继电器处于关闭状态</td><td>10～13V</td></tr>
<tr><td colspan="2" rowspan="2">离合器开关</td><td rowspan="2">B135</td><td rowspan="2">9</td><td>点火开关设置到 ON 状态，离合器踏板踩下</td><td>0</td></tr>
<tr><td>点火开关设置到 ON 状态，离合器踏板松开</td><td>10～13V</td></tr>
<tr><td colspan="2" rowspan="2">制动开关 1</td><td rowspan="2">B136</td><td rowspan="2">15</td><td>点火开关设置到 ON 状态，制动踏板踩下</td><td>0</td></tr>
<tr><td>点火开关设置到 ON 状态，制动踏板松开</td><td>10～13V</td></tr>
<tr><td colspan="2" rowspan="2">制动开关 2</td><td rowspan="2">B136</td><td rowspan="2">3</td><td>点火开关设置到 ON 状态，制动踏板踩下</td><td>0</td></tr>
<tr><td>点火开关设置到 ON 状态，制动踏板松开</td><td>10～13V</td></tr>
</table>

续表

连接元件	接头	端子	检测条件	规范值
定速巡航系统控制开关	B135	24	点火开关设置到 ON 状态，操作定速巡航系统的 RES/ACC 开关	2.5～3.5V
			点火开关设置到 ON 状态，操作定速巡航系统的 SET/COAST 开关	0.5～1.5V
			点火开关设置到 ON 状态，操作定速巡航系统的 CANCEL 开关	0～0.5V
			点火开关设置到 ON 状态，不对定速巡航系统开关执行任何操作	3.5～4.5V
定速巡航系统主开关	B136	13	点火开关设置到 ON 状态，主开关开启	0
			点火开关设置到 ON 状态，主开关关闭	5V
自动断电控制	B135	13	点火开关设置到 ON 状态	0
			发动机怠速运行	0
动力转向机油压力开关	B137	28	发动机怠速运行，压力开关关闭	12～14V
			发动机怠速运行，压力开关开启	0
传感器接地	B134	29	点火开关设置到 ON 状态	0
			发动机怠速运行	0
	B135	30	点火开关设置到 ON 状态	0
			发动机怠速运行	0
发动机接地 1	B134	6	点火开关设置到 ON 状态	0
			发动机怠速运行	0
发动机接地 2	B134	4	点火开关设置到 ON 状态	0
			发动机怠速运行	0
发动机接地 3	B134	3	点火开关设置到 ON 状态	0
			发动机怠速运行	0
发动机接地 4	B137	1	点火开关设置到 ON 状态	0
			发动机怠速运行	0
发动机接地 5	B137	3	点火开关设置到 ON 状态	0
			发动机怠速运行	0
车身接地	B136	4	点火开关设置到 ON 状态	0
			发动机怠速运行	0

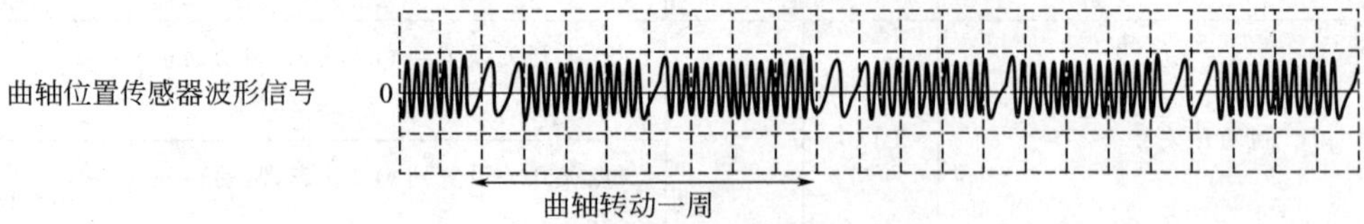

图 1-4-2　曲轴位置传感器波形信号

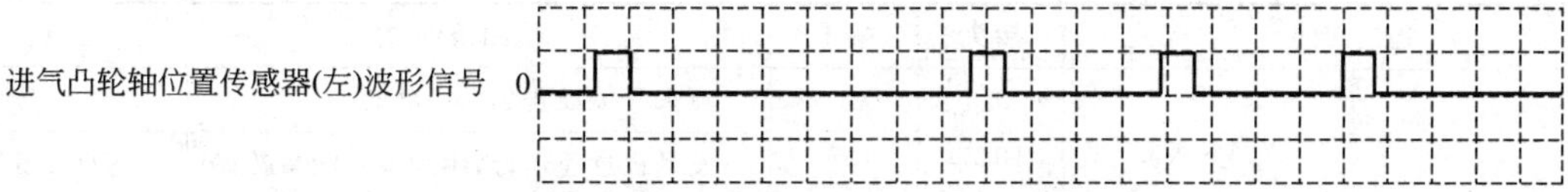

图 1-4-3　进气凸轮轴位置传感器（左）波形信号

图 1-4-4　进气凸轮轴位置传感器（右）波形信号

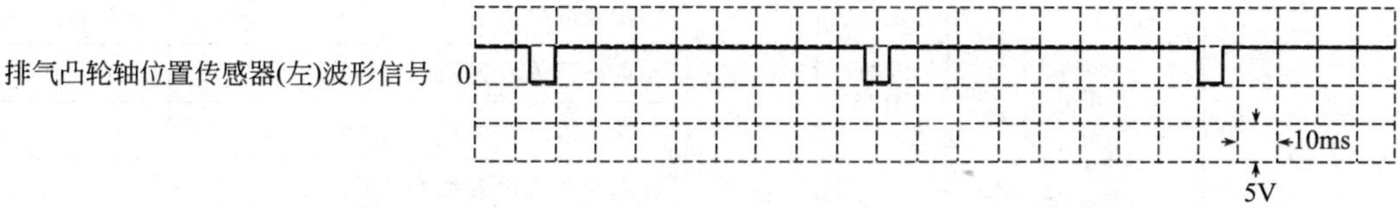

图 1-4-5　排气凸轮轴位置传感器（左）波形信号

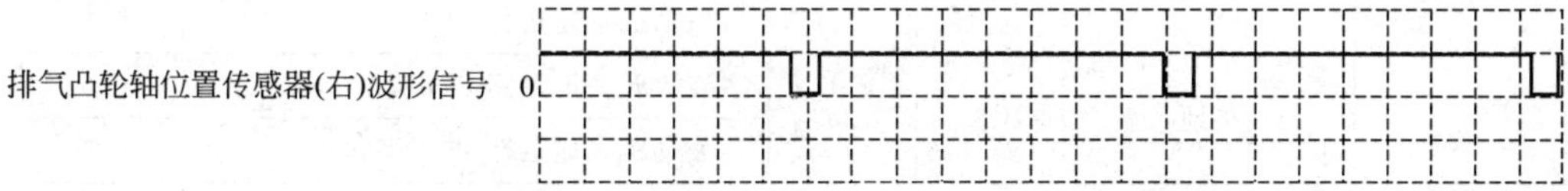

图 1-4-6　排气凸轮轴位置传感器（右）波形信号

第五节　IMPREZA（翼豹）轿车（2010～2015 年款）

发动机电控单元安装在右侧仪表板杂物箱后，端子识别见图 1-5-1，发动机电控单元端子检测见表 1-5-1。

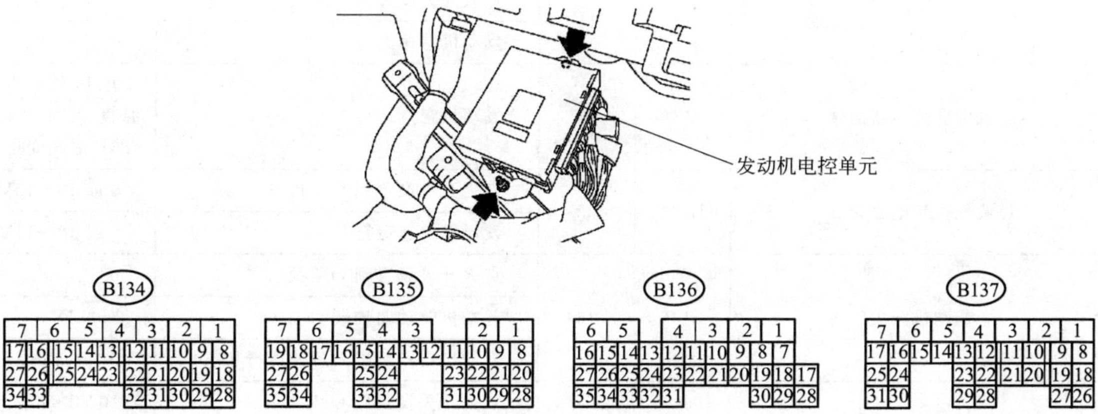

图 1-5-1　发动机电控单元端子识别

表 1-5-1　发动机电控单元端子检测

连接元件		接头	端子	检测条件	规范值
曲轴位置传感器	信号(+)	B137	17	点火开关设置到 ON 状态	0
				发动机怠速运行，用示波器测量传感器信号输出波形	应符合图 1-5-2 所示波形
	信号(-)	B137	25	点火开关设置到 ON 状态	0
				发动机怠速运行	0
	屏蔽	B137	31	点火开关设置到 ON 状态	0
				发动机怠速运行	0
前氧传感器	信号(+)	B136	19	点火开关设置到 ON 状态	2.8～3.2V
				发动机怠速运行	2.8～3.2V
	信号(-)	B136	18	点火开关设置到 ON 状态	2.4～2.7V
				发动机怠速运行	2.4～2.7V
	屏蔽	B136	9	点火开关设置到 ON 状态	0
				发动机怠速运行	0
后氧传感器	信号	B136	20	点火开关设置到 ON 状态	0
				发动机怠速运行	0～0.9V
	屏蔽	B136	9	点火开关设置到 ON 状态	0
				发动机怠速运行	0
	接地	B135	30	点火开关设置到 ON 状态	0
				发动机怠速运行	0
后氧传感器加热器信号		B135	6	点火开关设置到 ON 状态	0～13V
				发动机怠速运行	12～14V
发动机冷却液温度传感器	信号	B137	22	点火开关设置到 ON 状态	1.0～1.4V
	接地	B134	29	点火开关设置到 ON 状态	0
空气流量传感器	信号	B136	22	发动机怠速运行	0.3～4.5V
	屏蔽	B136	10	点火开关设置到 ON 状态	0
				发动机怠速运行	0
	接地	B136	11	点火开关设置到 ON 状态	0
				发动机怠速运行	0
进气温度传感器信号		B136	31	发动机怠速运行	电压随进气温度在 0.3～4.6V 之间变化
废气控制电磁阀		B134	33	点火开关设置到 ON 状态	0 或 10～13V
				发动机怠速运行	0 或 12～14V
起动机开关		B136	16	点火开关设置到 ON 状态	0
				起动机驱动曲轴转动	8～14V
				发动机启动后进入怠速运行状态	0
点火开关		B136	30	点火开关设置到 ON 状态	10～13V
				发动机怠速运行	12～14V

续表

连接元件		接头	端子	检测条件	规范值
空调开关		B136	29	点火开关设置到 ON 状态	开关接通：10～13V 开关关闭：0
				发动机怠速运行	开关接通：12～14V 开关关闭：0
空挡位置开关		B136	35	点火开关设置到 ON 状态，发动机不运行，开关接通	0
				点火开关设置到 ON 状态，发动机不运行，开关关闭	10～13V
				发动机怠速运行，开关接通	0
				发动机怠速运行，开关关闭	12～14V
检测模式开关		B136	34	点火开关设置到 ON 状态	10～13V
				发动机怠速运行	12～14V
爆震传感器	信号	B137	2	点火开关设置到 ON 状态	2.8V
				发动机怠速运行	2.8V
	屏蔽	B137	8	点火开关设置到 ON 状态	0
				发动机怠速运行	0
发动机电控单元供电		B137	7	点火开关设置到 ON 状态	10～13V
				发动机怠速运行	12～14V
		B136	1	点火开关设置到 ON 状态	10～13V
				发动机怠速运行	12～14V
备用供电		B136	2	点火开关设置到 ON 状态	10～13V
				点火开关设置到 OFF 状态	10～13V
				发动机怠速运行	12～14V
点火控制	气缸 1	B134	21	点火开关设置到 ON 状态	0
				发动机怠速运行	0 或 5V
	气缸 2	B134	22	点火开关设置到 ON 状态	0
				发动机怠速运行	0 或 5V
	气缸 3	B134	31	点火开关设置到 ON 状态	0
				发动机怠速运行	0 或 5V
	气缸 4	B134	32	点火开关设置到 ON 状态	0
				发动机怠速运行	0 或 5V
喷油器	喷油器 1	B134	10	点火开关设置到 ON 状态	10～13V
				发动机怠速运行	1～14V
	喷油器 2	B134	11	点火开关设置到 ON 状态	10～13V
				发动机怠速运行	1～14V
	喷油器 3	B134	12	点火开关设置到 ON 状态	10～13V
				发动机怠速运行	1～14V
	喷油器 4	B134	13	点火开关设置到 ON 状态	10～13V
				发动机怠速运行	1～14V

续表

连接元件	接头	端子	检测条件	规范值
燃油泵控制单元诊断信号	B135	10	点火开关设置到 ON 状态	10～13V
			发动机怠速运行	12～14V
燃油泵控制单元控制	B136	33	点火开关设置到 ON 状态	0 或 5V
			发动机怠速运行	0 或 5V
空调继电器控制	B135	35	点火开关设置到 ON 状态	继电器接通：0～0.5V 继电器断开：10～13V
			发动机怠速运行	继电器接通：0～0.5V 继电器断开：12～14V
鼓风机风扇开关	B135	19	发动机怠速运行，风扇开关开启	0
			发动机怠速运行，风扇开关关闭	12～14V
空调压力开关	B136	7	发动机怠速运行，压力开关开启	0
			发动机怠速运行，压力开关关闭	12～14V
主冷却风扇继电器控制	B135	12	点火开关设置到 ON 状态	继电器接通：0～0.5V 继电器断开：10～13V
			发动机怠速运行	继电器接通：0～0.5V 继电器断开：13～14V
辅助冷却风扇继电器控制	B135	11	点火开关设置到 ON 状态	继电器接通：0～0.5V 继电器断开：10～13V
			发动机怠速运行	继电器接通：0～0.5V 继电器断开：12～14V
发动机转速信号输出	B135	15	发动机怠速运行	0～13V 或更高
燃油蒸发排放净化电磁阀 1	B137	6	点火开关设置到 ON 状态	0 或 10～13V
			发动机怠速运行	0 或 12～14V
燃油蒸发排放净化电磁阀 2	B137	15	点火开关设置到 ON 状态	0 或 10～13V
			发动机怠速运行	0 或 12～14V
进气歧管绝对压力传感器信号	B137	20	点火开关设置到 ON 状态	1.7～2.4V
			发动机怠速运行	1.1～1.6V
进气歧管绝对压力传感器供电	B134	19	点火开关设置到 ON 状态	5V
			发动机怠速运行	5V
进气歧管绝对压力传感器接地	B134	29	点火开关设置到 ON 状态	0
			发动机怠速运行	0

续表

连接元件		接头	端子	检测条件	规范值
SSM故障诊断仪通信电路		B135	14	点火开关设置到ON状态	电压在低于1V和高于4V之间往复变动
电子节气门控制	主节气门	B134	18	发动机暖机后怠速运行,节气门全闭	0.6～0.7V
				发动机暖机后怠速运行,节气门全开	4.0V
	副节气门	B134	28	发动机暖机后怠速运行,节气门全闭	1.5～1.6V
				发动机暖机后怠速运行,节气门全开	4.2V
	供电	B134	19	点火开关设置到ON状态	5V
				发动机怠速运行	5V
	接地	B134	29	点火开关设置到ON状态	0
				发动机怠速运行	0
电子节气门控制电机(+)		B134	2	点火开关设置到ON状态	占空比波形信号
				发动机怠速运行	占空比波形信号
电子节气门控制电机(−)		B134	1	点火开关设置到ON状态	占空比波形信号
				发动机怠速运行	占空比波形信号
电子节气门控制电机供电		B135	7	点火开关设置到ON状态	10～13V
				发动机怠速运行	12～14V
电子节气门控制电机继电器		B135	17	点火开关设置到ON状态,继电器闭合	0
				发动机怠速运行,继电器断开	12～14V
进气凸轮轴位置传感器(左)		B137	16	点火开关设置到ON状态	0或5V
				发动机怠速运行,用示波器测量传感器信号输出波形	应符合图1-5-3所示波形
进气凸轮轴位置传感器(右)		B137	24	点火开关设置到ON状态	0或5V
				发动机怠速运行,用示波器测量传感器信号输出波形	应符合图1-5-4所示波形
排气凸轮轴位置传感器(左)		B137	29	点火开关设置到ON状态	0或5V
				发动机怠速运行,用示波器测量传感器信号输出波形	应符合图1-5-5所示波形
排气凸轮轴位置传感器(右)		B137	23	点火开关设置到ON状态	0或5V
				发动机怠速运行,用示波器测量传感器信号输出波形	应符合图1-5-6所示波形
凸轮轴位置传感器接地		B137	30	点火开关设置到ON状态	0
				发动机怠速运行	0

续表

连接元件		接头	端子	检测条件	规范值
加速踏板位置传感器	加速踏板位置主传感器信号	B135	23	点火开关设置到ON状态，不踩下加速踏板	1.0V
				点火开关设置到ON状态，彻底踩下加速踏板	3.3V
	加速踏板位置主传感器电源	B135	21	点火开关设置到ON状态	5V
				发动机怠速运行	5V
	加速踏板位置主传感器接地	B135	29	点火开关设置到ON状态	0
				发动机怠速运行	0
	加速踏板位置主传感器屏蔽	B136	4	点火开关设置到ON状态	0
				发动机怠速运行	0
	加速踏板位置副传感器信号	B135	31	点火开关设置到ON状态，不踩下加速踏板	1.0V
				点火开关设置到ON状态，彻底踩下加速踏板	3.5V
	加速踏板位置副传感器电源	B135	12	点火开关设置到ON状态	5V
				发动机怠速运行	5V
	加速踏板位置副传感器接地	B135	30	点火开关设置到ON状态	0
				发动机怠速运行	0
起动机继电器控制		B135	26	点火开关设置到ON状态，起动机继电器处于接通状态	0
				点火开关设置到ON状态，起动机继电器处于关闭状态	10～13V
离合器开关		B135	9	点火开关设置到ON状态，离合器踏板踩下	0
				点火开关设置到ON状态，离合器踏板松开	10～13V
制动开关1		B136	15	点火开关设置到ON状态，制动踏板踩下	0
				点火开关设置到ON状态，制动踏板松开	10～13V
制动开关2		B136	3	点火开关设置到ON状态，制动踏板踩下	0
				点火开关设置到ON状态，制动踏板松开	10～13V
定速巡航系统控制开关		B136	12	点火开关设置到ON状态，操作定速巡航系统的RES/ACC开关	2.5～3.5V
				点火开关设置到ON状态，操作定速巡航系统的SET/COAST开关	0.5～1.5V
				点火开关设置到ON状态，操作定速巡航系统的CANCEL开关	0～0.5V
				点火开关设置到ON状态，不对定速巡航系统开关执行任何操作	3.5～4.5V

续表

连接元件	接头	端子	检测条件	规范值
定速巡航系统主开关	B136	13	点火开关设置到 ON 状态，主开关开启	0
			点火开关设置到 ON 状态，主开关关闭	5V
燃油箱压力传感器	B136	21	点火开关设置到 ON 状态，取下燃油加注盖后再安装好	2.3～2.7V
二次空气喷射压力传感器信号	B137	9	点火开关设置到 ON 状态	2.2～2.8V
二次空气喷射压力传感器供电	B134	19	点火开关设置到 ON 状态	5V
			发动机怠速运行	5V
二次空气喷射压力传感器接地	B134	29	点火开关设置到 ON 状态	0
			发动机怠速运行	0
二次空气喷射泵继电器	B135	27	发动机怠速运行，继电器闭合	12～14V
			发动机怠速运行，继电器断开	0
自动断电控制	B135	13	点火开关设置到 ON 状态	10～13V
			发动机怠速运行	12～14V
动力转向机油压力开关	B137	28	发动机怠速运行，压力开关关闭	12～14V
			发动机怠速运行，压力开关开启	0
发动机接地 1	B134	6	点火开关设置到 ON 状态	0
			发动机怠速运行	0
发动机接地 2	B134	4	点火开关设置到 ON 状态	0
			发动机怠速运行	0
发动机接地 3	B134	3	点火开关设置到 ON 状态	0
			发动机怠速运行	0
发动机接地 4	B137	1	点火开关设置到 ON 状态	0
			发动机怠速运行	0
发动机接地 5	B137	8	点火开关设置到 ON 状态	0
			发动机怠速运行	0
车身接地	B136	4	点火开关设置到 ON 状态	0
			发动机怠速运行	0

曲轴位置传感器波形信号

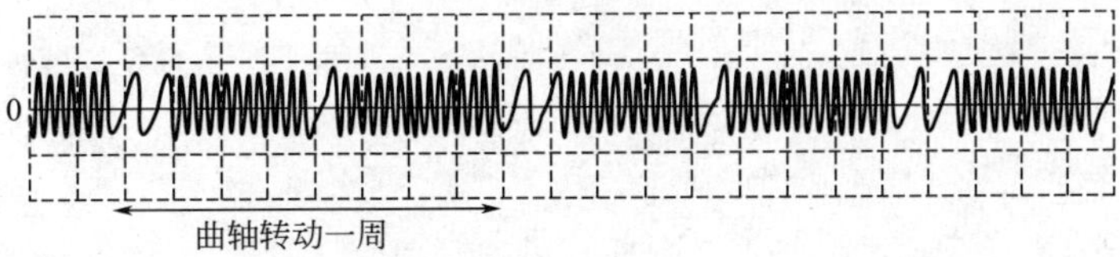

图 1-5-2　曲轴位置传感器波形信号

进气凸轮轴位置传感器(左)波形信号

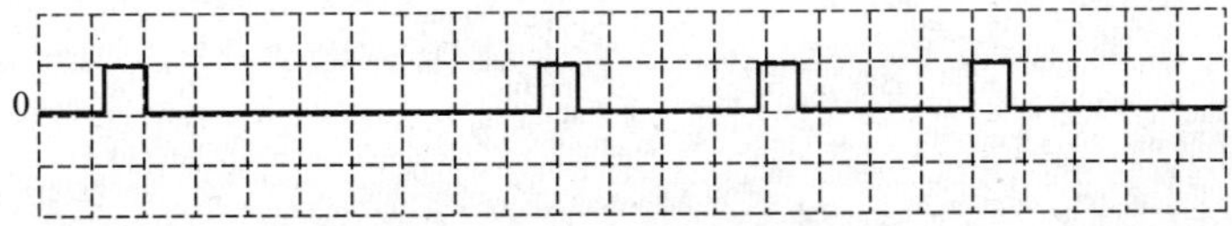

图 1-5-3　进气凸轮轴位置传感器（左）波形信号

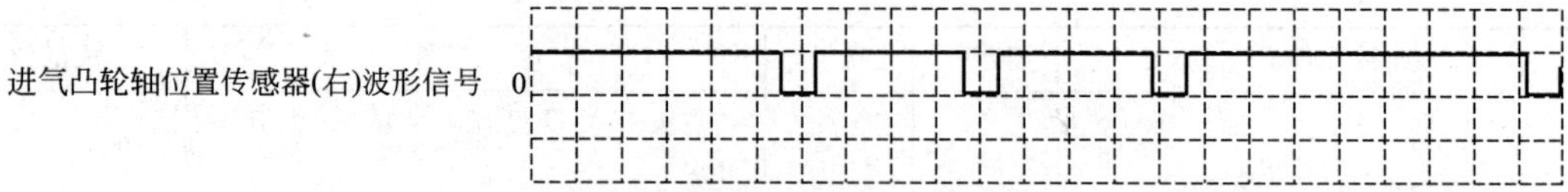

图 1-5-4 进气凸轮轴位置传感器（右）波形信号

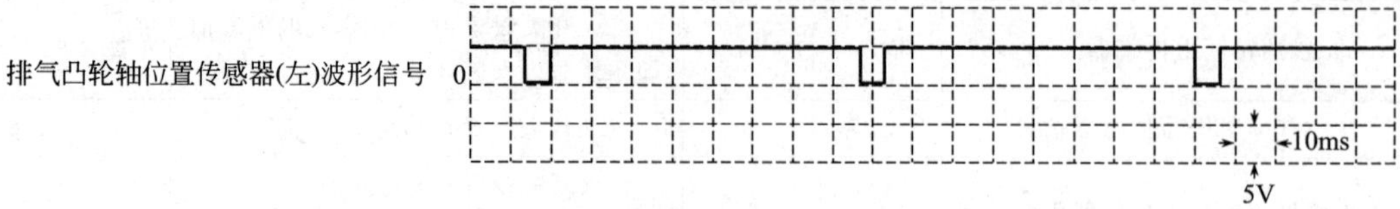

图 1-5-5 排气凸轮轴位置传感器（左）波形信号

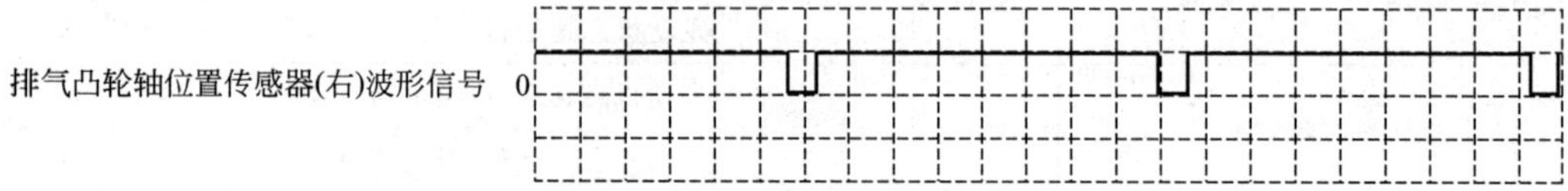

图 1-5-6 排气凸轮轴位置传感器（右）波形信号

第二章

HONDA（本田）车系

第一节　INSIGHT 轿车（2010～2015 年款）

发动机电控单元安装位置见图 2-1-1，端子识别见图 2-1-2，端子检测见表 2-1-1。

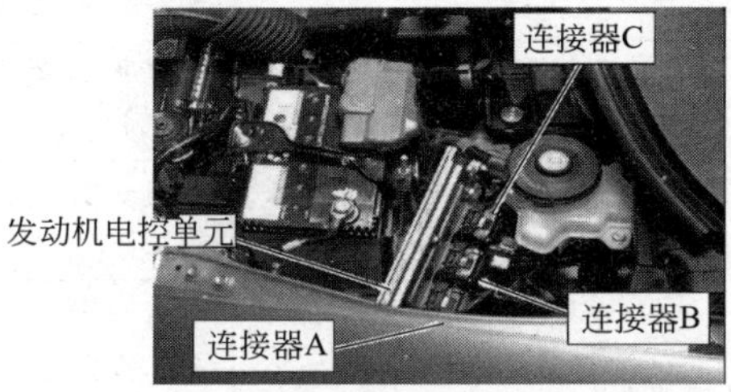

图 2-1-1　发动机电控单元安装位置识别

图 2-1-2　发动机电控单元端子识别

表 2-1-1　发动机电控单元端子检测

发动机电控单元连接器 A 端子检测		
端子	端子说明	检测方法和规范值
1	电磁阀电源	点火开关设置到 ON 状态：蓄电池电压
2	未用	—
3	控制器区域网络高速通信电路	点火开关设置到 ON 状态：脉冲信号
4	控制器区域网络低速通信电路	点火开关设置到 ON 状态：脉冲信号
5、6	未用	—
7	燃油喷射系统主继电器 1	点火开关设置到 ON 状态：约 0
		点火开关设置到 LOCK 状态：蓄电池电压
8	起动机开关信号	点火开关设置到 START 状态：蓄电池电压
		点火开关设置到除 START 状态以外的位置：约 0

续表

发动机电控单元连接器 A 端子检测		
端子	端子说明	检测方法和规范值
9	ECM/PCM 供电电源	点火开关设置到 ON 状态：蓄电池电压
10	传感器接地	电压始终低于 0.2V
11	换挡锁止电磁阀	点火开关设置在 ON 状态，变速器挡位设置在 P 挡，踩下制动踏板，松开加速踏板：约 0
12	发动机转速脉冲输出信号	发动机运行时，脉冲信号
13、14	未用	—
15	发动机怠速停机开关信号	点火开关设置在 ON 状态，松开制动踏板：蓄电池电压
		点火开关设置在 ON 状态，踩下制动踏板：约 0
16	车速信号	根据车速高低，产生脉冲信号
17	空调压力传感器信号	空调开关接通：1.4～4.8V(根据空调压力而变化)
18	加速踏板位置传感器 A	点火开关设置到 ON 状态，踩下加速踏板：约 4.7V
		点火开关设置到 ON 状态，松开加速踏板：约 1.0V
19	加速踏板位置传感器 B	点火开关设置到 ON 状态，踩下加速踏板：约 2.4V
		点火开关设置到 ON 状态，松开加速踏板：约 0.5V
20	传感器电压	点火开关设置到 ON 状态：约 5V
21	未用	—
22	燃油蒸发排放活性炭罐真空切断阀	点火开关设置在 ON 状态：蓄电池电压
23	未用	—
24	电气负载检测	点火开关设置到 ON 状态：电压随电气负载大小在 0.1～4.8V 之间变化
25	传感器供电电压	点火开关设置到 ON 状态：约 5V
26	传感器供电电压	点火开关设置到 ON 状态：约 5V
27	燃油箱压力传感器	点火开关设置到 ON 状态，取下油箱加注口盖：约 2.5V
28	制动助力器压力传感器信号	点火开关设置到 ON 状态，且制动助力器内没有真空时：约 3V
		发动机处于怠速运行状态：约 1V
29	未用	—
30	燃油喷射系统主继电器 2	点火开关设置到 ON 状态后 2s 左右：约 0，然后电压变为蓄电池电压
		发动机怠速运行：0
31	未用	—

续表

发动机电控单元连接器 A 端子检测		
端子	端子说明	检测方法和规范值
32	维修检查信号	用 HDS 故障诊断仪短接维修检查信号:约 0
		维修检查信号断路:约 5.0V
33	未用	—
34	发动机冷却液温度传感器 2	点火开关设置到 ON 状态:电压应随发动机冷却液温度的不同在 0.1～4.8V 之间变化
35	传感器接地	始终低于 0.25V
36	传感器接地	始终低于 0.2V
37	制动助力器压力传感器信号	点火开关设置到 ON 状态,且制动助力器内没有真空时:约 2V
		发动机处于怠速运行状态:约 1V
38	电子节气门控制继电器	点火开关设置到 ON 状态:0
39	起动机关闭继电器	点火开关设置到 START 状态:蓄电池电压
		点火开关设置到除 START 状态以外的位置:约 0
40	未用	—
41	空调压缩机离合器继电器	空调压缩机开启:0
		空调压缩机关闭:蓄电池电压
42	制动踏板位置开关信号	制动踏板松开:0
		制动踏板踩下:蓄电池电压
43	未用	—
44	散热器风扇继电器	散热器风扇运行状态:约 0
		散热器风扇停止运转:蓄电池电压
45	空调冷凝器风扇和冷却风扇控制继电器	风扇运行状态:0
		风扇停止运行:蓄电池电压
46	发动机防盗锁止系统串行通信电路	点火开关设置到 ON 状态:脉冲信号
		拔出点火钥匙:约 0～5V
47	换挡拨片+挡开关(加挡)	点火开关设置到 ON 状态,按下拨片+开关:约 0
		点火开关设置到 ON 状态,松开拨片+开关:蓄电池电压
48	换挡拨片－挡开关(减挡)	点火开关设置到 ON 状态,按下拨片-开关:约 0
		点火开关设置到 ON 状态,松开拨片-开关:蓄电池电压
49	发动机电控单元辅助继电器	点火开关设置到 ON 状态:0

发动机电控单元连接器 B 端子检测		
端子	端子说明	检测方法和规范值
1	发动机电控单元接地电路	始终低于 0.2V
2	排气再循环阀	排气再循环运行时:占空比控制
		排气再循环不运行时:0

发动机电控单元连接器 B 端子检测		
端子	端子说明	检测方法和规范值
3	燃油蒸汽排放净化电磁阀	发动机运行;发动机冷却液温度低于 45℃:蓄电池电压
		发动机运行;发动机冷却液温度高于 45℃:占空比控制
4	辅助氧传感器加热器	点火开关设置到 ON 状态:蓄电池电压
		发动机暖机运行:占空比控制
5、6	未用	—
7	发动机机油压力开关	点火开关设置到 ON 状态:约 0
		发动机运行时:蓄电池电压
8	CVT 离合器压力控制电磁阀	点火开关设置到 ON 状态:占空比控制
9	未用	—
10	发动机电控单元接地电路	始终低于 0.2V
11	未用	—
12	质量空气流量传感器＋	发动机暖机怠速无电气负载运行:约 1.2V
13	变速器挡位开关 N 位置信号输入	变速器设置在 N 挡位:约 0
		变速器设置在其他挡位:5V
14	变速器挡位开关 P 位置信号输入	变速器设置在 P 挡位:约 0
		变速器设置在其他挡位:蓄电池电压
15	变速器挡位开关 R 位置信号输入	变速器设置在 R 挡位:约 0
		变速器设置在其他挡位:蓄电池电压
16	变速器挡位开关 S 位置信号输入	变速器设置在 S 挡位:约 0
		变速器设置在其他挡位:蓄电池电压
17	变速器挡位开关 L 位置信号输入	变速器设置在 L 挡位:约 0
		变速器设置在其他挡位:蓄电池电压
18	CVT 变速器输入轴转速传感器	点火开关设置到 ON 状态:约 0 或 5V
		发动机怠速运行时,把变速器设置到 N 挡位:约 2.5V
19	传感器供电电压	点火开关设置到 ON 状态:约 5.0V
20	未用	—
21	进气歧管绝对压力传感器	点火开关设置到 ON 状态:约 3V
		发动机怠速运行:1.0V
22	未用	—
23	气门摇臂机油控制电磁阀 B	发动机怠速运行:0
24	发动机冷却液温度传感器 1	点火开关设置到 ON 状态:电压应随发动机冷却液温度不同在 0.1～4.8V 之间变化
25	变速器挡位开关 D 位置信号输入	变速器设置在 D 挡位:约 0
		变速器设置在其他挡位:蓄电池电压

发动机电控单元连接器 B 端子检测		
端子	端子说明	检测方法和规范值
26	CVT 变速器从动带轮压力控制电磁阀	点火开关设置到 ON 状态:占空比控制
27	气门摇臂机油压力传感器信号	点火开关设置到 ON 状态:0.5V
		发动机运行:1.4V
28	CVT 变速器油液温度传感器	点火开关设置到 ON 状态:电压应随 CVT 变速器油液温度不同在 0.1～4.8V 之间变化
29	变速器挡位开关 FWD 位置信号	变速器设置在 D、S 位置:约 0
		变速器设置在其他位置:蓄电池电压
30	防非法启动系统电磁阀	发动机怠速运行,冷却风扇转动 2 次:0
31	废气再循环阀位置传感器信号	发动机处于运行状态:1.2～3.0V
32	进气温度传感器	点火开关设置到 ON 状态:0.1～4.0V
33	质量空气流量传感器接地	始终低于 0.2V
34	传感器接地	始终低于 0.2V
35	未用	—
36	辅助氧传感器	发动机暖机怠速运行,节气门全开:约 0.8V
		快速关闭节气门:低于 0.4V
37	排气侧 1 号点火线圈	点火开关设置到 ON 状态:0
		发动机运行:脉冲信号
38	车速信号	点火开关设置到 ON 状态:约 0 或 5V
		车辆行驶时:脉冲信号
39	未用	—
40	CVT 变速器驱动带轮压力控制电磁阀	点火开关设置到 ON 状态:占空比控制
41	进气侧点火线圈供电	点火开关设置到 ON 状态:蓄电池电压
42	排气侧点火线圈供电	点火开关设置到 ON 状态:蓄电池电压
43	排气侧 2 号点火线圈	点火开关设置到 ON 状态:0
		发动机运行:脉冲信号
44	CVT 变速器输出轴转速传感器信号	点火开关设置到 ON 状态:约 0 或 5V
		发动机怠速运行,变速器挡位挂入 N 挡时:脉冲信号
45	未用	—
46	排气侧 3 号点火线圈	点火开关设置到 ON 状态:0
		发动机运行:脉冲信号
47	排气侧 4 号点火线圈	点火开关设置到 ON 状态:0
		发动机运行:脉冲信号
48、49	未用	—

发动机电控单元连接器 C 端子检测		
端子	端子说明	检测方法和规范值
1	点火信号	点火开关设置到 ON 状态:蓄电池电压

续表

发动机电控单元连接器C端子检测		
端子	端子说明	检测方法和规范值
2	发动机电控单元接地电路	始终低于0.2V
3	节气门执行器接地	点火开关设置到ON状态:约0
4	驱动节气门执行器	点火开关设置到ON状态并松开加速踏板:0
		点火开关设置到ON状态并踩下加速踏板:1.7V
5	1号喷油器	发动机怠速运行:占空比控制
		点火开关设置到ON状态:蓄电池电压
6	2号喷油器	发动机怠速运行:占空比控制
		点火开关设置到ON状态:蓄电池电压
7	3号喷油器	发动机怠速运行:占空比控制
		点火开关设置到ON状态:蓄电池电压
8	4号喷油器	发动机怠速运行:占空比控制
		点火开关设置到ON状态:蓄电池电压
9	空燃比传感器加热器控制	点火开关设置到ON状态:蓄电池电压
		发动机暖机怠速运行:占空比控制
10	点火信号	点火开关设置到ON状态:蓄电池电压
11	未用	—
12	传感器电压	点火开关设置到ON状态:约5.0V
13	传感器电压	点火开关设置到ON状态:约5.0V
14	传感器接地	始终低于0.2V
15	1号点火线圈	点火开关设置到ON状态:约0
		发动机运行:脉冲
16	2号点火线圈	点火开关设置到ON状态:约0
		发动机运行:脉冲
17	3号点火线圈	点火开关设置到ON状态:约0
		发动机运行:脉冲
18	4号点火线圈	点火开关设置到ON状态:约0
		发动机运行:脉冲
19	未用	—
20	节气门位置传感器A	点火开关设置到ON状态,松开加速踏板:约0.8V
		点火开关设置到ON状态,彻底踩下加速踏板:约3.9V
21	节气门位置传感器B	点火开关设置到ON状态,松开加速踏板:约1.7V
		点火开关设置到ON状态,彻底踩下加速踏板:约4.1V

续表

发动机电控单元连接器 C 端子检测		
端子	端子说明	检测方法和规范值
22、23	未用	—
24	气门摇臂机油控制电磁阀 A	发动机怠速运行:0
25	气门摇臂机油压力传感器信号	点火开关设置到 ON 状态:0.8V
26～28	未用	—
29	空燃比传感器＋	发动机怠速运行:约 2.2V
30	空燃比传感器－	发动机怠速运行:约 1.8V
31	凸轮轴位置传感器 B	发动机运行时:脉冲信号
32	曲轴位置传感器	发动机运行时:脉冲信号
33	未用	—
34	未用	—
35	电机控制模块通信信号	点火开关设置到 ON 状态:脉冲信号
36	电机控制模块通信信号	点火开关设置到 ON 状态:脉冲信号
37	传感器接地	始终低于 0.2V
38	爆震传感器接地	始终低于 0.2V
39	CVT 变速器从动带轮压力传感器信号	从动带轮压力为 0:0
		从动带轮压力为 2MPa:5V
40～42	未用	—
43	传感器接地	始终低于 0.2V
44	接地(发动机电控单元接地电路)	始终低于 0.2V
45	未用	—
46	爆震传感器	发动机发生爆震时:脉冲信号
47、48	未用	—
49	接地(发动机电控单元接地电路)	始终低于 0.2V

第二节 SPIRIOR(思铂睿)轿车(2010～2015 年款)

一、2.4L 发动机电控单元端子检测

发动机电控单元端子识别见图 2-2-1，端子检测见表 2-2-1。

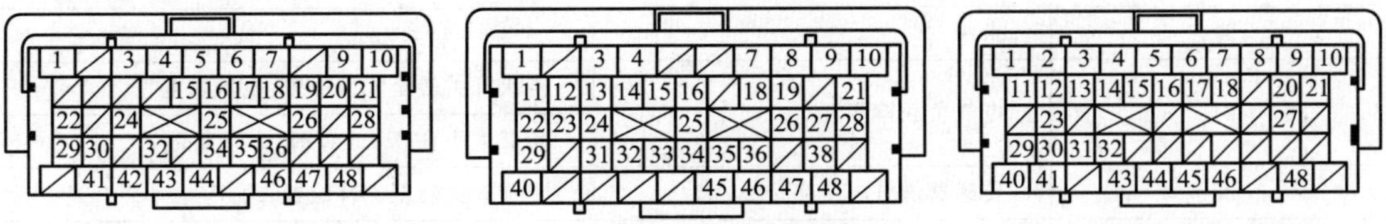

图 2-2-1　发动机电控单元端子识别

表 2-2-1 发动机电控单元端子检测

发动机电控单元连接器 A 端子		
端子	端子说明	检测方法和规范值
1(仅限自动变速器车型)	电磁阀电源	点火开关转至 ON 位置:蓄电池电压
2	未用	—
3	控制器区域网络高速通信电路	点火开关转至 ON 位置:约 2.5V(脉冲)
4	控制器区域网络低速通信电路	点火开关转至 ON 位置:约 2.5V(脉冲)
5	散热器风扇控制(启动散热器风扇继电器)	散热器风扇运转时:约 0
		散热器风扇停止运转:蓄电池电压
6	散热器风扇控制(启动空调冷凝器风扇继电器)	空调冷凝器风扇运转时:约 0
		空调冷凝器风扇停止运转:蓄电池电压
7	燃油喷射系统主继电器 1	点火开关转至 ON 位置:约 0
		点火开关转至 OFF 位置:蓄电池电压
8	未用	—
9	发动机电控单元供电电源	点火开关转至 ON 位置:蓄电池电压
10	传感器接地	电压始终低于 0.5V
11～14	未用	—
15	空调压缩机离合器继电器	空调压缩机开启:约 0
		空调压缩机关闭:蓄电池电压
16	发动机防盗锁止系统燃油泵继电器(驱动燃油喷射系统主继电器 2)	把点火开关转至 ON 位置:电压为 0,约 2s 后变为蓄电池电压
		发动机运行:约 0
17	空调压力传感器	空调开关接通:1.4～4.8V(根据空调压力而变化)
18	加速踏板位置传感器 A	点火开关转至 ON 位置,踩下加速踏板:约 4.8V
		点火开关转至 ON 位置,松开加速踏板:约 1.0V
19	加速踏板位置传感器 B	点火开关转至 ON 位置,踩下加速踏板:约 2.4V
		点火开关转至 ON 位置,松开加速踏板:约 0.5V
20	传感器电压	点火开关转至 ON 位置:约 5V
21	电子节气门控制系统控制继电器	点火开关转至 ON 位置:约 0
22	燃油喷射系统辅助继电器	点火开关转至 ON 位置:约 0
23	未用	—
24	电气负载检测	点火开关转至 ON 位置:电压随电气
		负载大小在 0.1～4.8V 之间变化
25	传感器供电电压	点火开关转至 ON 位置:约 5V
26	传感器供电电压	点火开关转至 ON 位置:约 5V
27	未用	—

续表

发动机电控单元连接器 A 端子		
端子	端子说明	检测方法和规范值
28(仅限自动变速器车型)	换挡锁止电磁阀	点火开关转至 ON 位置,换挡杆设置在 P 挡;踩下制动踏板,松开加速踏板:约 0
29	发动机转速脉冲信号	发动机运行时:脉冲信号
30	车速信号输出	车辆行驶时:脉冲信号
31	未用	—
32	维修检查信号	用 HDS 故障诊断仪短接维修检查信号:约 0
		维修检查信号断路:约 5.0V
33	未用	—
34	发动机冷却液温度传感器 2	点火开关转至 ON 位置:电压应随发动机冷却液温度的不同在 0.1～4.8V 之间变化
35	传感器接地	始终低于 0.5V
36	传感器接地	始终低于 0.5V
37～40	未用	—
41	制动踏板位置开关	点火开关转至 ON 位置,松开制动踏板:蓄电池电压
		点火开关转至 ON 位置,踩下制动踏板:约 0
42	制动踏板位置开关	松开制动踏板:约 0
		踩下制动踏板:蓄电池电压
43(仅限配备定速巡航系统的手动变速器车型)	定速巡航系统离合器踏板开关	点火开关转至 ON 位置,松开离合器踏板:约 0
		点火开关转至 ON 位置,踩下离合器踏板:蓄电池电压
44	允许写入启动信号	点火开关转至 ON 位置:约 0
45	未用	—
46	发动机防盗锁止系统串行通信电路	点火开关转至 ON 位置:脉冲信号
		点火开关关闭:约 1.4V
47(仅限配备拨片换挡系统的自动变速器车型)	换挡拨片＋挡开关(加挡)	在 S 位置按下拨片＋开关:约 0
		在 S 位置松开拨片＋开关:蓄电池电压
48(仅限配备拨片换挡系统的自动变速器车型)	换挡拨片－挡开关(减挡)	在 S 位置按下拨片－开关:约 0
		在 S 位置松开拨片－开关:蓄电池电压
49	未用	—

发动机电控单元连接器 B 端子		
端子	端子说明	检测方法和规范值
1	发动机电控单元接地电路	始终低于 0.5V
2	未用	—
3	燃油蒸汽排放净化电磁阀	发动机运行;发动机冷却液温度低于 55℃:蓄电池电压
		发动机运行;发动机冷却液温度高于 55℃:占空比控制

续表

发动机电控单元连接器 B 端子		
端子	端子说明	检测方法和规范值
4	辅助氧传感器加热器	点火开关转至 ON 位置：蓄电池电压
		发动机暖机运行：占空比控制
5、6	未用	—
7	机油压力开关	点火开关转至 ON 位置：约 0
		发动机运行时：蓄电池电压
8(仅限自动变速器车型)	变速器 2 挡离合器油液压力开关	点火开关转至 ON 位置，2 挡离合器无压力：约 5.0V
		点火开关转至 ON 位置，2 挡离合器有压力：约 0
9(仅限自动变速器车型)	变速器 3 挡离合器油液压力开关	点火开关转至 ON 位置，3 挡离合器无压力：约 5.0V
		点火开关转至 ON 位置，3 挡离合器有压力：约 0
10	发动机电控单元接地电路	始终低于 0.5V
11(仅限自动变速器车型)	换挡电磁阀 A	发动机在 R、D、S 挡位运行(1 挡、4 挡、5 挡)：蓄电池电压
12(仅限自动变速器车型)	换挡电磁阀 B	发动机在 P、R、N、D 和 S 挡位运行(1 挡、2 挡)：蓄电池电压
13(仅限自动变速器车型)	变速器挡位开关 N 位置信号输入	变速器设置在 N 挡位：约 0
		变速器设置在其他挡位：蓄电池电压
14(仅限自动变速器车型)	变速器挡位开关 P 位置信号输入	变速器设置在 P 挡位：约 0
		变速器设置在其他挡位：蓄电池电压
15(仅限自动变速器车型)	变速器挡位开关 R 位置信号输入	变速器设置在 R 挡位：约 0
		变速器设置在其他挡位：蓄电池电压
16(带换挡拨片的车型)	变速器挡位开关 S 位置	变速器设置在 S 挡位：约 0
		变速器设置在其他挡位：蓄电池电压
17	未用	未用
18(仅限自动变速器车型)	输入轴转速传感器	点火开关转至 ON 位置：约 0
		发动机怠速运行时，把变速器设置到 N 挡位：约 2.5V
19	传感器供电电压	点火开关转至 ON 位置：约 5.0V
20	未用	—
21(仅限自动变速器车型)	换挡电磁阀 C	发动机在 D、S 挡运行(1、3、5 挡)：蓄电池电压
		发动机在 P、R、D、S 挡位运行(1 挡)：约 0
22(仅限自动变速器车型)	变速器挡位开关 D 位置	变速器设置在 D 挡位：约 0
		变速器设置在其他挡位：蓄电池电压
23(带定速巡航功能的手动变速器车型)	变速器挡位开关 R	变速器设置在 R 挡位：约 0
		变速器设置在其他挡位：蓄电池电压

续表

发动机电控单元连接器 B 端子		
端子	端子说明	检测方法和规范值
24	发动机冷却液温度传感器 1	点火开关转至 ON 位置：电压应随发动机冷却液温度不同在 0.1～4.8V 之间变化
25	换挡电磁阀 E	发动机在 P、R 挡位运行：蓄电池电压
		发动机在 N、D 与 S 挡位（1 挡）：约 0
26（仅限自动变速器车型）	自动变速器离合器压力控制电磁阀 C	点火开关转至 ON 位置：占空比控制
27（仅限自动变速器车型）	换挡电磁阀 D	发动机在 P、R 挡位运行：约 0
		发动机在 N、D 与 S 挡位（1 挡）：蓄电池电压
28（仅限自动变速器车型）	自动变速器油液温度传感器	点火开关转至 ON 位置：电压应随自动变速器油液温度不同在 0.2～4.8V 之间变化
29（仅限自动变速器车型）	变速器挡位开关 FWD 位置信号	变速器设置在 D、S 位置：约 0
		变速器设置在其他位置：蓄电池电压
30	未用	—
31	质量空气流量传感器＋	发动机暖机怠速无电气负载运行：约 1.3V
32	进气温度传感器	点火开关转至 ON 位置：0.1～4.0V
33	质量空气流量传感器接地	始终低于 0.5V
34	传感器接地	始终低于 0.5V
35	气门摇臂机油控制电磁阀	发动机怠速运行：约 0.5V
36	辅助氧传感器	发动机暖机怠速运行，节气门全开：约 0.8V
		快速关闭节气门：低于 0.1V
37	未用	—
38	输出轴转速传感器	点火开关转至 ON 位置：约 0 或 5V
		车辆行驶时：脉冲信号
39	未用	—
40（仅限自动变速器车型）	自动变速器控制电磁阀 A	点火开关转至 ON 位置：占空比控制
41～44	未用	—
45	交流发电机控制	发动机暖机运行：约 7.5V
46	交流发电机 L 信号	点火开关转至 ON 位置：约 0
		发动机运行时：蓄电池电压
47	交流发电机 FR 信号	发动机运行时：0.5～3.0V
48（仅限自动变速器车型）	自动变速器离合器压力控制电磁阀 A	点火开关转至 ON 位置：占空比控制
49	未用	—

发动机电控单元连接器 C 端子		
端子	端子说明	检测方法和规范值
1	点火信号	点火开关转至 ON 位置：蓄电池电压
2	发动机电控单元接地电路	始终低于 0.5V

续表

发动机电控单元连接器C端子		
端子	端子说明	检测方法和规范值
3	节气门执行器接地	点火开关转至ON位置:约0
4	驱动节气门执行器	点火开关转至ON位置并松开加速踏板:0
5	1号喷油器	发动机怠速运行:占空比控制
		点火开关转至ON位置:蓄电池电压
6	2号喷油器	发动机怠速运行:占空比控制
		点火开关转至ON位置:蓄电池电压
7	3号喷油器	发动机怠速运行:占空比控制
		点火开关转至ON位置:蓄电池电压
8	4号喷油器	发动机怠速运行:占空比控制
		点火开关转至ON位置:蓄电池电压
9	空燃比传感器加热器控制	点火开关转至ON位置:蓄电池电压
		发动机暖机怠速运行:脉冲
10	点火信号	点火开关转至ON位置:蓄电池电压
11	进气歧管绝对压力传感器	点火开关转至ON位置:约3.0V
		发动机怠速运行时:约1.0V
12	传感器电压	点火开关转至ON位置:约5.0V
13	传感器电压	点火开关转至ON位置:约5.0V
14	传感器接地	始终低于0.5V
15	1号点火线圈	点火开关转至ON位置:约0
		发动机运行:脉冲
16	2号点火线圈	点火开关转至ON位置:约0
		发动机运行:脉冲
17	3号点火线圈	点火开关转至ON位置:约0
		发动机运行:脉冲
18	4号点火线圈	点火开关转至ON位置:约0
		发动机运行:脉冲
19	未用	—
20	节气门位置传感器A	点火开关转至ON位置,松开加速踏板:约0.8V
		点火开关转至ON位置,彻底踩下加速踏板:约3.9V
21	节气门位置传感器B	点火开关转至ON位置,松开加速踏板:约1.7V
		点火开关转至ON位置,彻底踩下加速踏板:约4.1V
22	未用	—
23	可变气门正时机油控制电磁阀	点火开关转至ON位置:约0

续表

发动机电控单元连接器 C 端子		
端子	端子说明	检测方法和规范值
24～26	未用	—
27	倒挡锁止离合器	点火开关转至 ON 位置：蓄电池电压
28	未用	—
29	空燃比传感器＋	发动机怠速运行：约 2.2V
30	空燃比传感器－	发动机怠速运行：约 1.8V
31	凸轮轴位置传感器 B	发动机运行时：脉冲信号
32	曲轴位置传感器	发动机运行时：脉冲信号
33～39	未用	—
40	发动机支架控制电磁阀	发动机怠速运行：约 0
		发动机转速高于怠速：蓄电池电压
		点火开关设置在 ON 位置：蓄电池电压
41	发动机油位传感器信号	点火开关设置在 ON 位置：脉冲
42	未用	—
43	传感器接地	始终低于 0.5V
44	逻辑接地(发动机电控单元接地电路)	始终低于 0.5V
45	凸轮轴位置传感器 A	发动机运行时：脉冲信号
46	爆震传感器	发动机发生爆震时：脉冲信号
47	未用	—
48	逻辑接地(发动机电控单元接地电路)	始终低于 0.5V
49	未用	—

二、VSA（车辆稳定辅助）系统控制电脑端子检测

VSA（车辆稳定辅助）系统控制电脑端子识别见图 2-2-2，VSA（车辆稳定辅助）系统控制电脑端子检测见表 2-2-2。

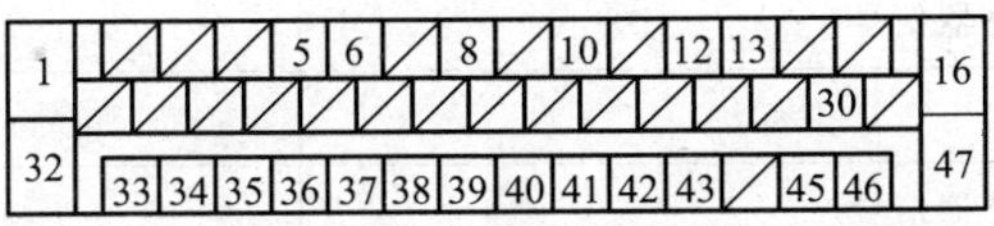

图 2-2-2　VSA（车辆稳定辅助）系统控制电脑端子识别

表 2-2-2　VSA（车辆稳定辅助）系统控制电脑端子检测

端子	端子功能说明	检测方法和规范值
1	电机继电器电源	始终为蓄电池电压
2～4	未用	—
5	转向角传感器电源	点火开关设置在 ON 位置：约为 0.5V
6	定速巡航控制继电器	制动踏板踩下：蓄电池电压

续表

端子	端子功能说明	检测方法和规范值
7	未用	—
8	系统电源	点火开关设置在ON位置:蓄电池电压
9	未用	—
10	诊断K线(与本田故障诊断仪通信)	—
11	未用	—
12	控制器区域网络高速通信电路	—
13	控制器区域网络低速通信电路	—
14、15	未用	—
16	VSA(车辆稳定辅助)系统调制器控制装置接地	始终低于0.5V
17～29	未用	—
30	转向角传感器巡航	—
31	未用	—
32	失效保护继电器电源	始终为蓄电池电压
33	右前轮速传感器信号	—
34	右前轮速传感器信号	—
35	定速巡航继电器	点火开关设置在ON位置:蓄电池电压
36	左后轮速传感器信号	—
37	左后轮速传感器信号	—
38	转向角传感器信号	—
39	写入恢复信号	—
40	转向角传感器接地	—
41	转向角传感器信号	—
42	右后轮速传感器信号	—
43	右后轮速传感器信号	—
44	未用	—
45	左前轮速传感器信号	—
46	左前轮速传感器信号	—
47	液压泵电机接地	始终低于0.5V

第三节　第九代ACCORD（雅阁）轿车（2013～2015年款）

一、2.0L R20Z4发动机电控单元端子检测

发动机电控单元端子识别见图2-3-1，端子检测见表2-3-1。

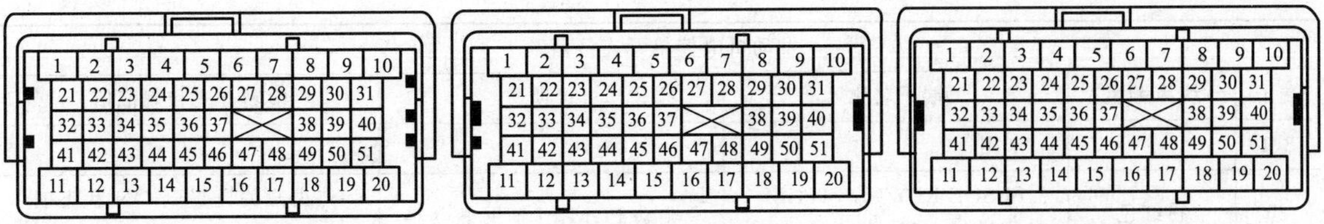

发动机电控单元连接器A　　发动机电控单元连接器B　　发动机电控单元连接器C

图 2-3-1　2.0L R20Z4 发动机电控单元端子识别

表 2-3-1　发动机电控单元端子检测

发动机电控单元连接器 A				
端子	线束颜色	端子名称	说明	检测方法和规范值
1	浅蓝色	IG1 MISS SOL(电磁阀电源)	电磁阀电源	点火开关设置到 ON 状态:蓄电池电压
2		未用		
3	白色	F-CAN_H(CAN 通信信号高速通信)	发送和接收通信信号	点火开关设置到 ON 状态:脉冲
4	红色	F-CAN_L(CAN 通信信号低速通信)	发送和接收通信信号	点火开关设置到 ON 状态:脉冲
5		未用		
6		未用		
7	橙色	FI MAIN RLY CL −(PGM−FI 主继电器 1)	驱动 PGM-FI 主继电器 1	点火开关设置到 ON 状态时:约 0 点火开关设置在 OFF(LOCK)状态时:蓄电池电压
8		未用		
9	棕色	FI MAIN RLY OUT(电源)	PCM 的电源	点火开关设置到 ON 状态:蓄电池电压
10	蓝色	SG6(传感器接地)	传感器接地	始终低于 0.2V
11		未用		
12	紫色	A/C MG CLUTCH RLY CL−(空调压缩机离合器继电器)	驱动空调压缩机离合器继电器	空调压缩机打开时:约 0 空调压缩机关闭时:蓄电池电压
13	浅绿色	STOP SW(制动踏板位置开关)	检测制动踏板位置开关信号	制动踏板松开:约 0 制动踏板踩下:蓄电池电压
14		未用		
15	白色	FAN LO SIGNAL(散热器风扇控制)	驱动空调冷凝器风扇继电器	空调冷凝器风扇运行时:约 0 空调冷凝器风扇停止时:蓄电池电压
16	黄色	FAN HI SIGNAL(散热器风扇控制)	驱动散热器风扇继电器	散热器风扇高速运转时:约 0 散热器风扇停止或低速运转时:蓄电池电压
17	灰色	S-NET(发动机防盗锁止系统串行通信)	发送和接收通信信号	点火开关设置到 ON 状态:脉冲

续表

发动机电控单元连接器 A				
端子	线束颜色	端子名称	说明	检测方法和规范值
18、19		未用		
20	粉红色	FI SUB RLY CL－(PGM－FI 辅助继电器)	驱动 PGM-FI 辅助继电器	点火开关设置到 ON 状态时：约 0
21	粉红色	SHIFT LOCK SOL(换挡锁止电磁阀)	驱动换挡锁止电磁阀	点火开关设置到 ON 状态，在 P 位置踩下制动踏板，并松开加速踏板：约 0
22	紫色	NEP(发动机转速脉冲)	输出发动机转速脉冲	发动机运行时：脉冲
23、24		未用		
25	橙色	BKSWNC(制动踏板位置开关)	检测制动踏板位置开关信号	点火开关设置到 ON 状态且制动踏板松开：蓄电池电压
				点火开关设置到 ON 状态且制动踏板踩下：约 0
26(配备导航系统)	红色	VSP 车速信号输出	传送车速信号	取决于车速：脉冲
27	红色	PD SENSOR(空调压力传感器)	检测空调压力传感器信号	空调开关为 ON 时：1.0～4.8V(取决于空调压力)
28	黄色	APS1［加速踏板位置(APP)传感器 A］	检测 APP 传感器 A 信号	点火开关设置到 ON 状态且踩下加速踏板时：约 4.7V
				点火开关设置到 ON 状态且松开加速踏板时：约 1.0V
29	白色	APS2［加速踏板位置(APP)传感器 B］	检测 APP 传感器 B 信号	点火开关设置到 ON 状态且踩下加速踏板时：约 2.3V
				点火开关设置到 ON 状态且松开加速踏板时：约 0.5V
30	棕色	VCC6(传感器电压)	提供传感器基准电压	点火开关设置到 ON 状态时：约 5.0V
31～33		未用		
34	白色	ELD(电气负载检测器)	检测 ELD 信号	点火开关设置到 ON 状态时：0.1～4.8V(取决于电气负载)
35、36		未用		
37	棕色	VCC5(传感器电压)	提供传感器基准电压	点火开关设置到 ON 状态时：约 5.0V
38	灰色	VCC4(传感器电压)	提供传感器基准电压	点火开关设置到 ON 状态时：约 5.0V
39、40		未用		
41	灰色	FUEL PUMP RLY CL－(发动机防盗锁止燃油泵继电器)	驱动 PGM-FI 主继电器 2	将车辆转至 ON 模式后电压为 0，持续 2s，然后为蓄电池电压
42、43		未用		

续表

发动机电控单元连接器 A				
端子	线束颜色	端子名称	说明	检测方法和规范值
44	粉红色	SCS(维修检查信号)	检测维修检查信号	维修检查信号短路时:约 0 维修检查信号断路时:约 5.0V
45		未用		
46	浅蓝色	TW2 SENSOR[发动机冷却液温度(ECT)传感器 2]	检测 ECT 传感器 2 信号	点火开关设置到 ON 状态时:0.1～4.8V(取决于发动机冷却液温度)
47	绿色	SG5(传感器接地)	传感器接地	始终低于 0.2V
48	蓝色	SG4(传感器接地)	传感器接地	始终低于 0.2V
49		未用		
50	白色	DBW RLY CL－[电子节气门控制系统(ETCS)控制继电器]	驱动电子节气门控制系统(ETCS)控制继电器	点火开关设置到 ON 状态时:约 0
51		未用		

发动机电控单元连接器 B				
端子	线束颜色	端子名称	说明	检测方法和规范值
1	黑色	PG1(GND1)(PCM 接地)	PCM 的接地	始终低于 0.2V
2		未用		
3	黑色/黄色	IG1(F/PUMP)(点火信号)	检测点火信号	点火开关设置到 ON 状态:蓄电池电压
4	绿色	LCCLS(CVT 锁止离合器控制电磁阀)	驱动 CVT 锁止离合器控制电磁阀	点火开关设置到 ON 状态时:负荷控制
5	绿色/黄色	SG2(传感器接地)	传感器接地	始终低于 0.2V
6	红色/黑色	CPCLS(CVT 离合器压力控制电磁阀)	驱动 CVT 离合器压力控制电磁阀	点火开关设置到 ON 状态时:负荷控制
7	绿色	DNLS(CVT 从动带轮压力控制电磁阀)	驱动 CVT 从动带轮压力控制电磁阀	点火开关设置到 ON 状态:脉冲
8	白色/红色	VEL DD(CVT 转速传感器)	检测 CVT 转速传感器信号	点火开关设置到 ON 状态且车辆停止时:约 0 或约 5.0V 取决于前轮转速:脉冲
9	红色/黄色	TATF(ATF 温度传感器)	检测变速箱油温度传感器信号	点火开关设置到 ON 状态时:0.2～4.8V(发动机暖机时约 1.8V,取决于变速箱油温度)
10	棕色/白色	DRLS(CVT 主动带轮压力控制电磁阀)	驱动 CVT 主动带轮压力控制电磁阀	点火开关设置到 ON 状态:脉冲
11	蓝色/白色	CRANK[曲轴位置(CKP)传感器]	检测 CKP 传感器信号	发动机运行时:脉冲
12	绿色/白色	SOL B(换挡电磁阀 B)	驱动换挡电磁阀 B	发动机运行时 正常行驶在 D、S 和 L 位置:蓄电池电压 怠速时在 D、S 和 L 位置:约 0 在 P、R 和 N 位置:约 0

续表

发动机电控单元连接器B				
端子	线束颜色	端子名称	说明	检测方法和规范值
13、14		未用		
15	绿色/白色	SOL C(换挡电磁阀O/P)	驱动换挡电磁阀O/P	发动机运行时 怠速时在D、S和L位置，高速加速和减速：蓄电池电压 正常行驶在D、S和L和R位置：约0 怠速时在P和N位置：约0
16		未用		
17	白色	SO2[辅助加热型氧传感器(辅助HO2S)(S2)]	检测辅助HO2S(S2)加热器	怠速时节气门全开且发动机暖机时：0.8V(SO2和SO2SG端子之间) 快速关闭节气门时：低于0.1V
18	棕色	PG2(GND3)(PCM接地)	PCM的接地	始终低于0.2V
19	绿色	AFHT[空燃比(A/F)传感器(S1)加热器控制]	驱动A/F传感器(S1)加热器	点火开关设置到ON状态时：蓄电池电压 暖机的发动机运行时：约0或负荷控制
20	黑色/白色	SO2HT[辅助加热型氧传感器(辅助HO2S)(S2)加热器]	驱动辅助HO2S(S2)加热器	点火开关设置到ON状态：蓄电池电压 完全暖机的发动机运行时：负荷控制
21	蓝色/黑色	ATP P(变速箱挡位开关P位置)	检测变速箱挡位开关P位置信号	点火开关设置到ON状态时 在P位置：约0 在P位置以外的任何位置：高于5.0V
22	白色/绿色	ATP R(变速箱挡位开关P位置)	检测变速箱挡位开关R位置信号	点火开关设置到ON状态时 在R位置：约0 在R位置以外的任何位置：蓄电池电压
23	红色/蓝色	VGP[质量空气流量(MAF)传感器+侧]	检测MAF传感器信号	怠速时发动机暖机且无电气负载时：1.1～1.6V(VGP端子和VGM端子之间)
24	黑色/红色	VGM[质量空气流量(MAF)传感器－侧]	MAF传感器接地	
25～28		未用		
29	黄色/蓝色	VCC2(传感器电压)	提供传感器基准电压	点火开关设置到ON状态时：约5.0V
30	红色/黄色	TA[进气温度(IAT)传感器]	检测IAT传感器信号	点火开关设置到ON状态时：0.1～4.8V(取决于进气温度)
31	黄色	LIN(本地互联网络)	发送和接收通信信号	点火开关设置到ON状态：脉冲
32～38		未用		

续表

发动机电控单元连接器 B				
端子	线束颜色	端子名称	说明	检测方法和规范值
39	蓝色/红色	PDN(CVT 从动带轮压力传感器)	检测 CVT 从动带轮压力传感器信号	从动带轮液压 0:约 0.5V 从动带轮液压 2000kPa:约 4.5V
40	黑色	SO2 SG[辅助加热型氧传感器(辅助 HO2S)(S2)传感器接地]	辅助 HO2S(S2)的传感器接地	点火开关设置到 ON 状态时:约 1.5V
41	黄色/红色	VCC1(传感器电压)	提供传感器基准电压	点火开关设置到 ON 状态时:约 5.0V
42	红色/黄色	AFS－[空燃比(A/F)传感器(S1)－侧]	检测 A/F 传感器(S1)信号	怠速时:约 1.8V
43	红色	AFS＋[空燃比(A/F)传感器(S1)＋侧]	检测 A/F 传感器(S1)信号	怠速时:约 2.0V
44	红色/蓝色	NDR(CVT 主动带轮转速传感器)	检测 CVT 主动带轮转速传感器信号	点火开关设置到 ON 状态时:约 0 或约 5.0V 发动机在 N 位置怠速时,取决于前轮转速:脉冲(约 2.5V)
45	红色/白色	NT(变矩器涡轮转速传感器信号)	检测变矩器涡轮转速传感器信号	点火开关设置到 ON 状态时:约 0 或 5.0V
46	黄色/绿色	ATP D(变速箱挡位开关 D 位置)	检测变速箱挡位开关 D 位置信号	点火开关设置到 ON 状态时 在 D 位置:约 0 在 D 位置以外的任何位置:蓄电池电压
47	棕色	ATP L(变速箱挡位开关 L 位置)	检测变速箱挡位开关 L 位置信号	点火开关设置到 ON 状态时 在 L 位置:约 0 在 L 位置以外的任何位置:约 5.0V
48	黄色	ATP RVS(变速箱挡位开关 RVS 位置)	检测变速箱挡位开关 R 位置信号	点火开关设置到 ON 状态时 在 R 位置:约 0 在 R 位置以外的任何位置:约 5.0V
49	红色/黑色	ATP N(变速箱挡位开关 N 位置)	检测变速箱挡位开关 N 位置信号	点火开关设置到 ON 状态时 在 N 位置:约 0 在 N 位置以外的任何位置:约 5.0V
50	红色/黑色	ATP S(变速箱挡位开关 S 位置)	检测变速箱挡位开关 S 位置信号	点火开关设置到 ON 状态时 在 S 位置:约 0 在 S 位置以外的任何位置:约 5.0V
51	蓝色/黄色	ATP FWD(变速箱挡位开关 FWD 位置)	检测变速箱挡位开关 FWD 位置信号	点火开关设置到 ON 状态时 在 D、S 和 L 位置:约 0 在 D、S 和 L 以外的任何位置:约 5.0V

发动机电控单元连接器 C				
端子	线束颜色	端子名称	说明	检测方法和规范值
1	白色/绿色	VBDBW(点火信号 ETCS)	检测点火信号	点火开关设置到 ON 状态:蓄电池电压

续表

发动机电控单元连接器 C				
端子	线束颜色	端子名称	说明	检测方法和规范值
2	黑色	PG(电源接地 ETCS)	PCM 的接地	始终低于 0.2V
3	黄色/红色	MTR 2(节气门作动器＋侧)	驱动节气门作动器	点火开关设置到 ON 状态时:约 0
4	黄色/绿色	MTR 1(节气门作动器－侧)	节气门作动器接地	点火开关设置到 ON 状态时:约 0
5	蓝色/红色	E EGR[废气再循环(EGR)阀]	驱动 EGR 阀	EGR 工作时:负荷控制 EGR 不工作时:约 0
6	黄色/红色	OIL PRESS SW(机油压力开关)	检测发动机机油压力信号	点火开关设置到 ON 状态时:约 0 发动机运行时:蓄电池电压
7	黄色/蓝色	PC SOL[蒸发排放(EVAP)炭罐清污阀]	驱动 EVAP 炭罐清污阀	发动机运行,发动机冷却液低于 60℃时:蓄电池电压 发动机运行,发动机冷却液高于 60℃时:负荷控制
8	棕色	SVSP[进气歧管调节(IMT)作动器＋侧]	驱动 IMT 作动器	点火开关设置到 ON 状态时:约 0
9	白色/黑色	SVSM[进气歧管调节(IMT)作动器－侧]	驱动 IMT 作动器	点火开关设置到 ON 状态时:约 0
10		未用		
11	黄色	INJ4(4 号喷油器)	驱动 4 号喷油器	怠速时:负荷控制 点火开关设置到 ON 状态:蓄电池电压
12	蓝色	INJ3(3 号喷油器)	驱动 3 号喷油器	怠速时:负荷控制 点火开关设置到 ON 状态:蓄电池电压
13	红色	INJ2(2 号喷油器)	驱动 2 号喷油器	怠速时:负荷控制 点火开关设置到 ON 状态:蓄电池电压
14	棕色	INJ1(1 号喷油器)	驱动 1 号喷油器	怠速时:负荷控制 点火开关设置到 ON 状态:蓄电池电压
15	绿色	MCS(发动机支座控制电磁阀)	驱动发动机支座控制电磁阀	怠速时:约 0 高于怠速:蓄电池电压
16	蓝色	SG3(传感器接地)	传感器接地	始终低于 0.2V
17	黄色	THL2[节气门位置(TP)传感器 B]	检测 TP 传感器 B 信号	点火开关设置到 ON 状态且踩下加速踏板时:约 4.1V 点火开关设置到 ON 状态且松开加速踏板时:约 1.7V

续表

发动机电控单元连接器 C				
端子	线束颜色	端子名称	说明	检测方法和规范值
18	绿色	VCC3(传感器电压)	提供传感器基准电压	点火开关设置到 ON 状态时:约 5.0V
19	红色/黑色	THL1[节气门位置(TP)传感器 A]	检测 TP 传感器 A 信号	点火开关设置到 ON 状态且踩下加速踏板时:约 3.9V 点火开关设置到 ON 状态且松开加速踏板时:约 0.9V
20	棕色/黄色	LG(GND2)(PCM 接地)	PCM 的接地	始终低于 0.2V
21、22		未用		
23	白色/黑色	EGR L[废气再循环(EGR)阀位置传感器]	检测 EGR 阀位置传感器信号	发动机运行时:1.2～3.0V(取决于 EGR 阀门升程)
24～27		未用		
28	黑色	KSGND(爆震传感器接地)	爆震传感器的传感器接地	始终低于 0.2V
29	白色	KNOCK(爆震传感器)	检测爆震传感器信号	发动机爆震时:脉冲 发动机未爆震时:0
30～39		未用		
40	绿色/白色	SG1(传感器接地)	传感器接地	始终低于 0.2V
41	红色/白色	TW[发动机冷却液温度(ECT)传感器 1]	检测 ECT 传感器 1 信号	点火开关设置到 ON 状态时:0.1～4.8V(取决于发动机冷却液温度)
42	白色/绿色	TDC[凸轮轴位置(CMP)传感器]	检测 CMP 传感器信号	发动机运行时:脉冲
43	黑色/白色	VT SOL(摇臂机油控制电磁阀)	驱动摇臂机油控制电磁阀	怠速时:约 0
44	棕色	IGNO4A(4 号点火线圈脉冲)	驱动 4 号点火线圈	点火开关设置到 ON 状态:约 0 发动机运行时:脉冲
45	白色/蓝色	IGNO3A(3 号点火线圈脉冲)	驱动 3 号点火线圈	点火开关设置到 ON 状态:约 0 发动机运行时:脉冲
46	蓝色/红色	IGNO2A(2 号点火线圈脉冲)	驱动 2 号点火线圈	点火开关设置到 ON 状态:约 0 发动机运行时:脉冲
47	黄色/绿色	IGNO1A(1 号点火线圈脉冲)	驱动 1 号点火线圈	点火开关设置到 ON 状态:约 0 发动机运行时:脉冲
48	白色/黑色	P-OIL(摇臂机油压力开关)	检测摇臂机油压力开关信号	点火开关设置到 ON 状态时:约 0 发动机运行时:约 0.7V
49		未用		

发动机电控单元连接器 C				
端子	线束颜色	端子名称	说明	检测方法和规范值
50	绿色/红色	MAP(PB)[歧管绝对压力(MAP)传感器]	检测 MAP 传感器信号	点火开关设置到 ON 状态:约 3.0V
				怠速时:约 1.0V(取决于发动机转速)
51		未用		

二、2.4L K24W5 直喷发动机电控单元端子检测

发动机电控单元端子如图 2-3-1 所示，端子检测见表 2-3-2。

表 2-3-2 发动机电控单元端子检测

发动机电控单元连接器 A				
端子	线束颜色	端子名称	说明	检测方法和规范值
1	红色	F-CAN_L(CAN 通信信号低速通信)	发送和接收通信信号	点火开关设置到 ON 状态:脉冲
2	白色	F-CAN_H(CAN 通信信号高速通信)	发送和接收通信信号	点火开关设置到 ON 状态:脉冲
3	橙色	FI MAIN RLY CL-(PGM-FI 主继电器 1)	驱动 PGM-FI 主继电器 1	点火开关设置到 ON 状态:约 0
				车辆在 OFF(LOCK)模式时:蓄电池电压
4	黄色	IG1 燃油泵(点火信号)	检测点火信号	点火开关设置到 ON 状态:蓄电池电压
5	棕色	FI MAIN RLY OUT(电源)	PCM 的电源	点火开关设置到 ON 状态:蓄电池电压
6	紫色	INJ RLY OUT(喷油器电源)	PCM(喷油器驱动器)的电源	点火开关设置到 ON 状态:蓄电池电压
7	紫色	INJ RLY OUT(喷油器电源)	PCM(喷油器驱动器)的电源	点火开关设置到 ON 状态:蓄电池电压
8	未用	未用		
9	白色	FAN LO SIGNAL(散热器风扇控制)	驱动空调冷凝器风扇继电器	空调冷凝器风扇运行时:约 0
				空调冷凝器风扇停止时:蓄电池电压
10	黄色	FAN HI SIGNAL(散热器风扇控制)	驱动散热器风扇继电器	散热器风扇高速运转时:约 0
				散热器风扇停止或低速运转时:蓄电池电压
11	浅蓝色	IGI MISS SOL(电磁阀电源)	电磁阀电源	点火开关设置到 ON 状态:蓄电池电压
12	粉红色	SHIFT LOCK SOL(换挡锁止电磁阀)	驱动换挡锁止电磁阀	点火开关设置到 ON 状态,在 P 位置踩下制动踏板,并松开加速踏板:约 0

续表

发动机电控单元连接器A				
端子	线束颜色	端子名称	说明	检测方法和规范值
13	紫色	A/C MG CLUTCH RLY CL－(空调压缩机离合器继电器)	驱动空调压缩机离合器继电器	空调压缩机打开时:约0
				空调压缩机关闭时:蓄电池电压
14	灰色	FUEL PUMP RLY CL－(发动机防盗锁止燃油泵继电器)	驱动PGM-FI主继电器2	将车辆转至ON模式后电压为0持续2s,然后为蓄电池电压
15	浅绿色	INJ RLY CL－(喷油器驱动器继电器)	驱动喷油器驱动器继电器	点火开关设置到ON状态时:约0
16	粉红色	FI SUB RLY CL－(PGM-FI辅助继电器)	驱动PGM-FI助继电器	点火开关设置到ON状态时:约0
17、18		未用		
19	白色	DBW RLY CL－[电子节气门控制系统(ETCS)控制继电器]	驱动电子节气门控制系统(ETCS)控制继电器	点火开关设置到ON状态时:约0
20		未用		
21	灰色	S-NET(发动机防盗锁止系统串行通信)	发送和接收通信信号	点火开关设置到ON状态:脉冲
22、23		未用		
24	橙色	BKSWNC(制动踏板位置开关)	检测制动踏板位置开关信号	点火开关设置到ON状态且制动踏板松开:蓄电池电压
				点火开关设置到ON状态且制动踏板踩下:约0
25	红色	VSP(车速信号输出)	传送车速信号	取决于车速:脉冲
26	紫色	NEP(发动机转速脉冲)	输出发动机转速脉冲	发动机运行时:脉冲
27		未用		
28	蓝色	SG6(传感器接地)	传感器接地	始终低于0.2V
29	棕色	VCC6(传感器电压)	提供传感器基准电压	点火开关设置到ON状态时:约5.0V
30	蓝色	SG4(传感器接地)	传感器接地	始终低于0.2V
31	灰色	VCC4(传感器电压)	提供传感器基准电压	点火开关设置到ON状态时:约5.0V
32		未用		
33①	绿色	ST CUT RLY1 CL－(起动机断电继电器1)	驱动起动机断电继电器1	点火开关设置到ON状态时:约0
34①	棕色	ST CUT RLY2 CL－(起动机断电继电器2)	驱动起动机断电继电器2	点火开关设置到ON状态时:约0
35、36		未用		

续表

发动机电控单元连接器 A				
端子	线束颜色	端子名称	说明	检测方法和规范值
37	浅绿色	STOP SW（制动踏板位置开关）	检测制动踏板位置开关信号	制动踏板松开：约 0
				制动踏板踩下：蓄电池电压
38	白色	APS2［加速踏板位置（APP）传感器 B］	检测 APP 传感器 B 信号	点火开关设置到 ON 状态且踩下加速踏板时：约 2.3V
				点火开关设置到 ON 状态且松开加速踏板时：约 0.5V
39	绿色	SG5（传感器接地）	传感器接地	始终低于 0.2V
40	棕色	VCC5（传感器电压）	提供传感器基准电压	点火开关设置到 ON 状态时：约 5.0V
41	红色	PD SENSOR（空调压力传感器）	检测空调压力传感器信号	空调开关为 ON 时：1.0～4.8V（取决于空调压力）
42		未用		
43	浅蓝色	TW2 SENSOR［发动机冷却液温度（ECT）传感器 2］	检测 ECT 传感器 2 信号	点火开关设置到 ON 状态时：0.1～4.8V（取决于发动机冷却液温度）
44		未用		
45	黄色	APS1［加速踏板位置（APP）传感器 A］	检测 APP 传感器 A 信号	点火开关设置到 ON 状态且踩下加速踏板时：约 4.7V
				点火开关设置到 ON 状态且松开加速踏板时：约 1.0V
46	白色	ELD［电气负载检测器（ELD）］	检测 ELD 信号	点火开关设置到 ON 状态：0.1～4.8V（取决于电气负载）
47①	紫色	ST RLY 1 TO 2（起动机信号负载）	检测起动机断电继电器信号	点火开设置在 START 模式时：蓄电池电压
48	粉红色	SCS（维修检查信号）	检测维修检查信号	维修检查信号短路时：约 0
				维修检查信号断路时：约 5.0V
49、50		未用		
51①	浅蓝色	STC（起动机开关信号）	检测起动机开关信号	点火开关设置在 START 状态时：蓄电池电压
				点火开关设置在 START 以外的状态时：约 0

续表

发动机电控单元连接器 B

端子	线束颜色	端子名称	说明	检测方法和规范值
1	黑色	INJ H1(1 号喷油器+)	驱动 1 号喷油器	点火开关设置到 ON 状态时:约 3.2V
2	白色	INJ L1(1 号喷油器－)	驱动 1 号喷油器	
3	粉红色	INJ H4(4 号喷油器+)	驱动 4 号喷油器	
4	紫色	INJ L4(4 号喷油器－)	驱动 4 号喷油器	
5	蓝色	INJ H2(2 号喷油器+)	驱动 2 号喷油器	
6	黄色	INJ L2(2 号喷油器－)	驱动 2 号喷油器	
7	红色	INJ H3(3 号喷油器+)	驱动 3 号喷油器	
8	绿色	INJ L3(3 号喷油器－)	驱动 3 号喷油器	
9	黑色	GND INJ 1(喷油器接地)	PCM(喷油器驱动器)的接地	始终低于 0.2V
10	黑色	GND INJ 2(喷油器接地)	PCM(喷油器驱动器)的接地	始终低于 0.2V
11	黑色	GND1(PCM 接地)	PCM 的接地	始终低于 0.2V
12	黑色	GND2(PCM 接地)	PCM 的接地	始终低于 0.2V
13、14	未用	未用		
15	黄色/蓝色	PCS[蒸发排放(EVAP)炭罐清污阀]	驱动 EVAP 炭罐清污阀	发动机运行,发动机冷却液低于 55℃时:蓄电池电压 发动机运行,发动机冷却液高于 55℃时:负荷控制
16、17		未用		
18	粉红色	VTS(摇臂机油控制电磁阀)	驱动摇臂机油控制电磁阀	怠速时:约 0
19～23		未用		
24	白色	IGNO1(1 号点火线圈脉冲)	驱动 1 号点火线圈	点火开关设置到 ON 状态:约 0 发动机运行时:脉冲
25	紫色	IGNO2(2 号点火线圈脉冲)	驱动 2 号点火线圈	
26	蓝色	IGNO3(3 号点火线圈脉冲)	驱动 3 号点火线圈	
27	浅蓝色	IGNO4(4 号点火线圈脉冲)	驱动 4 号点火线圈	
28、29		未用		
30	浅绿色	TDC[凸轮轴位置(CMP)传感器 B]	检测 CMP 传感器 B 信号	发动机运行时:脉冲
31		未用		
32	红色	VGP[质量空气流量(MAF)传感器+侧]	检测 MAF 传感器信号	怠速时发动机暖机且无电气负载时:1.1～1.6V(VGP 端子和 VGM 端子之间)

发动机电控单元连接器 B				
端子	线束颜色	端子名称	说明	检测方法和规范值
33	红色/蓝色	VGM［质量空气流量(MAF)传感器一侧］	MAF 传感器接地	
34	黄色/红色	ENG OP SW(机油压力开关)	检测发动机机油压力信号	点火开关设置到 ON 状态时：蓄电池电压
				发动机运行时：约 0
35～37		未用		
38	蓝色/黄色	CRKN［曲轴位置(CKP)传感器］	检测 CKP 传感器信号	发动机运行时：脉冲
39	白色	CAM［凸轮轴位置(CMP)传感器 A］	检测 CMP 传感器 A 信号	发动机运行时：脉冲
40	黄色	LIN(本地互联网络)	发送和接收通知信号	点火开关设置到 ON 状态：脉冲
41～43		未用		
44	蓝色/黄色	MCS(发动机支座控制电磁阀)	驱动发动机支座电磁阀	怠速时：约 0 高于怠速：蓄电池电压
45		未用		
46	红色/黑色	THL1［节气门位置(TP)传感器 A］	检测 TP 传感器 A 信号	点火开关设置到 ON 状态且踩下加速踏板时：约 3.9V
				点火开关设置到 ON 状态且松开加速踏板时：约 0.9V
47	红色/蓝色	THL2［节气门位置(TP)传感器 B］	检测 TP 传感器 B 信号	点火开关设置到 ON 状态且踩下加速踏板时：约 4.1V
				点火开关设置到 ON 状态且松开加速踏板时：约 1.7V
48	蓝色	VCC3(DBW)(传感器电压)	提供传感器基准电压	点火开关设置到 ON 状态时：约 5.0V
49	绿色	SG3(DBW)(传感器接地)	传感器接地	始终低于 0.2V
50	粉红色	TW［发动机冷却液温度(ECT)传感器 1］	检测 ECT 传感器 1 信号	点火开关设置到 ON 状态时：0.1～4.8V(取决于发动机冷却液温度)
51	黄色	TA［进气温度(IAT)传感器］	检测 IAT 传感器信号	点火开关设置到 ON 状态时：0.1～4.8V(取决于进气温度)

发动机电控单元连接器 C				
端子	线束颜色	端子名称	说明	检测方法和规范值
1	黑色	PGM(电源接地 ETCS)	PCM 的接地	始终低于 0.2V
2	黄色/绿色	VBDBW(点火信号 ETCS)	检测点火信号	点火开关设置到 ON 状态：蓄电池电压

续表

发动机电控单元连接器C				
端子	线束颜色	端子名称	说明	检测方法和规范值
3	蓝色/黑色	LCLS(CVT锁止离合器控制电磁阀)	驱动CVT锁止离合器控制电磁阀	点火开关设置到ON状态时:负荷控制
4	棕色	DR LS(CVT主动带轮压力控制电磁阀)	驱动CVT主动带轮压力控制电磁阀	点火开关设置到ON状态:脉冲
5	红色/黑色	CPC LS(CVT离合器压力控制电磁阀)	驱动CVT离合器压力控制电磁阀	点火开关设置到ON状态时:负荷控制
6	红色	VTC(VTC机油控制电磁阀)	驱动VTC机油控制电磁阀	点火开关设置到ON状态时:约0
7	绿色	AFHT[空燃比(A/F)传感器(S1)加热器控制]	驱动A/F传感器(S1)加热器	点火开关设置到ON状态时:蓄电池电压 暖机的发动机运行时:约0或负荷控制
8	黑色	GND3(PCM接地)	PCM的接地	始终低于0.2V
9	黑色/白色	SO2 HT[辅助加热型氧传感器(辅助HO2S)(S2)加热器]	驱动辅助HO2S(S2)加热器	点火开关设置到ON状态:蓄电池电压 完全暖机的发动机运行时:负荷控制
10	蓝色/黄色	DN LS(CVT从动带轮压力控制电磁阀)	驱动CVT从动带轮压力控制电磁阀	点火开关设置到ON状态:脉冲
11	绿色/黄色	MTR1(节气门作动器一侧)	节气门作动器接地	点火开关设置到ON状态时:约0
12	蓝色/红色	MTR2(节气门作动器+侧)	驱动节气门作动器	点火开关设置到ON状态时:约0
13	白色	HPUMP H(高压燃油泵+)	驱动高压燃油泵	点火开关设置到ON状态时:约3.0V
14	黑色	HPUMP L(高压燃油泵+)	驱动高压燃油泵	点火开关设置到ON状态时:约3.0V
15、16		未用		
17	蓝色/黑色	SOL C(换挡电磁阀O/P)	驱动换挡电磁阀O/P	发动机运行时 怠速时在D、S、L和R位置,高转速加速和减速:蓄电池电压 正常行驶时在D、S、L和R位置:约0 怠速时在P和N位置:约0
18		未用		
19	绿色/白色	SOL B(换挡电磁阀B)	驱动换挡电磁阀B	发动机运行时 正常行驶时在D、S、和L位置:蓄电池电压 怠速时在D、S、和L位置:约0 在P、R和N位置:约0
20		未用		

续表

发动机电控单元连接器C				
端子	线束颜色	端子名称	说明	检测方法和规范值
21	红色	NT(变矩器涡轮转速传感器信号)	检测变矩器涡轮转速传感器信号	点火开关设置到ON状态时:约0或5.0V
22		未用		
23	粉红色	ATP-RVS(变速箱挡位开关RVS位置)	检测变速箱挡位开关R位置信号	点火开关设置到ON状态时 在R位置:约0 在R位置以外的任何位置:蓄电池电压
24	紫色	ATP-N(变速箱挡位开关N位置)	检测变速箱挡位开关N位置信号	点火开关设置到ON状态时 在N位置:约0 在N位置以外的任何位置:约5.0V
25	浅绿色	ATP-D(变速箱挡位开关D位置)	检测变速箱挡位开关D位置信号	点火开关设置到ON状态时 在D位置:约0 在D位置以外的任何位置:蓄电池电压
26	黄色	ATP-FWD(变速箱挡位开关FWD位置)	检测变速箱挡位开关FWD位置信号	点火开关设置到ON状态时 在D和S位置:约0 在D和S位置以外的任何位置:蓄电池电压
27	白色	ATP-R(变速箱挡位开关R位置)	检测变速箱挡位开关R位置信号	点火开关设置到ON状态时 在R位置:约0 在R位置以外的任何位置:蓄电池电压
28	黑色	KS GND(爆震传感器接地)	爆震传感器的传感器接地	始终低于0.2V
29	白色	KNOCK(爆震传感器)	检测爆震传感器信号	发动机爆震时:脉冲
30	黄褐色	VCC2(传感器电压)	提供传感器基准电压	点火开关设置到ON状态时:约5.0V
31	灰色	SG2(传感器接地)	传感器接地	始终低于0.2V
32	白色	VEL DD(CVT转速传感器)	检测CVT转速传感器信号	点火开关设置到ON状态且车辆停止时:约0或约5.0V 取决于前轮转速:脉冲
33	红色	NDR DD(CVT主动带轮转速传感器)	检测CVT主动带轮转速传感器信号	点火开关设置到ON状态时:约0或约5.0V 发动机在N位置怠速时,取决于前轮转速:脉冲(约2.5V)

续表

发动机电控单元连接器 C				
端子	线束颜色	端子名称	说明	检测方法和规范值
34	蓝色	ATP-P(变速箱挡位开关 P 位置)	检测变速箱挡位开关 P 位置信号	点火开关设置到 ON 状态时 在 P 位置:约 0 在 P 位置以外的任何位置:高于 5.0V
35、36		未用		
37	红色/黄色	TATF(ATF 温度传感器)	检测变速箱温度传感器信号	点火开关设置到 ON 状态时:0.2～4.8V(发动机暖机时约 1.8V,取决于变速箱油温度)
38	白色	SO2[辅助加热型氧传感器(辅助 HO2S)(S2)]	检测辅助 HO2S(S2)信号	怠速时节气门全开且发动机暖机时:约 0.8V(SO2 端子和 SO2SG 端子之间) 快速关闭节气门时:低于 0.1V
39	绿色/黑色	SO2SG[辅助加热型氧传感器(辅助 HO2S)(S2)传感器接地]	辅助 HO2S(S2)的传感器接地	点火开关设置到 ON 状态时:约 1.5V
40		未用		
41	粉红色	VCC1(传感器电压)	提供传感器基准电压	点火开关设置到 ON 状态时:约 5.0V
42	绿色	SG1(传感器接地)	传感器接地	始终低于 0.2V
43	黄褐色	ATP-S(变速箱挡位开关 S 位置)	检测变速箱挡位开关 S 位置信号	点火开关设置到 ON 状态时 在 S 位置:约 0 在 S 位置以外的任何位置:蓄电池电压
44	红色	ATP-L(变速箱挡位开关 L 位置)	检测变速箱挡位开关 L 位置信号	点火开关设置到 ON 状态时 在 L 位置:约 0 在 L 位置以外的任何位置:蓄电池电压
45	紫色	PB[进气歧管绝对压力(MAP)传感器]	检测 MAP 传感器信号	点火开关设置到 ON 状态时:约 3.0V 怠速时:约 1.0V(取决于发动机转速)
46	紫色	PF(燃油压力传感器)	检测燃油压力传感器信号	点火开关设置到 ON 状态时:约 0.5V 怠速时:约 1.1V
47	红色/黄色	AFS－[空燃比(A/F)传感器(S1)－侧]	检测 A/F 传感器(S1)信号	怠速时:约 1.8V
48	红色	AFS＋[空燃比(A/F)传感器(S1)＋侧]	检测 A/F 传感器(S1)信号	怠速时:约 2.2V
49	蓝色	PDN(CVT 从动带轮压力传感器)	检测 CVT 从动带轮压力传感器信号	从动带轮液压 0:约 0.5V 从动带轮液压 2000kPa:约 4.5V
50、51		未用		

①配备无钥匙进入系统。

三、3.0L J30A5 可变气缸发动机电控单元端子检测

发动机电控单元端子识别见图 2-3-1，端子检测见表 2-3-3。

表 2-3-3　发动机电控单元接口端子检测

发动机电控单元连接器 A				
端子	线束颜色	端子名称	说明	检测方法和规范值
1	浅蓝色	IG1 MISS SOL(电磁阀电源)	电磁阀电源	点火开关设置到 ON 状态：蓄电池电压
2	粉红色	SHIFT LOCK SOL(换挡锁止电磁阀)	驱动换挡锁止电磁阀	点火开关设置到 ON 状态，在 P 位置踩下制动踏板，并松开加速踏板：约 0
3	绿色	ST CUT RLY1 CL－(起动机继电器 1)	驱动起动机断电继电器 1	点火开关设置到 ON 状态时：约 0
4	棕色	ST CUT RLY2 CL－(起动机继电器 2)	驱动起动机断电继电器 2	点火开关设置到 ON 状态时：约 0
5	白色	FAN LO SIGNAL(散热器风扇控制)	驱动空调冷凝器风扇继电器	空调冷凝器风扇运行时：约 0
				空调冷凝器风扇停止时：蓄电池电压
6	黄色	FAN HI SIGNAL(散热器风扇控制)	驱动散热器风扇继电器	散热器风扇高速运转时：约 0
				散热器风扇停止或低速运转时：蓄电池电压
7	橙色	FI MAIN RLY CL－(PGM-FI 主继电器 1)	驱动 PGM-FI 主继电器 1	点火开关设置到 ON 状态时：约 0
				车辆在 OFF(LOCK)模式时：蓄电池电压
8	灰色	FUEL PUMP RLY CL－(发动机防盗锁止燃油泵继电器)	驱动 PGM-FI 主继电器 2	按下发动机启动/停止按钮选择 ON 模式后电压为 0 持续 2s，然后为蓄电池电压
9	白色	F-CAN-H(F-CAN 通信信号高)	发送和接收通信信号	点火开关设置到 ON 状态：脉冲
10	红色	F-CAN-L(F-CAN 通信信号低)	发送和接收通信信号	点火开关设置到 ON 状态：脉冲
11、12		未用		
13	白色	DBW RLY CL－[电子节气门控制系统(ETCS)控制继电器]	驱动电子节气门控制系统(ETCS)控制继电器	点火开关设置到 ON 状态时：约 0
14	粉红色	FI SUB RLY CL－(PGM-FI 辅助继电器)	驱动 PGM-FI 辅助继电器	点火开关设置到 ON 状态时：约 0
15		未用		
16	绿色	ATP－R(变速箱挡位开关 R 位置)	检测变速箱挡位开关 R 位置信号	点火开关设置到 ON 状态时 在 R 位置：约 0 在 R 位置以外的任何位置：高于 5.0V

续表

发动机电控单元连接器 A				
端子	线束颜色	端子名称	说明	检测方法和规范值
17	未用	未用		
18	黄色	IG1 燃油泵(点火信号)	检测点火信号	点火开关设置到 ON 状态：蓄电池电压
19	棕色	VCC6(传感器电压)	提供传感器基准电压	点火开关设置到 ON 状态时：约 5.0V
20	蓝色	SG6(传感器接地)	传感器接地	始终低于 0.2V
21	蓝色	VGM[质量空气流量(MAF)传感器一侧]	MAF 传感器接地	
22	白色	ELD[电气负载检测器(ELD)]	检测 ELD 信号	点火开关设置到 ON 状态时：0.1～4.8V(取决于电气负载)
23	紫色	A/C MG CLUTCH RLY CL－(空调离合器继电器)	驱动空调压缩机离合器继电器	空调压缩机打开时：约 0 空调压缩机关闭时：蓄电池电压
24	橙色	BKSWNC(制动踏板位置开关)	检测制动踏板位置开关信号	点火开关设置到 ON 状态且制动踏板松开：蓄电池电压
				点火开关设置到 ON 状态且制动踏板踩下：约 0
25	浅绿色	STOP SW(制动踏板位置开关)	检测制动踏板位置开关信号	制动踏板松开：约 0 制动踏板踩下：蓄电池电压
26	紫色	ST RLY 1 TO 2(起动机信号负载)	检测起动机断电继电器	起动机置于 ON 的位置：蓄电池电压
27	浅蓝色	STC(起动机开关信号)	检测起动机开关信号	车辆在 START 模式时：蓄电池电压
				车辆在 START 以外的模式时：约 0
28	黄色	FPCK(燃油泵控制单元诊断)	检测燃油泵控制单元诊断	点火开关设置到 ON 状态时：约 5.0V
				怠速时：约 10.0V
29	白色	FPC(燃油泵控制)	发送燃油泵控制单元控制信号	点火开关设置到 ON 状态：脉冲
30		未用		
31	浅蓝色	TW2 SENSOR[发动机冷却液温度(ECT)传感器 2]	检测 ECT 传感器 2 信号	点火开关设置到 ON 状态：0.1～4.8V(取决于发动机冷却液温度)
32	绿色	FGP[质量空气流量(MAF)传感器＋侧]	检测 MAF 传感器信号	怠速时发动机暖机且无电气负载时：1.1～1.6V(FGP 端子和 VGM 端子之间)
33	浅绿色	PADDLE SW UP[换挡拨片＋(加挡开关)]	检测换挡拨片＋(加挡开关)信号	点火开关设置到 ON 状态时 按下换挡拨片＋(加挡开关)：约 0 松开换挡拨片＋(加挡开关)：蓄电池电压

发动机电控单元连接器 A				
端子	线束颜色	端子名称	说明	检测方法和规范值
34	红色	PADDLE SW DOWN［换挡拨片一(减挡开关)］	检测换挡拨片一(加挡开关)信号	点火开关设置到 ON 状态时 按下换挡拨片一(减挡开关):约 0 松开换挡拨片一(减挡开关):蓄电池电压
35、36		未用		
37	灰色	ATP-P(变速箱挡位开关 P 位置)	检测变速箱挡位开关 P 位置信号	点火开关设置到 ON 状态时 在 P 位置:约 0 在 P 位置以外的任何位置:高于 5.0V
38	灰色	S-NET(发动机防盗锁止系统串行通信)	发送和接收通信信号	点火开关设置到 ON 状态时:脉冲
39	粉红色	SCS(维修检查信号)	检测维修检查信号	维修检查信号短路时:约 0
				维修检查信号断路时:约 5.0V
40	紫色	NEP(发动机转速脉冲)	输出发动机转速脉冲	发动机运行时:脉冲
41	棕色	VCC3(传感器电压)	提供传感器基准电压	点火开关设置到 ON 状态时:约 5.0V
42	灰色	VCC4(传感器电压)	提供传感器基准电压	点火开关设置到 ON 状态时:约 5.0V
43	绿色	SG3(传感器接地)	传感器接地	始终低于 0.2V
44	蓝色	SG4(传感器接地)	传感器接地	始终低于 0.2V
45	黄色	APS1［加速踏板位置(APP)传感器 A］	检测 APP 传感器 A 信号	点火开关设置到 ON 状态且踩下加速踏板时:约 4.7V
				点火开关设置到 ON 状态且松开加速踏板时:约 1.0V
46	白色	APS2［加速踏板位置(APP)传感器 B］	检测 APP 传感器 B 信号	点火开关设置到 ON 状态且踩下加速踏板时:约 2.3V
				点火开关设置到 ON 状态且松开加速踏板时:约 0.5V
47	红色	PD SENSOR(空调压力传感器)	检测空调压力传感器信号	空调开关为 ON 时:1.0～4.8V(取决于空调压力)
48		未用		
49(配备导航系统)	红色	VSP(车速信号输出)	传送车速信号	取决于车速:脉冲
50	橙色	CRK OUT［曲轴位置(CKP)输出信号］	向发动机支座控制单元发送 CKP 信号	发动机运行时:脉冲

续表

发动机电控单元连接器 A				
端子	线束颜色	端子名称	说明	检测方法和规范值
51	棕色	TDC OUT[曲轴位置(CMP)输出信号]	向发动机支座控制单元发送 CMP 信号	发动机运行时:脉冲

发动机电控单元连接器 B				
端子	线束颜色	端子名称	说明	检测方法和规范值
1	黄褐色	IG1(VBSOL)(电磁阀的电源)	电磁阀电源	点火开关设置到 ON 状态:蓄电池电压
2	蓝色	SHA(换挡电磁阀 A)	驱动换挡电磁阀 A	发动机运行时 在除一挡和二挡以外的任何挡位:约 0 在一挡和二挡:蓄电池电压
3	绿色	SHC(换挡电磁阀 C)	驱动换挡电磁阀 C	发动机运行时 在未锁止的情况下,在 N、D 和 S 位置:约 0 在锁止的情况下,在 P、R、D 和 S 位置:蓄电池电压
4	粉红色	SHB(换挡电磁阀 B)	驱动换挡电磁阀 B	发动机运行时 在除一挡、二挡和三挡以外的任何挡位(加挡状态):约 0 在一挡、二挡和三挡(加挡状态):蓄电池电压
5	黄色	PLA(管路压力电磁阀 A)	驱动管路压力电磁阀 A	发动机运行时 在低管路压力模式时:约 0 在正常管路压力模式时:蓄电池电压
6	红色	LSA(A/T 离合器压力控制电磁阀 A)	驱动 A/T 离合器压力控制电磁阀 A	点火开关设置到 ON 状态时:电流控制
7	紫色	LSB(A/T 离合器压力控制电磁阀 B)	驱动 A/T 离合器压力控制电磁阀 B	点火开关设置到 ON 状态时:电流控制
8	粉红色	LSC(A/T 离合器压力控制电磁阀 C)	驱动 A/T 离合器压力控制电磁阀 C	点火开关设置到 ON 状态时:电流控制
9	黄褐色	LSD(A/T 离合器压力控制电磁阀 D)	驱动 A/T 离合器压力控制电磁阀 D	点火开关设置到 ON 状态时:电流控制
10	黄色	IGP(电源)	PCM 的电源	点火开关设置到 ON 状态:蓄电池电压
11	黑色	GND1(电源接地)	PCM 的接地	始终低于 0.2V
12、13		未用		
14	棕色	INJ1(1 号喷油器)	驱动 1 号喷油器	点火开关设置到 ON 状态:蓄电池电压
15	红色	INJ2(2 号喷油器)	驱动 2 号喷油器	点火开关设置到 ON 状态:蓄电池电压

续表

发动机电控单元连接器 B				
端子	线束颜色	端子名称	说明	检测方法和规范值
16	蓝色	INJ3(3 号喷油器)	驱动 3 号喷油器	点火开关设置到 ON 状态：蓄电池电压
17	黄褐色	INJ4(4 号喷油器)	驱动 4 号喷油器	点火开关设置到 ON 状态：蓄电池电压
18	粉红色	INJ5(5 号喷油器)	驱动 5 号喷油器	点火开关设置到 ON 状态：蓄电池电压
19	浅蓝色	INJ6(6 号喷油器)	驱动 6 号喷油器	点火开关设置到 ON 状态：蓄电池电压
20	棕色	GND2(逻辑接地)	PCM 的接地	始终低于 0.2V
21	黄色	IGN PULSE5(5 号点火线圈脉冲)	驱动 5 号点火线圈	点火开关设置到 ON 状态：约 0
				发动机运行时：脉冲
22	黄褐色	IGN PULSE6(6 号点火线圈脉冲)	驱动 6 号点火线圈	点火开关设置到 ON 状态：约 0
				发动机运行时：脉冲
23	浅绿色	ATPD(变速箱挡位开关 D 位置)	检测变速箱挡位开关 D 位置信号	点火开关设置到 ON 状态时 在 D 位置：约 0 在 D 位置以外的任何位置：高于 5.0V
24	黄褐色	OP2SW[变速箱油压开关 A(二挡离合器)]	检测变速箱油压开关 A(二挡离合器)信号	发动机运行时 二挡离合器有压力：约 0 二挡离合器无压力：蓄电池电压
25	浅蓝色	OP3SW[变速箱油压开关 B(三挡离合器)]	检测变速箱油压开关 B(三挡离合器)信号	发动机运行时 三挡离合器有压力：约 0 三挡离合器无压力：蓄电池电压
26	蓝色	OP4SW[变速箱油压开关 C(四挡离合器)]	检测变速箱油压开关 C(四挡离合器)信号	发动机运行时 四挡离合器有压力：约 0 四挡离合器无压力：蓄电池电压
27	浅蓝色	OP5SW[变速箱油压开关 D(五挡离合器)]	检测变速箱油压开关 D(五挡离合器)信号	发动机运行时 五挡离合器有压力：约 0 五挡离合器无压力：高于 5.0V
28	灰色	OP6SW[变速箱油压开关 E(六挡离合器)]	检测变速箱油压开关 E(六挡离合器)信号	发动机运行时 六挡离合器有压力：约 0 六挡离合器无压力：高于 5.0V
29	黄色	ATPFWD(变速箱挡位开关 FWD 位置)	检测变速箱挡位开关 D 和 S 位置信号	点火开关设置到 ON 状态时 在 D 和 S 位置：约 0 在 D 和 S 位置以外的任何位置：高于 5.0V

续表

发动机电控单元连接器 B

端子	线束颜色	端子名称	说明	检测方法和规范值
30	紫色	ATPN(变速箱挡位开关N位置)	检测变速箱挡位开关N位置信号	点火开关设置到ON状态时 在N位置:约0 在N位置以外的任何位置:蓄电池电压
31	红色	THL1[节气门位置(TP)传感器A]	检测TP传感器A信号	点火开关设置到ON状态且踩下加速踏板时:约3.9V 点火开关设置到ON状态且松开加速踏板时:约0.9V
32	蓝色	IGN PULSE3(3号点火线圈脉冲)	驱动3号点火线圈	点火开关设置到ON状态:约0 发动机运行时:脉冲
33	浅蓝色	IGN PULSE4(4号点火线圈脉冲)	驱动4号点火线圈	点火开关设置到ON状态:约0 发动机运行时:脉冲
34	红色	ATPS(变速箱挡位开关S位置)	检测变速箱挡位开关S位置信号	点火开关设置到ON状态时 在S位置:约0 在S位置以外的任何位置:高于5.0V
35、36		未用		
37	棕色	OPPLSW(管路压力开关)	检测管路压力开关信号	发动机运行时 在低管路压力模式下:约0 在正常管路压力模式下:约5.0V
38	粉红色	ATPRVS(变速箱挡位开关RVS位置)	检测变速箱挡位开关R位置信号	点火开关设置到ON状态时 在R位置:约0 在R位置以外的任何位置:高于5.0V
39	绿色	TATF(ATF温度传感器)	检测ATF温度传感器信号	点火开关设置到ON状态时:0.2~4.0V(在工作温度下约为1.8V,取决于ATF温度)
40	黄褐色	THL2[节气门位置(TP)传感器B]	检测TP传感器B信号	点火开关设置到ON状态且踩下加速踏板时:约4.1V 点火开关设置到ON状态且松开加速踏板时:约1.7V
41	白色	IGN PULSE1(1号点火线圈脉冲)	驱动1号点火线圈	点火开关设置到ON状态:0 发动机运行时:脉冲
42	紫色	IGN PULSE2(2号点火线圈脉冲)	驱动2号点火线圈	点火开关设置到ON状态:0 发动机运行时:脉冲
43	绿色	VCC2(传感器电压)	提供传感器基准电压	点火开关设置到ON状态时:约5.0V
44	蓝色	VCC5(传感器电压)	提供传感器基准电压	点火开关设置到ON状态时:约5.0V

续表

发动机电控单元连接器 B				
端子	线束颜色	端子名称	说明	检测方法和规范值
45	灰色	SG2(传感器接地)	传感器接地	始终低于 0.2V
46	绿色	SG5(传感器接地)	传感器接地	始终低于 0.2V
47	紫色	OP SENSOR(发动机机油压力)	检测摇臂机油压力传感器信号	点火开关设置到 ON 状态时:约 0.8V (取决于发动机机油压力)
48	红色	NM[输入轴(主轴)转速传感器]	检测输入轴(主轴)转速传感器信号	点火开关设置到 ON 状态时:约 0 或约 5.0V
				发动机在 N 位置运行时:脉冲
49		未用		
50	黄色	LIN(本地互联网络)	发送和接收通信信号	点火开关设置到 ON 状态:脉冲
51	粉红色	TDC[凸轮轴位置(CMP)传感器]	检测 CMP 传感器信号	发动机运行时:脉冲

发动机电控单元连接器 C				
端子	线束颜色	端子名称	说明	检测方法和规范值
1	黑色	PGM(电源接地)	PCM 的接地	始终低于 0.2V
2	浅蓝色	MTR2(节气门作动器+侧)	驱动节气门作动器	点火开关设置到 ON 状态时:约 0
3	白色	MTR1(节气门作动器-侧)	节气门作动器接地	点火开关设置到 ON 状态时:约 0
4	绿色	IG1M(点火信号 ETCS)	检测点火信号	点火开关设置到 ON 状态:蓄电池电压
5	紫色	SO2HT B1[后辅助加热型氧传感器(后辅助 HO2S)(B1,S2)加热器控制]	驱动后辅助 HO2S(B1,S2)加热器	点火开关设置到 ON 状态:蓄电池电压
				完全暖机的发动机运行时:负荷控制
6	黄褐色	AFHT B1[后空燃比(后 A/F)传感器(B1,S1)加热器控制]	驱动后 A/F 传感器(B1,S1)加热器	点火开关设置到 ON 状态时:蓄电池电压
				暖机的发动机运行时:约 0 或负荷控制
7	红色	SO2HT B2[前辅助加热型氧传感器(辅助 HO2S)(B2,S2)加热器控制]	驱动前辅助 HO2S(B2,S2)加热器	点火开关设置到 ON 状态:蓄电池电压
				完全暖机的发动机运行时:负荷控制
8	灰色	AFHT B2[前空燃比(前 A/F)传感器(B2,S1)加热器控制]	驱动前 A/F 传感器(B2,S1)加热器	点火开关设置到 ON 状态时:蓄电池电压
				暖机的发动机运行时:约 0 或负荷控制
9、10		未用		

续表

发动机电控单元连接器 C				
端子	线束颜色	端子名称	说明	检测方法和规范值
11	蓝色	CRK[曲轴位置(CKP)传感器]	检测 CKP 传感器信号	发动机运行时：脉冲
12	红色	PCS[蒸发排放(EVAP)炭罐清污阀]	驱动 EVAP 炭罐清污阀	发动机运行，发动机冷却液低于 65℃时：蓄电池电压
				发动机运行、发动机冷却液高于 65℃：负荷控制
13	紫色	E EGR[废气再循环(EGR)阀]	驱动 EGR 阀	EGR 工作时：负荷控制
				EGR 不工作时：约 0
14	绿色	CSS[摇臂机油控制电磁阀 B(B1)]	驱动摇臂机油控制电磁阀 B(B1)	点火开关设置到 ON 状态或怠速时：约 0
15	浅绿色	VTSB1[摇臂机油控制电磁阀 A(B1)]	驱动摇臂机油控制电磁阀 A(B1)	怠速时：约 0
16	浅蓝色	VTSB2[摇臂机油控制电磁阀 A(B2)]	驱动摇臂机油控制电磁阀 A(B2)	怠速时：约 0
17～19	未用	未用		
20	黑色	GND3(电源接地)	PCM 的接地	始终低于 0.2V
21	黄褐色	NC[输出轴(副轴)转速传感器]	检测输出轴(副轴)转速传感器信号	点火开关设置到 ON 状态时：约 0 或约 5.0V
				行驶时：脉冲
22	紫色	VTMB1[摇臂机油压力开关 A(B1)]	检测摇臂机油压力开关 A(B1)信号	点火开关设置到 ON 状态时：约 0
				发动机运行时：约 0.7V
23	浅绿色	VTMB2[摇臂机油压力开关 A(B2)]	检测摇臂机油压力开关 A(B2)信号	点火开关设置到 ON 状态时：约 0
				发动机运行时：约 0.7V
24	白色	VLBLB1(LABEL 电阻器 B1)	检测后 A/F 传感器(B1,S1)LABEL 信号	发动机运行时：0.4～4.6V
25	浅绿色	VSB1(VS CELL+B1)	检测后 A/F 传感器(B1,S1)VS CELL 信号	暖机的发动机运行时：3.4～4.8V
26	红色	VCENTB1(虚接地 B1)	检测后 A/F 传感器(B1,S1)提供基准电压	暖机的发动机运行时：3.4～4.8V
27	浅蓝色	VLBLB2(LABEL 电阻器 B2)	检测前 A/F 传感器(B2,S1)LABEL 信号	发动机运行时：0.4～4.6V
28	白色	VSB2(VS CELL+B2)	检测前 A/F 传感器(B2,S1)VS CELL 信号	暖机的发动机运行时：3.4～4.8V
29	黄色	VCENTB2(虚接地 B2)	为前 A/F 传感器提供基准电压(B2,S1)	暖机的发动机运行时：3.4～4.8V
30	绿色	SO2B1[后辅助加热型氧传感器(后辅助 HO2S)(B1,S2)]	检测后辅助 HO2S(B1,S2)信号	怠速时节气门全开且发动机暖机时：约 0.6V(SO2B1 端子和 SO2SGB1 端子之间)
				快速关闭节气门时：低于 0.4V

续表

发动机电控单元连接器 C				
端子	线束颜色	端子名称	说明	检测方法和规范值
31	蓝色	SO2B2[前辅助加热型氧传感器(后辅助 HO2S)(B2,S2)]	检测前辅助 HO2S(B2,S2)信号	怠速时节气门全开且发动机暖机时:约 0.6V(SO2B2 端子和 SO2SGB2 端子之间)
				快速关闭节气门时:低于 0.4V
32	粉红色	VCC1(传感器电压)	提供传感器基准电压	点火开关设置到 ON 状态时:约 5.0V
33	蓝色	SG1(传感器接地)	传感器接地	始终低于 0.2V
34	黄褐色	VCMSW[摇臂机油压力开关 B(B1)]	检测摇臂机油压力开关 B(B1)信号	点火开关设置到 ON 状态或怠速时:蓄电池电压
35、36		未用		
37	绿色	IPB1(IP CELL+B1)	检测后 A/F 传感器(B1,S1)泵电池	发动机运行时:2.0～5.6V
38	紫色	IPB2(IP CELL+B2)	检测后 A/F 传感器(B2,S1)泵电池	发动机运行时:2.0～5.6V
39	白色	SO2SGB1[后辅助加热型氧传感器(后辅助HO2S)(B1,S2)传感器接地]	后辅助 HO2S(B1,S2)的传感器接地	点火开关设置到 ON 状态时:约 1.5V
40	黄色	SO2SGB2[前辅助加热型氧传感器(前辅助HO2S)(B2,S2)传感器接地]	前辅助 HO2S(B2,S2)的传感器接地	点火开关设置到 ON 状态时:约 1.5V
41	红色	KSB1[爆震传感器 1(B1)]	检测爆震传感器 1(B1)信号	发动机爆震时:脉冲 发动机未爆震时:0
42	绿色	KSSGB1[爆震传感器 1(B1)接地]	爆震传感器 1(B1)的传感器接地	始终低于 0.2V
43	白色	KSB2[爆震传感器 2(B2)]	检测爆震传感器 2(B2)信号	发动机爆震时:脉冲 发动机未爆震时:0
44	黑色	KSSGB2[爆震传感器 2(B2)接地]	爆震传感器 2(B2)的传感器接地	始终低于 0.2V
45	紫色	PB[进气歧管绝对压力(MAP)传感器]	检测 MAP 传感器信号	点火开关设置到 ON 状态:约 3.0V
				怠速时:约 1.0V(取决于发动机转速)
46	浅蓝色	EGRL[废气再循环(EGR)阀位置传感器]	检测 EGR 阀位置传感器信号	发动机运行时:1.2～3.0V(取决于 EGR 阀门升程)
47		未用		
48	粉红色	TW[发动机冷却液温度传感器(ECT)传感器 1]	检测 ECT 传感器 1 信号	点火开关设置到 ON 状态时:0.1～4.8V(取决于发动机冷却液温度)

发动机电控单元连接器 C				
端子	线束颜色	端子名称	说明	检测方法和规范值
49	黄褐色	TA（AFM）[进气温度(IAT)传感器]	检测 IAT 传感器信号	点火开关设置到 ON 状态时：0.1～4.8V(取决于进气温度)
50、51		未用		

第四节 CRIDER（凌派）轿车（2013～2015 年款）

一、1.8L R18Z5 发动机电控单元端子检测

发动机电控单元端子识别见图 2-4-1；端子检测参见表 2-4-1。

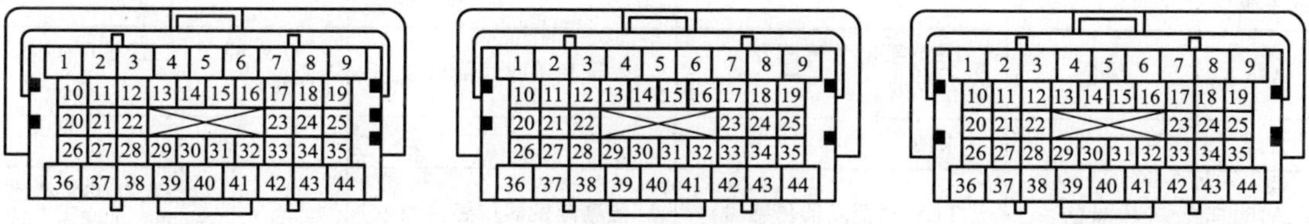

图 2-4-1　发动机电控单元端子识别

表 2-4-1　发动机电控单元端子检测

发动机电控单元连接器 A				
端子	线束颜色	端子名称	说明	检测方法和规范值
A1(配备无钥匙进入系统)	粉红色	ST CUT RLY1 CL－(起动机继电器 1)	驱动起动机断电继电器 1	点火开关设置到 ON 状态：蓄电池电压
A2(配备无钥匙进入系统)	棕色	ST CUT RLY2 CL－(起动机继电器 2)	驱动起动机断电继电器 2	点火开关设置到 ON 状态：蓄电池电压
A3	红色	FI MAIN RLY CL－(PGM-FI 主继电器 1)	驱动 PGM-FI 主继电器 1	点火开关设置到 ON 状态：约 0
				点火开关设置到 OFF 状态：蓄电池电压
A4	浅蓝色	FI SUB RLY CL－(PGM-FI 辅助继电器)	驱动 A/F 传感器继电器	点火开关设置到 ON 状态：约 0
A5	白色	F-CAN-H(CAN 通信信号高)	发送和接收通信信号	点火开关设置到 ON 状态：脉冲
A6	红色	F-CAN-L(CAN 通信信号低)	发送和接收通信信号	点火开关设置到 ON 状态：脉冲
A7	灰色	S-NET(发动机防盗锁止系统串行通信)	发送串行通信信号	点火开关设置到 ON 状态时：脉冲
				钥匙从点火开关中拨出：0～5.0V

续表

发动机电控单元连接器 A				
端子	线束颜色	端子名称	说明	检测方法和规范值
A8	灰色	FUEL PUMP RLY CL－(发动机防盗锁止燃油泵继电器)	驱动 PGM-FI 主继电器 2	将车辆转为 ON 模式后约 0,持续 2s,然后为蓄电池电压
				发动机运行时:约 0
A9	橙色	FI MAIN RLY OUT(电源)	PCM 的电源	点火开关设置到 ON 状态:蓄电池电压
A10	红色	VCC6(传感器电压)	提供传感器基准电压	点火开关设置到 ON 状态:约 5.0V
A11	红色	SG6(传感器接地)	传感器接地	始终低于 0.2V
A12(配备无钥匙进入系统)	绿色	START DIAG	检测起动机断电继电器	起动机置于 ON 的位置:蓄电池电压
A13	绿色	LIN(蓄电池传感器)(本地互联网)	发送和接收通信信号	点火开关设置到 ON 状态时:脉冲
A14		未用		
A15	浅绿色	TEVA(蒸发器传感器)	检测蒸发器传感信号	点火开关设置到 ON 状态:0.1～4.8V(取决于蒸发器温度)
A16	棕色	SCS(维修检查信号)	检测维修检查信号	使用 HDS 短接维修检查信号:约 0
				维修检查信号断路:约 5.0V
A17	浅绿色	STOP SW(制动踏板位置开关)	检测制动踏板位置开关信号	制动踏板松开:约 0
				制动踏板踩下:蓄电池电压
A18	棕色	BKSWNC(制动踏板位置开关)	检测制动踏板位置开关信号	点火开关设置到 ON 状态且制动踏板松开:蓄电池电压
				点火开关设置到 ON 状态且制动踏板踩下:约 0
A19	灰色	FAN HI SIGNAL(散热器风扇控制)	驱动空调冷凝器风扇继电器	空调冷凝器风扇高速运转:约 0
				空调冷凝器风扇低速运转或停止:蓄电池电压
A20	棕色	VCC4(传感器电压)	提供传感器基准电压	点火开关设置到 ON 状态:约 5.0V
A21	蓝色	SG4(传感器接地)	传感器接地	始终低于 0.2V
A22	黄色	APSI[加速踏板位置(APP)传感器 A]	检测 APP 传感器 A 信号	点火开关设置到 ON 状态且加速踏板踩下:约 4.7V
				点火开关设置到 ON 状态且加速踏板松开:约 1.0V
A23(手动变速器车型,配备无钥匙进入系统)	橙色	CLUTCH SW(巡航)(离合器踏板位置开关 B)	检测离合器踏板位置开关 B 信号	点火开关设置到 ON 状态且离合器踏板踩下:蓄电池电压
				点火开关设置到 ON 状态且离合器踏板松开:约 0

续表

发动机电控单元连接器A				
端子	线束颜色	端子名称	说明	检测方法和规范值
A24		未用		
A25	橙色	FAN LO SIGNAL(散热器风扇控制)	驱动散热器风扇继电器	散热器风扇运行时:约0 冷凝器风扇停止时:蓄电池电压
A26	灰色	VCC5(传感器电压)	提供传感器基准电压	点火开关设置到ON状态:约5.0V
A27	浅蓝色	SG5(传感器接地)	传感器接地	始终低于0.2V
A28	紫色	APS2[加速踏板位置(APP)传感器B]	检测APP传感器B信号	点火开关设置到ON状态且加速踏板踩下:约2.4V 点火开关设置到ON状态且加速踏板松开:约0.5V
A29	绿色	TW2 SENSOR[发动机冷却液温度(ECT)传感器2]	检测ECT传感器2信号	点火开关设置到ON状态:0.1～4.8V(取决于发动机冷却液温度)
A30	橙色	ELD[电气负载检测器(ELD)]	检测ELD信号	点火开关设置到ON状态:0.1～4.8V(取决于电气负载)
A31～A33		未用		
A34(配备无钥匙进入系统)	黄色	STS(起动机开关信号)	检测起动机开关信号	点火开关设置到ON状态时:约0 车辆在START模式:蓄电池电压
A35(自动变速器车型)	粉红色	SHIFT LOCK SOL(换挡锁止电磁阀)	驱动换挡锁止电磁阀	点火开关设置到ON状态,在P位置踩下制动踏板,并松开加速踏板:约0
A36(自动变速器车型)	浅蓝色	IG1 MISS SOL(电磁阀电源)	电磁阀电源	点火开关设置到ON状态:蓄电池电压
A37	未用	未用		
A38	蓝色	NEP(发动机转速脉冲)	输出发动机转速脉冲	发动机运行时:脉冲
A39		未用		
A40	蓝色	VSP(车速信号输出)	传送车速信号	取决于车速:脉冲
A41	红色	A/C MG CLUTCH RLY CL-(空调压缩机离合器继电器)	驱动空调压缩机离合器继电器	压缩机打开:约0 压缩机关闭:蓄电池电压
A42(手动变速器车型,配备无钥匙进入系统)	灰色	CLUTCH SW(SA)(离合器踏板位置开关A)	检测离合器踏板位置开关A信号	点火开关设置到ON状态且离合器踏板踩下:蓄电池电压 点火开关设置到ON状态且离合器踏板松开:约0
A43		未用		
A44	黄色	DBW RLY CL-[电子节气门控制系统(ETCS)控制继电器]	驱动电子节气门控制系统(ETCS)控制继电器	点火开关设置到ON状态:约0

发动机电控单元连接器 B				
端子	线束颜色	端子名称	说明	检测方法和规范值
B1	白色	KNOCK(爆震传感器)	检测爆震传感器信号	点火开关设置到 ON 状态：约 2.4V
B2	蓝色/红色	E EGR[废气再循环(EGR)阀]	驱动 EGR 阀	EGR 工作时：负荷控制
				EGR 不工作时：约 0
B3	棕色	SVSP[进气歧管调节(IMT)作动器+侧]	驱动 IMT 作动器	点火开关设置到 ON 状态：约 0
B4	白色/黑色	SVSM[进气歧管调节(IMT)作动器一侧]	驱动 IMT 作动器	点火开关设置到 ON 状态：约 0
B5	黑色/白色	VT SOL(摇臂机油控制电磁阀)	驱动摇臂机油控制电磁阀	怠速时：约 0
B6(自动变速器车型)	蓝色	SH A(换挡电磁阀 A)	驱动换挡电磁阀 A	发动机以二挡或四挡(在 D 或 2 位置)运行时：蓄电池电压
				发动机在 P、R 或 N 位置，以一挡、三挡或五挡(在 D、D3 或 1 位置)运行时：约 0
B7(自动变速器车型)	白色	LINEAR A(A/T 离合器压力控制电磁阀 A)	驱动 A/T 离合器压力控制电磁阀 A	点火开关设置到 ON 状态：电流控制
B8(自动变速器车型)	蓝色/白色	LINEAR C(A/T 离合器压力控制电磁阀 C)	驱动 A/T 离合器压力控制电磁阀 C	点火开关设置到 ON 状态：电流控制
B9	棕色/黄色	LG(逻辑接地)	PCM 的接地电路	始终低于 0.2V
B10	黑色	KSGND(爆震传感器接地)	爆震传感器的传感器接地	始终低于 0.2V
B11	红色/黄色	AFS-[空燃比(A/F)传感器(S1)-侧]	检测 A/F 传感器(SI)信号	怠速时：约 1.8V
B12	红色	AFS+[空燃比(A/F)传感器(S1)+侧]	检测 A/F 传感器(SI)信号	怠速时：约 2.2V
B13	白色	SO2[辅助加热型氧传感器(辅助 HO2S)(S2)]	检测辅助 HO2S(S2)信号	怠速时节气门全开，发动机暖机：约 0.8V
				快速关闭节气门：低于 0.4V
B14	黑色	SO2SG[辅助加热型氧传感器(辅助 HO2S)(S2)传感器接地]	辅助 HO2S(S2)的传感器接地	点火开关设置到 ON 状态：约 1.5V
B15	绿色/红色	MAP(PB)[歧管绝对压力(MAP)传感器]	检测 MAP 传感器信号	点火开关设置到 ON 状态：约 3.0V
				怠速时：约 1.0V(取决于发动机转速)
B16	红色/白色	TW[发动机冷却液温度(ECT)传感器 1]	检测 ECT 传感器 1 信号	点火开关设置到 ON 状态：约 0.1～4.8V(取决于发动机冷却液温度)

续表

发动机电控单元连接器 B				
端子	线束颜色	端子名称	说明	检测方法和规范值
B17	红色/黄色	TA[进气温度(IAT)传感器]	检测 IAT 传感器信号	点火开关设置到 ON 状态：0.1～4.0V(在正常工作温度下约 2.6V)
B18	绿色/白色	SG1(传感器接地)	传感器接地	始终低于 0.2V
B19	黄色/红色	VCC1(传感器电压)	提供传感器基准电压	点火开关设置到 ON 状态：约 5.0V
B20	蓝色/白色	CRANK[曲轴位置(CKP)传感器]	检测 CKP 传感器信号	发动机运行时：脉冲
B21	黑色/白色	NC[输出轴(副轴)转速传感器]	检测输出轴(副轴)转速传感器信号	点火开关设置到 ON 状态：约 0 或约 5.0V 行驶时：约 2.5V(脉冲)
B22(自动变速器车型)	白色/红色	NM[输入轴(主轴)转速传感器]	检测输入轴(主轴)转速传感器信号	点火开关设置到 ON 状态：约 0 或约 5.0V 发动机在 N 位置运行时：约 2.5V(脉冲)
B23(自动变速器车型)	红色/黄色	TATF(ATF 温度传感器)	检测 ATF 温度传感器信号	点火开关设置到 ON 状态：0.2～4.8V(取决于 ATF 温度) 点火开关设置到 OFF 状态：约 0
B24	绿色/黄色	SG2(传感器接地)	传感器接地	始终低于 0.2V
B25	黄色/蓝色	VCC2(传感器电压)	提供传感器基准电压	点火开关设置到 ON 状态：约 5.0V
B26～B29		未用		
B30	白色/黑色	EGR L[废气再循环(EGR)阀位置传感器]	检测 EGR 阀位置传感器信号	发动机运行时：1.2～3.0V(取决于 EGR 阀门升程)
B31～B32		未用		
B33	红色/蓝色	VGP[质量空气流量(MAF)传感器+侧]	检测 MAF 传感器信号	暖机的发动机怠速且无电气负载时：1.1～1.6V
B34	黑色/红色	VGM[质量空气流量(MAF)传感器一侧]	MAF 传感器信号接地	
B35		未用		
B36(自动变速器车型)	绿色/红色	SH D(换挡电磁阀 D)	驱动换挡电磁阀 D	发动机在 P 和 R 位置运行且处于锁止条件(在 D 或 D3 位置)时：蓄电池电压 发动机在 N 位置运行且未处于锁止条件(在 D、D3、2 或 1 位置)：约 0
B37(自动变速器车型)	黄色	PLA(管路压力控制电磁阀 A)	驱动管路压力控制电磁阀 A	发动机在低管路压力模式运行时：蓄电池电压 发动机在正常管路压力模式运行时：约 0

发动机电控单元连接器 B

端子	线束颜色	端子名称	说明	检测方法和规范值
B38	绿色	AFHT[空燃比(A/F)传感器(S1)加热器控制]	驱动 A/F 传感器(S1)加热器	点火开关设置到 ON 状态：蓄电池电压
				完全暖机的发动机运行时：负荷控制
B39	黑色/白色	SO2HT[辅助加热型氧传感器(辅助 HO2S)(S2)加热器]	驱动辅助 HO2S(S2)加热器	点火开关设置到 ON 状态：蓄电池电压
				完全暖机的发动机运行时：负荷控制
B40(自动变速器车型)	绿色	SH C(换挡电磁阀 C)	驱动换挡电磁阀 C	发动机以 R 位置、三挡或四(在 D 或 D3 位置)运行时：蓄电池电压
				发动机在 P 和 N 位置，以一挡、二挡或五挡(在 D 或 2 或 1 位置)运行时：约 0
B41(手动变速器车型，配备无钥匙进入系统)	绿色/白色	SH B(换挡电磁阀 B)	驱动换挡电磁阀 B	发动机以 R 位置、一挡、四挡和五挡(在 D 或 1 位置)运行时：蓄电池电压
				发动机在 P 和 N 位置，以二挡或三挡(在 D3 或 2 位置)运行时：约 0
B42(自动变速器车型)	棕色	LINEAR B(A/F 离合器压力控制电磁阀 B)	驱动 A/T 离合器压力控制电磁阀 B	点火开关设置到 ON 状态：电流控制
B43		未用		
B44	黑色	PG(电源接地)	PCM 的接地电路	始终低于 0.2V

发动机电控单元连接器 C

端子	线束颜色	端子名称	说明	检测方法和规范值
C1	白色/绿色	VBDBW(点火信号 ETCS)	检测点火信号	点火开关设置到 ON 状态：蓄电池电压
C2	黑色	PG(电源接地 ETCS)	PCM 的接地电路	始终低于 0.2V
C3	黄色/绿色	MTR 1(节气门作动器一侧)	节气门作动器接地	点火开关设置到 ON 状态，并松开加速踏板：约 0
C4	黄色/红色	MTR 2(节气门作动器＋侧)	驱动节气门作动器	将车辆转为 ON 模式后立即约为 1.5V，然后约为 0V
C5	棕色	INJ 1(1 号喷油器)	驱动 1 号喷油器	怠速时：负荷控制
				点火开关设置到 ON 状态：蓄电池电压
C6	红色	INJ 2(2 号喷油器)	驱动 2 号喷油器	怠速时：负荷控制
				点火开关设置到 ON 状态：蓄电池电压
C7	蓝色	INJ 3(3 号喷油器)	驱动 3 号喷油器	怠速时：负荷控制
				点火开关设置到 ON 状态：蓄电池电压

发动机电控单元连接器 C				
端子	线束颜色	端子名称	说明	检测方法和规范值
C8	黄色	INJ 4(4 号喷油器)	驱动 4 号喷油器	怠速时:负荷控制 点火开关设置到 ON 状态:蓄电池电压
C9	棕色/黄色	LG(逻辑接地)	PCM 的接地电路	始终低于 0.2V
C10	白色/蓝色	IGN03A(3 号点火线圈脉冲)	驱动 3 号点火线圈	点火开关设置到 ON 状态:约 0 发动机运行时:脉冲
C11	棕色	IGN04A(4 号点火线圈脉冲)	驱动 4 号点火线圈	
C12(自动变速器车型)	蓝色/黄色	ATP FWD(变速箱挡位开关 FWD 位置)	检测变速箱挡位开关 FWD 位置信号	在 D、D3 或 2 位置:约 0 在 D、D3 或 2 以外的位置:约 5.0V
C13(自动变速器车型)	黄色	ATP RVS(变速箱挡位开关 RVS 位置)	检测变速箱挡位开关 RVS 位置信号	在 R 位置:约 0 在 R 以外的位置:约 5.0V
C14(自动变速器车型)	白色/绿色	ATP R(变速箱挡位开关 R 位置)	检测变速箱挡位开关 R 位置信号	在 R 位置:约 0 在 R 以外的位置:蓄电池电压
C15(自动变速器车型)	蓝色/黑色	ATP P(变速箱挡位开关 P 位置)	检测变速箱挡位开关 P 位置信号	在 P 位置:约 0 在 P 以外的位置:高于 5.0V
C16(自动变速器车型)	黄色/绿色	ATP D(变速箱挡位开关 D 位置)	检测变速箱挡位开关 D 位置信号	在 D 位置:约 0 在 D 以外的位置:高于 5.0V
C17	红色/黑色	THL 1[节气门位置(TP)传感器 A]	检测 TP 传感器 A 信号	点火开关设置到 ON 状态且加速踏板踩下:约 3.9V 点火开关设置到 ON 状态且加速踏板松开:约 0.9V
C18	蓝色	SG3(传感器接地)	传感器接地	始终低于 0.2V
C19	绿色	VCC3(传感器电压)	提供传感器基准电压	车辆 ON 模式:约 5.0V
C20	蓝色/红色	IGN02A(2 号点火线圈脉冲)	驱动 2 号点火线圈	点火开关设置到 ON 状态:约 0 发动机运行时:脉冲
C21(自动变速器车型)	黑色/红色	OP 3 SW[变速箱油压开关 B(三挡离合器)]	检测变速箱油压开关 B(三挡离合器)信号	发动机运行时 三挡离合器无压力:约 5.0V 三挡离合器有压力:约 0
C22(自动变速器车型)	蓝色/黄色	OP 2 SW[变速箱油压开关 A(二挡离合器)]	检测变速箱油压开关 A(二挡离合器)	发动机运行时 二挡离合器无压力:约 5.0V 二挡离合器有压力:约 0
C23(自动变速器车型)	红色/黑色	ATP N(变速箱挡位开关 N 位置)	检测变速箱油压开关 N 位置信号	在 N 位置:约 0 在 N 以外的位置:高于 5.0V

发动机电控单元连接器 C				
端子	线束颜色	端子名称	说明	检测方法和规范值
C24	黄色	THL 2[节气门位置(TP)传感器 B]	检测 TP 传感器 B 信号	点火开关设置到 ON 状态且加速踏板踩下:约 4.1V 点火开关设置到 ON 状态且加速踏板松开:约 1.7V
C25	白色/绿色	TDC[凸轮轴位置(CMP)传感器]	检测 CMP 传感器信号	发动机运行时:脉冲
C26	黄色/绿色	IGN01A(1 号点线圈脉冲)	驱动 1 号点火线圈	点火开关设置到 ON 状态:约 0 发动机运行时:脉冲
C27		未用		
C28(自动变速器车型)	棕色	ATP 2-1(变速箱挡位开关 2-1 位置)	检测变速箱开关 1 和 2 位置信号	在 1 和 2 位置:约 0 在 1 和 2 以外的任意位置:高于 5.0V
C29(自动变速器车型)	红色	ATP D3/S(变速箱挡位开关 D3 位置)	检测变速箱开关 D3 信号	在 D3 位置:约 0 在 D3 以外的位置:高于 5.0V
C30	黄色/红色	OIL PRESS SW(机油压力开关)	检测发动机机油压力信号	发动机运行时:高于 5.0V
C31～C33		未用		
C34	蓝色	ACPD(空调压力传感器)	检测空调压力传感器信号	空调开关 ON:0～4.8V(取决于空调压力)
C35、C36		未用		
C37	黄色/蓝色	PC SOL[蒸发排放(EVAP)炭罐净化阀]	驱动 EVAP 炭罐净化阀	发动机运行时,发动机冷却液温度低于 60℃:蓄电池电压 发动机运行时,发动机冷却液温度高于 60℃:负荷控制
C38～C42		未用		
C43	黑色/黄色	IG1(F/PUMP)(点火信号)	检测点火信号	点火开关设置到 ON 状态:蓄电池电压
C44	黑色	PG(电源接地 ETCS)	PCM 的接地电路	始终低于 0.2V

二、5 挡 C7TA 自动变速器电控单元端子检测

5 挡 C7TA 自动变速器电控单元端子识别见图 2-4-2，端子检测见表 2-4-2。

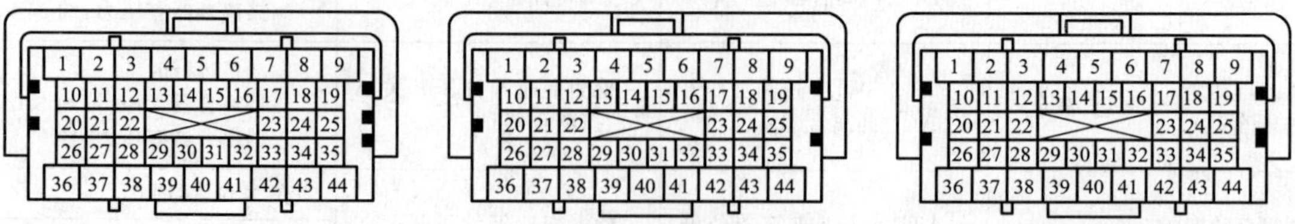

自动变速器电控单元连接器A　自动变速器电控单元连接器B　自动变速器电控单元连接器C

图 2-4-2　自动变速器电控单元端子识别

表 2-4-2　自动变速器电控单元端子检测

自动变速器电控单元连接器 A				
端子	线束颜色	端子名称	说明	检测方法和规范值
1、2		未用		
3	红色	FI MAIN RLY CL－(PGM-FI 主继电器 1)	驱动 PGM-FI 主继电器 1	点火开关设置到 ON 状态时：约 0
				点火开关设置到 OFF 状态：蓄电池电压
4		未用		
5	白色	F-CAN-H(CAN 通信信号高)	发送和接收通信信号	点火开关设置到 ON 状态：脉冲
6	红色	F-CAN-L(CAN 通信信号低)	发送和接收通信信号	点火开关设置到 ON 状态：脉冲
7、8		未用		
9	橙色	FI MAIN RLY OUT(电源)	PCM 的电源	点火开关设置到 ON 状态：蓄电池电压
10～15		未用		
16	棕色	SCS(维修检查信号)	检测维修检查信号	使用 HDS 短接维修检查信号：约 0
				维修检查信号断路：约 5.0V
17	浅绿色	STOP SW(制动踏板位置开关)	检测制动踏板位置开关信号	松开制动踏板：约 0
				踩下制动踏板：蓄电池电压
18～34		未用		
35	粉红色	SHIFT LOCK SOL(换挡锁止电磁阀)	驱动换挡锁止电磁阀	点火开关设置到 ON 状态，在 P 位置踩下制动踏板，并松开加速踏板：约 0
36	浅蓝色	IG1 MISS SOL(电磁阀电源)	电磁阀电源	点火开关设置到 ON 状态：蓄电池电压
37～44		未用		

自动变速器电控单元连接器 B				
端子	线束颜色	端子名称	说明	检测方法和规范值
1～5		未用		
6	蓝色	SH A(换挡电磁阀 A)	驱动换挡电磁阀 A	发动机以二挡或四挡(在 D 或 2 位置)运行时：蓄电池电压
				发动机在 P、R 和 N、一挡、三挡或五挡(D 或 D3 或 1 位置)运行时：约 0
7	白色	LINEAR A(A/T 离合器压力控制电磁阀 A)	驱动 A/T 离合器压力控制电磁阀 A	点火开关设置到 ON 状态：电流控制
8	蓝色/白色	LINEAR C(A/T 离合器压力控制电磁阀 C)	驱动 A/T 离合器压力控制电磁阀 C	点火开关设置到 ON 状态：电流控制

续表

自动变速器电控单元连接器B				
端子	线束颜色	端子名称	说明	检测方法和规范值
9	棕色/黄色	LG(逻辑接地)	PCM的接地电路	始终低于0.2V
10～17		未用		
18	绿色/白色	SG1(传感器接地)	传感器接地	始终低于0.2V
19	黄色/红色	VCC1(传感器电压)	提供传感器基准电压	点火开关设置到ON状态：约5.0V
20		未用		
21	黑色/白色	NC[输出轴(副轴)转速传感器]	检测输出轴(副轴)转速传感器信号	点火开关设置到ON状态：约0或约5.0V
				行驶时：约2.5V(脉冲)
22	白色/红色	NM[输入轴(主轴)转速传感器]	检测输入轴(主轴)转速传感器信号	点火开关设置到ON状态：约0或约5.0V
				发动机在N位置运行时：约2.5V(脉冲)
23	红色/黄色	TATF(ATF温度传感器)	检测ATF温度传感器信号	点火开关设置到ON状态：0.2～4.8V(取决于ATF温度)
				点火开关设置到OFF状态：约0
24	绿色/黄色	SG2(传感器接地)	传感器接地	始终低于0.2V
25	黄色/蓝色	VCC2(传感器电压)	提供传感器基准电压	点火开关设置到ON状态：约5.0V
26～35		未用		
36	绿色/红色	SH D(换挡电磁阀D)	驱动换挡电磁阀D	发动机在P或R位置运行，并处于锁止的情况下(在D或D3位置)：蓄电池电压
				发动机在N位置运行，并处于未锁止的情况下(在D、D3、2或1位置时)：约0
37	黄色	PLA(管路压力控制电磁阀A)	驱动管路压力控制电磁阀A	发动机在低管路压力模式运行时：蓄电池电压
				发动机在正常管路压力模式运行时：约0
38、39		未用		
40	绿色	SH C(换挡电磁阀C)	驱动换挡电磁阀C	发动机以R、三挡或四挡(在D或D3位置)运行时：蓄电池电压
				发动机在P或N、一挡、二挡或五挡(在D、2或1位置)运行时：约0
41	绿色/白色	SH B(换挡电磁阀B)	驱动换挡电磁阀B	发动机在R、一挡、四挡或五挡(在D或1位置)运行时：蓄电池电压
				发动机在P或N、二挡或三挡(在D3或2位置)运行时：约0

续表

自动变速器电控单元连接器 B				
端子	线束颜色	端子名称	说明	检测方法和规范值
42	棕色	LINEAR B(A/F 离合器压力控制电磁阀 B)	驱动 A/T 离合器压力控制电磁阀 B	点火开关设置到 ON 状态：电流控制
43		未用		
44	黑色	PG(PCM 接地)	PCM 的接地电路	始终低于 0.2V

自动变速器电控单元连接器 C				
端子	线束颜色	端子名称	说明	检测方法和规范值
1～8		未用		
9	棕色/黄色	LG(逻辑接地)	PCM 的接地电路	始终低于 0.2V
10、11		未用		
12	蓝色/黄色	ATP FWD(变速器挡位开关 FWD 位置)	检测变速器挡位开关 FWD 位置信号	在 D3 或 2 位置：约 0
				在 D3 或 2 以外的任何位置：约 5V
13	黄色	ATP RVS(变速器挡位开关 RVS 位置)	检测变速器挡位开关 RVS 位置信号	在 R 位置：约 0
				在 R 以外的任何位置：约 5V
14	白色/绿色	ATP R(变速器挡位开关 R 位置)	检测变速器挡位开关 R 位置信号	在 R 位置：约 0
				在 R 以外的任何位置：蓄电池电压
15	蓝色/黑色	ATP P(变速器挡位开关 P 位置)	检测变速器挡位开关 P 位置信号	在 P 位置：约 0
				在 P 以外的任何位置：高于 5.0V
16	黄色/绿色	ATP D(变速器挡位开关 D 位置)	检测变速器挡位开关 D 位置信号	在 D 位置：约 0
				在 D 以外的任何位置：高于 5.0V
17～20	未用	未用		
21	黑色/红色	OP 3 SW[变速器油压开关 B(三挡离合器)]	检测变速器油压开关 B(三挡离合器)信号	发动机运行时 三挡离合器无压力：约 5.0V
				三挡离合器有压力：约 0
22	蓝色/黄色	OP 2 SW[变速器油压开关 A(二挡离合器)]	检测变速器油压开关 A(二挡离合器)信号	发动机运行时 二挡离合器无压力：约 5.0V
				二挡离合器有压力：约 0
23	红色/黑色	ATP N(变速器挡位开关 N 位置)	检测变速器油压开关 N 位置信号	在 N 位置：约 0
				在 N 以外的任何位置：高于 5.0V
24～27		未用		
28	棕色	ATP 2-1(变速器挡位开关 2-1 位置)	检测变速器挡位开关 2 或 1 位置输入信号	在 2 或 1 位置：约 0
				在 2 或 1 以外的任意位置：高于 5.0V

自动变速器电控单元连接器 C				
端子	线束颜色	端子名称	说明	检测方法和规范值
29	红色	ATP D3/S(变速器挡位开关 S 位置)	检测变速器挡位开关 S 位置信号	在 D3 位置:约 0 在 D3 以外的任何位置:高于 5.0V
30～42		未用		
43	黑色/黄色	IG1(F/PUMP)(点火信号)	检测点火信号	点火开关设置到 ON 状态:蓄电池电压
44	黑色	PG(电源接地 ETCS)	PCM 的接地电路	始终低于 0.2V

第五节　第三代 FIT（飞度）轿车（2013～2015 年款）

一、1.5L L15B2/L15B3 直喷发动机电控单元端子信息

1. 发动机电控单元连接器 A 端子功能说明

发动机电控单元连接器 A 端子识别见图 2-5-1，端子功能说明见表 2-5-1。

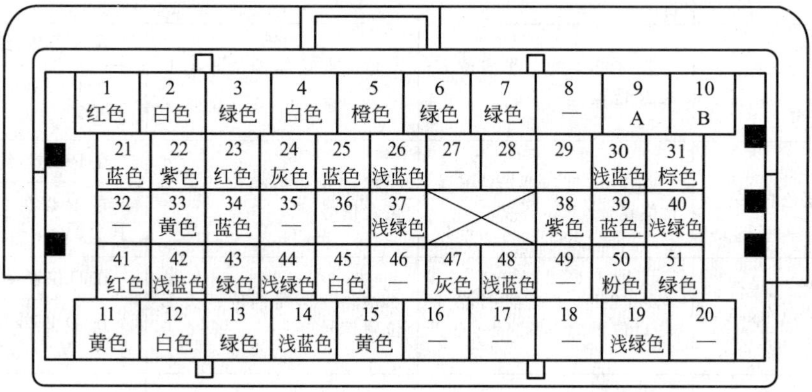

图 2-5-1　发动机电控单元连接器 A 端子识别

A—手动变速器车型线束颜色为白色，CVT（无级变速器）车型线束颜色为紫色；

B—手动变速器车型线束颜色为浅绿，CVT（无级变速器）车型线束颜色为红色

表 2-5-1　发动机电控单元连接器 A 端子功能说明

端子	端子名称	功能说明
1	F-CAN_L(CAN 通信信号低)	发送和接收通信信号
2	F-CAN_H(CAN 通信信号高)	发送和接收通信信号
3	FI MAIN RLY CL－(PGM-FI 主继电器 1)	驱动 PGM-FI 主继电器 1
4	IG1 FUEL PUMP(点火信号)	检测点火信号
5	FI MAIN RLY OUT(电源)	PCM 电源
6	INJ RLY OUT(喷油器电源)	PCM 电源(喷油器驱动器)
7	INJ RLY OUT(喷油器电源)	PCM 电源(喷油器驱动器)
8	未用	

续表

端子	端子名称	功能说明
9①	CLUTCH SW(SHIFT UP)(离合器踏板位置开关C)	检测离合器踏板位置开关C信号
9②	ATP-R(变速箱挡位开关R位置)	检测变速箱挡位开关R位置信号
10①	CLUTCH SW(SA)(离合器踏板位置开关A)	检测离合器踏板位置开关A信号
10②	ATP-R(变速箱挡位开关P位置)	检测变速箱挡位开关P位置信号
11②	IG1 MISS SOL(电磁阀的电源)	电磁阀电源
12②	SHIFT LOCK SOL(换挡锁止电磁阀)	驱动换挡锁止电磁阀
13	A/C MG CLUTCH RLY CL－(空调压缩机离合器继电器)	驱动空调压缩机离合器继电器
14	FUEL PUMP RLY CL－(发动机防盗锁止系统燃油泵继电器)	驱动PGM-FI主继电器2
15	INJ RLY CL－(喷油器驱动器继电器)	驱动喷油器继电器
16～18	未用	
19	DBW RLY CL－[电子节气门控制系统(ETCS)控制继电器]	驱动电子节气门控制系统(ETCS)控制继电器
20①	CLUTCH SW(I/S)(离合器踏板位置开关D)	检测离合器踏板位置开关D信号
20	未用	
21	S-NET(发动机防盗锁止系统串行通信)	发送和接收通信信号
22	FAN LO SIGNAL(散热器风扇控制)	驱动散热器风扇继电器
23	FAN HI SIGNAL(散热器风扇控制)	驱动空调冷凝器风扇继电器
24	BKSWNC(制动踏板位置开关)	检测制动踏板位置开关信号
25③	VSP(车速信号输出)	发送车速信号
26	LIN(BATT SENSOR)(本地互联网络)	发送和接收通信信号
27～29	未用	
30	SG4(传感器接地)	传感器接地
31	VCC4(传感器电压)	提供传感器基准电压
32	未用	
33④	ST CUT RLY1 CL－(起动机断电继电器1)	驱动起动机断电继电器1
34④	ST CUT RLY2 CL－(起动机断电继电器2)	驱动起动机断电继电器2
35、36	未用	
37	STOP LT(制动踏板位置开关)	检测制动踏板位置开关信号
38	APS2[加速踏板位置(APP)传感器B]	检测APP传感器B信号
39	SG5(传感器接地)	传感器接地
40	VCC5(传感器电压)	提供传感器基准电压
41	PD传感器(空调压力传感器)	检测空调压力传感器信号
42⑤	TEVA(蒸发器温度传感器)	检测蒸发器温度传感器信号
43	TW2 SENSOR[发动机冷却液温度(ECT)传感器2]	检测ECT传感器2信号
44⑥	VAC1(制动助力器真空)	检测制动助力器真空
45	APS1[加速踏板位置(APP)传感器A]	检测APP传感器A信号

续表

端子	端子名称	功能说明
46	未用	
47④	START DIAG(起动机信号负载)	检测起动机断电继电器信号
48	SCS(维修检查信号)	检测维修检查信号
49	未用	
50⑦	CLUTCH SW(CRUISE)(离合器踏板位置开关 B)	检测离合器踏板位置开关 B 信号
51	STS(起动机开关信号)	检测起动机开关信号

①M/T（手动变速器）车型。
②CVT（无级变速器）车型。
③带天窗车型。
④带无钥匙进入系统车型。
⑤手动空调车型。
⑥带发动机节能自动启停系统车型。
⑦手动变速器并配备带无钥匙进入系统的车型。

2. 发动机电控单元连接器 B 端子功能说明

发动机电控单元连接器 B 端子识别见图 2-5-2，端子功能说明见表 2-5-2。

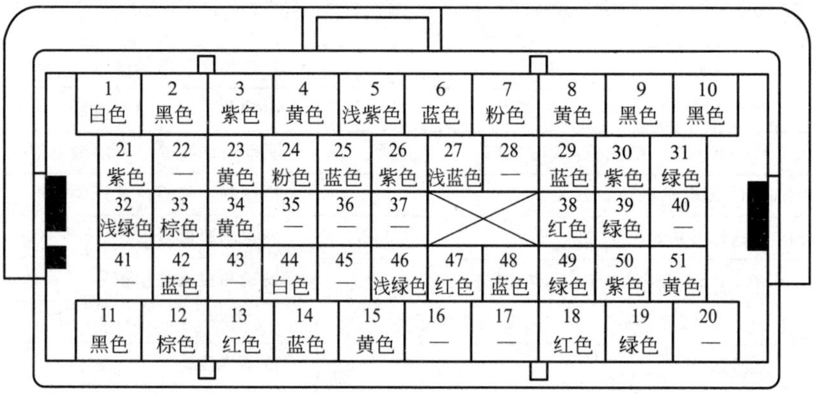

图 2-5-2 发动机电控单元连接器 B 端子识别

表 2-5-2 发动机电控单元连接器 B 端子功能说明

端子	端子名称	功能说明
1	INJH1(1 号 INJECTOR+)	驱动 1 号喷油器
2	INJH1(1 号 INJECTOR−)	驱动 1 号喷油器
3	INJH4(4 号 INJECTOR+)	驱动 4 号喷油器
4	INJH4(4 号 INJECTOR−)	驱动 4 号喷油器
5	INJH2(2 号 INJECTOR+)	驱动 2 号喷油器
6	INJH2(2 号 INJECTOR−)	驱动 2 号喷油器
7	INJH3(3 号 INJECTOR+)	驱动 3 号喷油器
8	INJH3(3 号 INJECTOR−)	驱动 3 号喷油器
9	INJ GND1(喷油器接地)	PCM(喷油器驱动器)接地
10	INJ GND2(喷油器接地)	PCM(喷油器驱动器)接地

续表

端子	端子名称	功能说明
11	PG3(电源接地)	PCM 接地
12	LG(逻辑接地)	PCM 接地
13①	LCCLS(CVT 锁止离合器控制电磁阀)	驱动 CVT 锁止离合器控制电磁阀
14①	CPCLS(CVT 离合器压力控制电磁阀)	驱动 CVT 离合器压力控制电磁阀
15	PCS[蒸发排放(EVAP)炭罐净化阀]	驱动 EVAP 炭罐净化阀
16、17	未用	
18	VTS(摇臂机油控制电磁阀)	驱动摇臂机油控制电磁阀
19、20	未用	
21①	VTM(摇臂机油压力开关)	检测摇臂机油压力开关信号
22	未用	
23②	EOPSIG(辅助变速箱油泵信号)	检测辅助变速箱油泵信号
24	IGN01(1 号点火线圈脉冲)	驱动 1 号点火线圈
25	IGN02(2 号点火线圈脉冲)	驱动 2 号点火线圈
26	IGN03(3 号点火线圈脉冲)	驱动 3 号点火线圈
27	IGN04(4 号点火线圈脉冲)	驱动 4 号点火线圈
28	未用	
29②	EOPSTS(辅助变速箱油泵信号)	检测辅助变速箱油泵信号
30	TDCAM[凸轮轴位置(CMP)传感器]	检测 CMP 传感器信号
31	未用	
32	VGP[质量空气流量(MAF)传感器+侧]	检测 MAF 传感器信号
33	VGM[质量空气流量(MAF)传感器-侧]	MAF 传感器接地
34	OPSEN(摇臂机油压力传感器)	检测摇臂机油压力传感器信号
35～37	未用	
38	CRKN[曲轴位置(CKP)传感器]	检测 CKP 传感器信号
39～41	未用	
42	INTA[进气温度(IAT)传感器 2]	检测 IAT 传感器 2 信号
43	未用	
44②	EOPRLY(辅助变速箱油泵继电器)	驱动辅助变速箱油泵继电器
45	未用	
46	THL1[节气门位置(TP)传感器 A]	检测 TP 传感器 A 信号
47	THL2[节气门位置(TP)传感器 B]	检测 TP 传感器 B 信号
48	VCC3(传感器电压)	提供传感器基准电压
49	SG3(传感器接地)	传感器接地
50	TW[发动机冷却液温度(ECT)传感器 1]	检测 ECT 传感器 1 信号
51	TA[进气温度(IAT)传感器 1]	检测 IAT 传感器 1 信号

①CVT 变速器。

②带发动机节能自动启停系统。

3. 发动机电控单元连接器 C 端子功能说明

发动机电控单元连接器 C 端子识别见图 2-5-3，端子功能说明见表 2-5-3。

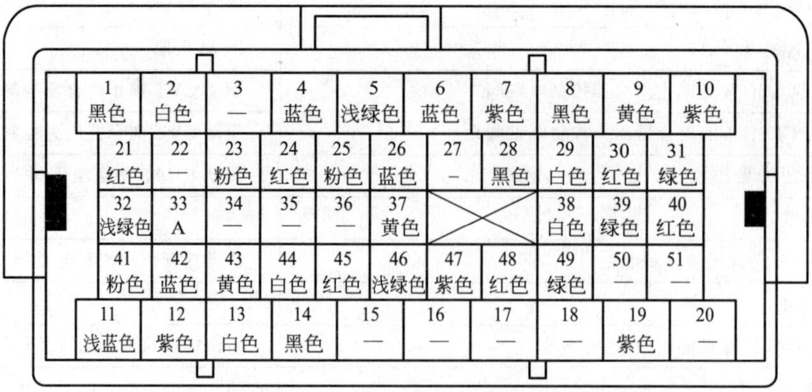

图 2-5-3　发动机电控单元连接器 C 端子识别

A—手动变速器车型线束颜色为红色，CVT 变速器车型线束颜色为粉红色

表 2-5-3　发动机电控单元连接器 C 端子功能说明

端子	端子名称	功能说明
1	PG2(电源接地)	PCM 接地
2	VBDBW(点火信号 ETCS)	检测点火信号
3	未用	
4	E-EGR[废气再循环(EGR)阀]	驱动 EGR 阀
5①	DRLS(CVT 主动带轮压力控制电磁阀)	驱动 CVT 主动带轮压力控制电磁阀
6	VTC(VTC 机油控制电磁阀)	驱动 VTC 机油控制电磁阀
7	AFHT[空燃比(A/F)传感器 1 加热器控制]	驱动 A/F 传感器(传感器 1)加热器
8	PG2(电源接地)	PCM 接地
9	SO2HT[辅助加热型氧传感器(辅助 HO2S)(传感器 2)加热器]	驱动辅助 HO2S(传感器 2)加热器
10①	DNLS(CVT 从动带轮压力控制电磁阀)	驱动 CVT 从动带轮压力控制电磁阀
11	MTR1(节气门作动器－侧)	节气门作动器接地
12	MTR2(节气门作动器＋侧)	驱动节气门作动器
13	HPUMP H(高压燃油泵＋)	驱动燃油控制电磁阀(内置于高压燃油泵中)
14	HPUMP L(高压燃油泵－)	驱动燃油控制电磁阀(内置于高压燃油泵中)
15～18	未用	
19①	SOL B(换挡电磁阀 B)	驱动换挡电磁阀 B
20	未用	
21①	NDR DD(CVT 主动带轮转速传感器)	检测 CVT 主动带轮转速传感器信号
22①	未用	
23②	RVS LCK(倒挡锁止电磁阀)	驱动倒挡锁止电磁阀
23①	ATP-RVS(变速箱挡位开关 RVS 位置)	检测变速箱挡位开关 RVS 位置信号
24①	ATP-N(变速箱挡位开关 N 位置)	检测变速箱挡位开关 N 位置信号

续表

端子	端子名称	功能说明
25①	ATP-D(变速箱挡位开关 D 位置)	检测变速箱挡位开关 D 位置信号
26①	ATP-FWD(变速箱挡位开关 FWD 位置)	检测变速箱挡位开关 FWD 位置信号
27	未用	
28	SG7(传感器接地)	传感器接地
29	KS(爆震传感器)	检测爆震传感器信号
30	VCC2(传感器电压)	提供传感器基准电压
31	SG2(传感器接地)	传感器接地
32①	VEL DD(CVT 转速传感器)	检测 CVT 转速传感器信号
33②	NC[输出轴(副轴)转速传感器]	检测输出轴(副轴)转速传感器信号
33①	NT(变矩器涡轮转速传感器信号)	检测变矩器涡轮转速传感器信号
34～36	未用	
37①	TATF(变速箱油液温传感器)	检测变速箱油液温传感器信号
38	SO2[辅助加热型氧传感器(辅助 HO2S)(传感器 2)]	检测辅助 HO2S(传感器 2)信号
39	SO2SG[辅助加热型氧传感器(辅助 HO2S)(传感器 2)传感器接地]	辅助 HO2S(传感器 2)传感器接地
40	EGRL[废气再循环(EGR)阀位置传感器]	检测 EGR 阀位置传感器信号
41	VCC1(传感器电压)	提供传感器基准电压
42	SG1(传感器接地)	传感器接地
43①	ATP-S(变速箱挡位开关 S 位置)	检测变速箱挡位开关 S 位置信号
44①	ATP-L(变速箱挡位开关 L 位置)	检测变速箱挡位开关 L 位置信号
45	PB[进气歧管绝对压力(MAP)传感器]	检测 MAP 传感器信号
46	PF(燃油压力传感器)	检测燃油分配管压力传感器信号
47	AFS－[空燃比(A/F)(传感器 1)－侧]	检测 A/F 传感器(传感器 1)信号
48	AFS＋[空燃比(A/F)(传感器 1)＋侧]	检测 A/F 传感器(传感器 1)信号
49①	PDN(CVT 从动带轮压力传感器)	检测 CVT 从动带轮压力传感器信号
50、51	未用	

①CVT（无级变速器）车型。

②M/T（手动变速器）车型。

二、VSA（车辆稳定控制）系统

VSA（车辆稳定控制）电控单元端子识别见图 2-5-4，端子功能说明见表 2-5-4。

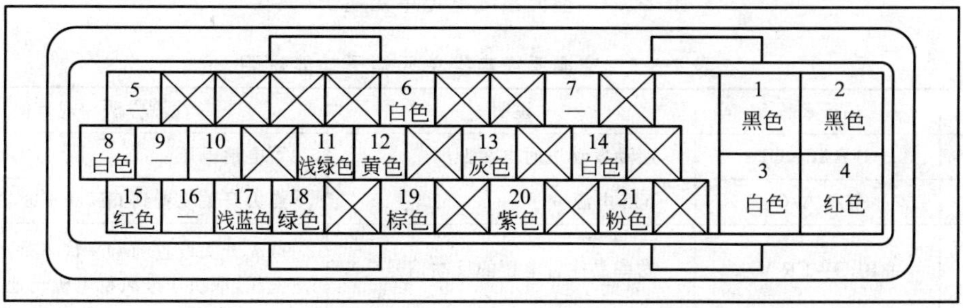

图 2-5-4　VSA（车辆稳定控制）电控单元端子识别

表 2-5-4　VSA（车辆稳定控制）电控单元端子功能说明

端子	端子名称	功能说明
1	GND	VSA 调制器—控制单元接地
2	GND	泵电机接地
3	+B ABS/VSA FSR	失效保护继电器电源
4	+B ABS/VSA MTR	电机继电器电源
5	未用	—
6	IG1 RELAY2	用于激活系统的电源
7	未用	—
8	F-CAN_H	F-CAN 通信电路
9、10	未用	—
11	RR R ABS SNSR+	检测右后轮速传感器信号
12	FR L ABS SNSR+	检测左前轮速传感器信号
13	RR L ABS SNSR+	检测左后轮速传感器信号
14	FR R ABS SNSR+	检测右前轮速传感器信号
15	F-CAN_L	F-CAN 通信电路
16	未用	—
17	K LINE	与 HDS 通信
18	RR R ABS SNSR−	检测右后轮速传感器信号
19	FR L ABS SNSR−	检测左前轮速传感器信号
20	RR L ABS SNSR−	检测左后轮速传感器信号
21	FR R ABS SNSR−	检测右前轮速传感器信号

三、空调系统电控单元端子功能说明

空调系统电控单元端子识别见图 2-5-5，端子功能说明见表 2-5-5。

图 2-5-5　空调系统电控单元端子识别

表 2-5-5　空调系统电控单元端子功能说明

编号	端子名称	说明	检测方法和规范值
1	+B BACKUP2	启动发动机时电源照明	蓄电池电压
2	IG2 A/C	IG2 电源	点火开关设置到 ON 状态时：蓄电池电压
3	BLOWER V	功率晶体管电压的反馈信号	点火开关设置到 ON 状态时：约 0 至蓄电池电压(取决于鼓风机电机转速)

续表

编号	端子名称	说明	检测方法和规范值
4	鼓风机 G	输出功率晶体管栅电压	点火开关设置到 ON 状态且风扇控制图标处于 OFF 时：低于 0.2V
			点火开关设置到 ON 状态且风扇控制图标处于 ON 时：约 4.0V 至蓄电池电压（取决于鼓风机电机转速）
5	未用		
6	RR DEF RLY CL－	后窗除雾器继电器信号	点火开关设置到 ON 状态且后窗除雾图标处于 ON 时：约 0
			点火开关设置到 OFF 状态且后窗除雾图标处于 ON 时：蓄电池电压
7～10	未用		
11	MODE MTR VENT	驱动模式控制电机至 VENT 位置的输出	点火开关设置到 ON 状态且模式控制电机移至 VENT 位置时：蓄电池电压
12	MODE MTR DER	驱动模式控制电机至 DEF 位置的输出	点火开关设置到 ON 状态且模式控制电机移至 DER 位置时：蓄电池电压
13	M-COOL	驾驶员侧空气混合控制电机至 COOL 位置的输出	点火开关设置到 ON 状态且空气混合控制电机移至 COOL 位置时：蓄电池电压
14	M-HOT	驾驶员侧空气混合控制电机至 HOT 位置的输出	点火开关设置到 ON 状态且空气混合控制电机移至 HOT 位置时：蓄电池电压
15	F/R MTR(FRESH)	驱动内循环控制电机至 FRESH 位置的输出	点火开关设置到 ON 状态且内循环控制电机移至 FRESH 位置时：蓄电池电压
16	未用		
17	GND	空调控制单元的接地（G403）	点火开关设置到 ON 状态时：低于 0.2V
18	TEVA	检测蒸发器温度传感器信号	点火开关设置到 ON 状态时：1.0～4.0V（取决于蒸发器温度）
19	B-CAN_H	B-CAN 通信信号	点火开关设置到 ON 状态时：脉冲
20	TAM	检测车外空气温度传感器信号	点火开关设置到 ON 状态时：1.0～4.0V（取决于车外空气温度）
21	B-CAN_L	B-CAN 通信信号	点火开关设置到 ON 状态时：脉冲
22	TSUN	检测阳光传感器信号	点火开关设置到 ON 状态且无光照或传感器被罩住时：3.56V
			点火开关设置到 ON 状态且阳光照在传感器上时：低于 3.56V
23	未用		
24	S 5V	输出传感器 5V	点火开关设置到 ON 状态时：约 5.0V
25	HUM 数据	湿度/车内温度传感器通信信号	点火开关设置到 ON 状态时：脉冲
26	HUM CLK	湿度/车内温度传感器通信信号	点火开关设置到 ON 状态时：脉冲
27	MDD-P	检测模式控制电机（车门位置）电位计信号	点火开关设置到 ON 状态时：0.5～4.5V（取决于模式控制电机位置）

续表

编号	端子名称	说明	检测方法和规范值
28	AMD-P	检测空气混合控制电机(车门位置)电位计信号	点火开关设置到 ON 状态时:1.5～4.5V(取决于空气混合控制电机位置)
29	RFD-P	检测内循环控制电机(车门位置)电位计信号	点火开关设置到 ON 状态时:1.0～4.0V(取决于内循环控制电机位置)
30	SENSOR COM	传感器接地	点火开关设置到 ON 状态时:低于 0.2V
31	未用		
32	F/R MTR(REC)	驱动内循环控制电机至 RECIRCULATE 位置的输出	点火开关设置到 ON 状态且内循环控制电机移至 RECIRCULATE 位置时:蓄电池电压

第六节　CR-V 轿车（2012～2015 年款）

一、2.0L 发动机电控单元端子检测

发动机电控单元安装位置见图 2-6-1，端子识别见图 2-6-2，端子检测见表 2-6-1。

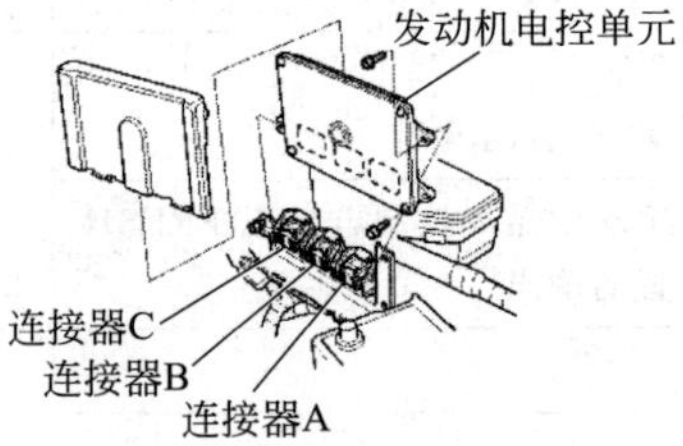

图 2-6-1　发动机电控单元安装位置识别

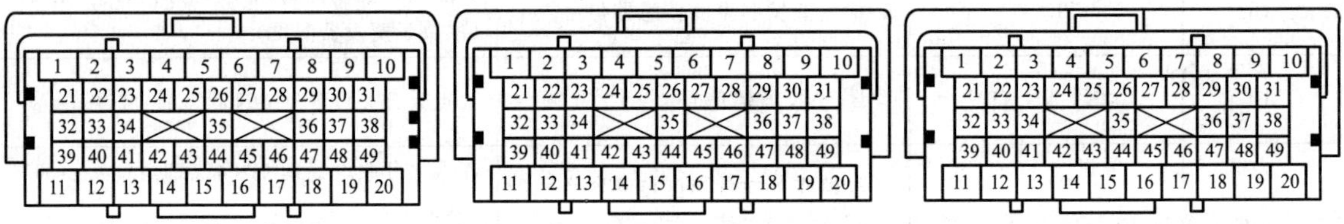

图 2-6-2　发动机电控单元端子识别

表 2-6-1　2.0L 发动机电控单元端子检测

端子	线束颜色	端子名称	说明	检测方法和规范值
A1	蓝色	IG1-FI-ECU(电磁阀电源)	电磁阀电源	点火开关设置到 ON(Ⅱ)状态:蓄电池电压
A2		未用		
A3	白色	F_CAN-H(CAN 高速通信)	发送和接收通信信号	点火开关设置到 ON(Ⅱ)状态:脉冲
A4	红色	F_CAN-H(CAN 高速通信)	发送和接收通信信号	点火开关设置到 ON(Ⅱ)状态:脉冲

续表

端子	线束颜色	端子名称	说明	检测方法和规范值
A5、A6		未用		
A7	灰色	FI_MAIN_RLY_CL－(PGM-FI 主继电器 1)	驱动 PGM-FI 主继电器 1	点火开关设置到 ON(Ⅱ)状态：约 0 点火开关位于 LOCK 状态(0)：蓄电池电压
A8		未用		
A9	棕色	FI_MAIN_RLY_OUT(电源)	PCM 电源	点火开关设置到 ON(Ⅱ)状态：蓄电池电压
A10	灰色	SG6(传感器接地)	传感器接地	始终低于 0.2V
A11		未用		
A12	绿色	A/C_MG_CLUTCH_RLY_CL－(A/C 压缩机离合器继电器)	启动 A/C 压缩机离合器继电器	压缩机 ON：约 0 压缩机 OFF：蓄电池电压
A13	蓝色	STOP_SW(制动踏板位置开关)	检测制动踏板位置开关信号	制动踏板松开：约 0 制动踏板踩下：蓄电池电压
A14	红色	OD_SW(D3 开关)	检测 D3 开关信号	点火开关设置到 ON(Ⅱ)状态 D3 开关 ON(按下)：约 0 D3 开关 OFF(释放)：蓄电池电压
A15	紫色	FAN_LO_SIGNAL(散热器风扇控制)	启动散热器风扇继电器	散热器风扇运行：0 散热器风扇停止：蓄电池电压
A16	灰色	FAN_HI_SIGNAL(散热器风扇控制)	驱动空调(A/C)压缩机离合器继电器	空调(A/C)冷凝器风扇在高速运转：0 空调(A/C)冷凝器风扇在低速运转或停止：蓄电池电压
A17	黄色	S-NET(发动机防盗系统串行通信)	发送串行通信信号	点火开关设置到 ON(Ⅱ)状态：脉冲 从点火开关取下钥匙：0～5.0V
A18、A19		未用		
A20	白色	FI_SUB_RLY_CL－(PGM-FI 辅助继电器)	启动 A/F 传感器继电器	点火开关设置到 ON(Ⅱ)状态：约 0
A21	白色	SHIFT_LOCK_SOL(换挡锁止电磁阀)	驱动换挡锁止电磁阀	点火开关设置到 ON 状态，挡位在 P 挡，踩下制动踏板，松开加速踏板：约 0
A22	黄色	NEP(发动机转速脉冲)	输出发动机转速脉冲	发动机运行：脉冲
A23～A25		未用		
A26	绿色	VSP(车速信号输出)	发送车速信号	根据车速：脉冲
A27	蓝色	PD_SENSOR(A/C 压力传感器)	检测 A/C 压力传感器信号	A/C 开关 ON：1.4～4.8V [取决于空调(A/C)压力]

续表

端子	线束颜色	端子名称	说明	检测方法和规范值
A28	橙色	APS1［加速踏板位置(APP)传感器 A］	检测 APP 传感器 A 的信号	点火开关设置到 ON(Ⅱ)状态和踩下加速踏板：约 4.7V
				点火开关设置到 ON(Ⅱ)状态和松开加速踏板：约 1.0V
A29	紫色	APS2［加速踏板位置(APP)传感器 B］	检测 APP 传感器 B 的信号	点火开关设置到 ON(Ⅱ)状态和踩下加速踏板：约 2.3V
				点火开关设置到 ON(Ⅱ)状态和松开加速踏板：约 0.5V
A30	红色	VCC6(传感器电压)	提供传感器参考电压	点火开关设置到 ON(Ⅱ)状态：约 5.0V
A31～A33		未用		
A34	白色	ELD［电气负载检测器(ELD)］	检测 ELD 信号	点火开关设置到 ON(Ⅱ)状态：0.1～4.8V(取决于电力负载)
A35	浅绿色	VCC5(传感器电压)	提供传感器参考电压	点火开关设置到 ON(Ⅱ)状态：约 5.0V
A36	棕色	VCC4(传感器电压)	提供传感器参考电压	点火开关 ON(Ⅱ)：约 5.0V
A37～A39		未用		
A40	红色	FUEL_PUMP_RLY_CL－(发动机防非法启动装置燃油泵继电器)	驱动器 PGM-FI 主继电器 2	转动点火开关到 ON(Ⅱ)后 2s，蓄电池电压，随着发动机运行，约 0
A41		未用		
A42	橙色	SCS(维修检测信号)	检测维修检测信号	HDS 短路检查维修信号：约 0
				检查维修信号开路：约 5.0V
A43		未用		
A44	粉红色	TW2_SNSR［发动机冷却液温度(ECT)传感器 2］	检测 ECT 传感器 2 的信号	点火开关设置到 ON(Ⅱ)状态：0.1～4.8V(取决于发动机冷却液温度)
A45	黄色	SG5(传感器接地)	传感器接地	始终低于 0.2V
A46	淡蓝色	SG4(传感器接地)	传感器接地	始终低于 0.2V
A47	未用	未用		
A48	紫色	ETCS_RLY_CL－［电子节气门控制系统(ETCS)控制继电器］	驱动电子节气门控制系统(ETCS)控制继电器	点火开关 ON(Ⅱ)：约 0
A49		未用		
B1	黑色	PG(电源接地)	PCM 接地电路	始终低于 0.2V
B2	蓝色/红色	E_EGR［废气再循环(EGR)阀］	驱动 EGR 阀	EGR 工作：状态控制
				EGR 不工作：约 0
B3	黄色/蓝色	PC_SOL［蒸发排放(EVAP)炭罐净化阀］	驱动 EVAP 炭罐净化阀	在发动机运行时，发动机冷却液在 60℃以下：蓄电池电压
				在发动机运行，发动机冷却液在 60℃以上：占空比控制

续表

端子	线束颜色	端子名称	说明	检测方法和规范值
B4	黑色/白色	SO2HT[辅助加热氧传感器(次级HO2S)(传感器2)加热器]	驱动次级HO2S(传感器2)加热器	点火开关ON(Ⅱ):蓄电池电压
				发动机暖机:占空比控制
B5		未用		
B6		未用		
B7	黄色/红色	OIL-PRESS-SW(油压开关)	检测发动机机油压力信号	起动机运行:蓄电池电压
B8	白色	线性-A(A/T离合器压力控制电磁阀A)	启动A/F离合器压力控制电磁阀A	点火开关ON(Ⅱ):电流控制
B9	黑色/红色	OP-3-SW[变速器液压开关B(三挡离合器)]	检测变速器液压开关B(三挡离合器)信号	发动机运行没有三挡离合器压力:约5.0V
				有三挡离合器压力:约0
B10	黑色	PG(电源接地)	PCM接地电路	始终低于0.2V
B11	棕色/白色	线性-B(A/T离合器压力控制电磁阀B)	启动A/T离合器压力控制电压阀B	点火开关ON(Ⅱ):电流控制
B12	棕色	SVSP[进气歧管调谐(IMT)执行器+侧]	启动进气歧管调谐执行器	点火开关ON(Ⅱ):约0
B13	白色/黑色	SVSM[进气歧管调谐(IMT)执行器一侧]	启动进气歧管调谐执行器	点火开关ON(Ⅱ):约0
B14、B15		未用		
B16	黄色	LIN	发送和接收通信信号	点火开关ON(Ⅱ):脉冲
B17、B18		未用		
B19	蓝色/黄色	OP-2-SW[变速器液压开关A(二挡离合器)]	检测变速器液压开关A(二挡离合器)信号	发动机运行没有二挡离合器压力:约5.0V
				有二挡离合器压力:约0
B20		未用		
B21	蓝色	SH-A(换挡电磁阀A)	启动换挡电磁阀A	发动机在R挡、D挡运行(在第一、第四和第五齿轮),D3挡(在第一齿轮)和1挡:蓄电池电压
				发动机在P挡、N挡、D挡运行(在第二和第三齿轮),D3挡(在第二和第三齿轮)和二挡:约0
B22	红色/蓝色	VGP[空气质量流量计(MAF)传感器+侧]	检测MAF传感器信号	发动机怠速暖机及无电力负荷:1.1～1.6V(在VG+端子和VG-端之间)
B23	红色/黑色	ATP-N(变速器挡位开关N挡)	检测变速器挡位开关N挡位置信号	点火开关ON(Ⅱ),变速器挡位设置在N挡:约0
				点火开关ON(Ⅱ),变速器挡位设置在除N挡外任意挡位:约5.0V

续表

端子	线束颜色	端子名称	说明	检测方法和规范值
B24	蓝色/黑色	ATP-P(变速器挡位开关P挡)	检测变速器挡位开关P挡位置信号	点火开关ON(Ⅱ),变速器挡位设置在P挡:约0 点火开关ON(Ⅱ),变速器挡位设置在除P挡外任意挡位:超过5.0V
B25	白色/绿色	ATP-R(变速器挡位开关R挡)	检测变速器挡位开关R挡位置信号	点火开关ON(Ⅱ),变速器挡位设置在R挡:约0 点火开关ON(Ⅱ),变速器挡位设置在除R挡外任意挡位:蓄电池电压
B26	棕色	ATP-1(变速器挡位开关一挡)	检测变速器挡位开关一挡位置信号	点火开关ON(Ⅱ),变速器挡位设置在一挡:约0 点火开关ON(Ⅱ),变速器挡位设置在除一挡外任意挡位:蓄电池电压
B27	红色	ATP-2(变速器挡位开关二挡)	检测变速器挡位开关二挡位置信号	点火开关ON(Ⅱ),变速器挡位设置在二挡:约0 点火开关ON(Ⅱ),变速器挡位设置在除二挡外任意挡位:蓄电池电压
B28	白色/红色	NM[输入轴(主轴)车速传感器]	检测输入轴(主轴)转速传感器信号	点火开关ON(Ⅱ):约0或5.0V 随着发动机在N挡空转:约2.5V(脉冲)
B29	黄色/蓝色	VCC2(传感器电压)	提供传感器参考电压	点火开关ON(Ⅱ):约5.0V
B30		未用		
B31	绿色/红色	MAP(PB)[歧管绝对压力(MAP)传感器]	检测MAP传感器信号	点火开关ON(Ⅱ):约3.0V 怠速:约1.0V(取决于发动机转速)
B32	绿色/白色	SH-B(换挡电磁阀B)	启动换挡电磁阀B	发动机在P挡、R挡、N挡、D挡运行(在第一、第二齿轮),D3挡(在第一和第二齿轮)、二挡和一挡:蓄电池电压 发动机在D挡运行(第三、第四和第五齿轮),D3挡(在第三齿轮):约0
B33	黑色/白色	VT-SOL(摇臂油控电磁阀A)	驱动摇臂油控电磁阀A	怠速:约0
B34	红色/白色	TW[发动机冷却液温度(ECT)传感器1]	检测ECT传感器1的信号	点火开关设置到ON(Ⅱ)状态:0.1～4.8V(取决于发动机冷却液温度)

续表

端子	线束颜色	端子名称	说明	检测方法和规范值
B35	黄色/绿色	ATP-D(变速器挡位开关D挡)	检测变速器挡位开关D挡位置信号	点火开关ON(Ⅱ),变速器挡位设置在D挡:约0
				点火开关ON(Ⅱ),变速器挡位设置在除D挡外任意挡位:蓄电池电压
B36	蓝色/白色	线性-C(A/T离合器压力控制电磁阀C)	启动A/T离合器压力控制电磁阀C	点火开关设置到ON(Ⅱ)状态:电流控制
B37		未用		
B38	红色/黄色	TATF(ATF温度传感器)	检测自动变速器油传感器信号	点火开关设置到ON(Ⅱ)状态:0.2~4.8V(取决于自动变速器油液温度)
B39	蓝色/黄色	ATP-FWD(变速器挡位开关前进挡)	检测变速器挡位开关前进挡位置信号	点火开关ON(Ⅱ),变速器挡位设置在D挡、2挡和1挡:约0
				点火开关ON(Ⅱ),变速器挡位设置在除D挡、2挡和1挡外任意挡位:蓄电池电压
B40	黄色	SH-E(换挡电磁阀E)	启动换挡电磁阀E	发动机在P挡和R挡运行,锁定条件(在D挡):蓄电池电压
				发动机在N挡运行,无锁定条件(在D挡、D3挡、2挡,和1挡):约0
B41	白色/黑色	EGR-L[废气再循环(EGR)阀位置传感器]	检测EGR阀位置传感器信号	随着发动机的运行:1.2~3.0V(取决于EGR阀的升降)
B42	红色/黄色	TA[进气温度(IAT)传感器]	检测IAT传感器信号	点火开关设置到ON(Ⅱ)状态:0.1~4.0V(在正常操作温度约2.6V)
B43	黑色/红色	VGM[空气质量流量计(MAF)传感器一侧]	MAF传感器信号接地	
B44	绿色/黄色	SG2(传感器接地)	传感器接地	始终低于0.2V
B45	黄色	ATP-RVS(变速器挡位开关倒车挡)	检测变速器挡位开关RVS挡位置信号	点火开关ON(Ⅱ),变速器挡位设置在R挡:约0
				点火开关ON(Ⅱ),变速器挡位设置在除R挡外任意挡位:蓄电池电压
B46	白色	SO2[副加热氧传感器(次级HO2S)(传感器2)]	检测次级HO2S(传感器2)信号	节气门从怠速时全开并给发动机暖机:约0.8V(SO2端子和SO2SG端子之间)
				节气门快速关闭:低于0.4V(SO2端子和SO2SG端子之间)
B47		未用		
B48	黑色/蓝色	NC[输出轴(中间轴)转速传感器]	检测输出轴(中间轴)转速传感器信号	点火开关ON(Ⅱ):约0或5.0V
				运行:约2.5V(脉冲)

续表

端子	线束颜色	端子名称	说明	检测方法和规范值
B49		未用		
C1	白色/绿色	VB ETCS（点火信号ETCS）	检测ELD信号	点火开关设置到ON(Ⅱ)状态：蓄电池电压
C2	黑色	PG(电源接地ETCS)	PCM接地电路	始终低于0.2V
C3	黄色/绿色	MTR-1（节气门作动器－侧）	节气门作动器接地	点火开关设置到ON(Ⅱ)状态，同时松开加速踏板：约0
C4	黄色/红色	MTR-2（节气门作动器＋侧）	驱动节气门作动器	转动点火开关设置到ON(Ⅱ)时约为1.5V，然后约为0
C5	棕色	INJ-1(第1号喷油器)	驱动第1号喷油器	怠速：占空比控制
				点火开关设置到ON(Ⅱ)状态：蓄电池电压
C6	红色	INJ-2(第2号喷油器)	驱动第2号喷油器	怠速：占空比控制
				点火开关设置到ON(Ⅱ)状态：蓄电池电压
C7	蓝色	INJ-3(第3号喷油器)	驱动第3号喷油器	怠速：占空比控制
				点火开关设置到ON(Ⅱ)状态：蓄电池电压
C8	黄色	INJ-4(第4号喷油器)	驱动第4号喷油器	怠速：占空比控制
				点火开关设置到ON(Ⅱ)状态：蓄电池电压
C9	绿色	AFHT[空燃比(A/F)传感器(传感器1)加热器控制]	驱动A/F传感器(传感器1)加热器	点火开关设置到ON(Ⅱ)状态：蓄电池电压
				发动机暖机：占空比控制
C10	黑色/黄色	IG1(F/PUMP)(点火信号)	检测ELD信号	点火开关设置到ON(Ⅱ)状态：蓄电池电压
C11、C12		未用		
C13	白色/黑色	VTM[摇臂油压开关(发动机机油压力EOP开关)]	检测摇臂油压开关(EOP开关)信号	点火开关设置到ON(Ⅱ)状态：约0.5V
				发动机运行：约0.7V
C14	蓝色	SG3(传感器接地)	传感器接地	始终低于0.2V
C15	棕色/黄色	LG(逻辑接地)	PCM接地电路	始终低于0.2V
C16		未用		
C17	白色	KNOCK(爆震传感器)	检测爆震传感器信号	发动机爆震：脉冲
				发动机无爆震：0
C18、C19		未用		
C20	棕色/黄色	LG(逻辑接地)	PCM接地电路	始终低于0.2V
C21	绿色	SH-C(换挡电磁阀C)	启动换挡电磁阀C	发动机在R挡、D挡运行(在第一、第三和第五齿轮)，D3挡(在第一、第三齿轮)和1挡：蓄电池电压
				发动机在P挡、R挡、D挡运行(在第二和第四齿轮)，D3挡(在第二齿轮)和2挡：约0

续表

端子	线束颜色	端子名称	说明	检测方法和规范值
C22	绿色	VCC3(传感器电压)	提供传感器参考电压	点火开关设置到ON(Ⅱ)状态：约5.0V
C23	黄色/红色	VCC1(传感器电压)	提供传感器参考电压	点火开关设置到ON(Ⅱ)状态：约5.0V
C24	绿色/白色	SG1(传感器接地)	传感器接地	始终低于0.2V
C25	黄色/绿色	IGNO1A(第1号点火线圈脉冲)	启动1号点火线圈	点火开关设置到ON(Ⅱ)状态：约0
				发动机运行：脉冲
C26	蓝色/红色	IGNO2A(第2号点火线圈脉冲)	启动2号点火线圈	
C27	白色/蓝色	IGNO3A(第3号点火线圈脉冲)	启动3号点火线圈	
C28	棕色	IGNO4A(第4号点火线圈脉冲)	启动4号点火线圈	
C29		未用		
C30	红色/黑色	THL1[节气门位置(TP)传感器A]	检测TP传感器A的信号	点火开关设置到ON(Ⅱ)状态并踩下加速踏板：约3.9V
				点火开关设置到ON(Ⅱ)状态并松开加速踏板：约0.8V
C31	黄色	THL2[节气门位置(TP)传感器B]	检测TP传感器B的信号	点火开关设置到ON(Ⅱ)状态，踩下加速踏板：约4.2V
				点火开关设置到ON(Ⅱ)状态，松开加速踏板：约1.7V
C32	绿色/红色	SH-D(换挡电磁阀D)	启动换挡电磁阀D	发动机在D挡运行(在第二和第五齿轮)，D3挡(在第二齿轮)或2挡：蓄电池电压
				发动机在P挡、R挡、N挡、D挡运行(在第一、第三和第四齿轮)，D3挡(在第一和第三齿轮)和1挡：约0
C33～C38		未用		
C39	红色	AFC1[空燃比(A/F)传感器(传感器1)+侧]	检测A/F传感器(传感器1)信号	怠速：约2.2V
C40	红色/黄色	AFV1[空燃比(A/F)传感器(传感器1)-侧]	检测A/F传感器(传感器1)信号	怠速：约1.8V
C41	白色/绿色	TDC[凸轮轴位置(CMP)传感器]	检测CMP传感器信号	发动机运行：脉冲
C42	蓝色/白色	曲轴[曲轴位置(CKP)传感器]	检测CKP传感器信号	发动机运行：脉冲
C43～C46		未用		

续表

端子	线束颜色	端子名称	说明	检测方法和规范值
C47	黑色	SO2-SG[副加热氧传感器(副HO2S)(传感器2)传感器电线]	副HO2S(传感器2)传感器接地	点火开关设置到ON(Ⅱ)状态：约1.5V
C48	黑色	KSGND(爆震传感器接地)	爆震传感器的传感器接地	始终低于0.2V
C49		未用		

二、2.4L发动机电控单元端子检测

2.4L发动机电控单元安装位置及端子识别与2.0L发动机相同，见图2-6-1和图2-6-2；端子检测见表2-6-2。

表2-6-2　2.4L发动机电控单元端子检测

端子	线束颜色	端子名称	说明	检测方法和规范值
A1	蓝色	IG1-FI-ECU(电磁阀电源)	电磁阀电源	点火开关设置到ON状态：蓄电池电压
A2		未用		
A3	白色	F-CAN-H(CAN通信信号高)	发送和接收通信信号	点火开关设置到ON状态：脉冲
A4	红色	F-CAN-H(CAN通信信号高)	发送和接收通信信号	点火开关设置到ON状态：脉冲
A5、A6		未用		
A7	灰色	FI-MAIN-RLY-CL-(PGM-FI主继电器1)	驱动PGM-FI主继电器1	点火开关设置到ON状态：约为0
				点火开关设置到OFF状态：蓄电池电压
A8	绿色	STRQ(启动开关信号)	检测启动开关信号	点火开关设置到START状态：蓄电池电压
				点火开关设置在OFF状态：约0
A9	棕色	FI-MAIN-RLY-OUT(电源)	PCM电源	点火开关设置到ON状态：脉冲
A10	灰色	SG6(传感器接地)	传感器接地	始终低于0.2V
A11	淡蓝色	ST-OUT-RLY2-CL-(起动机继电器2)	启动起动机断电继电器2	点火开关设置到ON状态：约0
A12	绿色	A/C-MG-CLUTCH-RLY-CL-(A/C压缩机离合器继电器)	启动A/C压缩机离合器继电器	压缩机ON：约0
				压缩机OFF：蓄电池电压
A13	蓝色	STOP-SW(制动踏板位置开关)	检测制动踏板位置开关信号	制动踏板松开：约0
				制动踏板踩下：蓄电池电压
A14	红色	OD-SW(D3开关)	检测D3开关信号	点火开关设置到ON状态 D3开关ON(按下)：约0 D3开关OFF(释放)：蓄电池电压

续表

端子	线束颜色	端子名称	说明	检测方法和规范值
A15	紫色	FAN-LO-SIGNAL（散热器风扇控制）	启动散热器风扇继电器	散热器风扇运行：0
				散热器风扇停止：蓄电池电压
A16	灰色	FAN-HI-SIGNAL（散热器风扇控制）	驱动空调（A/C）压缩机离合器继电器	空调（A/C）冷凝器风扇在高速运转：0
				空调（A/C）冷凝器风扇在低速运转或停止：蓄电池电压
A17	黄色	S-NET（发动机防盗系统串行通信）	发送串行通信信号	点火开关设置到 ON 状态：脉冲
A18～A19		未用		
A20	白色	FI-SUB-RLY-CL-（PGM-FI 辅助继电器）	启动 A/F 传感器继电器	点火开关设置到 ON 状态：约 0
A21	白色	SHIFT-LOCK-SOL（换挡锁止电磁阀）	驱动换挡锁止电磁阀	点火开关设置到 ON 状态，在 P 挡，踩下制动踏板，松开加速踏板：约 0
A22	黄色	NEP（发动机转速脉冲）	输出发动机转速脉冲	发动机运行：脉冲
A23		未用		
A24	灰色	START-DIAG	检测起动机断电继电器	起动机 ON：蓄电池电压
A25	棕色	BKSWNC（制动踏板位置开关）	检测制动踏板位置开关信号	点火开关设置到 ON 状态并松开制动踏板：蓄电池电压
				点火开关设置到 ON 状态并踩下制动踏板：约 0
A26	绿色	VSP（车速信号输出）	发送车速信号	根据车速：脉冲
A27	蓝色	PD-SENSOR（A/C 压力传感器）	检测 A/C 压力传感器信号	A/C 开关 ON：1.4～4.8V［取决于空调（A/C）压力］
A28	橙色	APS1［加速踏板位置（APP）传感器 A］	检测 APP 传感器 A 的信号	点火开关设置到 ON 状态并踩下加速踏板：约 4.7V
				点火开关设置到 ON 状态并松开加速踏板：约 1.0V
A29	紫色	APS2［加速踏板位置（APP）传感器 B］	检测 APP 传感器 B 的信号	点火开关设置到 ON 状态并踩下加速踏板：2.4V
				点火开关设置到 ON 状态并松开加速踏板：约 0.5V
A30	红色	VCC6（传感器电压）	提供传感器参考电压	点火开关设置到 ON 状态：约 5.0V
A31～A33		未用		
A34	白色	ELD［电气负载检测器（ELD）］	检测 ELD 信号	点火开关设置到 ON 状态：0.1～4.8V（取决于电力负载）
A35	浅绿色	VCC5（传感器电压）	提供传感器参考电压	点火开关设置到 ON 状态：约 5.0V
A36	棕色	VCC4（传感器电压）	提供传感器参考电压	点火开关设置到 ON 状态：约 5.0V

续表

端子	线束颜色	端子名称	说明	检测方法和规范值
A37～A39		未用		
A40	红色	FUEL-PUMP-RLY-CL-(发动机防启动装置燃油泵继电器)	驱动器 PGM-FI 主继电器 2	点火开关设置到 ON 状态后 2s,蓄电池电压,随着发动机运行,约 0
A41		未用		
A42	橙色	SCS(维修检测信号)	检测维修检测信号	HDS 短路检查维修信号:约 0
				检查维修信号开路:约 5.0V
A43		未用		
A44	粉红色	TW2-SNSR[发动机冷却液温度(ECT)传感器 2]	检测 ECT 传感器 2 的信号	点火开关设置到 ON 状态:0.1～4.8V(取决于发动机冷却液温度)
A45	黄色	SG5(传感器接地)	传感器接地	始终低于 0.2V
A46	淡蓝色	SG4(传感器接地)	传感器接地	始终低于 0.2V
A47		未用		
A48	紫色	ETCS-RLY-CL－[电子节气门控制系统(ETCS)控制继电器]	驱动电子节气门控制系统(ETCS)控制继电器	点火开关设置到 ON 状态:约 0
A49	黄色	ST-CUT-RLY1-CL －(起动机断电继电器 1)	驱动起动机断电继电器 1	点火开关设置到 ON 状态:约 0
B1	黑色	PG2(电源接地)	PCM 接地电路	始终低于 0
B2		未用		
B3	黄色	PC-SOL[蒸发排放(EVAP)炭罐净化阀]	驱动 EVAP 炭罐净化阀	发动机运行,发动机冷却液在 55℃以下:蓄电池电压
				发动机运行,发动机冷却液在 55℃以上:占空比控制
B4	浅绿色	SO2HT[辅助加热氧传感器(次级 HO2S)(传感器 2)加热器]	驱动次级 HO2S(传感器 2)加热器	点火开关设置到 ON 状态:蓄电池电压
				发动机暖机:占空比控制
B5、B6		未用		
B7	粉红色	OPSW(油压开关)	检测发动机机油压力信号	起动机运行:蓄电池电压
B8	淡蓝色	线性-A＋(A/T 离合器压力控制电磁阀 A)	启动 A/T 离合器压力控制电磁阀 A	点火开关设置到 ON 状态:电流控制
B9	蓝色	OP-3-SW[变速箱液压开关 B(3 挡离合器)]	检测变速箱液压开关 B(3 挡离合器)信号	发动机运行没有 3 挡离合器压力:约 5.0V
				有 3 挡离合器压力:约 0
B10	黑色	PG1(电源接地)	PCM 接地电路	始终低于 0.2V
B11	紫色	线性-B＋(A/T 离合器压力控制电磁阀 B)	启动 A/T 离合器压力控制电磁阀 B	点火开关设置到 ON 状态:电流控制
B12～B15		未用		

续表

端子	线束颜色	端子名称	说明	检测方法和规范值
B16	棕褐色	LIN	发送和接收通信信号	点火开关设置到ON状态：脉冲
B17、B18		未用		
B19	红色	OP-2-SW[变速箱液压开关A(2挡离合器)]	检测变速箱液压开关A(2挡离合器)信号	发动机运行没有2挡离合器压力：约5.0V
				有2挡离合器压力：约0
B20		未用		
B21	紫色	SHA(换挡电磁阀A)	启动换挡电磁阀A	发动机在R挡、D挡运行(在第一、第四和第五齿轮)，D3挡(在第一齿轮)和1挡：蓄电池电压
				发动机在P挡、N挡、D挡运行(在第二和第三齿轮)，D3挡(在第二和第三齿轮)和2挡：约0
B22	淡蓝色	VGP[空气质量流量计(MAF)传感器+侧]	检测MAF传感器信号	发动机怠速暖机及无电力负荷：1.1～1.6V(在VG+端子和VG-端之间)
B23	白色	ATP-N(变速器挡位开关N挡)	检测变速器挡位开关N挡位置信号	点火开关设置到ON状态，变速器设置在N挡：约0
				点火开关设置到ON状态，变速器设置在除N挡外任意挡：约5.0V
B24	紫色	ATP-P(变速器挡位开关P挡)	检测变速器挡位开关P挡位置信号	点火开关设置到ON状态，变速器设置P挡：约0
				点火开关设置到ON状态，变速器设置在除P挡外任意挡：超过5.0V
B25	棕褐色	ATP-R(变速器挡位开关R挡)	检测变速器挡位开关R挡位置信号	点火开关设置到ON状态，变速器设置R挡：约0
				点火开关设置到ON状态，变速器设置在除R挡外任意挡：蓄电池电压
B26	紫色	ATP-1(变速器挡位开关1挡)	检测变速器挡位开关1挡位置信号	点火开关设置到ON状态，变速器设置1挡：约0
				点火开关设置到ON状态，变速器设置在除1挡外任意挡：蓄电池电压
B27	红色	ATP-D3(变速器挡位开关2挡)	检测变速器挡位开关2挡位置信号	点火开关设置到ON状态，变速器设置2挡：约0
				点火开关设置到ON状态，变速器设置在除2挡外任意挡：蓄电池电压
B28	白色	NM[输入轴(主轴)转速传感器]	检测输入轴(主轴)转速传感器信号	点火开关设置到ON状态：约0或5.0V
				随着发动机在N挡空转：约2.5V(脉冲)

续表

端子	线束颜色	端子名称	说明	检测方法和规范值
B29	粉红色	VCC2(传感器电压)	提供传感器参考电压	点火开关设置到ON状态：约5.0V
B30		未用		
B31	绿色	MAP(PB)[歧管绝对压力(MAP)传感器]	检测MAP传感器信号	点火开关设置到ON状态：约3.0V
				怠速：约1.0V(取决于发动机转速)
B32	白色	SHB(换挡电磁阀B)	换挡电磁阀B	发动机在P挡、R挡、N挡、D挡运行(第一和第二齿轮)，D3挡(第一和第二齿轮)、2挡和1挡：蓄电池电压
				发动机在D挡运行(第三、第四和第五齿轮)，D3挡(第三齿轮)：约0
B33	绿色	VT-SOL(摇臂油控电磁阀A)	摇臂油控电磁阀A	怠速：约0
B34	粉红色	TW[发动机冷却液温度(ECT)传感器1]	检测ECT传感器1的信号	点火开关设置到ON状态：0.1～4.8V(取决于发动机冷却液温度)
B35	黄色	ATP-D(变速器挡位开关D挡)	检测变速器挡位开关D挡位置信号	点火开关设置到ON状态，变速器设置D挡：约0
				点火开关设置到ON状态，变速器设置在除D挡外任意挡：蓄电池电压
B36	蓝色	A/T离合器压力控制电磁阀C	A/T离合器压力控制电磁阀C	点火开关设置到ON状态：电流控制
B37		未用		
B38	红色	TATF(ATF温度传感器)	检测ATF的温度信号	点火开关设置到ON状态：0.2～4.8V(取决于自动变速器油液温度)
B39	浅绿色	ATP-FWD(变速器挡位开关前进挡)	检测变速器挡位开关D挡、2挡和1挡位置信号	点火开关设置到ON状态，变速器设置在D挡、2挡和1挡：约0
				点火开关设置到ON状态，变速器设置在除D挡、2挡和1挡外任意挡：蓄电池电压
B40	黄色	SHE(换挡电磁阀E)	换挡电磁阀E	发动机在P挡和R挡运行，锁定条件(在D挡)：蓄电池电压
				发动机在N挡运行，无锁定条件(在D挡、D3挡、2挡和1挡)：约0
B41		未用		

续表

端子	线束颜色	端子名称	说明	检测方法和规范值
B42	红色	TA[进气温度(IAT)传感器]	检测 IAT 传感器信号	点火开关设置到 ON 状态：0.1～4.0V(在怠速工作约 2.6V)
B43	浅绿色	VGM[空气质量流量计(MAF)传感器一侧]	MAF 传感器信号接地	
B44	灰色	SG2(传感器接地)	传感器接地	始终低于 0.2V
B45	粉红色	ATP-RVS(变速器挡位开关倒车挡)	检测变速器挡位开关 RVS 挡位置信号	点火开关设置到 ON 状态，变速器设置 R 挡：约 0
				点火开关设置到 ON 状态，变速器设置在除 R 挡外任意挡：蓄电池电压
B46	白色	SO2[副加热氧传感器(次级 HO2S)(传感器 2)]	检测次级 HO2S(传感器 2)信号	节气门从怠速时全开并给发动机暖机：约 0.8V(SO2 端子和 SO2SG 端子之间)
				节气门快速关闭：低于 0.4V(SO2 端子和 SO2SG 端子之间)
B47		未用		
B48	浅绿色	NC[输出轴(中间轴)转速传感器]	检测输出轴(中间轴)转速传感器信号	点火开关设置到 ON 状态：约 0 或 5.0V
				随着运行：约 2.5V(脉冲)
B49		未用		
C1	黄色	VB ETCS(点火信号 ETCS)	检测 ELD 信号	点火开关设置到 ON 状态：蓄电池电压
C2	黑色	PG1(电源接地 ETCS)	PCM 接地电路	始终低于 0.2V
C3	绿色	MTR1(节气门作动器－侧)	节气门作动器接地	点火开关设置到 ON 状态同时松开加速踏板：约 0
C4	粉红色	MTR2(节气门作动器＋侧)	驱动节气门作动器	在点火开关设置到 ON 状态时，电压约 1.5V，然后电压变为 0 左右
C5	紫色	INJ-1(第 1 号喷油器)	驱动第 1 号喷油器	点火开关设置到 ON 状态：蓄电池电压
C6	红色	INJ-2(第 2 号喷油器)	驱动第 2 号喷油器	
C7	蓝色	INJ-3(第 3 号喷油器)	驱动第 3 号喷油器	处于怠速：占空比控制
C8	棕褐色	INJ-4(第 4 号喷油器)	驱动第 4 号喷油器	
C9	绿色	AFHT[空燃比(A/F)传感器(传感器 1)加热器控制]	驱动 A/F 传感器(传感器 1)加热器	点火开关设置到 ON 状态：蓄电池电压
				发动机暖机：占空比控制
C10	白色	IG1(F/P)(点火信号)	检测 ELD 信号	点火开关设置到 ON 状态：蓄电池电压
C11、C12		未用		
C13	淡蓝色	VT-SW(气门摇臂油压开关)	检测气门摇臂油压开关信号	怠速：约 0
C14	灰色	SG3(传感器接地)	传感器接地	始终低于 0.2V

续表

端子	线束颜色	端子名称	说明	检测方法和规范值
C15	棕色	PG1(电源接地)	PCM 接地电路	始终低于 0.2V
C16	蓝色	CAM[凸轮轴位置(CMP)传感器 A]	检测 CMP 传感器 A 的信号	发动机运行:脉冲
C17	红色	KS(爆震传感器)	检测爆震传感器信号	发动机爆震:脉冲
				发动机无爆震:0
C18、C19		未用		
C20	棕色	LG2(逻辑接地)	PCM 接地电路	始终低于 0.2V
C21	绿色	SHC(换挡电磁阀 C)	启动换挡电磁阀 C	发动机在 R 挡、D 挡运行(在第一、第三和第五齿轮),D3 挡(在第一、第三齿轮)和 1 挡:蓄电池电压
				发动机在 P 挡、R 挡、D 挡运行(在第二和第四齿轮),D3 挡(在第二齿轮)和 2 挡:约 0
C22	棕褐色	VCC3(传感器电压)	提供传感器参考电压	点火开关设置到 ON 状态:约 5.0V
C23	粉红色	VCC1(传感器电压)	提供传感器参考电压	点火开关设置到 ON 状态:约 5.0V
C24	灰色	SG1(传感器接地)	传感器接地	始终低于 0.2V
C25	黄色	IGN-PULSE1(第 1 号点火线圈脉冲)	启动 1 号点火线圈	点火开关设置到 ON 状态:约 0
C26	蓝色	IGN-PULSE2(第 2 号点火线圈脉冲)	启动 2 号点火线圈	
C27	白色	IGN-PULSE3(第 3 号点火线圈脉冲)	启动 3 号点火线圈	发动机运行:脉冲
C28	紫色	IGN-PULSE4(第 4 号点火线圈脉冲)	启动 4 号点火线圈	
C29		未用		
C30	浅绿色	THL1[节气门位置(TP)传感器 A]	检测 TP 传感器 A 的信号	点火开关设置到 ON 状态并踩下加速踏板:约 3.9V
				点火开关设置到 ON 状态并松开加速踏板:约 0.8V
C31	红色	THL2[节气门位置(TP)传感器 B]	检测 TP 传感器 B 的信号	点火开关设置到 ON 状态并踩下加速踏板:约 4.2V
				点火开关设置到 ON 状态并松开加速踏板:约 1.7V
C32	粉红色	SHD(换挡电磁阀 D)	启动换挡电磁阀 D	发动机在 D 挡运行(在第二和第五齿轮),D3 挡(在第二齿轮)和 2 挡:蓄电池电压
				发动机在 P 挡、R 挡、N 挡、D 挡运行(在第一、第三和第四齿轮),D3 挡(在第一和第三齿轮)和 1 挡:约 0

续表

端子	线束颜色	端子名称	说明	检测方法和规范值
C33	蓝色	VTC-P(VTC 油控电磁阀)	启动 VTC 油控电磁阀	点火开关设置到 ON 状态:约 0
C34～C38		未用		
C39	红色	AFC1[空燃比(A/F)传感器(传感器 1)+侧]	检测 A/F 传感器(传感器 1)信号	怠速:约 2.2V
C40	黄色	AFV1[空燃比(A/F)传感器(传感器 1)-侧]	检测 A/F 传感器(传感器 1)信号	怠速:约 1.8V
C41	绿色	TDC[凸轮轴位置(CMP)传感器 B]	检测 CMP 传感器 B 信号	发动机运行:脉冲
C42	蓝色	CRANK-P[曲轴位置(CKP)传感器]	检测 CKP 传感器信号	发动机运行:脉冲
C43～C46		未用		
C47	灰色	SO2SG[副加热氧传感器(副 HO2S)(传感器 2)传感器电线]	副 HO2S(传感器 2)传感器接地	点火开关设置到 ON 状态:约 1.5V
C48	绿色	KSGND(爆震传感器接地)	爆震传感器的传感器接地	始终低于 0.2V
C49		未用		

三、制动系统电控单元端子检测

制动系统电控单元端子识别见图 2-6-3，端子检测见表 2-6-3。

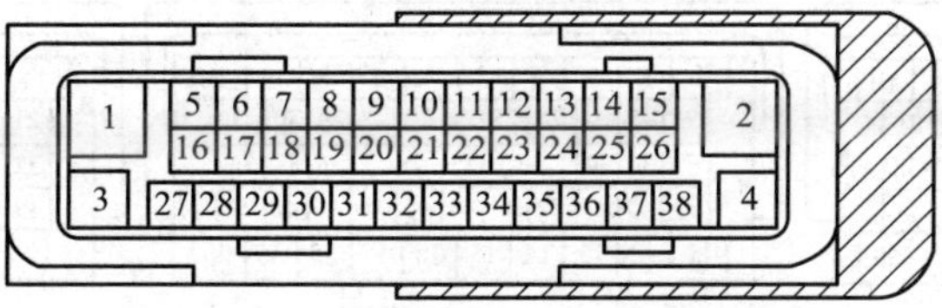

图 2-6-3　制动系统电控单元端子识别

表 2-6-3　制动系统电控单元端子检测

端子	线束颜色	端子功能	检测方法和规范值
1	黑	制动系统电控单元接地	对接地导通
2	红	电机继电器电源	始终为蓄电池电压
3	黑	液压泵电机接地	对接地导通
4	白	故障安全保护继电器电源	始终为蓄电池电压
5～8		未用	
9	绿	左前轮速传感器信号	
10		未用	
11	浅蓝	K 线(与故障诊断仪进行通信)	脉冲电压(数字信号)
12		未用	

续表

端子	线束颜色	端子功能	检测方法和规范值
13	粉红	右前轮速传感器信号	
14～20		未用	
21	橙	左前轮速传感器信号	
22	紫	左后轮速传感器信号	
23	浅绿	右后轮速传感器信号	
24	白	右前轮速传感器信号	
25		未用	
26	红	控制器区域网络通信电路	
27～32		未用	
33	灰	左后轮速传感器信号	
34		未用	
35	绿	右后轮速传感器信号	
36	紫	系统激活功能供电	点火开关设置在 ON 状态：蓄电池电压
37		未用	
38	白	控制器区域网络高速通信电路	

第七节 JADE（杰德）1.8L 轿车（2013～2015 年款）

1.8L 发动机电控单元端子识别见图 2-7-1，端子功能说明见表 2-7-1。

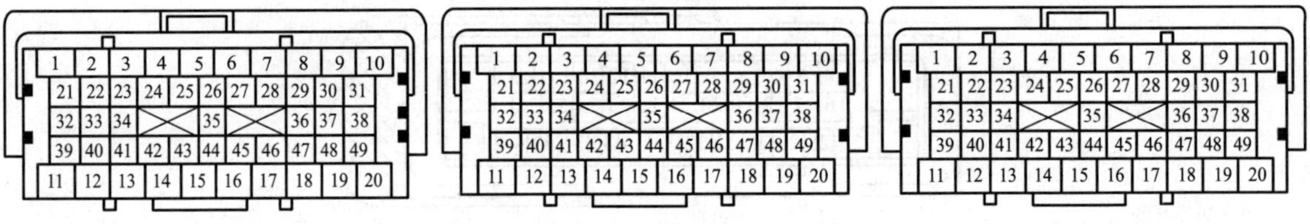

图 2-7-1 1.8L 发动机电控单元端子识别

表 2-7-1 1.8L 发动机电控单元端子功能说明

端子	线色	端子名称	说明
A1[③]	粉红色	ST CUT RLY1 CL－(起动机继电器 1)	驱动起动机断电继电器 1
A2[③]	橙色	ST CUT RLY2 CL－(起动机继电器 2)	驱动起动机断电继电器 2
A3	绿色	FI MAIN RLY CL－(PGM-FI 主继电器 1)	驱动 PGM-FI 主继电器 1
A4	浅蓝色	FI SUB RLY CL－(PGM-FI 辅助继电器)	驱动 PGM-FI 辅助继电器
A5	白色	F-CAN-H(CAN 通信信号高速通信)	发送和接收通信信号
A6	红色	F-CAN-L(CAN 通信信号低速通信)	发送和接收通信信号
A7	红色	S-NET(发动机防盗锁止系统串行通信)	传送串行通信信号

续表

端子	线色	端子名称	说明
A8	棕色	FUEL PUMP RLY CL－(发动机防盗锁止燃油泵继电器)	驱动 PGM-FI 主继电器 2
A9	橙色	FI MAIN RLY OUT(电源)	PCM 电源
A10	红色	VCC6(传感器电压)	向传感器提供基准电源电压
A11	黑色	SG6(传感器接地)	传感器接地
A12③	绿色	ST RLY 1 TO 2	检测起动机断电继电器
A13	绿色	LIN(蓄电池传感器)(网络)	发送和接收通信信号
A14、A15		未用	
A16	棕色	SCS(维修检查信号)	检测维修检查信号
A17	浅绿色	STOP SW(制动踏板位置开关)	检测制动踏板位置开关信号
A18	棕色	BKSWNC(制动踏板位置开关)	检测制动踏板位置开关信号
A19	灰色	FAN HI SIGNAL(散热器风扇控制)	驱动空调冷凝器风扇继电器、风扇控制继电器
A20	棕色	VCC4(传感器电压)	向传感器提供基准电源电压
A21	蓝色	SG4(传感器接地)	传感器接地
A22	黄色	APS1[加速踏板位置(APP)传感器 A]	检测 APP 传感器 A 信号
A23、A24		未用	
A25	蓝色	RFC RLY CL－(散热器风扇控制)	驱动散热器风扇继电器
A26	灰色	VCC5(传感器电压)	向传感器提供基准电源电压
A27	浅蓝色	SG5(传感器接地)	传感器接地
A28	紫色	APSB2[加速踏板位置(APP)传感器 B]	检测 APP 传感器 B 信号
A29	绿色	TW2 传感器[发动机冷却液温度(ECT)传感器 2]	检测 ECT 传感器 2 信号
A30	橙色	ELD[电气负载检测器(ELD)]	检测 ELD 信号
A31～A33		未用	
A34③	黄色	STS(起动机开关信号)	检测起动机开关信号
A35	粉红色	SHIFT LOCK SOL(换挡锁止电磁阀)	驱动换挡锁止电磁阀
A36	蓝色	IG1 MISS SOL(电磁阀电源)	电磁阀电源
A37		未用	
A38	蓝色	NEP(发动机转速脉冲)	输出发动机转速脉冲
A39		未用	
A40	蓝色	VSP(车速信号输出)	传送车速信号
A41	红色	A/C MG CLUTCH RLY CL－(空调压缩机离合器继电器)	驱动空调压缩机离合器继电器
A42、A43		未用	
A44	黄色	DBW RLY CL－[电子节气门控制系统(ETCS 控制继电器)]	驱动电子节气门控制系统(ETCS)控制继电器
B1	白色	KNOCK(爆震传感器)	检测爆震传感器信号

续表

端子	线色	端子名称	说明
B2	浅蓝色	E EGR[废气再循环(EGR)阀]	驱动 EGR 阀
B3	蓝色	SVSP[进气歧管调节(IMT)执行器+侧]	驱动 IMT 执行器
B4	粉红色	SVSM[进气歧管调节(IMT)执行器一侧]	驱动 IMT 执行器
B5	绿色	VT SOL(摇臂机油控制电磁阀)	驱动摇臂机油控制电磁阀
B6②	紫色	SH A(换挡电磁阀 A)	驱动换挡电磁阀 A
B7①	浅绿色	DRLS(CVT 驱动轮控制电磁阀)	驱动 CVT 驱动轮控制电磁阀
B7②	浅绿色	线性 A(A/T 离合器压力控制电磁阀 A)	驱动 A/T 离合器压力控制电磁阀 A
B8①	红色	DNLS(CVT 从动轮控制电磁阀)	驱动 CVT 从动轮控制电磁阀
B8②	蓝色	线性 C(A/T 离合器压力控制电磁阀 C)	驱动 A/T 离合器压力控制电磁阀 C
B9	棕色	LG(逻辑接地)	PCM 的接地电路
B10	黑色	KSGND(爆震传感器接地)	爆震传感器接地
B11	黄色	AFS-[空燃比(A/F)传感器(传感器 1)-侧]	检测 A/F 传感器(传感器 1)信号
B12	红色	AFS+[空燃比(A/F)传感器(传感器 1)+侧]	检测 A/F 传感器(传感器 1)信号
B13	绿色	SO2[辅助热氧传感器(辅助 HO2S)(传感器 2)]	检测辅助 HO2S(传感器 2)信号
B14	蓝色	SO2SG[辅助热氧传感器(辅助 HO2S)(传感器 2)传感器接地]	辅助 HO2S 的传感器接地(传感器 2)
B15	绿色	MAP(PB)[进气歧管绝对压力(MAP)传感器]	检测 MAP 传感器信号
B16	粉红色	TW[发动机冷却液温度(ECT)传感器 1]	检测 ECT 传感器 1 信号
B17	红色	TA[进气温度(IAT)传感器]	检测 IAT 传感器信号
B18	灰色	SG1(传感器接地)	传感器接地
B19	粉红色	VCC1(传感器电压)	向传感器提供基准电源电压
B20	蓝色	CRANK[曲轴位置(CKP)传感器]	检测 CKP 传感器信号
B21①	红色	VEL DD(CVT 转速传感器)	检测 CVT 转速传感器信号
B21②	浅绿色	NC[输出轴(副轴)转速传感器]	检测输出轴(副轴)转速传感器信号
B22①	白色	NDR(CVT 驱动轮转速传感器)	检测 CVT 驱动轮转速传感器
B22②	白色	NM[输入轴(主轴)转速传感器]	检测输入轴(主轴)转速传感器信号
B23①	黄色	TATF(变速器油温度传感器)	检测变速器油温信号
B23②	黄色	TATF(ATF 温度传感器)	检测 ATF 温度传感器信号
B24	灰色	SG2(传感器接地)	传感器接地
B25	棕褐色	VCC2(传感器电压)	向传感器提供基准电源电压
B26、B27		未用	
B28①	绿色	NT(变矩器涡轮转速传感器信号)	检测变矩器涡轮转速传感器信号
B29		未用	
B30	紫色	EGR L[废气再循环(EGR)阀位置传感器]	检测 EGR 阀位置传感器信号

续表

端子	线色	端子名称	说明
B31①	蓝色	PDN(CVT 从动轮压力传感器)	检测 CVT 从动轮压力传感器信号
B32①	白色	P-OIL(摇臂机油压力传感器)	检测摇臂机油压力传感器信号
B33	浅蓝色	VGP[质量空气流量(MAF)传感器+侧]	检测 MAF 传感器信号
B34	浅绿色	VGM[质量空气流量(MAF)传感器一侧]	MAF 传感器信号接地
B35		未用	
B36②	粉红色	SH D(换挡电磁阀 D)	驱动换挡电磁阀 D
B37①	绿色	SOL C(换挡电磁阀 O/P)	驱动换挡电磁阀 O/P
B37②	黄色	PLA(管路压力电磁阀 A)	驱动管路压力电磁阀 A
B38	白色	AFHT[空燃比(A/F)传感器(传感器 1)加热器控制]	驱动 A/F 传感器(传感器 1)加热器
B39	浅绿色	SO2HF[辅助热氧传感器(前辅助 HO2S)(传感器 2)加热器]	驱动辅助 HO2S(传感器 2)加热器
B40②	绿色	SH C(换挡电磁阀 C)	驱动换挡电磁阀 C
B41①	粉红色	SOL B(换挡电磁阀 B)	驱动换挡电磁阀 B
B41②	白色	SH B(换挡电磁阀 B)	驱动换挡电磁阀 B
B42①	棕褐色	LCCLS(锁止离合器控制电磁阀)	驱动 CVT 锁止离合器控制电磁阀
B42②	紫色	线性 B(A/F 离合器压力控制电磁阀 B)	驱动 A/T 离合器压力控制电磁阀 B
B43①	黄色	CPCLS(CVT 离合器压力控制电磁阀)	驱动 CVT 离合器压力控制电磁阀
B44	黑色	PG(电源接地)	PCM 的接地电路
C1	浅绿色	VBDBW(ETCS 点火信号)	检测点火信号
C2	黑色	PG(电源接地 ETCS)	PCM 的接地电路
C3	绿色	MTR 1(节气门执行器-侧)	节气门执行器接地
C4	浅蓝色	MTR 2(节气门执行器+侧)	驱动节气门执行器
C5	紫色	INJ 1(1 号喷油器)	驱动 1 号喷油器
C6	红色	INJ 2(2 号喷油器)	驱动 2 号喷油器
C7	蓝色	INJ 3(3 号喷油器)	驱动 3 号喷油器
C8	棕褐色	INJ 4(4 号喷油器)	驱动 4 号喷油器
C9	棕色	LG(逻辑接地)	PCM 的接地电路
C10	白色	IGN03A(3 号点火线圈脉冲)	驱动 3 号点火线圈
C11	紫色	IGN04A(4 号点火线圈脉冲)	驱动 4 号点火线圈
C12	浅绿色	ATP FWD(变速器挡位开关 FWD 位置)	检测变速器挡位开关 FWD 位置信号
C13	粉红色	ATP RVS(变速器挡位开关 RVS 位置)	检测变速器挡位开关 RVS 位置信号
C14	棕褐色	ATP R(变速器挡位开关 R 位置)	检测变速器挡位开关 R 位置信号
C15	紫色	ATP P(变速器挡位开关 P 位置)	检测变速器挡位开关 P 位置信号
C16	黄色	ATP D(变速器挡位开关 D 位置)	检测变速器挡位开关 D 位置信号
C17	浅绿色	TH 1[节气门位置(TP)传感器 A]	检测 TP 传感器 A 信号
C18	灰色	SG3(传感器接地)	传感器接地

续表

端子	线色	端子名称	说明
C19	棕褐色	VCC3(传感器电压)	向传感器提供基准电源电压
C20	蓝色	IGN02A(2号点火线圈脉冲)	驱动2号点火线圈
C21②	浅蓝色	OP 3 SW[变速器油压开关B(3挡离合器)]	检测变速器油压开关B(3挡离合器)信号
C22②	红色	OP 2 SW[变速器油压开关A(2挡离合器)]	检测变速器油压开关A(2挡离合器)信号
C23	白色	ATPN(变速器挡位开关N位置)	检测变速器挡位开关N位置信号
C24	红色	TH 2[节气门位置(TP)传感器B]	检测TP传感器B信号
C25	绿色	TDC[凸轮轴位置(CMP)传感器]	检测CMP传感器信号
C26	黄色	IGN01A(1号点火线圈脉冲)	驱动1号点火线圈
C27、C28		未用	
C29	浅蓝色	ATP S(变速器挡位开关S位置)	检测变速器挡位开关S位置信号
C30	粉红色	OIL PRESS SW(油压开关)	检测发动机机油压力信号
C31～C33		未用	
C34	蓝色	ACPD(空调压力传感器)	检测A/C压力传感器信号
C35、C36		未用	
C37	黄色	PC SOL[蒸发排放(EVAP)炭罐净化阀]	驱动EVAP炭罐净化阀
C38～C42		未用	
C43	红色	IG1(F/PUMP)(点火信号)	检测点火信号
C44	黑色	PG(电源接地ETCS)	发动机电控单元的接地电路

①CVT（无级变速器车型）。
②A/T（自动变速器车型）。
③装备智能钥匙进入系统。

第八节　第九代CIVIC（思域）轿车（2011～2015年款）

发动机电控单元安装位置见图2-8-1，端子识别见图2-8-2，端子检测见表2-8-1。

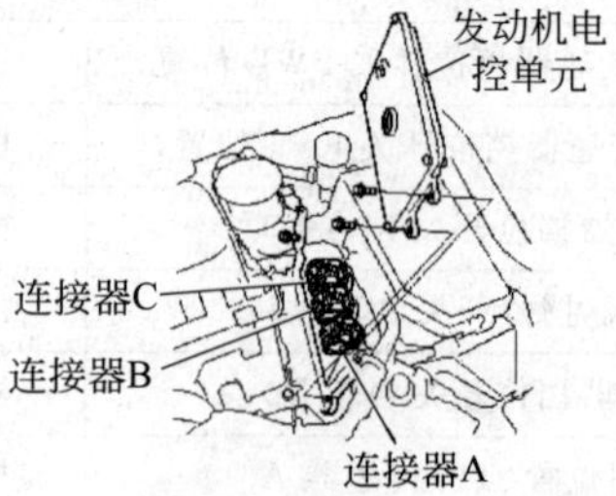

图2-8-1　发动机电控单元安装位置识别

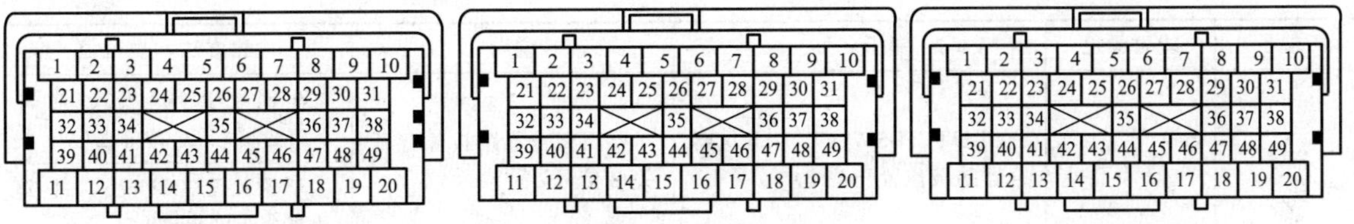

发动机电控单元连接器A　　发动机电控单元连接器B　　发动机电控单元连接器C

图 2-8-2　发动机电控单元端子识别

表 2-8-1　发动机电控单元端子检测

端子	线束颜色	端子名称	说明	检测方法和规范值
A1[①]	蓝色	IG1_MISS_SOL(电磁阀电源)	电磁阀电源	点火开关置于 ON(Ⅱ)位置/车辆处于 ON 模式:蓄电池电压
A2		未用		
A3	白色	F_CAN-H(CAN 高速通信)	发送和接收通信信号	点火开关置于 ON(Ⅱ)位置/车辆处于 ON 模式:脉冲
A4	红色	F_CAN-L(CAN 低速通信)	发送和接收通信信号	点火开关置于 ON(Ⅱ)位置/车辆处于 ON 模式:脉冲
A5、A6		未用		
A7	绿色	FI-MAIN-RLY-CL-(PGM-FI 主继电器 1)	驱动 PGM-FI 主继电器 1	点火开关置于 ON(Ⅱ)位置/车辆处于 ON 模式:约 0 点火开关置于 LOCK(0)位置/车辆处于 OFF 模式:蓄电池电压
A8	黄色	STS(起动机开关信号)	检测(START/STOP)启动/停机开关信号	点火开关置于 START(Ⅲ)位置/车辆处于 START 模式:蓄电池电压 点火开关置于 START(Ⅲ)以外的任意位置/车辆不处于 START 模式:约 0
A9	橙色	FI-MAIN-RLY-OUT(电源)	PCM 的电源	点火开关置于 ON(Ⅱ)位置/车辆处于 ON 模式:蓄电池电压
A10	黑色	SG6(传感器接地)	传感器接地	始终低于 0.2V
A11	橙色	ST-OUT-RLY2-CL-(起动机继电器 2)	驱动起动机切断继电器 2	点火开关置于 ON(Ⅱ)位置/车辆处于 ON 模式:约 0
A12	红色	A/C-MG-CLUTCH-RLY-CL-(空调压缩机离合器继电器)	驱动空调压缩机离合器继电器	压缩机打开:约 0 压缩机关闭:蓄电池电压
A13	浅绿色	STOP-SW(制动踏板位置开关)	检测制动踏板位置开关信号	松开制动踏板:约 0 踩下制动踏板:蓄电池电压

续表

端子	线束颜色	端子名称	说明	检测方法和规范值
A14②	浅蓝色	CLUTCH-SW(CRUISE)(离合器踏板位置开关 B)	检测离合器踏板位置开关 B 信号	车辆处于 ON 模式,并踩下离合器踏板:蓄电池电压
				车辆处于 ON 模式,并松开离合器踏板:约 0
A15	蓝色	RFC-RLY-CL-(散热器风扇控制)	驱动散热器风扇继电器	散热器风扇运行:约 0
				散热器风扇停止:蓄电池电压
A16	灰色	FAN-HI-SIGNAL(散热器风扇控制)	驱动空调冷凝器风扇继电器	空调冷凝器风扇高速运转:约 0
				空调冷凝器风扇低速运转或停止:蓄电池电压
A17	浅绿色	S-NET(发动机防盗锁止系统串行通信)	发送串行通信信号	点火开关置于 ON(Ⅱ)位置/车辆处于 ON 模式:脉冲
				从点火开关拨出钥匙:约 0～5.0V
A18①	紫色	PADDLE-SW-UP[换挡拨片＋(加挡开关)]	检测换挡拨片＋(加挡开关)信号	点火开关置于 ON(Ⅱ)位置/车辆处于 ON 模式,并按下换挡拨片＋(加挡开关):约 0
				点火开关置于 ON(Ⅱ)位置/车辆处于 ON 模式,并松开换挡拨片＋(加挡开关):蓄电池电压
A19②	粉红色	PADDLE-SW-DOWN[换挡拨片－(减挡开关)]	检测换挡拨片-(减挡开关)信号	点火开关置于 ON(Ⅱ)位置/车辆处于 ON 模式,并按下换挡拨片－(减挡开关):约 0
				点火开关置于 ON(Ⅱ)位置/车辆处于 ON 模式,并松开换挡拨片－(减挡开关):蓄电池电压
A20	浅蓝色	FI-SUB-RLY-CL-(PGM-FI 辅助继电器)	驱动 A/F 传感器继电器	点火开关置于 ON(Ⅱ)位置/车辆处于 ON 模式:约 0
A21①	粉红色	SHIFT-LOCK-SOL(换挡锁止电磁阀)	驱动换挡锁止电磁阀	点火开关置于 ON(Ⅱ)位置/车辆处于 ON 模式,在 P 位置踩下制动踏板,并松开加速踏板:约 0
A22	蓝色	NEP(发动机转速脉冲)	输出发动机转速脉冲	发动机运行时:脉冲
A23		未用		
A24	绿色	START-DIAG	检测起动机切断继电器	起动机置于 ON 位置:蓄电池电压

续表

端子	线束颜色	端子名称	说明	检测方法和规范值
A25	棕色	BKSWNC(制动踏板位置开关)	检测制动踏板位置开关信号	点火开关置于ON(Ⅱ)位置/车辆处于ON模式,并松开制动踏板:蓄电池电压
				点火开关置于ON(Ⅱ)位置/车辆处于ON模式,并踩下制动踏板:约0
A26	蓝色	VSP(车速信号输出)	传送车速信号	取决于车速:脉冲
A27	浅绿色	PD-SENSOR(空调压力传感器)	检测空调压力传感器座号	空调开关ON:1.4～4.8V(取决于空调压力)
A28	黄色	APS1[加速踏板位置(APP)传感器A]	检测APP传感器A信号	点火开关置于ON(Ⅱ)位置/车辆处于ON模式,并踩下加速踏板:约4.7V
				点火开关置于ON(Ⅱ)位置/车辆处于ON模式,并松开加速踏板:约1.0V
A29	紫色	APS2[加速踏板位置(APP)传感器B]	检测APP传感器B信号	点火开关置于ON(Ⅱ)位置/车辆处于ON模式,并踩下加速踏板:约2.4V
				点火开关置于ON(Ⅱ)位置/车辆处于ON模式,并松开加速踏板:约0.5V
A30	红色	VCC6(传感器电压)	提供传感器基准电压	点火开关置于ON(Ⅱ)位置/车辆处于ON模式:约5.0V
A31～A33		未用		
A34	橙色	ELD[电气负载检测器(ELD)]	检测ELD信号	点火开关置于ON(Ⅱ)位置/车辆处于ON模式:0.1～4.8V(取决于电气负载)
A35	灰色	VCC5(传感器电压)	提供传感器基准电压	点火开关置于ON(Ⅱ)位置/车辆处于ON模式:约5.0V
A36	棕色	VCC4(传感器电压)	提供传感器基准电压	点火开关置于ON(Ⅱ)位置/车辆处于ON模式:约5.0V
A37～A39		未用		
A40	棕色	FUEL-PUMP-RLY-CL-(发动机防盗锁止系统燃油泵继电器)	驱动PGM-FI主继电器2	将点火开关转至ON(Ⅱ)位置后约为0,并持续2s,然后为蓄电池电压
				发动机运行时:约0
A41		未用		
A42	棕色	SCS(维修检查信号)	检测维修检查信号	使用HDS短接维修检查信号:约0
				维修检查信号断路:约5.0V

续表

端子	线束颜色	端子名称	说明	检测方法和规范值
A43		未用		
A44	绿色	TW2-SENSOR[发动机冷却液温度(ECT)传感器 2]	检测 ECT 传感器 2 信号	点火开关置于 ON(Ⅱ)位置/车辆处于 ON 模式：0.1～4.8V(取决于发动机冷却液温度)
A45	浅蓝色	SG5(传感器接地)	传感器接地	始终低于 0.2V
A46	蓝色	SG4(传感器接地)	传感器接地	始终低于 0.2V
A47		未用		
A48	黄色	ETCS-RLY-CL-[电子节气门控制系统(ETCS)控制继电器]	驱动电子节气门控制系统(ETCS)控制继电器	点火开关置于 ON(Ⅱ)位置/车辆处于 ON 模式：约 0
A49	粉红色	ST-OUT-RLY-CL-(起动机继电器 1)	驱动起动机切断继电器 1	点火开关置于 ON(Ⅱ)位置/车辆处于 ON 模式：约 0
B1	黑色	PG(电源接地)	PCM 的接地电路	始终低于 0.2V
B2	蓝色/红色	E-EGR[废气再循环(EGR)阀]	驱动 EGR 阀	EGR 工作时：占空比控制
				EGR 不工作时：约 0
B3	黄色/蓝色	PC-SOL[蒸发排放(EVAP)炭罐净化阀]	驱动 EVAP 炭罐净化阀	发动机运转，发动机冷却液温度低于 45℃(113℉)：蓄电池电压
				发动机运转，发动机冷却液温度高于 45℃(113℉)：占空比控制
B4	黑色/红色	SO2HT[辅助加热型氧传感器(辅助 HO2S)(S2)加热器]	驱动辅助 HO2S(S2)加热器	点火开关置于 ON(Ⅱ)位置/车辆处于 ON 模式：蓄电池电压
				暖机的发动机运行时：占空比控制
B5、B6		未用		
B7	黄色/红色	OIL-PRESS-SW(机油压力开关)	检测发动机机油压力信号	发动机运行时：蓄电池电压
B8①	白色	LINEAR-A(A/T 离合器压力控制电磁阀 A)	驱动 A/T 离合器压力控制电磁阀 A	点火开关置于 ON(Ⅱ)位置/车辆处于 ON 模式：电流控制
B9①	黑色/红色	OP-3-SW[变速箱油压开关 B(三挡离合器)]	检测变速箱油压开关 B(三挡离合器)信号	发动机运行时 三挡离合器无压力：约 5.0V
				发动机运行时 三挡离合器有压力：约 0
B10	黑色	PG(电源接地)	PCM 的接地电路	始终低于 0.2V
B11①	棕色	LINEAR-B(A/T 离合器压力控制电磁阀 B)	驱动 A/T 离合器压力控制电磁阀 B	点火开关置于 ON(Ⅱ)位置/车辆处于 ON 模式：电流控制

续表

端子	线束颜色	端子名称	说明	检测方法和规范值
B12	棕色	SVSP[进气歧管调节(IMT)作动器+侧]	驱动IMT作动器	点火开关置于ON(Ⅱ)位置/车辆处于ON模式:约0
B13	白色/黑色	SVS[进气歧管调节(IMT)作动器一侧]	驱动IMT作动器	点火开关置于ON(Ⅱ)位置/车辆处于ON模式:约0
B14、B15		未用		
B16	黄色	LIN	发送和接收通信信号	点火开关置于ON(Ⅱ)位置/车辆处于ON模式:脉冲
B17、B18		未用		
B19①	蓝色/黄色	OP-2-SW[变速箱油压开关A(二挡离合器)]	检测变速箱油压开关A(二挡离合器)	发动机运行时 二挡离合器无压力:约5.0V 发动机运行时 二挡离合器有压力:约0
B20		未用		
B21①	蓝色	SH-A(换挡电磁阀A)	驱动换挡电磁阀A	发动机在R、一挡、四挡和五挡(在D或S)位置运行:蓄电池电压 发动机在P、N、二挡和三挡(在D或S)位置运行:约0
B22	红色/蓝色	VGP[质量空气流量(MAF)传感器+侧]	检测MAF传感器信号	暖机的发动机怠速且无电气负载时:1.1~1.6V
B23①	红色/黑色	ATP-N(变速箱挡位开关N位置)	检测变速箱挡位开关N位置信号	在N位置:约0 在N以外的任何位置:约5.0V
B24①	蓝色/黑色	ATP-P(变速箱挡位开关P位置)	检测变速箱挡位开关P位置信号	在P位置:约0 在P以外的任何位置:约5.0V
B25①	白色/绿色	ATP-R(变速箱挡位开关R位置)	检测变速箱挡位开关R位置信号	在R位置:约0 在R以外的任何位置:蓄电池电压
B26①	红色	ATP-D3/S(变速箱挡位开关S位置)	检测变速箱挡位开关S位置信号	在S位置:约0 在S以外的任何位置:蓄电池电压
B27		未用		
B28①	白色/红色	NM[输入轴(主轴)转速传感器]	检测输入轴(主轴)转速传感器信号	点火开关置于ON(Ⅱ)位置/车辆处于ON模式:约0或约5.0V 发动机在N位置运行:约2.5V(脉冲)
B29	黄色/蓝色	VCC2(传感器电压)	提供传感器基准电压	点火开关置于ON(Ⅱ)位置/车辆处于ON模式:约5.0V

续表

端子	线束颜色	端子名称	说明	检测方法和规范值
B30		未用		
B31	绿色/红色	MAP(PB)[歧管绝对压力(MAP)传感器]	检测 MAP 传感器信号	点火开关置于 ON(Ⅱ)位置/车辆处于 ON 模式：约 3.0V 怠速时：约 1.0V(取决于发动机转速)
B32[①]	绿色/白色	SH-B(换挡电磁阀 B)	驱动换挡电磁阀 B	发动机在 P、R、N、一挡和二挡(在 D 或 S)位置运行：蓄电池电压 发动机运行在三挡、四挡和五挡(在 D 或 S)位置运行：约 0
B33	黑色/白色	VT-SOL(摇臂机油控制电磁阀 A)	驱动摇臂机油控制电磁阀 A	怠速时：约 0
B34	红色/白色	TW[发动机冷却液温度(ECT)传感器 1]	检测 ECT 传感器 1 信号	点火开关置于 ON(Ⅱ)位置/车辆处于 ON 模式：0.1～4.8V(取决于发动机冷却液温度)
B35[①]	黄色/绿色	ATP-D(变速箱挡位开关 D 位置)	检测变速箱挡位开关 D 位置信号	在 D 位置：约 0 在 D 以外的任何位置：蓄电池电压
B36[①]	蓝色/白色	LINEAR-C(A/T 离合器压力控制电磁阀 C)	驱动 A/T 离合器压力控制电磁阀 C	点火开关置于 ON(Ⅱ)位置/车辆处于 ON 模式：电流控制
B37		未用		
B38[①]	红色/黄色	TATF(ATF 温度传感器)	检测 ATF 温度传感器信号	点火开关置于 ON(Ⅱ)位置/车辆处于 ON 模式：0.2～4.8V(取决于 ATF 温度) 点火开关置于 LOCK(0)位置/车辆处于 OFF 模式：约 0
B39[①]	蓝色/黄色	ATP-FWD(变速箱挡位开关 FWD 位置)	检测变速箱挡位开关 FWD 位置信号	在 D 和 S 位置：约 0 在 D 和 S 以外的任何位置：蓄电池电压
B40[①]	黄色	SH-E(换挡电磁阀 E)	驱动换挡电磁阀 E	发动机在 P 和 R 位置运行，并在锁止的情况下(在 D 或 S 位置)：蓄电池电压 发动机在 N 位置运行，并在未锁止的情况下(在 D 或 S 位置)：约 0
B41	白色/黑色	EGR-L[废气再循环(EGR)阀位置传感器]	检测 EGR 阀位置传感器信号	发动机运行时：1.2～3.0V(取决于 EGR 阀门的升程)

续表

端子	线束颜色	端子名称	说明	检测方法和规范值
B42	红色/黄色	TA[进气温度(IAT)传感器]	检测 IAT 传感器信号	点火开关置于 ON(Ⅱ)位置/车辆处于 ON 模式：0.1～4.0V(在正常工作温度下约 2.6V)
B43	黑色/红色	VGM[质量空气流量(MAF)传感器一侧]	MAF 传感器信号接地	
B44	绿色/黄色	SG2(传感器接地)	传感器接地	始终低于 0.2V
B45[①]	黄色	ATP-RVS(变速箱挡位开关 RVS 位置)	检测变速箱挡位开关 RVS 位置信号	在 R 位置：约 0
				在 R 以外的任何位置：蓄电池电压
B46	白色	SO2[辅助加热型氧传感器(辅助 HO2S)(S2)]	检测辅助 HO2S(S2)信号	怠速时节气门全开，发动机暖机：约 0.8V(端子 SO2 和端子 SO2SG 之间)
				快速关闭节气门：0.4V 以下(端子 SO2 和端子 SO2SG 之间)
B47		未用		
B48	黑色/白色	NC[输出轴(副轴)转速传感器]	检测输出轴(副轴)转速传感器信号	点火开关置于 ON(Ⅱ)位置/车辆处于 ON 模式：约 0 或约 5.0V
				行驶时：约 2.5V(脉冲)
B49[①]	蓝色/白色	RVS-LCK(倒挡锁止电磁阀)	驱动倒挡锁止电磁阀	点火开关置于 ON(Ⅱ)位置/车辆处于 ON 模式：蓄电池电压
C1	白色/绿色	VB ETCS(点火信号 ETCS)	检测点火信号	点火开关置于 ON(Ⅱ)位置/车辆处于 ON 模式：蓄电池电压
C2	黑色	PG(电源接地 ETCS)	PCM 的接地电路	始终低于 0.2V
C3	黄色/绿色	MTR-1(节气门作动器一侧)	节气门作动器接地	点火开关置于 ON(Ⅱ)位置/车辆处于 ON 模式；并松开加速踏板：约 0
C4	黄色/红色	MTR-2(节气门作动器＋侧)	驱动节气门作动器	将点火开关置于 ON(Ⅱ)后立即为 1.5V，然后约为 0
C5	棕色	INJ-1(1 号喷油器)	驱动 1 号喷油器	怠速时：占空比控制
				点火开关置于 ON(Ⅱ)位置/车辆处于 ON 模式：蓄电池电压
C6	红色	INJ-2(2 号喷油器)	驱动 2 号喷油器	怠速时：占空比控制
				点火开关置于 ON(Ⅱ)位置/车辆处于 ON 模式：蓄电池电压

续表

端子	线束颜色	端子名称	说明	检测方法和规范值
C7	蓝色	INJ-3(3号喷油器)	驱动3号喷油器	怠速时:占空比控制
C7	蓝色	INJ-3(3号喷油器)	驱动3号喷油器	点火开关置于ON(Ⅱ)位置/车辆处于ON模式:蓄电池电压
C8	黄色	INJ-4(4号喷油器)	驱动4号喷油器	怠速时:占空比控制
C8	黄色	INJ-4(4号喷油器)	驱动4号喷油器	点火开关置于ON(Ⅱ)位置/车辆处于ON模式:蓄电池电压
C9	绿色	AFHT[空燃比(A/F)传感器(S1)加热器控制]	驱动A/F传感器(S1)加热器	点火开关置于ON(Ⅱ)位置/车辆处于ON模式:蓄电池电压
C9	绿色	AFHT[空燃比(A/F)传感器(S1)加热器控制]	驱动A/F传感器(S1)加热器	暖机的发动机运行时:占空比控制
C10	黑色/黄色	IG1(F/PUMP)(点火信号)	检测点火信号	点火开关置于ON(Ⅱ)位置/车辆处于ON模式:蓄电池电压
C11～C13		未用		
C14	蓝色	SG3(传感器接地)	传感器接地	始终低于0.2V
C15	棕色/黄色	LG(逻辑接地)	ECM/PCM的接地电路	始终低于0.2V
C16		未用		
C17	白色	KNOCK(爆震传感器)	检测爆震传感器信号	发动机爆震时:脉冲
C17	白色	KNOCK(爆震传感器)	检测爆震传感器信号	无发动机爆震时:0
C18、C19		未用		
C20	棕色/黄色	LG(逻辑接地)	ECM/PCM的接地电路	始终低于0.2V
C21①	绿色	SH-C(换挡电磁阀C)	驱动换挡电磁阀C	发动机在N、一挡、三挡和五挡(在D或S)位置运行:蓄电池电压
C21①	绿色	SH-C(换挡电磁阀C)	驱动换挡电磁阀C	发动机在P、R、二挡和四挡(在D或S)位置运行:约0
C22	绿色	VCC3(传感器电压)	提供传感器基准电压	点火开关置于ON(Ⅱ)位置/车辆处于ON模式:约5.0V
C23	黄色/红色	VCC1(传感器电压)	提供传感器基准电压	点火开关置于ON(Ⅱ)位置/车辆处于ON模式:约5.0V
C24	绿色/白色	SG1(传感器接地)	传感器接地	始终低于0.2V
C25	黄色/绿色	IGNO1A(1号点火线圈脉冲)	驱动1号点火线圈	点火开关置于ON(Ⅱ)位置:约0
C25	黄色/绿色	IGNO1A(1号点火线圈脉冲)	驱动1号点火线圈	发动机运行时:脉冲
C26	蓝色/红色	IGNO2A(2号点火线圈脉冲)	驱动2号点火线圈	点火开关置于ON(Ⅱ)位置:约0
C26	蓝色/红色	IGNO2A(2号点火线圈脉冲)	驱动2号点火线圈	发动机运行时:脉冲

续表

端子	线束颜色	端子名称	说明	检测方法和规范值
C27	白色/蓝色	IGNO3A(3 号点火线圈脉冲)	驱动 3 号点火线圈	点火开关置于 ON(Ⅱ)位置:约 0 发动机运行时:脉冲
C28	棕色	IGNO4A(4 号点火线圈脉冲)	驱动 4 号点火线圈	点火开关置于 ON(Ⅱ)位置:约 0 发动机运行时:脉冲
C29		未用		
C30	红色/黑色	THL-1[节气门位置(TP)传感器 A]	检测 TP 传感器 A 信号	点火开关置于 ON(Ⅱ)位置/车辆处于 ON 模式,并踩下加速踏板:约 3.9V 点火开关置于 ON(Ⅱ)位置/车辆处于 ON 模式,并松开加速踏板:约 0.9V
C31	黄色	THL-2[节气门位置(TP)传感器 B]	检测 TP 传感器 B 信号	点火开关置于 ON(Ⅱ)位置/车辆处于 ON 模式,踩下加速踏板:约 4.1V 点火开关置于 ON(Ⅱ)位置/车辆处于 ON 模式,松开加速踏板:约 1.7V
C32①	绿色/白色	SH-B(换挡电磁阀 B)	驱动换挡电磁阀 B	发动机在二挡和五挡(在 D 或 S)位置运行:蓄电池电压 发动机在 P、R、N、D、一挡、三挡和四挡(在 D 或 S)位置运行:约 0
C33~C38		未用		
C39	红色	AFS+[空燃比(A/F)传感器(S1)+侧]	检测 A/F 传感器(S1)信号	怠速时:约 2.2V
C40	红色/黄色	AFS-[空燃比(A/F)传感器(S1)-侧]	检测 A/F 传感器(S1)信号	怠速时:约 1.8V
C41	白色/绿色	TDC[凸轮轴位置(CMP)传感器]	检测 CMP 传感器信号	发动机运行时:脉冲
C42	蓝色/白色	CRANK[曲轴位置(CKP)传感器]	检测 CKP 传感器信号	发动机运行时:脉冲
C43~C46		未用		
C47	黑色	SO2SG[辅助加热型氧传感器(辅助 HO2S)(S2)传感器接地]	辅助 HO2S(S2)的传感器接地	点火开关置于 ON(Ⅱ)位置/车辆处于 ON 模式:约 1.5V
C48	黑色	KSGND(爆震传感器接地)	爆震传感器的传感器接地	始终低于 0.2V
C49		未用		

①自动变速器车型。

②手动变速器车型。

第九节 ELYSION（艾力绅）轿车（2012～2015 年款）

一、发动机电控单元端子检测

发动机电控单元安装位置见图 2-9-1，端子识别见图 2-9-2，端子检测见表 2-9-1。

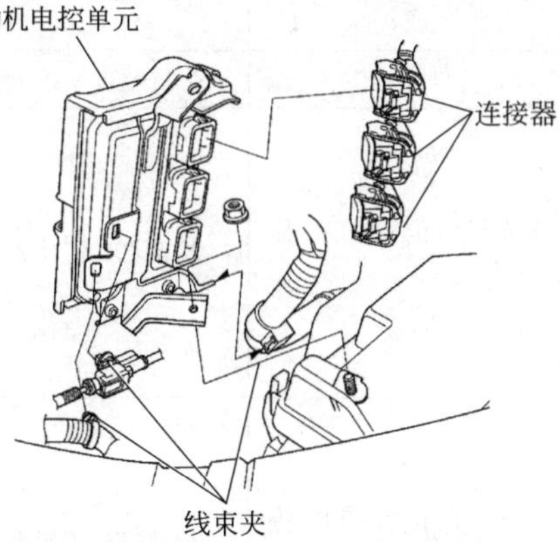

图 2-9-1 发动机电控单元安装位置

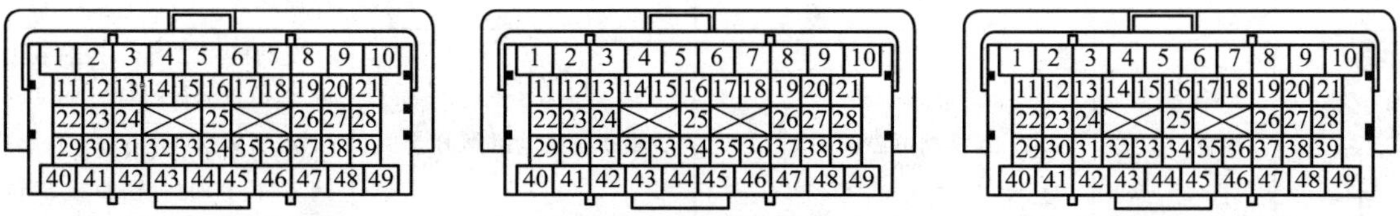

图 2-9-2 发动机电控单元端子识别

表 2-9-1 发动机电控单元端子检测

发动机电控单元连接器 A		
端子	端子功能说明	检测方法和规范值
1	电磁阀电源	点火开关设置到 ON 状态:蓄电池电压
2	未用	
3	控制器区域网络高速通信电路	点火开关设置到 ON 状态:脉冲
4	控制器区域网络低速通信电路	点火开关设置到 ON 状态:脉冲
5、6	未用	
7	主继电器 1	点火开关设置到 ON 状态:约 0 点火开关设置到 LOCK 状态:蓄电池电压
8	未用	
9	发动机电控单元电源	点火开关设置到 ON 状态:蓄电池电压
10	传感器接地	始终低于 0.2V
11	换挡控制电磁阀	点火开关设置到 ON 状态、变速器设置在 P 挡、踩下制动踏板、松开加速踏板:0
12～14	未用	

续表

发动机电控单元连接器 A		
端子	端子功能说明	检测方法和规范值
15	制动踏板位置开关	点火开关设置到 ON 状态，松开制动踏板：蓄电池电压
		点火开关设置到 OFF 状态，踩下制动踏板：约 0
16	车速信号	脉冲信号
17	空调压力传感器	空调开关开启：电压根据空调压力不同在 1.4～4.8V 之间变动
18	加速踏板位置传感器 A	点火开关设置到 ON 状态，踩下加速踏板：约 4.8V
		点火开关设置到 ON 状态，不踩下加速踏板：约 1.0V
19	加速踏板位置传感器 B	点火开关设置到 ON 状态，踩下加速踏板：约 2.4V
		点火开关设置到 ON 状态，不踩下加速踏板：约 0.5V
20	传感器基准电压	点火开关设置到 ON 状态：约 5V
21～22	未用	
23	动力转向压力开关信号	发动机怠速运行，方向盘处于正中位置：0
		发动机怠速运行，将方向盘转动到极限位置：蓄电池电压
24	用电负荷信号	点火开关设置到 ON 状态：0.1～4.8V(取决于用电负荷)
25	传感器基准电压	点火开关设置到 ON 状态：5V
26	传感器基准电压	点火开关设置到 ON 状态：5V
27～29	未用	
30	主继电器 2	点火开关设置到 ON 状态：2s 内为 0，然后变为蓄电池电压
		发动机运行：约 0
31	未用	
32	维修检查信号	连接故障诊断仪短接维修检查信号电路：0
		维修检查信号电路断路：约 5V
33	未用	
34	发动机温度传感器 2	点火开关设置到 ON 状态：0.1～4.8V(取决于发动机冷却液温度)
35	传感器接地	始终低于 0.2V
36	传感器接地	始终低于 0.2V
37	未用	
38	电子节气门控制继电器	点火开关设置到 ON 状态：约 0
39～40	未用	
41	空调压缩机离合器继电器	压缩机开启：约 0
		压缩机关闭：蓄电池电压
42	制动踏板位置开关	制动踏板松开：约 0
		制动踏板踩下：蓄电池电压

续表

发动机电控单元连接器 A		
端子	端子功能说明	检测方法和规范值
43	D3 挡开关	点火开关设置到 ON 状态，按下 D3 开关：约 0
		点火开关设置到 ON 状态，松开 D3 开关：蓄电池电压
44	空调冷凝器风扇继电器	冷凝器风扇转动：约 0
		冷凝器风扇停止：蓄电池电压
45	散热器风扇继电器	散热器风扇高速运行：约 0
		散热器风扇停止或低速运行：蓄电池电压
46	防盗系统串行通信	点火开关设置到 ON 状态：脉冲
47、48	未用	
49	燃油喷射副继电器	点火开关设置到 ON 状态：约 0

发动机电控单元连接器 B		
端子	端子功能说明	检测方法和规范值
1	接地	始终低于 0.2V
2	未用	
3	燃油蒸发排放活性炭罐净化电磁阀	发动机运行，发动机冷却液温度低于 55℃：蓄电池电压
		发动机运行，发动机冷却液温度高于 55℃：占空比控制
4	氧传感器加热器	点火开关设置到 ON 状态：蓄电池电压
		发动机在正常温度运行：占空比控制
5、6	未用	
7	机油压力开关	点火开关设置到 ON 状态：蓄电池电压
		发动机在正常温度运行：占空比控制
8	自动变速器离合器压力控制电磁阀 A	点火开关设置到 ON 状态：电流控制
9	变速器 3 挡离合器液压开关 B 信号	点火开关设置到 ON 状态 3 挡离合器没有油液压力时：约 5V 3 挡离合器建立起油液压力时：约 0
10	接地	始终低于 0.2V
11	换挡电磁阀 A	发动机在 R、D(1 挡、4 挡和 5 挡)和 1 位置运行时：蓄电池电压
		发动机在 P、N、D(2 挡和 3 挡)和 2 位置运行时：约 0
12	空气质量流量传感器信号	发动机暖机后怠速运行，用电附件关闭：约 1.1～1.6V
13	变速器挡位开关 N 挡信号	变速器设置在 N 挡：约 0
		变速器设置在其他挡位：约 5V
14	变速器挡位开关 P 挡信号	变速器设置在 P 挡：约 0
		变速器设置在其他挡位：高于 5V
15	变速器挡位开关 R 挡信号	变速器设置在 R 挡：约 0
		变速器设置在其他挡位：蓄电池电压

续表

发动机电控单元连接器 B		
端子	端子功能说明	检测方法和规范值
16	变速器挡位开关 1 挡信号	变速器设置在 1 挡:约 0
		变速器设置在其他挡位:蓄电池电压
17	变速器挡位开关 2 挡信号	变速器设置在 2 挡:约 0
		变速器设置在其他挡位:蓄电池电压
18	主轴(输入轴)转速传感器	点火开关设置到 ON 状态:约 5V 或 0
		发动机在 N 挡位置运行:约 2.5V(脉冲)
19	传感器基准电压	点火开关设置到 ON 状态:约 5V
20	未用	
21	进气歧管绝对压力传感器信号	点火开关设置到 ON 状态:约 5V
		发动机怠速运行:约 1V
22	换挡电磁阀 B	发动机在 P、R、N、D(1 挡和 2 挡)/2 位置和 1 位置运行时:蓄电池电压
		发动机在 D(3 挡、4 挡和 5 挡)位置运行时:约 0
23	气门摇臂机油压力控制电磁阀	发动机怠速运行:0
24	发动机冷却液温度传感器 1 信号	点火开关设置到 ON 状态:0.1～4.8V(取决于发动机冷却液温度)
25	变速器挡位开关 D 位置信号	变速器设置在 D 挡:约 0
		变速器设置在其他挡位:蓄电池电压
26	自动变速器离合器压力控制电磁阀 C	点火开关设置到 ON 状态:电流控制
27	未用	
28	自动变速器油液温度传感器	点火开关设置到 ON 状态:0.2～4.8V(取决于自动变速器油液温度)
29	自动变速器前进挡信号	变速器设置在 D 挡、2 挡、1 挡:约 0
		变速器设置在其他挡位:蓄电池电压
30	换挡电磁阀 E	发动机在 P 挡或 R 挡运行:蓄电池电压
		发动机在 N 挡、D 挡、2 挡或 1 挡运行:约 0
31	未用	
32	进气温度传感器	点火开关设置到 ON 状态:0.1～4.0V(取决于发动机进气温度)
33	空气质量流量传感器接地	
34	传感器接地	始终低于 0.2V
35	变速器挡位开关 R 位置信号	变速器设置在 R 挡:约 0
		变速器设置在其他挡位:蓄电池电压
36	氧传感器 2 信号	发动机暖机后怠速运行,踩下加速踏板使节气门全开:约 0.8V
		节气门快速关闭:低于 0.1V
37	未用	

续表

发动机电控单元连接器 B		
端子	端子功能说明	检测方法和规范值
38	输出轴(副轴)转速传感器信号	点火开关设置到 ON 状态:0 或 5V
		驾驶车辆:约 2.5V(脉冲)
39	未用	
40	自动变速器离合器压力控制电磁阀 B	点火开关设置到 ON 状态:占空比控制
41～44	未用	
45	LIN 总线网络(发送交流控制信号)	
46～47	未用	
48	自动变速器油液压力开关 A(2 挡离合器)信号	点火开关设置到 ON 状态 2 挡离合器没有油液压力时:约 5V 2 挡离合器建立起油液压力时:约 0
49	未用	

发动机电控单元连接器 C		
端子	端子功能说明	检测方法和规范值
1	点火信号	点火开关设置到 ON 状态:蓄电池电压
2	发动机电控单元接地	始终低于 0.2V
3	节气门执行器接地	点火开关设置到 ON 状态:约 0
4	节气门执行器	点火开关设置到 ON 状态:约 0
5	1 号喷油器	点火开关设置到 ON 状态:蓄电池电压
		发动机怠速运行:占空比控制
6	2 号喷油器	点火开关设置到 ON 状态:蓄电池电压
		发动机怠速运行:占空比控制
7	3 号喷油器	点火开关设置到 ON 状态:蓄电池电压
		发动机怠速运行:占空比控制
8	4 号喷油器	点火开关设置到 ON 状态:蓄电池电压
		发动机怠速运行:占空比控制
9	氧传感器 1 加热器	点火开关设置到 ON 状态:蓄电池电压
		发动机暖机后运行:占空比控制
10	点火信号	点火开关设置到 ON 状态:蓄电池电压
11	换挡电磁阀 C	发动机在 N、D(1、3、5 挡)和 1 挡运行:蓄电池电压
		发动机在 P、R、D(2 挡和 4 挡)和 2 挡:约 0
12	传感器基准电压	点火开关设置到 ON 状态:约 5.0V
13	传感器基准电压	点火开关设置到 ON 状态:约 5.0V
14	传感器接地	始终低于 0.2V
15	1 号点火线圈	点火开关设置到 ON 状态:约 0
		发动机运行:脉冲信号
16	2 号点火线圈	点火开关设置到 ON 状态:约 0
		发动机运行:脉冲信号

续表

发动机电控单元连接器 C		
端子	端子功能说明	检测方法和规范值
17	3 号点火线圈	点火开关设置到 ON 状态：约 0
		发动机运行：脉冲信号
18	4 号点火线圈	点火开关设置到 ON 状态：约 0
		发动机运行：脉冲信号
19	未用	
20	节气门位置传感器 A	点火开关设置到 ON 状态，踩下加速踏板：约 3.9V
		点火开关设置到 ON 状态，松开加速踏板：约 0.8V
21	节气门位置传感器 B	点火开关设置到 ON 状态，踩下加速踏板：约 4.1V
		点火开关设置到 ON 状态，松开加速踏板：约 1.7V
22	换挡电磁阀 D	发动机在 D 挡（2 挡和 5 挡）和 2 挡运行：蓄电池电压
		发动机在 P、R、N、D（1、3、4 挡）：约 0
23	气门正时机油控制电磁阀	点火开关设置到 ON 状态：约 0
24～28	未用	
29	空燃比传感器信号（+）	发动机怠速运行：约 2.2V
30	空燃比传感器信号（—）	发动机怠速运行：约 1.8V
31	发动机凸轮轴位置传感器 B 信号	发动机运行：脉冲信号
32	曲轴位置传感器信号	发动机运行：脉冲信号
33～36	未用	
37	氧传感器接地	点火开关设置到 ON 状态：约 1.5V
38	爆震传感器接地	始终低于 0.2V
39～42	未用	
43	传感器接地	始终低于 0.2V
44	发动机电控单元接地	始终低于 0.2V
45	凸轮轴位置传感器 A 信号	发动机运行：脉冲
46	爆震传感器	发动机发生爆震：脉冲
47～48	未用	
49	发动机电控单元接地	始终低于 0.2V

二、制动系统电控单元端子检测

制动系统电控单元端子识别见图 2-9-3，端子检测见表 2-9-2。

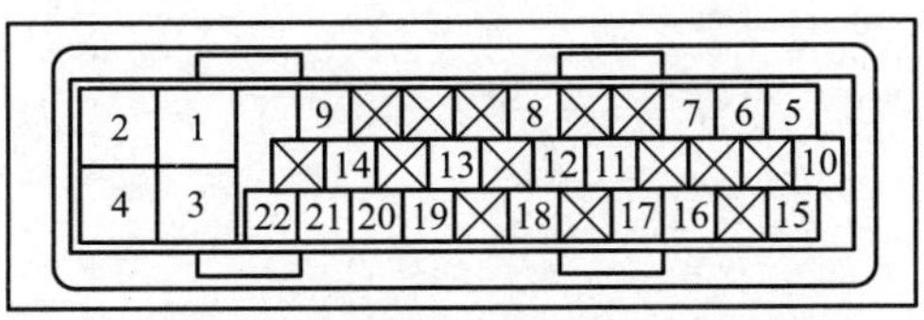

图 2-9-3　制动系统电控单元端子识别

表 2-9-2　制动系统电控单元端子检测

端子	端子功能说明	检测方法和规范值
1	车辆稳定控制系统调节器接地	
2	制动系统液压泵电机接地	
3	故障安全继电器供电	蓄电池电压
4	电机继电器供电	蓄电池电压
5	允许写入信号	
6	转向角度传感器信号	
7	转向角度传感器信号	
8	激活系统电源	点火开关设置到 ON 状态:蓄电池电压
9	转向角度传感器接地	
10	控制器区域网络通信	
11	右后轮速传感器信号	
12	左前轮速传感器信号	
13	左后轮速传感器信号	
14	右前轮速传感器信号	
15	控制器区域网络通信	
16	K 线(连接故障诊断仪进行通信)	脉冲电压(数字信号)
17	右后轮速传感器接地	
18	左前轮速传感器接地	
19	转向角度传感器供电	
20	右前轮速传感器接地	
21	转向角度传感器信号	
22	未用	

第三章

ACURA（讴歌）车系

第一节　MDX 3.7L 轿车（2010～2015 年款）

发动机电控单元安装位置识别见图 3-1-1，发动机电控单元端子识别见图 3-1-2；发动机电控单元端子检测见表 3-1-1。

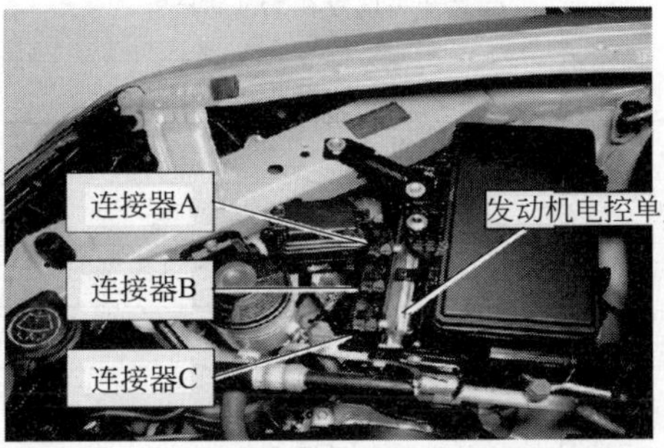

图 3-1-1　发动机电控单元安装位置识别

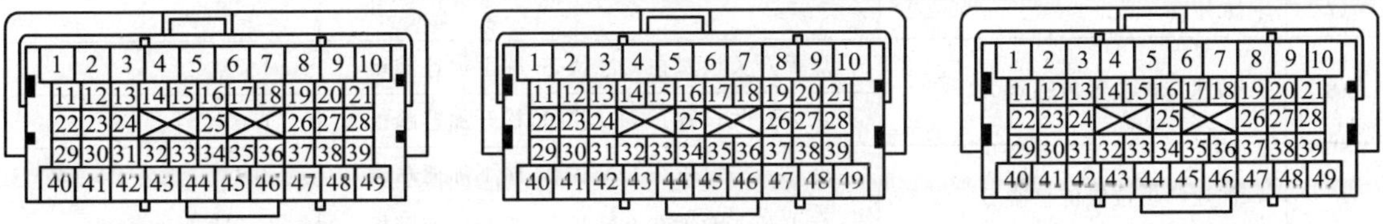

发动机电控单元连接器A　　发动机电控单元连接器B　　发动机电控单元连接器C

图 3-1-2　发动机电控单元端子识别

表 3-1-1　发动机电控单元端子检测

发动机电控单元连接器 A			
端子	功能	检测条件	检测方法和规范值
1	电磁阀电源	点火开关设置在 ON 状态	蓄电池电压
2	换挡互锁电磁阀	点火开关设置在 ON 状态，变速器挡位设置在 P 挡，踩下制动踏板，松开加速踏板	0
3	起动机继电器	点火开关设置在 ON 状态	0
4	空调冷凝器风扇继电器	空调冷凝器风扇运转	0
		空调冷凝器风扇不运转	蓄电池电压

续表

发动机电控单元连接器 A			
端子	功能	检测条件	检测方法和规范值
5	散热器风扇继电器	散热器风扇运转	0
		散热器风扇不运转或低速运转	蓄电池电压
6	燃油喷射主继电器 1	点火开关设置在 ON 状态	0
		点火开关设置在 LOCK 状态	蓄电池电压
7	制动踏板开关信号	点火开关设置在 ON 状态，制动踏板松开	蓄电池电压
		点火开关设置在 ON 状态，制动踏板踩下	0
8	制动踏板开关信号	制动踏板松开	0
		制动踏板踩下	蓄电池电压
9	质量空气流量传感器接地	—	—
10	电器负荷监测	点火开关设置在 ON 状态	根据电器负荷情况，在 0.1～4.8V 之间变化
11	燃油喷射主继电器 2	点火开关设置在 ON 状态	约为 0，2s 后电压变为蓄电池电压
		发动机运行	0
12	发动机支架控制电磁阀	发动机怠速	0
		发动机在非怠速状态运行	蓄电池电压
13	空调压缩机继电器	空调压缩机开启	0
		空调压缩机关闭	蓄电池电压
14、15	未用	—	—
16	变速器挡位开关 P 挡信号	变速器挡位设置在 P 挡位置	0
		变速器挡位设置在其他挡位置	蓄电池电压
17	未用	—	—
18	加速踏板位置传感器 A	点火开关设置在 ON 状态，踩下加速踏板	4.7V
		点火开关设置在 ON 状态，松开加速踏板	1.0V
19	加速踏板位置传感器 B	点火开关设置在 ON 状态，踩下加速踏板	2.3V
		点火开关设置在 ON 状态，松开加速踏板	0.5V
20	质量流量传感器信号	发动机怠速运行，测量端子 20 与端子 9 之间的电压	1.1～1.6V
21	发动机冷却液温度传感器 2 信号	点火开关设置在 ON 状态	根据发动机冷却液的温度，电压在 0.1～4.8V 之间变化
22	燃油蒸发排放活性炭罐通风切断电磁阀	点火开关设置在 ON 状态	蓄电池电压
23	发动机电控单元供电	任何工况	始终为蓄电池电压
24	传感器供电电压	点火开关设置在 ON 状态	5V
25	传感器供电电压	点火开关设置在 ON 状态	5V
26	传感器接地	任何工况	低于 0.2V

续表

发动机电控单元连接器 A			
端子	功能	检测条件	检测方法和规范值
27	传感器接地	任何工况	低于 0.2V
28	起动机信号负荷	点火开关设置在 START 状态	蓄电池电压
29	电子节气门控制系统继电器	点火开关设置在 ON 状态	0
30	车速信号输出	车辆行驶	脉冲信号
31	起动机开关信号	点火开关设置在 START 状态	蓄电池电压
		点火开关没有处在 START 状态	0
32	SCS(维护检测信号)	用故障诊断仪短接该信号电路	0
		该信号电路断路时	约 5V
33～35	未用	—	—
36	变速器挡位选择开关升挡开关信号	点火开关设置在 ON 状态,按下升挡开关	0
		点火开关设置在 ON 状态,松开升挡开关	蓄电池电压
37	变速器挡位选择开关降挡开关信号	点火开关设置在 ON 状态,按下降挡开关	0
		点火开关设置在 ON 状态,松开降挡开关	蓄电池电压
38	动力转向压力开关信号	发动机怠速,方向盘位于正前位置	0
		发动机怠速,方向盘转至极限位置	蓄电池电压
39	燃油箱压力传感器信号	点火开关设置在 ON 状态,燃油箱加注盖取下	2.5V
40	燃油喷射辅助继电器	点火开关设置在 ON 状态	0
41	发动机电控单元接地电路	任何工况	电压应始终低于 0.2V
42	燃油泵控制模块诊断	点火开关设置在 ON 状态	5.0V
		发动机怠速	10V
43	燃油泵控制	点火开关设置在 ON 状态	脉冲信号
44	数据写入许可信号	点火开关设置在 ON 状态	0
45	未用	—	—
46	防非法启动系统串行数据通信	点火开关设置在 ON 状态	脉冲信号
		点火开关设置在 OFF 状态	5.0V
47	未用	—	—
48	CAN(控制器区域网络)高速通信电路	点火开关设置在 ON 状态	脉冲信号
49	CAN(控制器区域网络)低速通信电路	点火开关设置在 ON 状态	脉冲信号

发动机电控单元连接器 B			
端子	功能	检测条件	检测方法和规范值
1	发动机电控单元接地电路	任何工况	电压应始终低于 0.2V
2	电磁阀电源	点火开关设置在 ON 状态	蓄电池电压
3	发动机电控单元电源	点火开关设置在 ON 状态	蓄电池电压

续表

发动机电控单元连接器 B			
端子	功能	检测条件	检测方法和规范值
4	喷油器 1	发动机怠速	占空比控制
		点火开关设置在 ON 状态	蓄电池电压
5	喷油器 5	发动机怠速	占空比控制
		点火开关设置在 ON 状态	蓄电池电压
6	喷油器 4	发动机怠速	占空比控制
		点火开关设置在 ON 状态	蓄电池电压
7	喷油器 3	发动机怠速	占空比控制
		点火开关设置在 ON 状态	蓄电池电压
8	喷油器 2	发动机怠速	占空比控制
		点火开关设置在 ON 状态	蓄电池电压
9	喷油器 6	发动机怠速	占空比控制
		点火开关设置在 ON 状态	蓄电池电压
10	自动变速器离合器压力控制电磁阀 B	点火开关设置在 ON 状态	电流控制
11	气缸 5 点火线圈	点火开关设置在 ON 状态	0
		发动机运行	脉冲信号
12	气缸 6 点火线圈	点火开关设置在 ON 状态	0
		发动机运行	脉冲信号
13	气缸列 1,后氧传感,1 信号	发动机暖机后运行	3.4～4.8V
14	气缸列 2,前氧传感,1 信号	发动机暖机后运行	3.4～4.8V
15	气缸列 1,后氧传感,1 参考电压	发动机暖机后运行	3.4～4.8V
16	气缸列 2,前氧传感器 2 信号	发动机暖机怠速,节气门全开	0.6V
		发动机暖机怠速,节气门迅速关闭	低于 0.4V
17	节气门位置传感器 A	节气门全开	3.9V
		节气门全闭	0.9V
18	传感器供电电压	点火开关设置在 ON 状态	5.0V
19	进气歧管管路控制阀监测	点火开关设置在 ON 状态	0
		发动机转速保持在 4050r/min	5.0V
20	气门摇臂机油压力开关	发动机低转速运行	0
		发动机高转速运行	蓄电池电压
21	变速器离合器压力控制电磁阀 C	点火开关设置在 ON 状态	电流控制
22	气缸 3 点火线圈	点火开关设置在 ON 状态	0
		发动机运行	脉冲信号
23	气缸 4 点火线圈	点火开关设置在 ON 状态	0
		发动机运行	脉冲信号

续表

发动机电控单元连接器 B			
端子	功能	检测条件	检测方法和规范值
24	气缸列 2，前氧传感，1 参考电压	发动机暖机后怠速运行	3.4～4.8V
25	气缸列 1，后氧传感器 2 信号	发动机暖机怠速，节气门全开	0.6V
		发动机暖机怠速，节气门迅速关闭	低于 0.4V
26	节气门位置传感器 B	节气门全开	4.1V
		节气门全闭	1.7V
27	未用	—	—
28	未用	—	—
29	气缸 1 点火线圈	点火开关设置在 ON 状态	0
		发动机运行	脉冲信号
30	气缸 2 点火线圈	点火开关设置在 ON 状态	0
		发动机运行	脉冲信号
31	气缸列 2，后氧传感，1 加压室信号	发动机运行	2.0～5.6V
32	气缸列 1，前氧传感，1 加压室信号	发动机运行	2.0～5.6V
33	传感器接地	任何工况	始终低于 0.2V
34	传感器接地	任何工况	始终低于 0.2V
35	进气歧管绝对压力传感器信号	点火开关设置在 ON 状态	3.0V
		发动机怠速	1.0V
36	传感器参考电压	点火开关设置在 ON 状态	5.0V
37	输入轴转速传感器	点火开关设置在 ON 状态	0 或 5.0V
		变速器挡位设置在 N 挡，发动机运行	2.5V
38	输出轴转速传感器	点火开关设置在 ON 状态，用手转动前轮	电压为 0 或 5V
		车辆行驶	脉冲信号
39	气门摇臂机油控制电磁阀	发动机怠速	约 0
40	发动机电控单元接地电路	任何工况	始终低于 0.2V
41	发动机电控单元接地电路	任何工况	始终低于 0.2V
42	点火信号	点火开关设置在 ON 状态	蓄电池电压
43	自动变速器离合器压力控制电磁阀 D	点火开关设置在 ON 状态	电流控制
44	管路压力电磁阀 A	管路压力较低	蓄电池电压
		管路压力较高	约 0
45	曲轴位置传感器信号	发动机运行	脉冲信号
46	凸轮轴位置传感器信号	发动机运行	脉冲信号
47	发送与接收串行通信信号	点火开关设置在 ON 状态	脉冲信号
48	发送与接收串行通信信号	点火开关设置在 ON 状态	脉冲信号
49	未用	—	—

续表

发动机电控单元连接器 C			
端子	功能	检测条件	检测方法和规范值
1	发动机电控单元接地电路	任何工况	始终低于 0.2V
2	节气门执行器	点火开关设置在 ON 状态	0
3	节气门执行器接地	点火开关设置在 ON 状态	0
4	点火信号	点火开关设置在 ON 状态	蓄电池电压
5	后氧传感器(气缸列 1,传感器 2)加热器	点火开关设置在 ON 状态	蓄电池电压
		发动机暖机后怠速运行	占空比控制
6	后氧传感器(气缸列 1,传感器 1)加热器	点火开关设置在 ON 状态	蓄电池电压
		发动机暖机后怠速运行	0 或脉冲信号
7	前部次级氧传感器加热器	点火开关设置在 ON 状态	蓄电池电压
		发动机暖机后怠速运行	占空比控制
8	前部氧传感器加热器	点火开关设置在 ON 状态	蓄电池电压
		发动机暖机后怠速运行	0 或脉冲信号
9	变速器换挡电磁阀 D	发动机运行,变速器挡位设置在 N 挡	0
		发动机运行,变速器挡位设置在 P 挡或 R 挡	蓄电池电压
10	废气再循环阀	废气再循环阀运行	占空比控制
		废气再循环阀不运行	0
11	传感器参考电压	点火开关设置在 ON 状态	5.0V
12	传感器参考电压	点火开关设置在 ON 状态	5.0V
13	未用	—	—
14	自动变速器油液压力开关 D(第五离合器)信号	点火开关设置在 ON 状态	第五离合器没有油液压力:约 5V
			第五离合器有油液压力:0
15	传感器接地	任何工况	始终低于 0.2V
16	传感器接地	任何工况	始终低于 0.2V
17	变速器挡位开关 D 挡位信号	变速器设置在 D 挡位	0
		变速器设置在其他挡位	蓄电池电压
18	变速器挡位开关前进挡挡位信号	变速器设置在 D、S 挡位	0
		变速器设置在其他挡位	蓄电池电压
19	变速器挡位开关 R 挡位信号	变速器设置在 R 挡位	0
		变速器设置在其他挡位	蓄电池电压
20	换挡电磁阀 A	发动机运行,变速器设置在 1 挡或 2 挡	蓄电池电压
		发动机运行,变速器设置其他挡位	0
21	变速器离合器压力控制电磁阀 A	点火开关设置在 ON 状态	电流控制
22	未用	—	—
23	后氧传感器(气缸列 1,传感器 2)接地信号	点火开关设置在 ON 状态	约 1.5V

续表

发动机电控单元连接器C			
端子	功能	检测条件	检测方法和规范值
24	进气温度传感器信号	点火开关设置在ON状态	根据进气温度不同，电压在0.1～4.8V之间变化
25	变速器R挡挡位开关信号	变速器设置在R挡位	0
		变速器设置在其他挡位	蓄电池电压
26	变速器挡位开关N挡位信号	变速器设置在N挡位	0
		变速器设置在其他挡位	蓄电池电压
27	变速器第二离合器油液压力开关输入	点火开关设置在ON状态，变速器第二离合器没有建立油液压力	5V
		点火开关设置在ON状态，变速器第二离合器建立油液压力	0
28	换挡电磁阀B	发动机运行，变速器挡位设置在1、2、3挡位	蓄电池电压
		发动机运行，变速器挡位设置在其他挡位	0
29	未用	—	—
30	未用	—	—
31	变速器油液压力开关E(第六离合器)	点火开关设置在ON状态，变速器第六离合器没有建立油液压力	5V
		点火开关设置在ON状态，变速器第六离合器建立油液压力	0
32	发动机冷却液温度传感器1信号	点火开关设置在ON状态	根据冷却液温度不同，电压在0.1～4.8V之间变化
33	自动变速器油液温度传感器	点火开关设置在ON状态	根据油液温度不同，电压在0.2～4.0V之间变化
34	废气再循环阀位置传感器信号	发动机运行	根据废气再循环阀的升程，电压在1.2～3.0V之间变化
35	油路压力开关信号	点火开关设置在ON状态	油路没有压力：蓄电池电压 油路建立压力：约0
36	前氧传感器(气缸列2，传感器2)信号接地	点火开关设置在ON状态	约1.5V
37	变速器油液压力开关C(第四离合器)信号	点火开关设置在ON状态，变速器第四离合器没有建立油液压力	5V
		点火开关设置在ON状态，变速器第四离合器建立油液压力	0
38	变速器油液压力开关B(第三离合器)信号	点火开关设置在ON状态，变速器第三离合器没有建立油液压力	5V
		点火开关设置在ON状态，变速器第三离合器建立油液压力	0

续表

发动机电控单元连接器 C			
端子	功能	检测条件	检测方法和规范值
39	未用	—	—
40	燃油蒸发排放活性炭罐清污电磁阀	发动机运行,发动机冷却液温度低于 60℃	蓄电池电压
		发动机运行,发动机冷却液温度高于 60℃	占空比控制
41	发动机电控单元接地电路	任何工况	始终低于 0.2V
42	发电机信号	点火开关设置在 ON 状态	0
		发动机运行	蓄电池电压
43	发电机控制信号	发动机暖机后运行	7.5V
44	发电机 FR 信号	发动机运行	根据电器负荷情况,电压在 0～5.0V 之间变化
45	发动机机油压力开关	点火开关设置在 ON 状态	蓄电池电压
		发动机运行	0
46	变速器挡位开关 S 挡位信号	变速器设置在 S 挡	0
		变速器设置在其他挡位	蓄电池电压
47	爆震传感器信号	发动机发生爆震	脉冲信号
48	进气歧管控制执行器	点火开关设置在 ON 状态	蓄电池电压
49	进气歧管控制执行器	点火开关设置在 ON 状态	蓄电池电压

第二节　ZDX 3.7L 轿车（2010～2015 年款）

发动机电控单元安装位置见图 3-2-1；发动机电控单元端子识别见图 3-2-2，发动机电控单元端子检测见表 3-2-1。

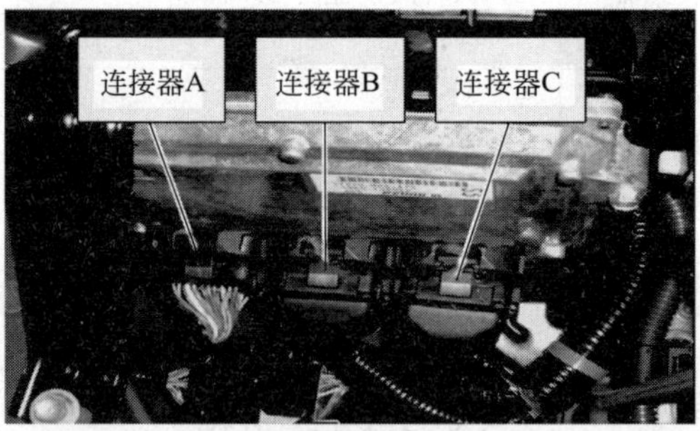

图 3-2-1　发动机电控单元安装位置识别

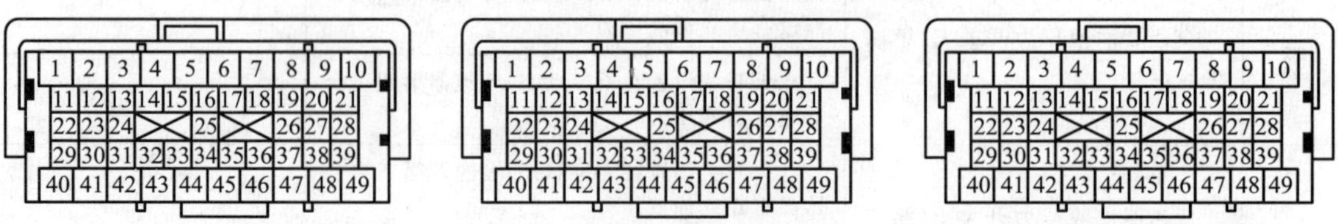

图 3-2-2　发动机电控单元端子识别

表 3-2-1 发动机电控单元端子检测

发动机电控单元连接器 A			
端子	功能	检测条件	检测方法和规范值
1	电磁阀电源	点火开关设置在 ON 状态	蓄电池电压
2	换挡互锁电磁阀	点火开关设置在 ON 状态，变速器挡位设置在 P 挡，踩下制动踏板，松开加速踏板	0
3	起动机继电器	点火开关设置在 ON 状态	0
4	空调冷凝器风扇继电器	空调冷凝器风扇运转	0
		空调冷凝器风扇不运转	蓄电池电压
5	散热器风扇继电器	散热器风扇运转	0
		散热器风扇不运转或低速运转	蓄电池电压
6	燃油喷射主继电器 1	点火开关设置在 ON 状态	0
		点火开关设置在 LOCK 状态	蓄电池电压
7	制动踏板开关信号	点火开关设置在 ON 状态，制动踏板松开	蓄电池电压
		点火开关设置在 ON 状态，制动踏板踩下	0
8	制动踏板开关信号	制动踏板松开	0
		制动踏板踩下	蓄电池电压
9	质量空气流量传感器接地	—	—
10	电器负荷监测	点火开关设置在 ON 状态	根据电器负荷情况，在 0.1～4.8V 之间变化
11	燃油喷射主继电器 2	点火开关设置在 ON 状态	约为 0，2s 后电压变为蓄电池电压
		发动机运行	0
12	发动机支架控制电磁阀	发动机怠速	0
		发动机在非怠速状态运行	蓄电池电压
13	空调压缩机继电器	空调压缩机开启	0
		空调压缩机关闭	蓄电池电压
14、15	未用	—	—
16	变速器挡位开关 P 挡信号	变速器挡位设置在 P 挡位置	0
		变速器挡位设置在其他挡位置	蓄电池电压
17	未用	—	—
18	加速踏板位置传感器 A	点火开关设置在 ON 状态，踩下加速踏板	4.7V
		点火开关设置在 ON 状态，松开加速踏板	1.0V
19	加速踏板位置传感器 B	点火开关设置在 ON 状态，踩下加速踏板	2.3V
		点火开关设置在 ON 状态，松开加速踏板	0.5V
20	质量流量传感器信号	发动机怠速运行，测量端子 20 与端子 9 之间的电压	1.1～1.6V
21	发动机冷却液温度传感器 2 信号	点火开关设置在 ON 状态	根据发动机冷却液的温度，电压在 0.1～4.8V 之间变化

续表

发动机电控单元连接器 A			
端子	功能	检测条件	检测方法和规范值
22	燃油蒸发排放活性炭罐通风切断电磁阀	点火开关设置在 ON 状态	蓄电池电压
23	发动机电控单元供电	任何工况	始终为蓄电池电压
24	传感器基准电压	点火开关设置在 ON 状态	5V
25	传感器基准电压	点火开关设置在 ON 状态	5V
26	传感器接地	任何工况	低于 0.2V
27	传感器接地	任何工况	低于 0.2V
28	起动机信号负荷	起动机工作时	蓄电池电压
29	电子节气门控制系统继电器	点火开关设置在 ON 状态	0
30(仅限配备导航系统的车型)	车速信号输出	车辆行驶	脉冲信号
31	起动机开关信号	点火开关设置在 START 状态	蓄电池电压
		点火开关没有处在 START 状态	0
32	SCS(维护检测信号)	连接故障诊断仪短接该信号电路	0
		该信号电路断路时	约 5V
33	发动机转速脉冲信号输出	发动机运行时	脉冲信号
34、35	未用	—	—
36	拨片式换挡(升挡开关)信号	点火开关设置在 ON 状态,按下升挡开关	0
		点火开关设置在 ON 状态,松开升挡开关	蓄电池电压
37	拨片式换挡(降挡开关)信号	点火开关设置在 ON 状态,按下降挡开关	0
		点火开关设置在 ON 状态,松开降挡开关	蓄电池电压
38	动力转向压力开关信号	发动机怠速,方向盘位于正前位置	0
		发动机怠速,方向盘转至极限位置	蓄电池电压
39	燃油箱压力传感器信号	点火开关设置在 ON 状态,燃油箱加注盖取下	2.5V
40	燃油喷射辅助继电器	点火开关设置在 ON 状态	0
41(仅限不配备无钥匙进入系统的车型)	发动机电控单元接地电路	任何工况	电压应始终低于 0.2V
42	燃油泵控制模块诊断	点火开关设置在 ON 状态	5.0V
		发动机怠速	10V
43	燃油泵控制	点火开关设置在 ON 状态	脉冲信号
44	数据写入许可信号	点火开关设置在 ON 状态	0
45	未用	—	—

续表

发动机电控单元连接器 A			
端子	功能	检测条件	检测方法和规范值
46	防非法启动系统串行数据通信	点火开关设置在 ON 状态	脉冲信号
		从点火锁芯上拔出点火钥匙或按下发动机 START/STOP 按钮选择 OFF 模式	1.4V
47	未用	—	—
48	CAN(控制器区域网络)高速通信电路	点火开关设置在 ON 状态	脉冲信号
49	CAN(控制器区域网络)低速通信电路	点火开关设置在 ON 状态	脉冲信号

发动机电控单元连接器 B			
端子	功能	检测条件	检测方法和规范值
1	发动机电控单元接地电路	任何工况	电压应始终低于 0.2V
2	电磁阀电源	点火开关设置在 ON 状态	蓄电池电压
3	发动机电控单元电源	点火开关设置在 ON 状态	蓄电池电压
4	喷油器 1	发动机怠速	占空比控制
		点火开关设置在 ON 状态	蓄电池电压
5	喷油器 5	发动机怠速	占空比控制
		点火开关设置在 ON 状态	蓄电池电压
6	喷油器 4	发动机怠速	占空比控制
		点火开关设置在 ON 状态	蓄电池电压
7	喷油器 3	发动机怠速	占空比控制
		点火开关设置在 ON 状态	蓄电池电压
8	喷油器 2	发动机怠速	占空比控制
		点火开关设置在 ON 状态	蓄电池电压
9	喷油器 6	发动机怠速	占空比控制
		点火开关设置在 ON 状态	蓄电池电压
10	自动变速器离合器压力控制电磁阀 B	点火开关设置在 ON 状态	电流控制
11	气缸 5 点火线圈	点火开关设置在 ON 状态	0
		发动机运行	脉冲信号
12	气缸 6 点火线圈	点火开关设置在 ON 状态	0
		发动机运行	脉冲信号
13	气缸列 1,后氧传感,1 信号	发动机暖机后运行	3.4～4.8V
14	气缸列 2,前氧传感,1 信号	发动机暖机后运行	3.4～4.8V
15	气缸列 1,后氧传感,1 参考电压	发动机暖机后怠速运行	3.4～4.8V
16	气缸列 2,前氧传感器 2 信号	发动机暖机怠速,节气门全开	0.6V
		发动机暖机怠速,节气门迅速关闭	低于 0.4V

续表

发动机电控单元连接器 B			
端子	功能	检测条件	检测方法和规范值
17	节气门位置传感器 A	点火开关设置在 ON 状态，彻底踩下加速踏板，使节气门全开	3.9V
		点火开关设置在 OFF 状态，不踩下加速踏板	0.9V
18	传感器基准电压	点火开关设置在 ON 状态	5.0V
19	进气歧管管路控制阀监测	点火开关设置在 ON 状态	0
		发动机转速保持在 4050r/min	5.0V
20	气门摇臂机油压力开关信号	发动机怠速运行	0
21	变速器离合器压力控制电磁阀 C	点火开关设置在 ON 状态	电流控制
22	气缸 3 点火线圈	点火开关设置在 ON 状态	0
		发动机运行	脉冲信号
23	气缸 4 点火线圈	点火开关设置在 ON 状态	0
		发动机运行	脉冲信号
24	气缸列 2，前氧传感，1 参考电压	发动机暖机后怠速运行	3.4～4.8V
25	气缸列 1，后氧传感器 2 信号	发动机暖机怠速，节气门全开	0.6V
		发动机暖机怠速，节气门迅速关闭	低于 0.4V
26	节气门位置传感器 B	点火开关设置在 ON 状态，彻底踩下加速踏板	4.1V
		点火开关设置在 ON 状态，不踩下加速踏板	1.7V
27	未用	—	—
28	未用	—	—
29	气缸 1 点火线圈	点火开关设置在 ON 状态	0
		发动机运行	脉冲信号
30	气缸 2 点火线圈	点火开关设置在 ON 状态	0
		发动机运行	脉冲信号
31	气缸列 2，后氧传感，1 加压室信号	发动机运行	2.0～5.6V
32	气缸列 1，前氧传感，1 加压室信号	发动机运行	2.0～5.6V
33	传感器接地	任何工况	始终低于 0.2V
34	传感器接地	任何工况	始终低于 0.2V
35	进气歧管绝对压力传感器信号	点火开关设置在 ON 状态	3.0V
		发动机怠速	1.0V
36	传感器参考电压	点火开关设置在 ON 状态	5.0V
37	输入轴转速传感器	点火开关设置在 ON 状态	0 或 5.0V
		变速器挡位设置在 N 挡，发动机运行	脉冲信号

续表

发动机电控单元连接器 B			
端子	功能	检测条件	检测方法和规范值
38	输出轴转速传感器	点火开关设置在 ON 状态，用手转动前轮	电压为 0 或 5V
		车辆行驶	脉冲信号
39	气门摇臂机油控制电磁阀	发动机怠速	约 0
40	发动机电控单元接地电路	任何工况	始终低于 0.2V
41	发动机电控单元接地电路	任何工况	始终低于 0.2V
42	点火信号	点火开关设置在 ON 状态	蓄电池电压
43	自动变速器离合器压力控制电磁阀 D	点火开关设置在 ON 状态	电流控制
44	管路压力电磁阀 A	发动机在 1 挡或倒挡运行	约 0
		发动机在其他挡位运行	蓄电池电压
45	曲轴位置传感器信号	发动机运行	脉冲信号
46	凸轮轴位置传感器信号	发动机运行	脉冲信号
47	发送与接收串行通信信号	点火开关设置在 ON 状态	脉冲信号
48	发送与接收串行通信信号	点火开关设置在 ON 状态	脉冲信号
49	未用	—	—

发动机电控单元连接器 C			
端子	功能	检测条件	检测方法和规范值
1	发动机电控单元接地电路	任何工况	始终低于 0.2V
2	节气门执行器	点火开关设置在 ON 状态	0
3	节气门执行器接地	点火开关设置在 ON 状态	0
4	点火信号	点火开关设置在 ON 状态	蓄电池电压
5	后氧传感器(气缸列 1，传感器 2)加热器	点火开关设置在 ON 状态	蓄电池电压
		发动机暖机后怠速运行	占空比控制
6	后氧传感器(气缸列 1，传感器 1)加热器	点火开关设置在 ON 状态	蓄电池电压
		发动机暖机后怠速运行	0 或占空比控制
7	前部次级氧传感器加热器	点火开关设置在 ON 状态	蓄电池电压
		发动机暖机后怠速运行	占空比控制
8	前部氧传感器加热器	点火开关设置在 ON 状态	蓄电池电压
		发动机暖机后怠速运行	0 或脉冲信号
9	变速器换挡电磁阀 C	发动机运行，变速器挡位设置在 N、D 和 S 挡(液力变矩器不锁止)	0
		发动机运行，变速器挡位设置在 P 或 R 挡	蓄电池电压
10	废气再循环阀	废气再循环阀运行	占空比控制
		废气再循环阀不运行	0
11	传感器参考电压	点火开关设置在 ON 状态	5.0V
12	传感器参考电压	点火开关设置在 ON 状态	5.0V
13	未用	—	—

续表

发动机电控单元连接器 C			
端子	功能	检测条件	检测方法和规范值
14	自动变速器油液压力开关 D(第五离合器)信号	点火开关设置在 ON 状态	第五离合器没有油液压力:约 5V
			第五离合器有油液压力:0
15	传感器接地	任何工况	始终低于 0.2V
16	传感器接地	任何工况	始终低于 0.2V
17	变速器挡位开关 D 挡位信号	变速器设置在 D 挡位	0
		变速器设置在其他挡位	蓄电池电压
18	变速器挡位开关前进挡挡位信号	变速器设置在 D、S 挡位	0
		变速器设置在其他挡位	蓄电池电压
19	变速器挡位开关 R 挡位信号	变速器设置在 R 挡位	0
		变速器设置在其他挡位	蓄电池电压
20	换挡电磁阀 A	发动机运行,变速器设置在 1 挡或 2 挡	蓄电池电压
		发动机运行,变速器设置其他挡位	0
21	变速器离合器压力控制电磁阀 A	点火开关设置在 ON 状态	电流控制
22	未用	—	—
23	后氧传感器(气缸列 1,传感器 2)接地信号	点火开关设置在 ON 状态	约 1.5V
24	进气温度传感器信号	点火开关设置在 ON 状态	根据进气温度不同,电压在 0.1～4.8V 之间变化
25	变速器 R 挡位开关信号	变速器设置在 R 挡位	0
		变速器设置在其他挡位	蓄电池电压
26	变速器挡位开关 N 挡位信号	变速器设置在 N 挡位	0
		变速器设置在其他挡位	蓄电池电压
27	变速器油液压力开关 A(第二离合器)信号	点火开关设置在 ON 状态,变速器第二离合器没有建立油液压力	5V
		点火开关设置在 ON 状态,变速器第二离合器建立油液压力	0
28	换挡电磁阀 B	发动机运行,变速器挡位设置在 1、2、3 挡位	蓄电池电压
		发动机运行,变速器挡位其他挡位	0
29	未用	—	—
30	未用	—	—
31	变速器油液压力开关 E(第六离合器)	点火开关设置在 ON 状态,变速器第六离合器没有建立油液压力	5V
		点火开关设置在 ON 状态,变速器第六离合器建立油液压力	0

续表

发动机电控单元连接器 C			
端子	功能	检测条件	检测方法和规范值
32	发动机冷却液温度传感器 1 信号	点火开关设置在 ON 状态	根据冷却液温度不同，电压在 0.1～4.8V 之间变化
33	自动变速器油液温度传感器	点火开关设置在 ON 状态	根据油液温度不同，电压在 0.2～4.0V 之间变化
34	废气再循环阀位置传感器信号	发动机运行	根据废气再循环阀的升程，电压在 1.2～3.0V 之间变化
35	油路压力开关信号	点火开关设置在 ON 状态	油路没有压力：蓄电池电压
			油路建立压力：约 0
36	前氧传感器(气缸列 2，传感器 2)信号接地	点火开关设置在 ON 状态	约 1.5V
37	变速器油液压力开关 C(第四离合器)信号	点火开关设置在 ON 状态，变速器第四离合器没有建立油液压力	5V
		点火开关设置在 ON 状态，变速器第四离合器建立油液压力	0
38	变速器油液压力开关 B(第三离合器)信号	点火开关设置在 ON 状态，变速器第三离合器没有建立油液压力	5V
		点火开关设置在 ON 状态，变速器第三离合器建立油液压力	0
39	未用	—	—
40	燃油蒸发排放活性炭罐清污电磁阀	发动机运行，发动机冷却液温度低于 60℃	蓄电池电压
		发动机运行，发动机冷却液温度高于 60℃	占空比控制
41	发动机电控单元接地电路	任何工况	始终低于 0.2V
42	发电机信号	点火开关设置在 ON 状态	0
		发动机运行	蓄电池电压
43	发电机控制信号	发动机暖机后运行	7.5V
44	发电机 FR 信号	发动机运行	根据电器负荷情况，电压在 0～5.0V 之间变化
45	发动机机油压力开关	点火开关设置在 ON 状态	蓄电池电压
		发动机运行	0
46	变速器挡位开关 S 挡位信号	变速器设置在 S 挡	0
		变速器设置在其他挡位	蓄电池电压
47	爆震传感器信号	发动机发生爆震	脉冲信号
48	进气歧管控制执行器	点火开关设置在 ON 状态	蓄电池电压
49	进气歧管控制执行器	点火开关设置在 ON 状态	蓄电池电压

第四章

SUZUKI（铃木）车系

第一节　GRAND VITARA（超级维特拉）2.4L 轿车（2012～2015 年款）

一、发动机电控单元端子检测

发动机电控单元安装位置见图 4-1-1，端子识别见图 4-1-2，端子检测见表 4-1-1。

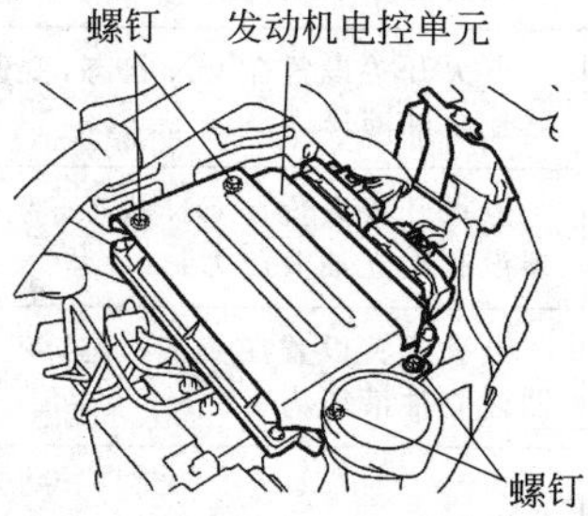

图 4-1-1　发动机电控单元安装位置

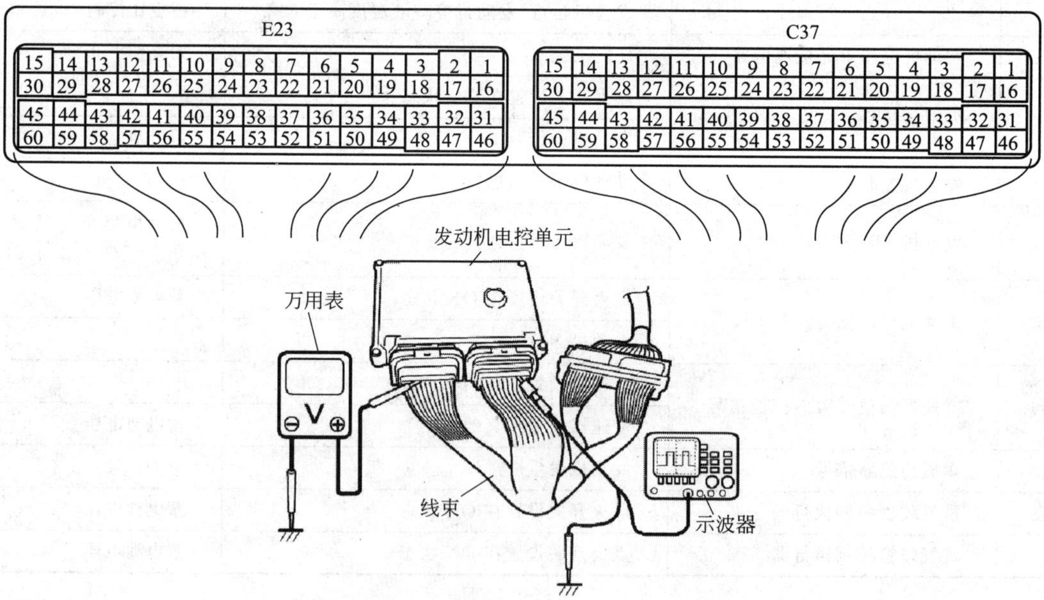

图 4-1-2　发动机电控单元端子识别

表 4-1-1　发动机电控单元端子检测

发动机电控单元连接器 C37			
端子	功能说明	检测方法	规范值
1	1 号喷油器驱动电路	点火开关设置到 ON 状态，测量电压	10～14V
2	2 号喷油器驱动电路	点火开关设置到 ON 状态，测量电压	10～14V
3～6	未用		
7	燃油蒸发排放活性炭罐净化阀	点火开关设置到 ON 状态，测量电压	10～14V
		在仪表板下方的故障诊断连接器上连接故障诊断仪，执行激活测试，使净化阀开启 10%，测量电压	0～1V
8	发电机磁场线圈监控信号电路	发动机暖机后怠速运行，关闭用电附件，用示波器正极表笔连接端子 8，负极表笔连接端子 58，读取波形信号	应符合图 4-1-3 所示波形信号
		发动机暖机后怠速运行，开启前照灯，开启空调，把鼓风机开关设置到位置 4 或更高，开启后窗除霜器，用示波器正极表笔连接端子 8，负极表笔连接端子 58，读取波形信号	应符合图 4-1-4 所示波形信号
9、10	未用		
11	氧传感器信号	发动机暖机后怠速运行，用示波器正极表笔连接端子 11，负极表笔连接端子 35，读取波形信号	应符合图 4-1-5 所示波形信号所示
		发动机暖机后加速运行，用示波器正极表笔连接端子 11，负极表笔连接端子 35，读取波形信号	应符合图 4-1-6 所示波形信号
12、13	未用		
14	进气歧管通路控制阀位置传感器信号	发动机怠速运行(未完成暖机)	0～1V
		发动机暖机后怠速运行	2～4V
15	发动机电控单元接地电路	点火开关设置到 ON 状态	低于 0.3V
16	3 号喷油器驱动电路	点火开关设置到 ON 状态，测量电压	10～14V
17	4 号喷油器驱动电路	点火开关设置到 ON 状态，测量电压	10～14V
18	点火线圈 4 驱动电路	点火开关设置到 ON 状态	0～1V
19	点火线圈 3 驱动电路	点火开关设置到 ON 状态	0～1V
20	点火线圈 2 驱动电路	点火开关设置到 ON 状态	0～1V
21	点火线圈 1 驱动电路	点火开关设置到 ON 状态	0～1V

续表

发动机电控单元连接器 C37			
端子	功能说明	检测方法	规范值
22	发电机控制信号输出	发动机暖机后怠速运行，关闭用电附件，用示波器正极表笔连接端子22，负极表笔连接端子58，读取波形信号	应符合图 4-1-3 所示波形信号
		发动机暖机后怠速运行，开启前照灯，开启空调，把鼓风机开关设置到位置 4 或更高，开启后窗除霜器，用示波器正极表笔连接端子 22，负极表笔连接端子 58，读取波形信号	应符合图 4-1-4 所示波形信号
23	爆震传感器接地电路	点火开关设置到 ON 状态	低于 0.3V
24	发动机冷却液温度传感器信号	点火开关设置到 ON 状态，冷却液温度为 0℃	3.3～3.8V
		点火开关设置到 ON 状态，冷却液温度为 50℃	1.38～1.72V
		点火开关设置到 ON 状态，冷却液温度为 100℃	0.4～0.53V
25	进气温度传感器信号	点火开关设置到 ON 状态，进气温度为 0℃	3.18～3.67V
		点火开关设置到 ON 状态，进气温度为 40℃	1.32～1.65V
		点火开关设置到 ON 状态，进气温度为 80℃	0.46～0.60V
26	进气歧管通路控制阀位置传感器电源	点火开关设置到 ON 状态	4～6V
27	进气流量传感器信号	点火开关设置到 ON 状态	0.5～1.0V
28	进气流量传感器接地	点火开关设置到 ON 状态	低于 0.3V
29	发动机电控单元接地	点火开关设置到 ON 状态	低于 0.3V
30	发动机电控单元接地	点火开关设置到 ON 状态	低于 0.3V
31	空燃比传感器加热器驱动电路	发动机暖机后怠速运行，用示波器正极表笔连接端子 31，负极表笔连接端子 58，读取波形信号	应符合图 4-1-7 所示波形
32	机油控制阀驱动电路	发动机启动后怠速运行，用示波器正极表笔连接端子 32，负极表笔连接端子 48，读取波形信号	应符合图 4-1-13 所示波形
33	氧传感器接地	点火开关设置到 ON 状态	低于 0.3V
34	氧传感器接地	点火开关设置到 ON 状态	低于 0.3V
35	氧传感器接地	点火开关设置到 ON 状态	低于 0.3V
36	传感器接地	点火开关设置到 ON 状态	低于 0.3V
37	空燃比传感器	发动机暖机后加速运行，连接示波器，示波器正极表笔连接端子 38，负极表笔连接端子 37，读取波形信号	应符合图 4-1-8 所示波形

续表

发动机电控单元连接器C37			
端子	功能说明	检测方法	规范值
38	空燃比传感器	发动机暖机后加速运行，连接示波器，示波器正极表笔连接端子38，负极表笔连接端子37，读取波形信号	应符合图4-1-8所示波形
39	节气门位置传感器接地	点火开关设置到ON状态	低于0.3V
40	辅助节气门位置传感器信号	点火开关设置到ON状态，不踩下加速踏板	1.33～1.63V
		点火开关设置到ON状态，踩下加速踏板	4.0～4.3V
41	节气门位置传感器电源	点火开关设置到ON状态	4.5～5.5V
42	进气歧管真空电磁阀	点火开关设置到ON状态	10～14V
43	未用		
44	节气门执行器驱动电路	点火开关设置到ON状态，连接示波器，示波器正极表笔连接端子44，负极表笔连接端子45，不踩下加速踏板，读取信号波形；然后踩下加速踏板，读取信号波形	应符合图4-1-9所示波形
45	节气门执行器驱动电路	点火开关设置到ON状态，连接示波器，示波器正极表笔连接端子44，负极表笔连接端子45，不踩下加速踏板，读取信号波形；然后踩下加速踏板，读取信号波形	应符合图4-1-9所示波形
46	未用		
47	氧传感器加热器驱动电路	发动机暖机后怠速运行，关闭用电附件，用示波器正极表笔连接端子47，负极表笔连接端子35，读取波形信号	应符合图4-1-5所示波形信号
		发动机暖机后怠速运行，开启前照灯，开启空调，把鼓风机开关设置到位置4或更高，开启后窗除霜器，用示波器正极表笔连接端子47，负极表笔连接端子35，读取波形信号	应符合图4-1-6所示波形信号
48	机油控制阀接地电路	点火开关设置到ON状态	低于0.3V
49	发动机电控单元接地	点火开关设置到ON状态	低于0.3V
50	发动机电控单元接地	点火开关设置到ON状态	低于0.3V
51	曲轴位置传感器	点火开关设置到ON状态	0～1V
52	凸轮轴位置传感器	点火开关设置到ON状态	0～1V或4～5V
53	未用		
54	节气门位置传感器接地	点火开关设置到ON状态	低于0.3V
55	主节气门位置传感器信号	点火开关设置到ON状态，不踩下加速踏板	0.45～0.75V
		点火开关设置到ON状态，踩下加速踏板	3.82～4.09V

续表

发动机电控单元连接器 C37			
端子	功能说明	检测方法	规范值
56	爆震传感器	发动机暖机后保持在 4000r/min 运行，用示波器正极表笔连接端子 56，负极表笔连接端子 57，读取信号波形	应符合图 4-1-10 所示的波形
57	爆震传感器接地	点火开关设置到 ON 状态	低于 0.3V
58	发动机电控单元接地	点火开关设置到 ON 状态	低于 0.3V
59	进气歧管通路控制阀电机驱动电路	连接示波器，示波器正极表笔连接端子 59，负极表笔连接端子 60，读取发动机冷机怠速和发动机暖机怠速运行时的信号波形	应符合图 4-1-11 所示的信号波形
60	进气歧管通路控制阀电机驱动电路	连接示波器，示波器正极表笔连接端子 59，负极表笔连接端子 60，读取发动机冷机怠速和发动机暖机怠速运行时的信号波形	应符合图 4-1-11 所示的信号波形

发动机电控单元连接器 E23			
端子	功能说明	检测方法	规范值
1	主电源电路 1	点火开关设置到 ON 状态	10～14V
		点后开关设置到 OFF 状态 3s 后	0～1V
2	备用电源	点火开关设置到 ON 状态	10～14V
		点火开关设置到 OFF 状态	10～14V
3	未用		
4	控制器区域网络高速通信	点火开关设置到 ON 状态，连接示波器，示波器正极表笔连接端子 4，负极表笔连接端子 58，读取信号波形	应符合图 4-1-12 所示的信号波形
5	未用		
6	制动灯开关信号	点火开关设置到 ON 状态，松开制动踏板	0～1V
		点火开关设置到 ON 状态，踩下制动踏板	10～14V
7	离合器踏板位置开关信号	点火开关设置到 ON 状态，松开离合器踏板	4～6V
		点火开关设置到 ON 状态，踩下离合器踏板	0～1V
8	燃油蒸发排放控制泄漏检测压力传感器信号	点火开关设置到 ON 状态，燃油蒸发排放控制泄漏检测模块压力为 100.3kPa 时	3.9V
9～12	未用		
13	时钟信号（防非法起动线圈天线）	点火开关设置到 ON 状态	10～14V

续表

发动机电控单元连接器E23			
端子	功能说明	检测方法	检测方法和规范值
14	未用		
15	燃油泵继电器信号	点火开关设置到ON状态，连接示波器，示波器正极表笔连接端子15，负极表笔连接发动机电控模块连接器C37的端子58，读取信号波形	应符合图4-1-14所示信号波形
16	主电源电路2	点火开关设置到ON状态	10～14V
		点后开关设置到OFF状态3s后	0～1V
17、18	未用		
19	控制器区域网络低速通信	点火开关设置到ON状态，连接示波器，示波器正极表笔连接端子19，负极表笔连接端子58，读取信号波形	应符合图4-1-12所示的信号波形
20	定速巡航主开关信号	点火开关设置到ON状态，主开关开启	10～14V
		点火开关设置到ON状态，主开关关闭	0～1V
21	制动开关信号	点火开关设置到ON状态，松开制动踏板	10～14V
		点火开关设置到ON状态，踩下制动踏板	0～1V
22	定速巡航指令开关信号	点火开关设置到ON状态，巡航RES/ACC开关保持开启状态	3～4V
		点火开关设置到ON状态，巡航CANCEL开关保持开启状态	0～1V
		点火开关设置到ON状态，巡航SET/COAST开关保持开启状态	2～3V
23、24	未用		
25	起动机控制继电器	点火开关设置到ON状态	0～1V
		点火开关设置到START状态	6～12V
26	动力转向泵压力开关	点火开关设置到ON状态	10～14V
		点火开关设置到ON状态，转动转向盘至极限位置	0～1V
27	未用		
28	串行通信链路	点火开关设置到ON状态	10～14V
29	点火开关信号	点火开关设置到ON状态	10～14V
		点火开关设置到OFF状态	0～1V
30	未用		
31	节气门执行器控制继电器供电	点火开关设置到ON状态	10～14V
		点火开关设置到OFF状态	0～1V

续表

发动机电控单元连接器 E23			
端子	功能说明	检测方法	检测方法和规范值
32	空调压缩机继电器	空调压缩机处于工作状态	10～14V
		空调压缩机处于关闭状态	0～1V
33、34	未用		
35	空调制冷剂压力传感器接地	点火开关设置到 ON 状态	低于 0.3V
36	加速踏板位置传感器接地	点火开关设置到 ON 状态	低于 0.3V
37	未用		
38	燃油蒸发排放控制泄漏检测压力传感器接地	点火开关设置到 ON 状态	低于 0.3V
39	空调制冷剂压力传感器信号	发动机运行，空调开关位于 OFF；鼓风机关闭，空调制冷剂压力为 0.8MPa	1.38～1.52V
		发动机运行，空调开关设置在 ON 状态；鼓风机设置在 1 或更高位置，空调制冷剂压力为 1.4MPa	2.15～2.38V
		发动机运行，空调开关设置在 ON 状态；鼓风机设置在 1 或更高位置，空调制冷剂压力为 1.8MPa	2.67～2.96V
40	燃油蒸发排放控制泄漏检测压力传感器供电	点火开关设置到 ON 状态	4～5V
41～45	未用		
46	散热器风扇继电器 1	点火开关设置到 ON 状态，冷却液温度低于 95℃，空调开关设置在 OFF 状态	10～14V
		点火开关设置到 ON 状态，冷却液温度高于 97.5℃，空调开关设置在 OFF 状态	0～2V
47	散热器风扇继电器 3	点火开关设置到 ON 状态，冷却液温度低于 105℃，空调开关设置在 OFF 状态	10～14V
		点火开关设置到 ON 状态，冷却液温度高于 107.5℃，空调开关设置在 OFF 状态	0～2V
48	散热器风扇继电器 2	点火开关设置到 ON 状态，冷却液温度低于 105℃，空调开关设置在 OFF 状态	10～14V
		点火开关设置到 ON 状态，冷却液温度高于 107.5℃，空调开关设置在 OFF 状态	0～2V
49	节气门执行器控制继电器	点火开关设置到 ON 状态	0～1V
50	定速巡航控制指令开关接地	点火开关设置到 ON 状态	低于 0.3V
51	加速踏板位置传感器(副)接地	点火开关设置到 ON 状态	低于 0.3V

续表

发动机电控单元连接器 E23			
端子	功能说明	检测方法	检测方法和规范值
52	加速踏板位置传感器(副)信号	点火开关设置到 ON 状态，不踩下加速踏板	0.3～0.44V
		点火开关设置到 ON 状态，踩下加速踏板	1.74～2.17V
53	加速踏板位置传感器(主)接地	点火开关设置到 ON 状态	低于 0.3V
54	加速踏板位置传感器(主)信号	点火开关设置到 ON 状态，不踩下加速踏板	0.65～0.82V
		点火开关设置到 ON 状态，踩下加速踏板	3.5～4.27V
55	加速踏板位置传感器(副)供电	点火开关设置到 ON 状态	4.5～5.5V
56	加速踏板位置传感器(主)供电	点火开关设置到 ON 状态	4.5～5.5V
57	空调制冷剂压力传感器供电	点火开关设置到 ON 状态	4.5～5.5V
58	燃油蒸发排放泄漏检测泵	点火开关设置到 ON 状态	0～1V
59	燃油蒸发排放活性炭罐通风电磁阀	点火开关设置到 ON 状态	4.5～5.5V
		连接故障诊断仪执行测试，使通风电磁阀工作	0～1V
60	主继电器	点火开关设置到 ON 状态	0～2V
		点火开关设置到 OFF 状态 3s 后	10～14V

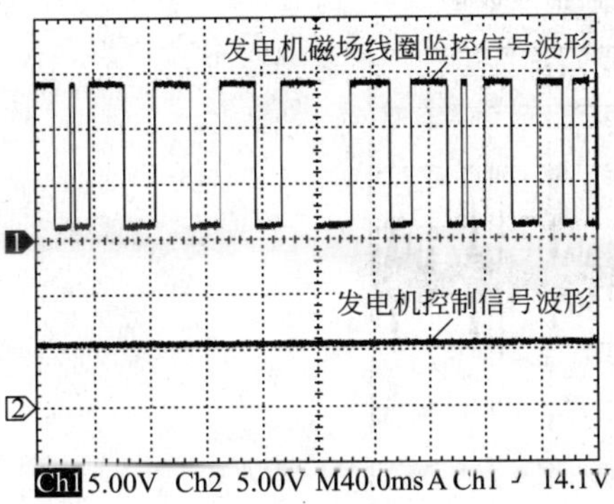

图 4-1-3　发电机信号波形（关闭用电附件）

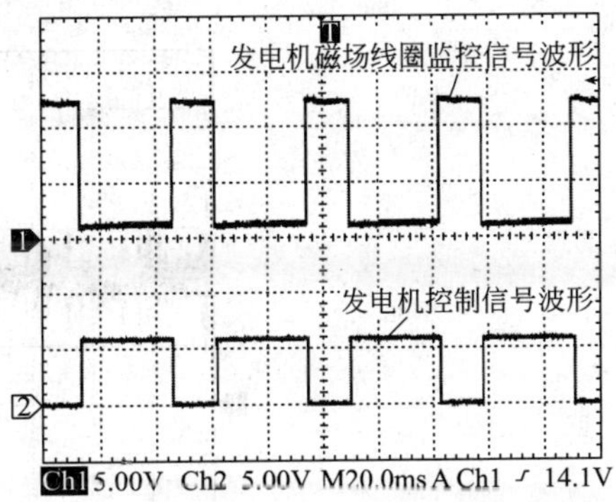

图 4-1-4　发电机信号波形（开启用电附件）

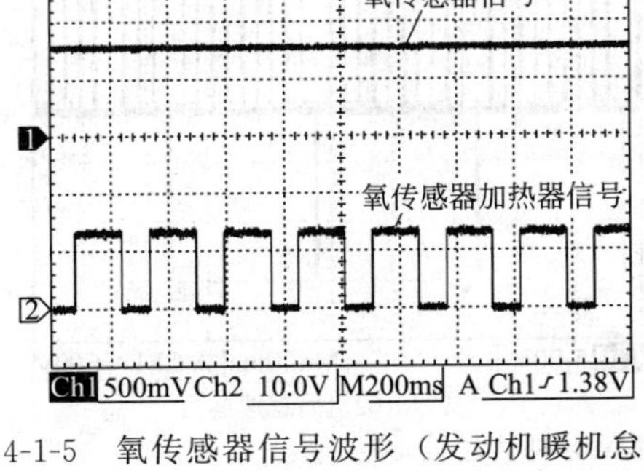

图 4-1-5　氧传感器信号波形（发动机暖机怠速）

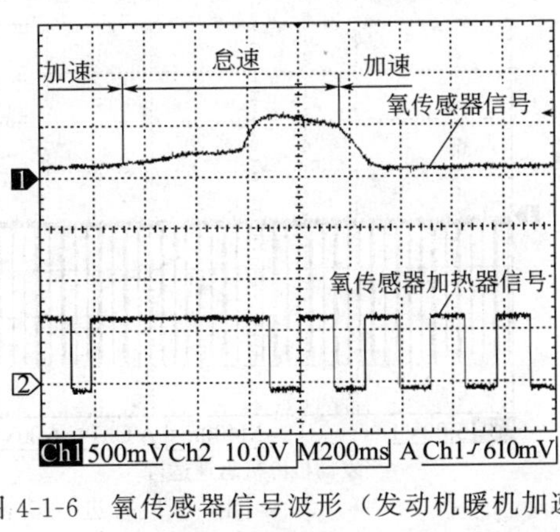

图 4-1-6　氧传感器信号波形（发动机暖机加速）

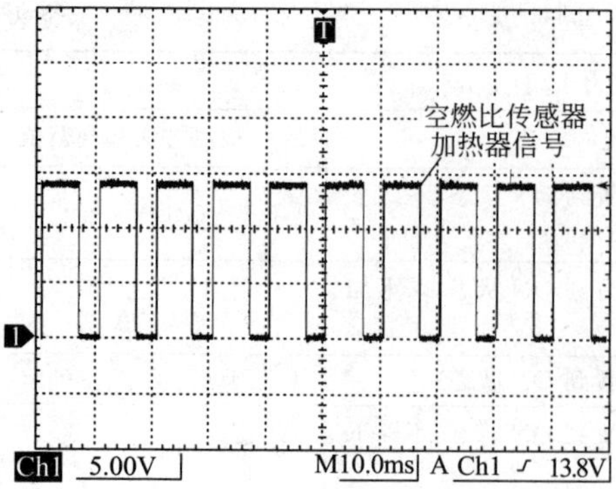

图 4-1-7　空燃比传感器加热器信号波形

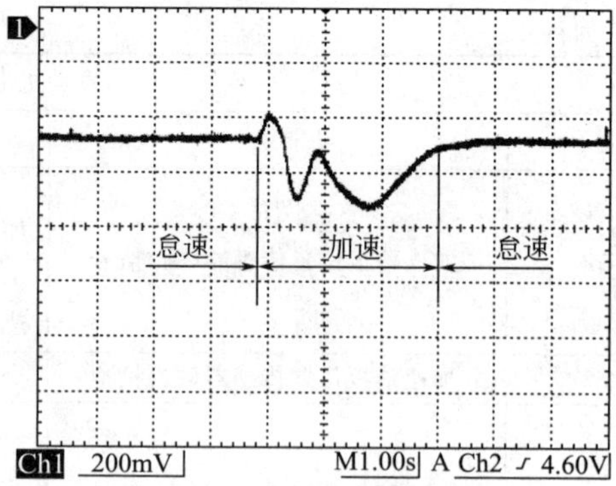

图 4-1-8　空燃比传感器信号波形

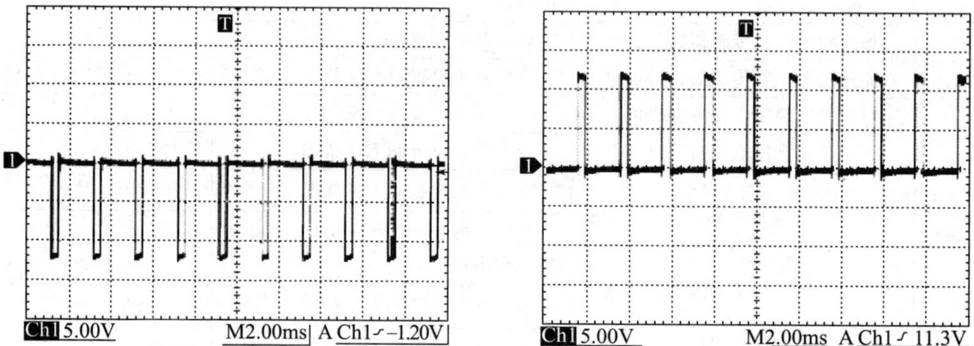

松开加速踏板　　踩下加速踏板

图 4-1-9　节气门执行器信号波形

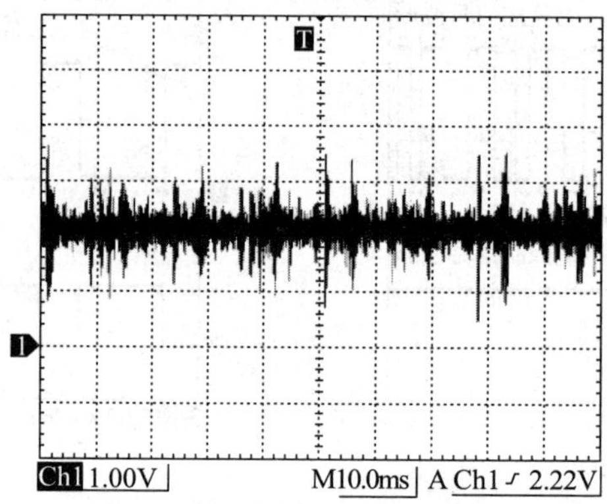

图 4-1-10　爆震传感器信号波形

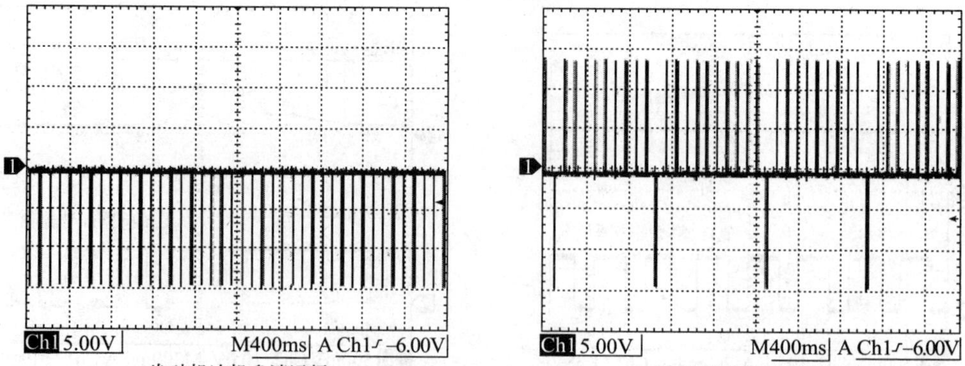

发动机冷机怠速运行　　发动机暖机后怠速运行

图 4-1-11　进气歧管通路控制阀电机信号波形

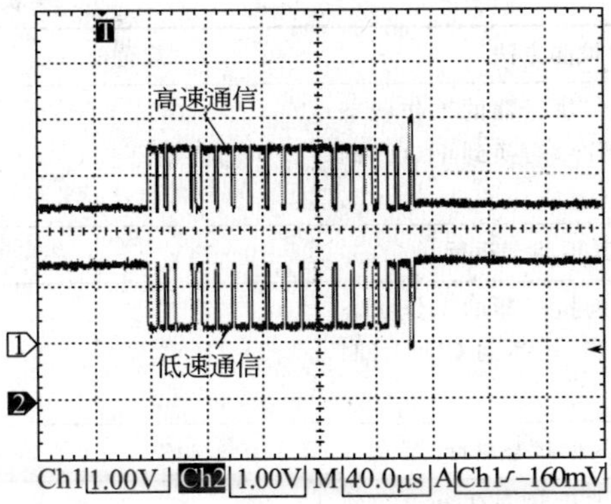

图 4-1-12　控制器区域网络高速和低速通信信号波形

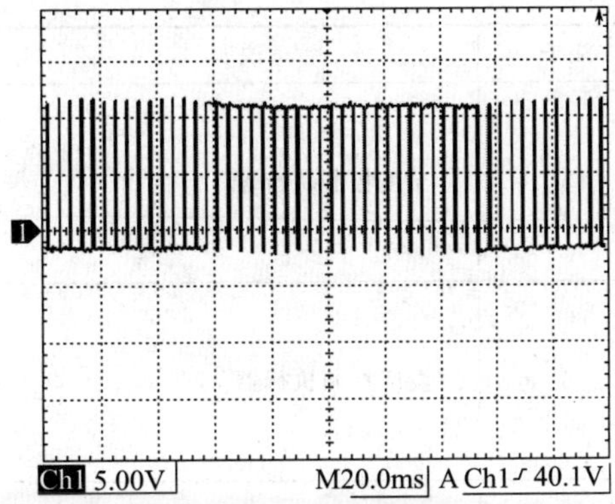

图 4-1-13　机油压力控制阀信号波形

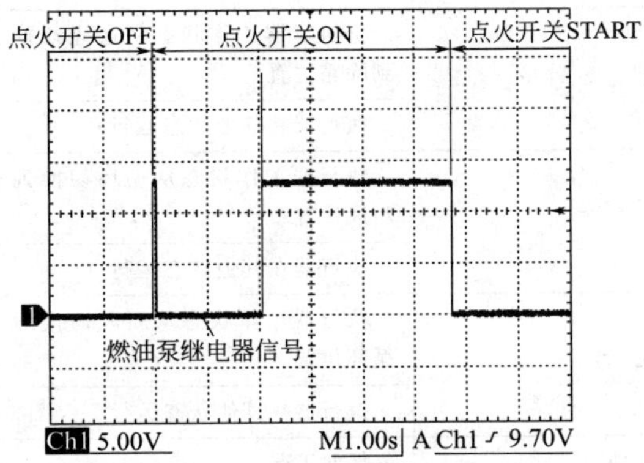

图 4-1-14　燃油泵继电器信号波形

二、空调电控单元端子检测

空调电控单元端子识别见图 4-1-15，端子检测见表 4-1-2。

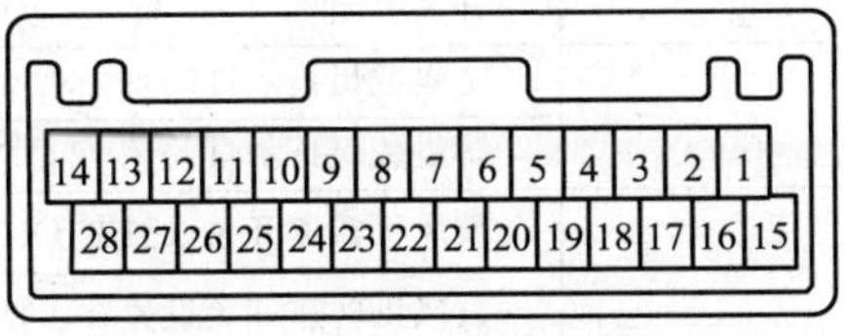

图 4-1-15　空调电控单元端子识别

表 4-1-2　空调电控单元端子检测

端子	说明	检测方法	规范值
1	电源	点火开关设置到 ON 状态	10～14V
2	备用电源	任何工况	10～14V
3	照明开关	点火开关设置到 ON 状态，照明开关关闭	0～1V
		点火开关设置到 ON 状态，照明开关开启	10～14V
4	照明开关接地	任何工况	0～1V

续表

端子	说明	检测方法	规范值
5	温度控制执行器	把温度控制执行器的工作状态由COOL(制冷)切换到HOT(制热)位置时	0～1V
		执行器在其他状态运行	10～14V
6	温度控制执行器	把温度控制执行器的工作状态由HOT(制热)切换到COOL(制冷)位置时	0～1V
		执行器在其他状态运行	10～14V
7	气流控制执行器	把执行器工作状态从除霜切换到通风位置	0～1V
		执行器在其他状态运行	10～14V
8	气流控制执行器	把执行器工作状态从通风切换到除霜位置	0～1V
		执行器在其他状态运行	10～14V
9	进气控制执行器	执行器工作状态从循环切换到新风位置	0～1V
		执行器在其他状态运行	10～14V
10	进气控制执行器	执行器工作状态从新风切换到循环位置	0～1V
		执行器在其他状态运行	10～14V
11	空调电控单元接地	任何工况	0～1V
12	阳光传感器接地	任何工况	0～1V
13	控制器区域网络高速通信	点火开关设置到ON状态	2.5～3.5V
14	未用		
15	后窗除霜器开关	开关接通	10～14V
		开关关闭	0～1V
16	防盗威慑指示灯	防盗威慑指示灯闪烁	0～12V
		防盗威慑指示灯关闭	10～14V
17	鼓风机电机控制电压	鼓风机转速开关设置在OFF	12V
		鼓风机转速开关设置在1挡	10V
		鼓风机转速开关设置在2挡	9V
		鼓风机转速开关设置在3挡	8V
		鼓风机转速开关设置在4挡	6.5V
		鼓风机转速开关设置在5挡	5.5V
		鼓风机转速开关设置在6挡	4V
		鼓风机转速开关设置在7挡	2.5V
		鼓风机转速开关设置在8挡	低于0.3V
18	鼓风机电机控制器	鼓风机转速开关设置在OFF	0～1V
		鼓风机转速开关设置在1～7挡	4.4V
		鼓风机转速开关设置在8挡	10V

续表

端子	说明	检测方法	规范值
19	阳光传感器信号	点火开关设置到ON状态，用白炽灯照射阳光传感器	3V
		点火开关设置到ON状态，包住阳光传感器使其不暴露在光源照射中	5V
20	蒸发器温度传感器信号	点火开关设置到ON状态，蒸发器温度为0	3.4V
		点火开关设置到ON状态，蒸发器温度为10℃	2.4V
21	车内温度传感器	点火开关设置在ON状态，车内空气温度保持在25℃	2.4V
		点火开关设置在ON状态，车内空气温度保持在0	3.8V
22	温度控制执行器位置传感器	位置开关选择在MAX COOL(最大制冷)位置	4.6V
		位置开关选择在MAX HOT(最大制热)位置	1.6V
23	进气控制执行器位置传感器	开关设置在REC(循环)位置	1.0V
		开关设置在FRE(新风)位置	0.9V
24	气流控制执行器位置传感器	点火开关设置在ON状态，MODE(模式)选择在VENT(通风)位置	4.5V
		点火开关设置在ON状态，MODE(模式)选择在BI-LEVEL(双层送风)位置	3.4V
		点火开关设置在ON状态，MODE(模式)选择在FOOT(脚部送风)位置	2.1V
		点火开关设置在ON状态，MODE(模式)选择在DEF/FOOT(除霜/脚部送风)位置	1.5V
		点火开关设置在ON状态，MODE(模式)选择在DEF(除霜)位置	0.6V
25	位置传感器执行器供电	点火开关设置在ON状态	4～6V
26	传感器接地	任何工况	0～1V
27	控制器区域网络低速通信	点火开关设置到ON状态	1.5～2.5V
28	未用		

第二节　KIZASHI（凯泽西）2.4L 轿车（2012～2015 年款）

一、发动机电控单元端子检测

发动机电控单元安装位置见图 4-2-1，端子识别见图 4-2-2，端子检测见表 4-2-1。

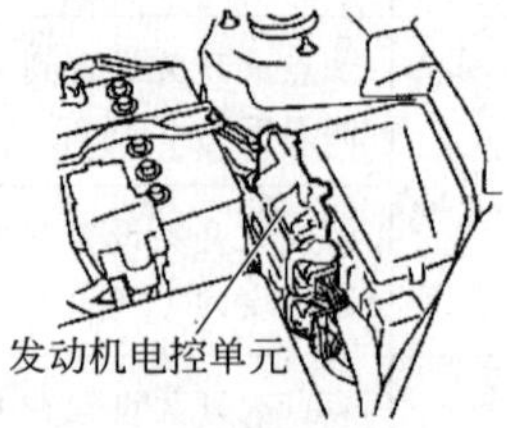

图 4-2-1　发动机电控单元安装位置

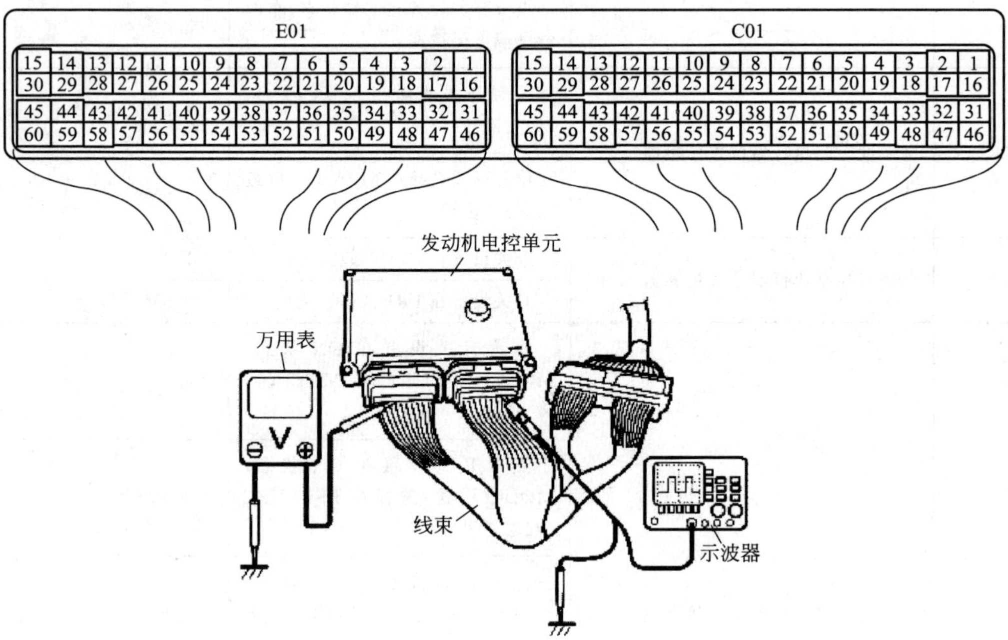

图 4-2-2　发动机电控单元端子识别

表 4-2-1　发动机电控单元端子检测

发动机电控单元连接器 C01			
端子	功能说明	检测方法	规范值
1	1 号喷油器驱动电路	点火开关设置到 ON 状态，测量电压	10～14V
2	2 号喷油器驱动电路	点火开关设置到 ON 状态，测量电压	10～14V
3～6	未用		
7	燃油蒸发排放活性炭罐净化阀	点火开关设置到 ON 状态，测量电压	10～14V
		在仪表板下方的故障诊断连接器上连接故障诊断仪，执行激活测试，使净化阀开启 100%，测量电压	0～1V

续表

发动机电控单元连接器 C01			
端子	功能说明	检测方法	规范值
8	发电机磁场线圈监控信号电路	发动机暖机后怠速运行,关闭用电附件,用示波器正极表笔连接端子8,负极表笔连接端子58,读取波形信号	应符合图4-2-3所示波形信号
		发动机暖机后怠速运行,开启前照灯,开启空调,把鼓风机开关设置到位置4或更高,开启后窗除霜器,用示波器正极表笔连接端子8,负极表笔连接端子58,读取波形信号	应符合图4-2-4所示波形信号
9、10	未用		
11	氧传感器信号	点火开关设置到ON状态	4～5V
		发动机暖机后怠速运行,用示波器正极表笔连接端子11,负极表笔连接端子35,读取波形信号	应符合图4-2-5所示波形信号
		发动机暖机后加速运行,用示波器正极表笔连接端子11,负极表笔连接端子35,读取波形信号	应符合图4-2-6所示波形信号
12～14	未用		
15	发动机电控单元接地电路	点火开关设置到ON状态	低于0.3V
16	3号喷油器驱动电路	点火开关设置到ON状态,测量电压	10～14V
17	4号喷油器驱动电路	点火开关设置到ON状态,测量电压	10～14V
18	点火线圈4驱动电路	点火开关设置到ON状态	0～1V
19	点火线圈3驱动电路	点火开关设置到ON状态	0～1V
20	点火线圈2驱动电路	点火开关设置到ON状态	0～1V
21	点火线圈1驱动电路	点火开关设置到ON状态	0～1V
22	发电机控制信号输出	发动机暖机后怠速运行,关闭用电附件,用示波器正极表笔连接端子22,负极表笔连接端子58,读取波形信号	应符合图4-2-3所示波形信号
		发动机暖机后怠速运行,开启前照灯,开启空调,把鼓风机开关设置到位置4或更高,开启后窗除霜器,用示波器正极表笔连接端子22,负极表笔连接端子58,读取波形信号	应符合图4-2-4所示波形信号
23	爆震传感器接地电路	点火开关设置到ON状态	低于0.3V
24	发动机冷却液温度传感器信号	点火开关设置到ON状态,冷却液温度为0	3.3～3.8V
		点火开关设置到ON状态,冷却液温度为50℃	1.38～1.72V
		点火开关设置到ON状态,冷却液温度为100℃	0.4～0.53V

发动机电控单元连接器 C01			
端子	功能说明	检测方法	规范值
25	进气温度传感器信号	点火开关设置到 ON 状态,进气温度为 0	3.18～3.67V
		点火开关设置到 ON 状态,进气温度为 40℃	1.32～1.65V
		点火开关设置到 ON 状态,进气温度为 80℃	0.46～0.60V
26	未用		
27	进气流量传感器信号	点火开关设置到 ON 状态	0.5～1.0V
28	进气流量传感器接地	点火开关设置到 ON 状态	低于 0.3V
29	发动机电控单元接地	点火开关设置到 ON 状态	低于 0.3V
30	发动机电控单元接地	点火开关设置到 ON 状态	低于 0.3V
31	空燃比传感器加热器驱动电路	发动机暖机后怠速运行,用示波器正极表笔连接端子 31,负极表笔连接端子 58,读取波形信号	应符合图 4-2-7 所示波形
32	机油控制阀驱动电路	发动机启动后怠速运行,用示波器正极表笔连接端子 32,负极表笔连接端子 48,读取波形信号	应符合图 4-2-11 所示波形
33	氧传感器接地	点火开关设置到 ON 状态	低于 0.3V
34	氧传感器接地	点火开关设置到 ON 状态	低于 0.3V
35	氧传感器接地	点火开关设置到 ON 状态	低于 0.3V
36	传感器接地	点火开关设置到 ON 状态	低于 0.3V
37	空燃比传感器	发动机暖机后加速运行,连接示波器,示波器正极表笔连接端子 38,负极表笔连接端子 37,读取波形信号	应符合图 4-2-8 所示波形
38	空燃比传感器	发动机暖机后加速运行,连接示波器,示波器正极表笔连接端子 38,负极表笔连接端子 37,读取波形信号	应符合图 4-2-8 所示波形
39	传感器接地(节气门位置传感器、空燃比传感器、爆震传感器、氧传感器)	点火开关设置到 ON 状态	低于 0.3V
40	辅助节气门位置传感器信号	点火开关设置到 ON 状态,不踩下加速踏板	1.33～1.82V
		点火开关设置到 ON 状态,踩下加速踏板	4.1～4.36V
41	节气门位置传感器电源	点火开关设置到 ON 状态	4.5～5.5V
42	进气歧管通路控制阀执行器	连接示波器,示波器正极表笔连接端子 42,负极表笔连接端子 58,把点火开关设置到 ON 状态,用故障诊断仪激活进气歧管通路控制阀执行器,使其从关闭转换到开启状态,用示波器读取信号波形	应符合图 4-2-14 所示的波形

续表

发动机电控单元连接器C01			
端子	功能说明	检测方法	规范值
43	进气歧管通路控制阀执行器	连接示波器,示波器正极表笔连接端子43,负极表笔连接端子58,把点火开关设置到ON状态,用故障诊断仪激活进气歧管通路控制阀执行器,使其从关闭转换到开启状态,用示波器读取信号波形	应符合图4-2-14所示的波形
44	节气门执行器驱动电路	点火开关设置到ON状态,连接示波器,示波器正极表笔连接端子44,负极表笔连接端子45,不踩下加速踏板,读取信号波形;然后踩下加速踏板,读取信号波形	应符合图4-2-9所示波形
45	节气门执行器驱动电路	点火开关设置到ON状态,连接示波器,示波器正极表笔连接端子44,负极表笔连接端子45,不踩下加速踏板,读取信号波形;然后踩下加速踏板,读取信号波形	应符合图4-2-9所示波形
46	未用		
47	氧传感器加热器驱动电路	发动机暖机后怠速运行,关闭用电附件,用示波器正极表笔连接端子47,负极表笔连接端子35,读取波形信号	应符合图4-2-5所示波形信号
		发动机暖机后加速运行,开启前照灯,开启空调,把鼓风机开关设置到位置4或更高,开启后窗除霜器,用示波器正极表笔连接端子47,负极表笔连接端子35,读取波形信号	应符合图4-2-6所示波形信号
48	机油控制阀接地电路	点火开关设置到ON状态	低于0.3V
49	发动机电控单元接地	点火开关设置到ON状态	低于0.3V
50	发动机电控单元接地	点火开关设置到ON状态	低于0.3V
51	曲轴位置传感器	点火开关设置到ON状态	0～1V
52	凸轮轴位置传感器	点火开关设置到ON状态	0～1V或4～5V
53	未用		
54	节气门位置传感器接地	点火开关设置到ON状态	低于0.3V
55	主节气门位置传感器信号	点火开关设置到ON状态,不踩下加速踏板	0.45～0.99V
		点火开关设置到ON状态,踩下加速踏板	3.9～4.17V
56	爆震传感器	发动机暖机后保持在4000r/min运行,用示波器正极表笔连接端子56,负极表笔连接端子57,读取信号波形	应符合图4-2-10所示波形

续表

发动机电控单元连接器 C01			
端子	功能说明	检测方法	规范值
57	爆震传感器接地	点火开关设置到 ON 状态	低于 0.3V
58	发动机电控单元接地	点火开关设置到 ON 状态	低于 0.3V
59、60	未用		

发动机电控单元连接器 E01			
端子	功能说明	检测方法	规范值
1	主电源电路 1	点火开关设置到 ON 状态	10～14V
		点后开关设置到 OFF 状态 3s 后	0～1V
2	备用电源	点火开关设置到 ON 状态	10～14V
		点火开关设置到 OFF 状态	10～14V
3	未用		
4	控制器区域网络高速通信	点火开关设置到 ON 状态，连接示波器，示波器正极表笔连接端子 4，负极表笔连接端子 58，读取信号波形	应符合图 4-2-12 所示信号波形
5	未用		
6	制动灯开关信号	点火开关设置到 ON 状态，松开制动踏板	0～1V
		点火开关设置到 ON 状态，踩下制动踏板	10～14V
7	离合器踏板位置开关信号	点火开关设置到 ON 状态，松开离合器踏板	4～6V
		点火开关设置到 ON 状态，踩下离合器踏板	0～1V
8	燃油蒸发排放控制泄漏检测压力传感器信号	点火开关设置到 ON 状态，燃油蒸发排放控制泄漏检测模块压力为 100kPa 时	36V
9～14	未用		
15	燃油泵继电器信号	连接示波器，示波器正极表笔连接端子 15，负极表笔连接发动机电控单元连接器 C1 的端子 58，在点火开关位于 OFF、点火开关位于 ON、点火开关位于 START 位置时的信号	应符合图 4-2-13 所示波形
16	主电源电路 2	点火开关设置到 ON 状态	10～14V
		点后开关设置到 OFF 状态 3s 后	0～1V
17、18	未用		
19	控制器区域网络低速通信	点火开关设置到 ON 状态，连接示波器，示波器正极表笔连接端子 19，负极表笔连接端子 58，读取信号波形	应符合图 4-2-12 所示信号波形

续表

发动机电控单元连接器E01			
端子	功能说明	检测方法	规范值
20	定速巡航主开关信号	点火开关设置到ON状态，主开关开启	10～14V
		点火开关设置到ON状态，主开关关闭	0～1V
21	制动开关信号	点火开关设置到ON状态，松开制动踏板	10～14V
		点火开关设置到ON状态，踩下制动踏板	0～1V
22	定速巡航开关信号	点火开关设置到ON状态，巡航RES/ACC开关保持开启状态	3～4V
		点火开关设置到ON状态，巡航CANCEL开关保持开启状态	1～2V
		点火开关设置到ON状态，巡航CRUISE开关保持开启状态	0～1V
		点火开关设置到ON状态，巡航SET/COAST开关保持开启状态	2～3V
23、24	未用		
25	起动机控制继电器	点火开关设置到ON状态	0～1V
		点火开关设置到START状态	6～12V
26～28	未用		
29	点火开关信号	点火开关设置到ON状态	10～14V
		点火开关设置到OFF状态	0～1V
30	未用		
31	节气门执行器控制继电器供电	点火开关设置到ON状态	10～14V
		点火开关设置到OFF状态	0～1V
32	空调压缩机继电器	空调压缩机处于工作状态	10～14V
		空调压缩机处于关闭状态	0～1V
33、34	未用		
35	空调制冷剂压力传感器接地	点火开关设置到ON状态	低于0.3V
36	加速踏板位置传感器接地	点火开关设置到ON状态	低于0.3V
37	P挡位置开关（CVT变速器车型）或离合器位置开关信号（手动变速器车型）	CVT变速器车型：点火开关设置到ON状态，变速器挡位设置在P或N挡 手动变速器车型：离合器踏板完全踩下	0～1V
		CVT变速器车型：点火开关设置到ON状态，变速器挡位设置在除P或N挡以外的其他挡位 手动变速器车型：离合器踏板松开	10～14V
38	燃油蒸发排放控制泄漏检测压力传感器接地	点火开关设置到ON状态	低于0.3V

发动机电控单元连接器 E01			
端子	功能说明	检测方法	规范值
39	空调制冷剂压力传感器信号	发动机运行，空调开关位于 OFF；鼓风机关闭，空调制冷剂压力为 0.8MPa	1.31～1.59V
		发动机运行，空调开关设置在 ON 状态；鼓风机设置在 1 或更高位置，空调制冷剂压力为 1.4MPa	2.04～2.59V
		发动机运行，空调开关设置在 ON 状态；鼓风机设置在 1 或更高位置，空调制冷剂压力为 1.75MPa	2.47～2.87V
40	燃油蒸发排放控制泄漏检测压力传感器供电	点火开关设置到 ON 状态	4～5V
41～45	未用		
46	散热器风扇继电器 1	点火开关设置到 ON 状态，冷却液温度低于 100℃，空调开关设置在 OFF 状态	10～14V
		点火开关设置到 ON 状态，冷却液温度高于 102.5℃，空调开关设置在 OFF 状态	0～2V
47	散热器风扇继电器 3	点火开关设置到 ON 状态，冷却液温度低于 105℃，空调开关设置在 OFF 状态	10～14V
		点火开关设置到 ON 状态，冷却液温度高于 107.5℃，空调开关设置在 OFF 状态	0～2V
48	散热器风扇继电器 2	点火开关设置到 ON 状态，冷却液温度低于 105℃，空调开关设置在 OFF 状态	10～14V
		点火开关设置到 ON 状态，冷却液温度高于 107.5℃，空调开关设置在 OFF 状态	0～2V
49	节气门执行器控制继电器	点火开关设置到 ON 状态	0～1V
50	定速巡航控制指令开关接地	点火开关设置到 ON 状态	低于 0.3V
51	加速踏板位置传感器(副)接地	点火开关设置到 ON 状态	低于 0.3V
52	加速踏板位置传感器(副)信号	点火开关设置到 ON 状态，不踩下加速踏板	0.33～0.42V
		点火开关设置到 ON 状态，踩下加速踏板	1.7～2.0V
53	加速踏板位置传感器(主)接地	点火开关设置到 ON 状态	低于 0.3V
54	加速踏板位置传感器(主)信号	点火开关设置到 ON 状态，不踩下加速踏板	0.70～0.8V
		点火开关设置到 ON 状态，踩下加速踏板	3.5～3.85V

续表

发动机电控单元连接器 E01			
端子	功能说明	检测方法	规范值
55	加速踏板位置传感器(副)供电	点火开关设置到 ON 状态	4.5～5.5V
56	加速踏板位置传感器(主)供电	点火开关设置到 ON 状态	4.5～5.5V
57	空调制冷剂压力传感器供电	点火开关设置到 ON 状态	4.5～5.5V
58	燃油蒸发排放泄漏检测泵	连接故障诊断仪,用诊断仪使检测泵工作	10～14V
		点火开关设置到 ON 状态	0～1V
59	燃油蒸发排放活性炭罐通风电磁阀	点火开关设置到 ON 状态	4.5～5.5V
		连接故障诊断仪执行测试,使通风电磁阀工作	0～1V
60	主继电器	点火开关设置到 ON 状态	0～2V
		点火开关设置到 OFF 状态 5s 后	10～14V

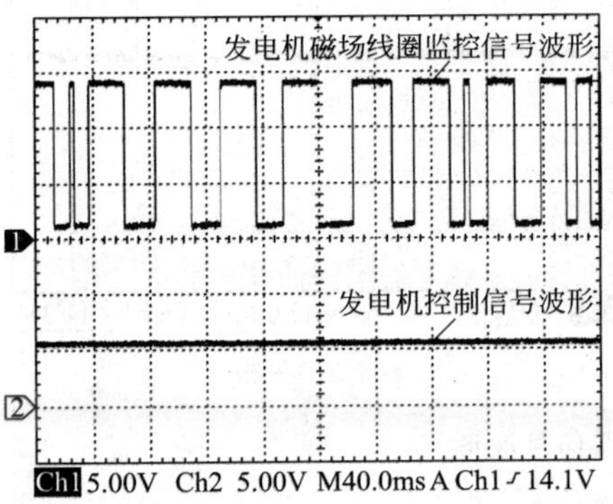

图 4-2-3 发电机信号波形（关闭用电附件）

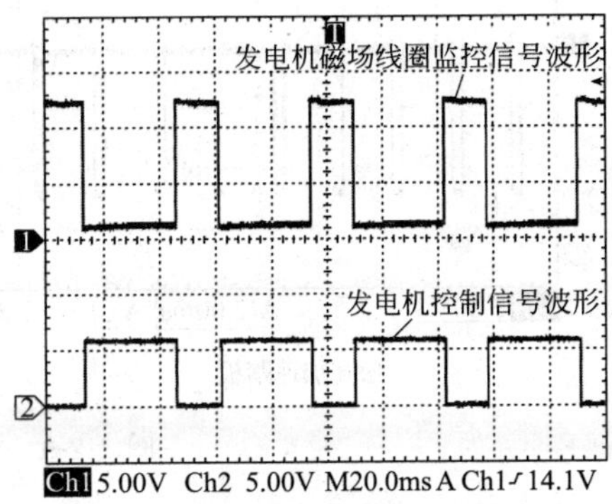

图 4-2-4 发电机信号波形（开启用电附件）

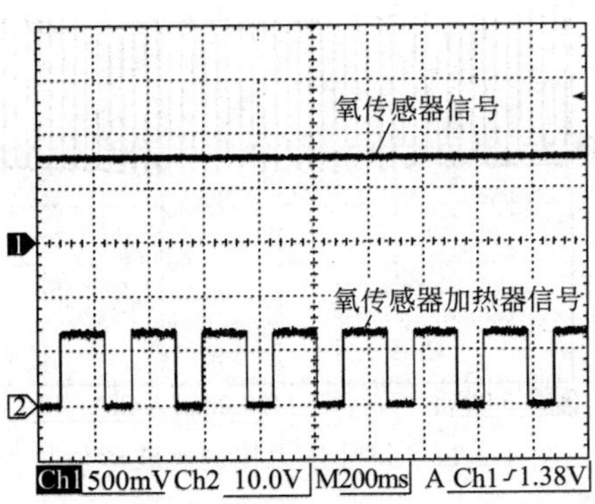

图 4-2-5 氧传感器信号波形（发动机暖机怠速）

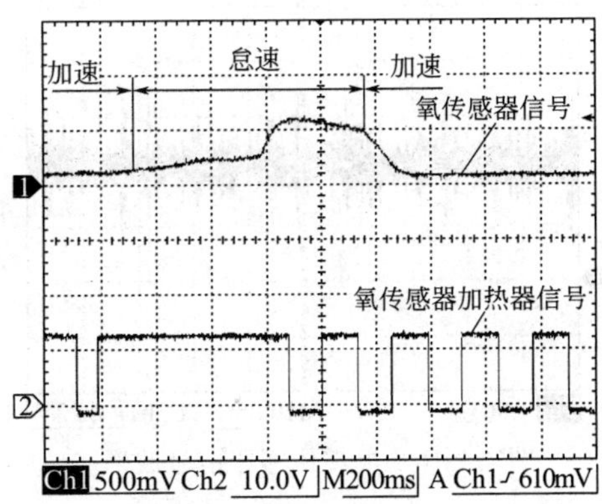

图 4-2-6 氧传感器信号波形（发动机暖机加速）

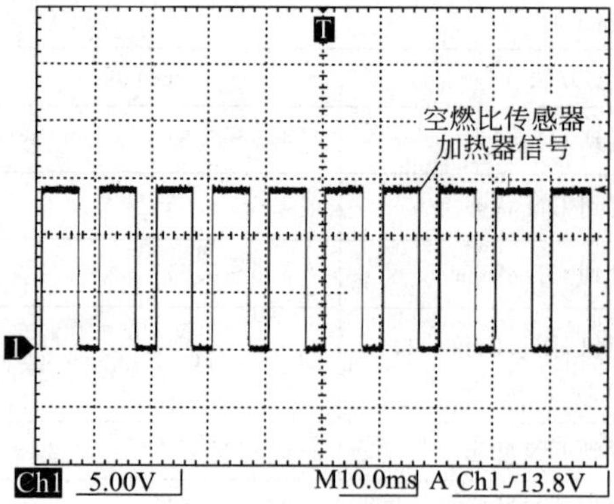

图 4-2-7 空燃比传感器加热器信号波形

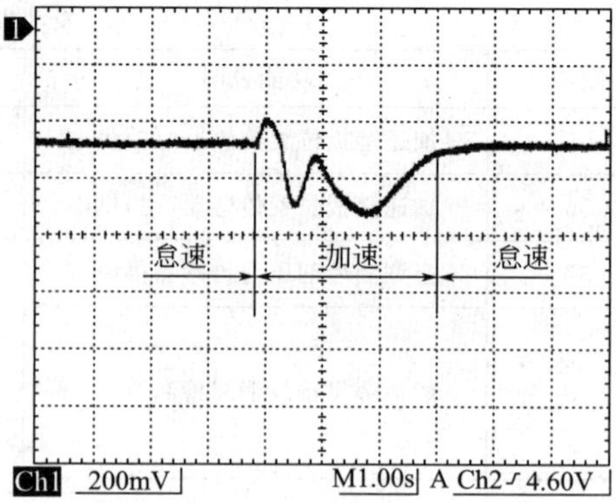

图 4-2-8 空燃比传感器信号波形

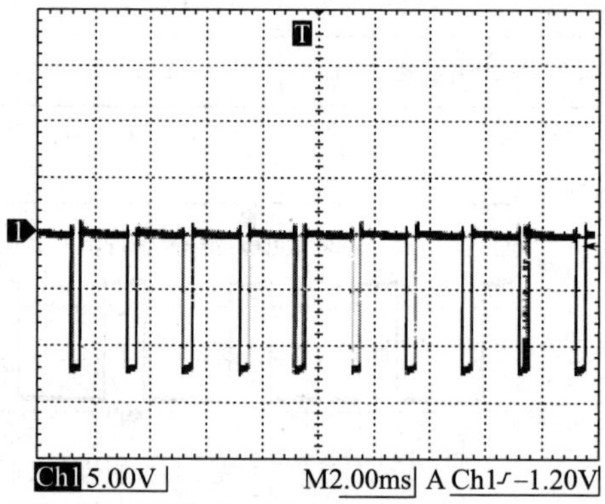

松开加速踏板

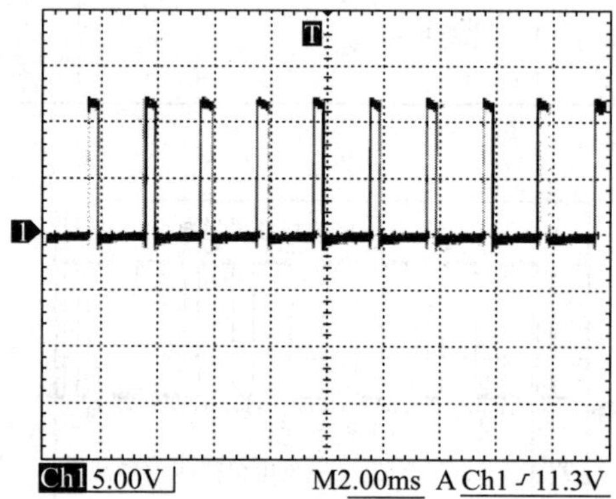

踩下加速踏板

图 4-2-9 节气门执行器信号波形

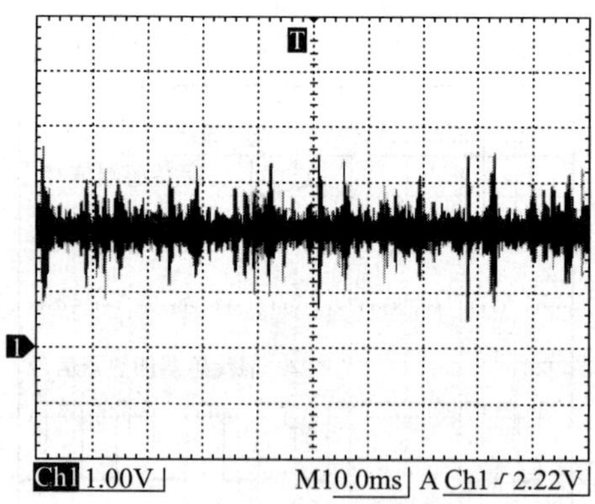

图 4-2-10 爆震传感器信号波形

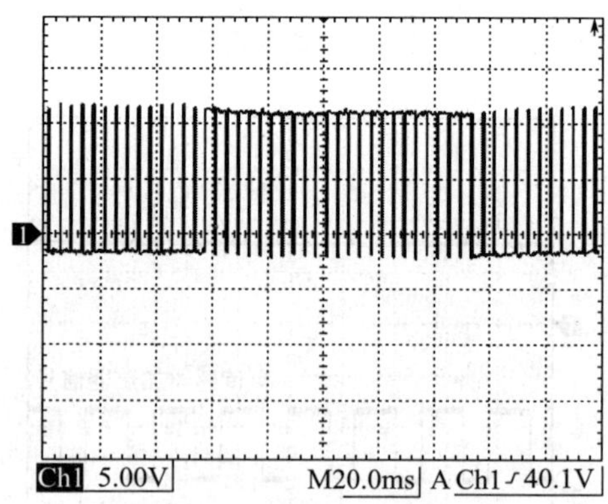

图 4-2-11 机油压力控制阀波形信号

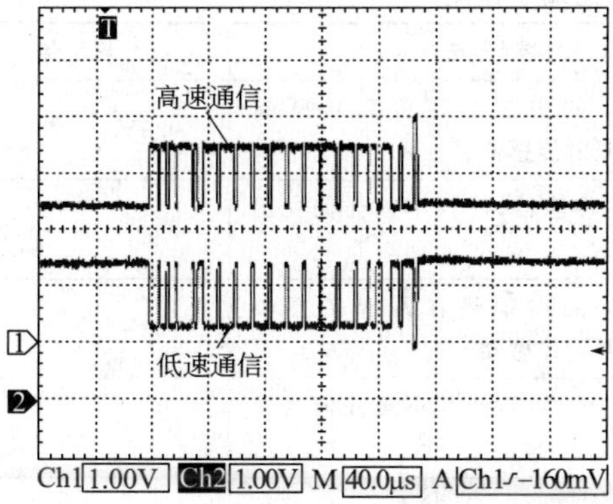

图 4-2-12 控制器区域网络高速和低速通信信号波形

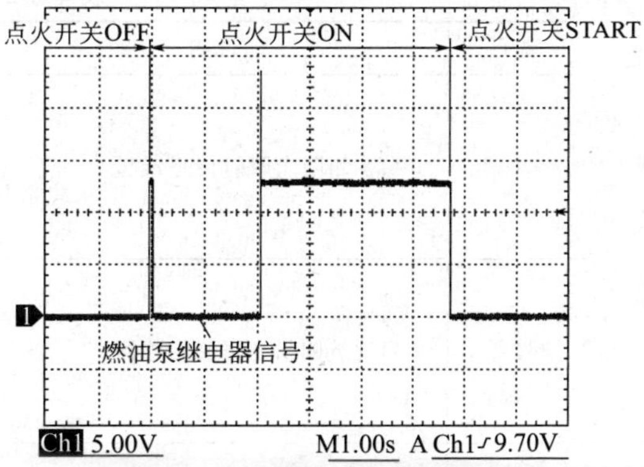

图 4-2-13 燃油泵继电器信号波形

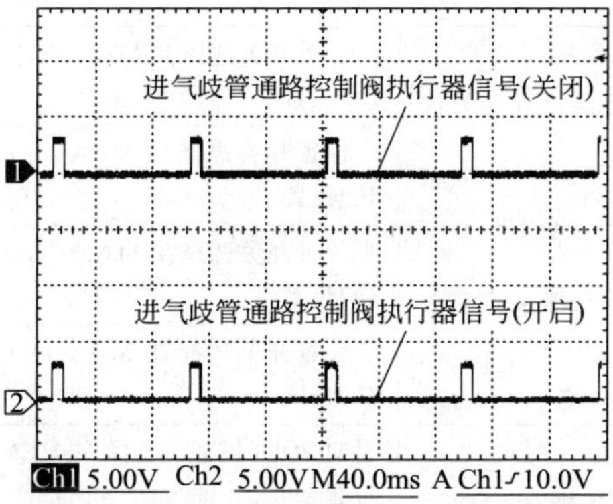

图 4-2-14 进气歧管通路控制阀执行器信号

二、空调电控单元端子检测

空调电控单元安装位置见图 4-2-15，端子识别见图 4-2-16，端子检测见表 4-2-2。

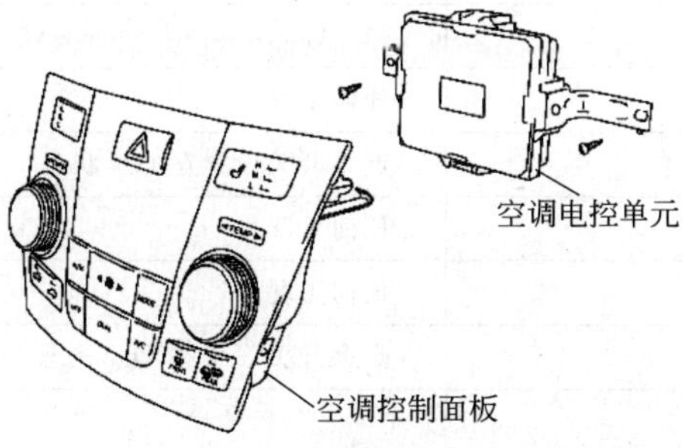

图 4-2-15 空调电控单元安装位置

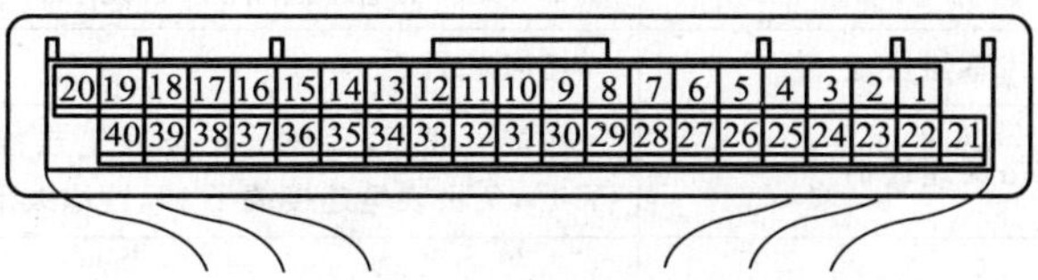

图 4-2-16 空调电控单元端子识别

表 4-2-2　空调电控单元端子检测

端子	说明	检测方法	规范值
1	乘客侧阳光照射传感器	用 100W 的白炽灯在距离传感器 100mm 处照射传感器	0.3V
		用布包住传感器，使其不被任何光源照射	0
2	驾驶员侧阳光照射传感器	用 100W 的白炽灯在距离传感器 100mm 处照射传感器	0.3V
		用布包住传感器，使其不被任何光源照射	0
3	车内空气温度传感器	点火开关设置在 ON 状态，车内空气温度保持在 25℃	2.4V
		点火开关设置在 ON 状态，车内空气温度保持在 0℃	3.8V
4	乘客侧温度控制执行器位置开关传感器	位置开关选择在 MAX COOL(最大制冷)位置	4.5V
		位置开关选择在 MAX HOT(最大制热)位置	0.6V
5	驾驶员侧温度控制执行器位置开关传感器	位置开关选择在 MAX COOL(最大制冷)位置	4.5V
		位置开关选择在 MAX HOT(最大制热)位置	0.6V
6	气流控制执行器位置传感器	MODE(模式)选择在 VENT(通风)位置	4.5V
		除霜器开关接通	0.6V
7	进气控制执行器位置传感器(空气循环)	开关设置在 REC(循环)位置	3.9V
		开关设置在 FRE(新风)位置	1.1V
8	未用		
9	执行器位置传感器供电	点火开关设置在 ON 状态	5V
10	未用		
11	传感器接地	任何工况	0～1V
12	电源	点火开关设置在 ON 状态	10～14V
13	备用电源	任何工况	10～14V
14	空调电控单元接地	任何工况	0～1V
15	阳光照射传感器供电	点火开关设置在 ON 状态	5V
16	未用		
17	LIN 网络通信信号	连接示波器，示波器正极表笔连接端子 17，负极表笔连接端子 14，读取波形	应符合图 4-2-17 所示波形
18	车内空气温度传感器接地	任何工况	0～1V
19	控制器区域网络高速通信	连接示波器，示波器正极表笔连接端子 19，负极表笔连接端子 14，读取波形	应符合图 4-2-18 所示波形
20	未用		

续表

端子	说明	检测方法	规范值
21	乘客侧温度控制执行器(制冷)	把温度控制执行器的工作状态由HOT(制热)切换到COOL(制冷)位置时	10～14V
		执行器在其他状态运行	0～1V
22	乘客侧温度控制执行器(制热)	把温度控制执行器的工作状态由COOL(制冷)切换到HOT(制热)位置时	10～14V
		执行器在其他状态运行	0～1V
23	气流控制执行器(通风)	把执行器工作状态从除霜切换到通风位置	10～14V
		执行器在其他状态运行	0～1V
24	气流控制执行器(除霜)	把执行器工作状态从通风切换到除霜位置	10～14V
		执行器在其他状态运行	0～1V
25	驾驶员侧温度控制执行器(制冷)	把温度控制执行器的工作状态由HOT(制热)切换到COOL(制冷)位置时	10～14V
		执行器在其他状态运行	0～1V
26	驾驶员侧温度控制执行器(制热)	把温度控制执行器的工作状态由COOL(制冷)切换到HOT(制热)位置时	10～14V
		执行器在其他状态运行	0～1V
27	进气控制执行器(新风)	执行器工作状态从循环切换到新风位置	10～14V
		执行器在其他状态运行	0～1V
28	进气控制执行器(空气循环)	执行器工作状态从新风切换到循环位置	10～14V
		执行器在其他状态运行	0～1V
29	鼓风机电机控制器控制信号	鼓风机转速开关设置在OFF	0～1V
		鼓风机转速开关设置在1～7挡	2.5V
		鼓风机转速开关设置在8挡	8.3V
30	鼓风机电机控制器	鼓风机转速开关设置在OFF	10～14V
		鼓风机转速开关设置在1挡	8.5V
		鼓风机转速开关设置在2挡	7.5V
		鼓风机转速开关设置在3挡	6.5V
		鼓风机转速开关设置在4挡	5.5V
		鼓风机转速开关设置在5挡	4.5V
		鼓风机转速开关设置在6挡	3.5V
		鼓风机转速开关设置在7挡	2.0V
		鼓风机转速开关设置在8挡	0.9V
31～33	未用		
34	后窗除霜器开关	开关接通	10～14V
		开关关闭	0～1V

续表

端子	说明	检测方法	规范值
35～38	未用		
39	控制器区域网络低速通信	连接示波器，示波器正极表笔连接端子 39，负极表笔连接端子 14，读取波形	应符合图 4-2-18 所示波形
40	未用		

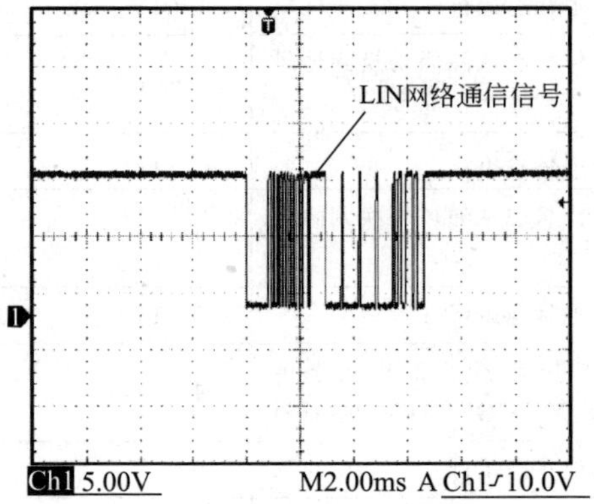

图 4-2-17　LIN 网络通信信号波形

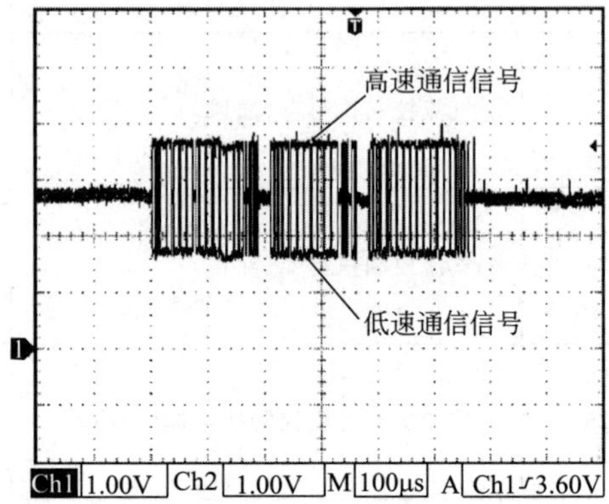

图 4-2-18　控制器区域网络通信信号波形

第三节　SWIFT（雨燕）轿车（2010～2012 年款）

一、发动机控制电脑端子识别与说明

发动机控制电脑端子识别见图 4-3-1，发动机控制电脑端子说明见表 4-3-1。

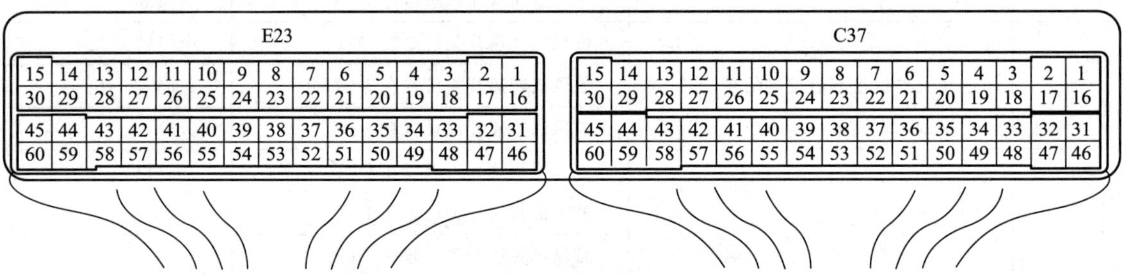

图 4-3-1　发动机控制电脑端子识别

表 4-3-1　发动机控制电脑端子说明

发动机控制模块插接器 C37			
端子	功能说明	端子	功能说明
1	喷油器 1	6	点火线圈 1,4
2	喷油器 2	7	未用
3	废气再循环阀(步进电机线圈 2)	8	未用
4	废气再循环阀(步进电机线圈 1)	9	车速传感器信号(手动变速器车型)
5	点火线圈 2,3	10	氧传感器 1 信号

续表

发动机控制模块插接器 C37			
端子	功能说明	端子	功能说明
11	未用	27	曲轴位置传感器信号(－)
12	至 TCM(变速器控制电脑)的控制器区域网络低速通信电路	28	发电机控制信号
		29	燃油蒸发排放活性炭罐控制阀
13	至 TCM(变速器控制电脑)的控制器区域网络高速通信电路	30	发动机控制电脑接地
		31～47	未用
14	节气门位置传感器、进气歧管绝对压力传感器、空调制冷剂压力传感器 5V 电源	48	起动机信号
		49	怠速空气控制阀
15	发动机控制电脑接地	50	发动机控制电脑屏蔽线接地
16	喷油器 3	51	未用
17	喷油器 4	52	发动机控制电脑屏蔽线接地
18	废气再循环阀(步进电机线圈 4)	53	进气歧管绝对压力传感器信号
19	废气再循环阀(步进电机线圈 3)	54	节气门位置传感器信号
20	凸轮轴位置传感器信号	55	传感器接地
21	曲轴位置传感器信号(＋)	56	未用
22	未用	57	传感器接地
23	未用	58	发动机控制电脑接地
24	发动机冷却液温度传感器信号	59	未用
25	进气温度传感器信号	60	未用
26	未用		

发动机控制模块插接器 E23			
端子	功能说明	端子	功能说明
1	主电源	19	暖风机电机负荷信号
2	发动机控制电脑存储器电源	20	制动灯开关信号
3	车身控制电脑、组合仪表 CAN(控制器区域网络)高速通信电路	21～23	未用
		24	燃油油位传感器信号
4	动力转向控制电脑的车速信号输出	25	动力转向控制电脑的车速信号输入
5	数据链路连接器 12V 串行通信电路	26	动力转向信号
6～11	未用	27	未用
12	诊断开关	28	发动机电子芯片防盗系统线圈串行通信电路
13	发动机电子芯片防盗系统线圈天线时钟信号		
14	未用	29	点火开关信号
15	燃油泵继电器	30	起动机控制继电器输出
16	主电源	31～45	未用
17	未用	46	散热器冷却风扇继电器 1 输出
18	车身控制电脑、组合仪表 CAN(控制器区域网络)低速通信电路	47	空调压缩机继电器输出
		48	散热器冷却风扇继电器 2 输出

续表

发动机控制模块插接器 E23			
端子	功能说明	端子	功能说明
49～53	未用	57	空调蒸发器出口空气温度传感器信号
54	传感器接地	58	未用
55	空调制冷剂压力传感器信号	59	未用
56	未用	60	主继电器输出

二、自动变速器控制电脑端子识别与检测

自动变速器控制电脑端子识别见图 4-3-2，自动变速器控制电脑端子检测见表 4-3-2。

图 4-3-2　自动变速器控制电脑端子识别

表 4-3-2　自动变速器控制电脑端子检测

自动变速器控制电脑插接器 C34			
端子	功能说明	检测方法	检测值
1	接地	点火开关设置在 ON 位置	0～1V
2	压力控制电磁阀－	点火开关设置在 ON 位置	0.6～1V
3	未用	—	—
4	压力控制电磁阀＋	发动机怠速运转(输出信号是负载脉冲信号)	脉冲 低:0～0.6V 高:10～14V
5	变矩器离合器压力控制电磁阀	点火开关设置在 ON 位置	0～1V
6	电源	点火开关设置在 ON 位置	10～14V
7	CAN(控制器区域网络)低速通信电路	加热后发动机怠速运转(CAN通信信号是脉冲信号,脉冲信号频率取决于发动机工况)	脉冲 低:1.6～2.5V 高:2.5～3.6V
8～10	未用	—	—
11	自动变速器油温传感器＋	点火开关设置在 ON 位置,油温为 20℃	2.9～3.1V
		点火开关设置在 ON 位置,油温为 100℃	0.3～0.5V
12	自动变速器油温传感器－	点火开关设置在 ON 位置	0～1V
13	未用	—	—
14	正时电磁阀	点火开关设置在 ON 位置	0～1V
15	换挡电磁阀 B(2 号)	点火开关设置在 ON 位置,换挡杆在 P 位置	9～14V

自动变速器控制电脑插接器 C34			
端子	功能说明	检测方法	检测值
16	换挡电磁阀 A(1 号)	点火开关设置在 ON 位置，换挡杆在 P 位置	9～14V
17	CAN(控制器区域网络)高速通信电路	加热后发动机怠速运转(CAN 通信信号是脉冲信号，脉冲信号频率取决于发动机工况)	脉冲 低：1.6～2.51V 高：2.5～3.6V
18～22	未用	—	—
23	接地	点火开关设置在 ON 位置	0～1V
24	倒车灯电源	测量电压	始终为 10～14V

自动变速器控制电脑插接器 C35			
端子	功能说明	检测方法	检测值
1	变速器挡位传感器(R 位置)	点火开关设置在 ON 位置，换挡杆在 R 位置	8～14V
		点火开关设置在 ON 位置，换挡杆不在 R 位置	0～1V
2～5	未用	—	—
6	输入转速传感器＋	发动机运转时，输出信号是波形信号，波形信号频率取决于输入转速(输入轴每转生成 16 个脉冲)	波形
7	变速器挡位传感器(D 位置)	点火开关设置在 ON 位置，换挡杆在 D 位置	8～14V
		点火开关设置在 ON 位置，换挡杆不在 D 位置	0～1V
8	变速器挡位传感器(N 位置)	点火开关设置在 ON 位置，换挡杆在 N 位置	8～14V
		点火开关设置在 ON 位置，换挡杆不在 N 位置	0～1V
9～15	未用	—	—
16	输入转速传感器	点火开关设置在 ON 位置，发动机停止运转	2～3V
17	未用	—	—
18	变速器挡位传感器(L 位置)	点火开关设置在 ON 位置，换挡杆在 L 位置	8～14V
		点火开关设置在 ON 位置，换挡杆不在 L 位置	0～1V
19	变速器挡位传感器(2 位置)	点火开关设置在 ON 位置，换挡杆在 2 位置	8～14V
		点火开关设置在 ON 位置，换挡杆不在 2 位置	0～1V

续表

自动变速器控制电脑插接器C35			
端子	功能说明	检测方法	检测值
20	变速器挡位传感器(P位置)	点火开关设置在ON位置,换挡杆在P位置	8~14V
		点火开关设置在ON位置,换挡杆不在P位置	0~1V
21	未用	—	—
22	未用	—	—
23	数据接头	点火开关设置在ON位置	8~14V
24	未用	—	—
25	输出转速传感器	点火开关设置在ON位置	8~14V
		汽车行驶(传感器信号是脉冲信号,脉冲信号频率取决于车速)	脉冲 低:0~1V 高:10~14V
26	未用	—	—

三、ABS控制电脑端子识别与检测

ABS控制电脑端子识别见图4-3-3，ABS控制电脑端子功能说明见表4-3-3。

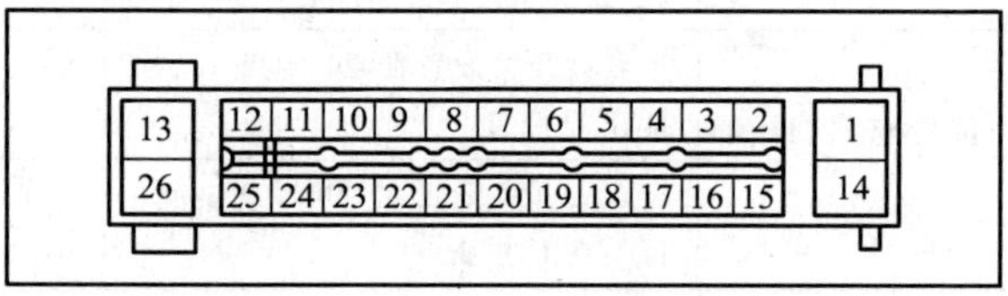

图4-3-3　ABS控制电脑端子识别

表4-3-3　ABS控制电脑端子功能说明

端子	功能说明	端子	功能说明
1	ABS液压泵驱动	16	左后车轮轮速传感器－
2	未用	17	ABS警告灯
3	制动灯开关	18	右前车轮轮速传感器－
4	未用	19	右前车轮轮速传感器＋
5	数据链路接头	20	未用
6	未用	21	左前车轮轮速传感器＋
7	点火开关	22	左前车轮轮速传感器－
8~12	未用	23	电子制动力分配警告灯(制动警告灯)
13	接地	24	右后车轮轮速传感器－
14	电磁阀电源驱动器(晶体管)	25	右后车轮轮速传感器＋
15	左后车轮轮速传感器＋	26	接地

四、动力转向控制电脑端子识别与检测

动力转向控制电脑端子识别见图 4-3-4，动力转向控制电脑端子检测见表 4-3-4。

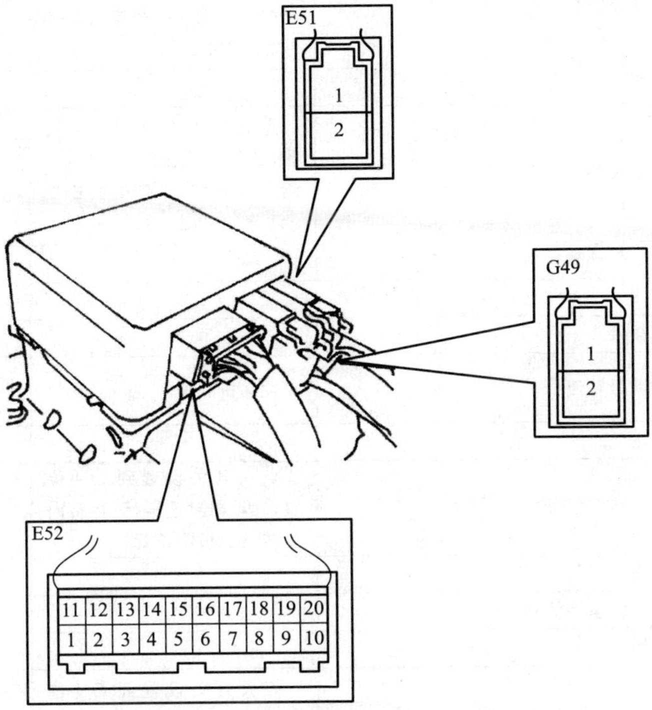

图 4-3-4　动力转向控制电脑端子识别

表 4-3-4　动力转向控制电脑端子检测

端子	功能说明	检测方法	检测值
G49-1	由蓄电池向动力转向控制电脑提供电源	—	10～14V
G49-2	接地	—	0
E51-1	电动机输出 1	发动机怠速运转，转向盘在正中位置	5～7V
E51-2	电动机输出 2	发动机怠速运转，转向盘在正中位置	5～7V
E52-1	由点火开关向动力转向控制电脑供电	点火开关设置到 ON 位置	10～14V
E52-2、E52-3	未用	—	—
E52-4	车速传感器	点火开关设置到 ON 位置，锁止右前车轮，快速转动左前车轮	指针在 0～1V 和 10～14V 之间反复变化
E52-5	EPS(电子动力转向)告警灯	告警灯点亮	0

续表

端子	功能说明	检测方法	检测值
E52-6	扭矩传感器(辅助)	点火开关设置到ON位置,转向盘设置在正中位置,测量端子E52-6和端子E52-9之间的电压	2.5V
E52-7	未用	—	—
E52-8	扭矩传感器供电	点火开关设置到ON位置,转向盘设置在正中位置,测量端子E52-8和端子E52-9之间的电压	12V
E52-9	扭矩传感器接地	—	0
E52-10	未用	—	—
E52-11	数据接头	—	—
E52-12	发动机转速信号	发动机怠速	指针在0～1V和10～14V之间反复变化
E52-13	未用	—	—
E52-14	动力转向信号	点火开关设置到ON位置,发动机怠速运行,将转向盘转动到极限位置	5V
E52-15	未用	—	—
E52-16	扭矩传感器信号	—	0
E52-17	未用	—	—
E52-18	扭矩传感器(主)	点火开关设置到ON位置,转向盘设置在正中位置,测量端子E52-18和端子E52-19之间的电压	约2.5V
E52-19	屏蔽(接地)	—	0
E52-20	扭矩传感器5V供电	点火开关设置到ON位置,转向盘设置在正中位置,测量端子E52-20和端子E52-9之间的电压	约5V

第四节　SX4（天语）轿车（2010～2012年款）

一、发动机控制电脑端子识别与说明

发动机控制电脑端子识别见图4-4-1，发动机控制电脑端子说明见表4-4-1。

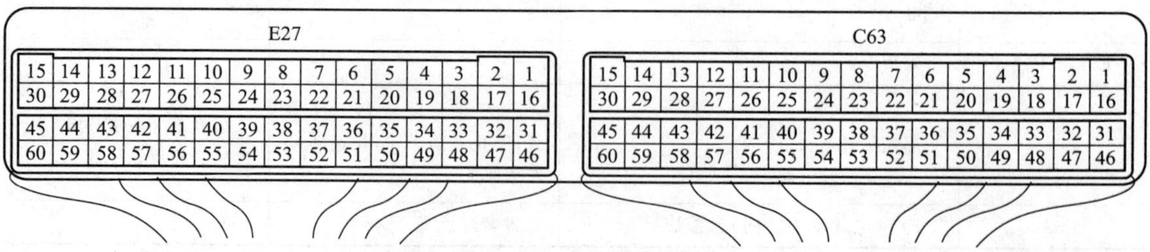

图4-4-1　发动机控制电脑端子识别

表 4-4-1 发动机控制电脑端子说明

发动机控制模块插接器 C63			
端子	功能说明	端子	功能说明
1	喷油器 1	27	空气流量传感器信号
2	喷油器 2	28	未用
3	废气再循环阀(步进电机线圈 2)	29	燃油蒸发排放活性炭罐控制阀
4	废气再循环阀(步进电机线圈 1)	30	发动机控制电脑接地
5	点火线圈 2,3	31～39	未用
6	点火线圈 1,4	40	节气门位置传感器(副)信号
7～9	未用	41	节气门位置传感器屏蔽线接地
10	氧传感器 1 信号	42	节气门位置传感器接地
11	氧传感器 2 信号	43	节气门位置传感器 5V 供电
12	至 TCM(变速器控制电脑)的控制器区域网络低速通信电路	44	节气门执行器输出
		45	节气门执行器输出
13	至 TCM(变速器控制电脑)的控制器区域网络高速通信电路	46	氧传感器 1 加热器
		47	氧传感器 2 加热器
14	节气门位置传感器、进气歧管绝对压力传感器、空调制冷剂压力传感器 5V 电源	48	起动机信号
		49	未用
15	发动机控制电脑接地	50	发动机控制电脑屏蔽线接地
16	喷油器 3	51	发动机控制电脑屏蔽线接地
17	喷油器 4	52	发动机控制电脑屏蔽线接地
18	废气再循环阀(步进电机线圈 4)	53	进气歧管绝对压力传感器信号
19	废气再循环阀(步进电机线圈 3)	54	节气门位置传感器(主)信号
20	凸轮轴位置传感器信号	55	传感器接地
21	曲轴位置传感器信号	56	爆震传感器信号
22、23	未用	57	传感器接地
24	发动机冷却液温度传感器信号	58	发动机控制电脑接地
25	进气温度传感器信号	59	可变气门正时机油控制阀接地
26	空气流量传感器信号	60	可变气门正时机油控制阀接地

发动机控制模块插接器 E27			
端子	功能说明	端子	功能说明
1	主电源	14	未用
2	发动机控制电脑存储器电源	15	燃油泵继电器
3	ABS 控制电脑总成的 CAN(控制器区域网络)高速通信电路	16	主电源
		17	未用
4	动力转向控制电脑的车速信号输出	18	ABS 控制电脑总成的 CAN(控制器区域网络)低速通信电路
5	数据链路连接器 12V 串行通信电路		
6～12	未用	19	暖风机电机负荷信号
13	发动机电子芯片防盗系统线圈天线时钟信号	20	制动灯开关信号

发动机控制模块插接器 E27			
端子	功能说明	端子	功能说明
21～23	未用	38～44	未用
24	燃油油位传感器信号	45	节气门执行器控制继电器输出
25	未用	46	散热器冷却风扇继电器输出
26	动力转向信号	47	空调压缩机继电器输出
27	未用	48、49	未用
28	发动机电子芯片防盗系统线圈串行通信电路	50	加速踏板位置传感器屏蔽线接地
29	点火开关信号	51	加速踏板位置传感器(副)信号接地
30	发动机控制继电器输出	52	加速踏板位置传感器(主)信号接地
31	发动机控制电脑接地	53	未用
32	节气门执行器驱动电路电源	54	传感器接地
33	未用	55	空调制冷剂压力传感器信号
34	加速踏板位置传感器(副)5V 电源	56	未用
35	加速踏板位置传感器(主)5V 电源	57	空调蒸发器出口空气温度传感器信号
36	加速踏板位置传感器(副)信号	58、59	未用
37	加速踏板位置传感器(主)信号	60	主继电器输出

二、自动变速器控制电脑端子识别与检测

自动变速器控制电脑端子识别见图 4-4-2，自动变速器控制电脑端子检测见表 4-4-2。

图 4-4-2　自动变速器控制电脑端子识别

表 4-4-2　自动变速器控制电脑端子检测

自动变速器控制电脑插接器 C39			
端子	功能说明	检测方法	检测值
1	接地	点火开关设置在 ON 位置	0～1V
2	压力控制电磁阀－	点火开关设置在 ON 位置	0.6～1V
3	变矩器离合器压力控制电磁阀－	点火开关设置在 ON 位置	0.6～1V
4	压力控制电磁阀＋	发动机怠速运转(输出信号是负载脉冲信号)	脉冲 低:0～0.6V 高:10～14V
5	变矩器离合器压力控制电磁阀＋	发动机怠速运转	脉冲 低:0～0.6V 高:10～14V

续表

自动变速器控制电脑插接器 C39			
端子	功能说明	检测方法	检测值
6	电源	点火开关设置在 ON 位置	10～14V
7	CAN(控制器区域网络)低速通信电路	加热后发动机怠速运转(CAN 通信信号是脉冲信号,脉冲信号频率取决于发动机工况)	脉冲 低:1.6～2.5V 高:2.5～3.6V
8～10	未用	—	—
11	自动变速器油温传感器＋	点火开关设置在 ON 位置,油温为 20℃	2.9～3.1V
		点火开关设置在 ON 位置,油温为 100℃	0.3～0.5V
12	自动变速器油温传感器－	点火开关设置在 ON 位置	0～1V
13	未用	—	—
14	正时电磁阀	点火开关设置在 ON 位置	0～1V
15	换挡电磁阀 B(2 号)	点火开关设置在 ON 位置,换挡杆在 P 位置	9～14V
16	换挡电磁阀 A(1 号)	点火开关设置在 ON 位置,换挡杆在 P 位置	9～14V
17	CAN(控制器区域网络)高速通信电路	加热后发动机怠速运转(CAN 通信信号是脉冲信号,脉冲信号频率取决于发动机工况)	脉冲 低:1.6～2.51V 高:2.5～3.6V
18～22	未用	—	—
23	接地	点火开关设置在 ON 位置	0～1V
24	倒车灯电源	测量电压	始终为 10～14V

自动变速器控制电脑插接器 C38			
端子	功能说明	检测方法	检测值
1	变速器挡位传感器(R 位置)	点火开关设置在 ON 位置,换挡杆在 R 位置	8～14V
		点火开关设置在 ON 位置,换挡杆不在 R 位置	0～1V
2～5	未用	—	—
6	输入转速传感器＋	发动机运转时,输出信号是波形信号,波形信号频率取决于输入转速(输入轴每转生成 16 个脉冲)	波形
		点火开关设置在 ON 位置,发动机不运转	2～3V
7	变速器挡位传感器(D 位置或 3 位置)	点火开关设置在 ON 位置,换挡杆在 D 位置或 3 位置	8～14V
		点火开关设置在 ON 位置,换挡杆不在 D 位置或 3 位置	0～1V

续表

自动变速器控制电脑插接器 C38

端子	功能说明	检测方法	检测值
8	变速器挡位传感器(N 位置)	点火开关设置在 ON 位置,换挡杆在 N 位置	8～14V
		点火开关设置在 ON 位置,换挡杆不在 N 位置	0～1V
9	3 位置开关	点火开关设置在 ON 位置,换挡杆在 3 位置	8～14V
		点火开关设置在 ON 位置,换挡杆不在 3 位置	0～1V
10～15	未用	—	—
16	输入转速传感器－	点火开关设置在 ON 位置,发动机停止运转	2～3V
17	未用	—	—
18	变速器挡位传感器(L 位置)	点火开关设置在 ON 位置,换挡杆在 L 位置	8～14V
		点火开关设置在 ON 位置,换挡杆不在 L 位置	0～1V
19	变速器挡位传感器(2 位置)	点火开关设置在 ON 位置,换挡杆在 2 位置	8～14V
		点火开关设置在 ON 位置,换挡杆不在 2 位置	0～1V
20	变速器挡位传感器(P 位置)	点火开关设置在 ON 位置,换挡杆在 P 位置	8～14V
		点火开关设置在 ON 位置,换挡杆不在 P 位置	0～1V
21、22	未用	—	—
23	数据接头	点火开关设置在 ON 位置	8～14V
24	未用	—	—
25	输出转速传感器	点火开关设置在 ON 位置	8～14V
		汽车行驶(传感器信号是脉冲信号,脉冲信号频率取决于车速)	脉冲 低:0～1V 高:10～14V
26	未用	—	—

三、ABS 控制电脑端子识别与检测

ABS 控制电脑端子识别见图 4-4-3，ABS 控制电脑端子说明见表 4-4-3。

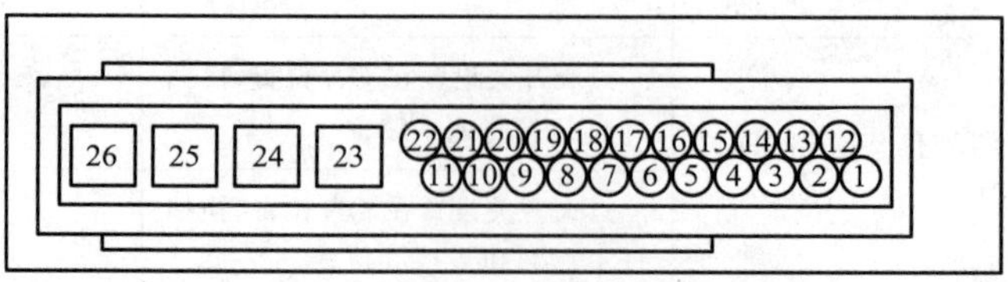

图 4-4-3　ABS 控制电脑端子识别

表 4-4-3　ABS 控制电脑端子说明

端子	功能说明	端子	功能说明
1	发动机控制电脑 CAN(控制器区域网络)高速通信电路	13	车身控制电脑 CAN(控制器区域网络)低速通信电路
2	车身控制电脑 CAN(控制器区域网络)高速通信电路	14～16	未用
		17	右前车轮轮速传感器－
3	G 传感器接地	18	右前车轮轮速传感器＋
4、5	未用	19	右后车轮轮速传感器－
6	G 传感器信号	20	右后车轮轮速传感器＋
7	制动灯开关	21	左后车轮轮速传感器＋
8	未用	22	左后车轮轮速传感器－
9	点火开关	23	电磁阀接地
10	左前车轮轮速传感器－	24	电磁阀接地
11	左前车轮轮速传感器＋	25	液压泵电机接地
12	发动机控制电脑 CAN(控制器区域网络)低速通信电路	26	液压泵电机

四、动力转向控制电脑端子识别与检测

动力转向控制电脑端子识别见图 4-4-4，动力转向控制电脑端子检测见表 4-4-4。

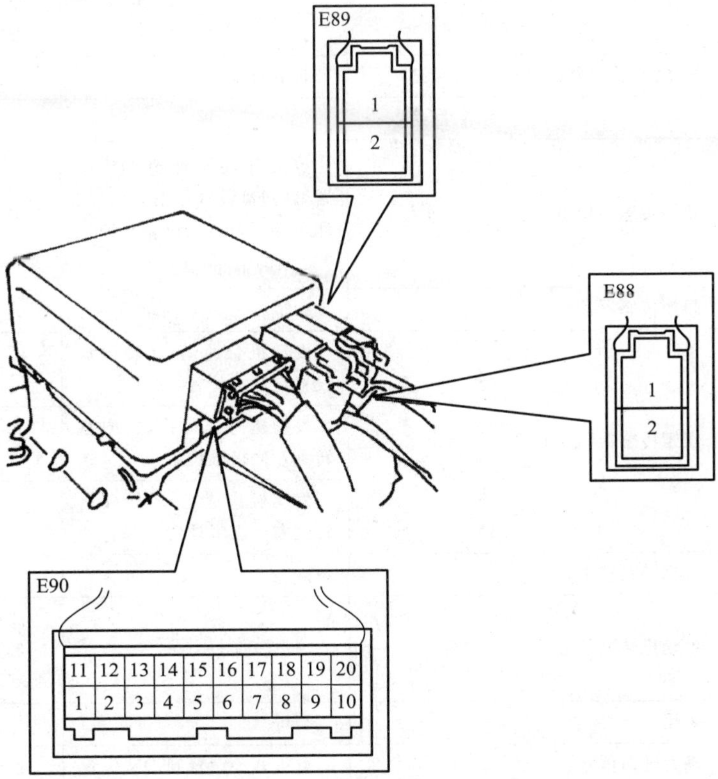

图 4-4-4　动力转向控制电脑端子识别

表 4-4-4　动力转向控制电脑端子检测

端子	功能说明	检测方法	检测值
E88-1	动力转向控制电脑电源	—	10～14V
E88-2	动力转向控制电脑接地	—	0
E89-1	电机输出 1	发动机怠速运转，转向盘在正中位置	0～1V
		发动机怠速运转，转向盘转到左侧极限位置	0～1V
		发动机怠速运转，转向盘转到右侧极限位置	5～7V
E89-2	电机输出 2	发动机怠速运转，转向盘在正中位置	0～1V
		发动机怠速运转，转向盘转到左侧极限位置	5～7V
		发动机怠速运转，转向盘转到右侧极限位置	0～1V
E90-1	由点火开关向动力转向控制电脑供电	点火开关设置到 ON 位置	10～14V
E90-2、E90-3	未用	—	—
E90-4	车速信号	—	波形 低：0～1V 高：10～14V
E90-5	EPS(电子动力转向)告警灯接地	告警灯点亮	0
E90-6、E90-7	未用	—	—
E90-8	扭矩传感器供电	点火开关设置到 ON 位置，转向盘设置在正中位置，测量端子 E90-8 和端子 E90-9 之间的电压	9V
E90-9	扭矩传感器接地	—	0
E90-10	扭矩传感器(辅助)	发动机怠速运行，转向盘设置在正中位置	2.5V
		发动机怠速运行，转向盘转到左侧极限位置	3.5V
		发动机怠速运行，转向盘转到右侧极限位置	1.5V
E90-11	数据链路接头	—	—
E90-12	发动机转速信号	—	波形 低：0～1.6V 高：4～5V
E90-13	未用	—	—
E90-14	动力转向信号	点火开关设置到 ON 位置	10～14V

续表

端子	功能说明	检测方法	检测值
E90-15～E90-17	未用	—	—
E90-18	扭矩传感器(主)	点火开关设置到ON位置,转向盘设置在正中位置	约2.5V
		发动机怠速运行,转向盘转到左侧极限位置	1.5V
		发动机怠速运行,转向盘转到右侧极限位置	3.5V
E90-19	屏蔽(接地)	—	0
E90-20	扭矩传感器5V供电	点火开关设置到ON位置,转向盘设置在正中位置	约5V

第五章

NISSAN（日产）车系

第一节　MARCH（玛驰）轿车（2010～2014 年款）

一、HR15DE 发动机电控单元端子检测

HR15DE 发动机电控单元端子识别见图 5-1-1，端子检测见表 5-1-1。

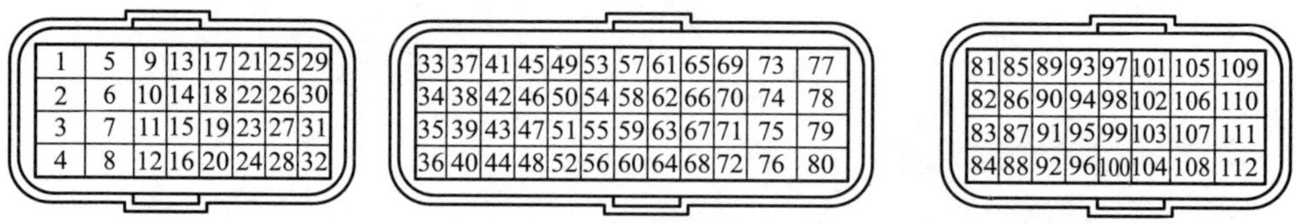

图 5-1-1　玛驰轿车 HR15DE 发动机电控单元端子识别

表 5-1-1　玛驰轿车 HR15DE 发动机电控单元端子检测

测量端子	信号名称	检测条件	检测值
1 与 108	节气门控制电机(开启)	点火开关转至 ON 位置，发动机关闭；将换挡杆设置在 D 挡(自动变速器车型)或 1 挡(手动变速器车型)；彻底踩下加速踏板	约 2.6V
2 与 108	节气门控制电机供电	点火开关转至 ON 位置	蓄电池电压
3 与 108	加热型氧传感器 1 加热器	发动机暖机后怠速运行	2.9～8.8V
		发动机转速高于 3600r/min	蓄电池电压
4 与 108	节气门控制电机(关闭)	点火开关转至 ON 位置，发动机关闭；将换挡杆设置在 D 挡(自动变速器车型)或 1 挡(手动变速器车型)；彻底松开加速踏板	约 1.8V
5 与 108	加热型氧传感器 2 加热器	发动机暖机后，在空载状态下，将发动机转速保持在 3500～4000r/min 约 1min，然后使发动机怠速运行 1min	10V
		点火开关转至 ON 位置，发动机关闭	蓄电池电压
		发动机运行，且转速高于 3900r/min	蓄电池电压

续表

测量端子	信号名称	检测条件	检测值
6～8	未用	—	—
9与108	EVAP(燃油蒸发排放炭罐)净化控制电磁阀	发动机怠速运行	蓄电池电压
10	发动机控制电脑(ECM)接地	—	—
11	发动机控制电脑(ECM)接地	—	—
12～14	未用	—	—
15与108	节气门控制电机继电器	点火开关设置在OFF位置	蓄电池电压
		点火开关设置在ON位置	0～1.0V
16	未用	—	—
17与108	1缸点火信号	发动机暖机后怠速运行	0～0.3V
		发动机暖机后以转速约2500r/min运行	0.2～0.5V
18与108	2缸点火信号	发动机暖机后怠速运行	0～0.3V
		发动机暖机后以转速约2500r/min运行	0.2～0.5V
19、20	未用	—	—
21与108	4缸点火信号	发动机暖机后怠速运行	0～0.3V
		发动机暖机后以转速约2500r/min运行	0.2～0.5V
22与108	3缸点火信号	发动机暖机后怠速运行	0～0.3V
		发动机暖机后以转速约2500r/min运行	0.2～0.5V
23与108	燃油泵继电器	将点火开关转到ON位置后1s内	0～1.0V
		发动机处于运行状态	
		将点火开关转到ON位置后超过1s	蓄电池电压
24	未用	—	—
25与108	4缸喷油器	发动机暖机怠速运行	蓄电池电压
		发动机暖机运行，发动机转速为2000r/min	蓄电池电压，喷油器脉冲随转速增加而改变
26～28	未用	—	—
29与108	3缸喷油器	发动机暖机怠速运行	蓄电池电压
		发动机暖机运行，发动机转速为2000r/min	蓄电池电压喷油器脉冲随转速增加而改变
30与108	2缸喷油器	发动机暖机怠速运行	蓄电池电压
		发动机暖机运行，发动机转速为2000r/min	蓄电池电压喷油器脉冲随转速增加而改变
31与108	1缸喷油器	发动机暖机怠速运行	蓄电池电压
		发动机暖机运行，发动机转速为2000r/min	蓄电池电压喷油器脉冲随转速增加而改变

续表

测量端子	信号名称	检测条件	检测值
32与108	发动机控制电脑继电器(自动切断)	发动机处于运行状态,将点火开关转到OFF位置后5s内	0~1.0V
		发动机处于运行状态,将点火开关转到OFF位置后5s后	蓄电池电压
33与36	节气门位置传感器1	点火开关位于ON位置,不启动发动机,换挡杆位于D挡,完全松开加速踏板	高于0.36V
		点火开关位于ON位置,不启动发动机,换挡杆位于D挡,完全踩下加速踏板	低于4.75V
34与36	节气门位置传感器2	点火开关位于ON位置,不启动发动机,换挡杆位于D挡,完全松开加速踏板	低于4.75V
		点火开关位于ON位置,不启动发动机,换挡杆位于D挡,完全踩下加速踏板	高于0.36V
35	未用	—	—
36	传感器接地(节气门位置传感器)	—	—
37与40	爆震传感器	发动机怠速运行	约2.5V
38与44	发动机冷却液温度传感器	发动机运行	输出电压随发动机冷却液温度在0~4.8V之间变化
39	未用	—	—
40	传感器接地(爆震传感器)	—	—
41与48	制冷剂压力传感器	发动机暖机运行;空调开关开启;鼓风机开关开启;空调压缩机处于工作状态	1.0~4.0V
42、43	未用	—	—
44	传感器接地(发动机冷却液温度传感器)	—	—
45与52	质量型空气流量传感器	点火开关位于ON位置,发动机不运行	约0.4V
		发动机暖机怠速运行	0.7~1.2V
		发动机转速从怠速运行状态迅速提高到4000r/min	从0.7~1.2V上升到2.4V左右
46与55	进气温度传感器	发动机处于运行状态	输出电压随发动机进气温度在0~4.8V之间变化
47	未用	—	—
48	传感器接地(制冷剂压力传感器)	—	—
49与56	加热型氧传感器1	发动机暖机运行,发动机转速为2000r/min	电压在0~1.0V之间呈现周期性变化

续表

测量端子	信号名称	检测条件	检测值
50 与 59	加热型氧传感器 2	发动机暖机运行后在空载状态下，将发动机转速保持在 3500～4000r/min 之间约 1min，然后怠速运行 1min，然后将发动机转速迅速由怠速升高至 3000r/min	0～1.0V
51	未用	—	—
52	传感器接地（质量型空气流量传感器）	—	—
53～54	未用	—	—
55	传感器接地（进气温度传感器）	—	—
56	传感器接地（加热型氧传感器 1）	—	—
57、58	未用	—	—
59	传感器接地（加热型氧传感器 2）	—	—
60	未用	—	—
61 与 62	曲轴位置传感器	发动机暖机怠速运行	约 4.0V
		发动机暖机运行，发动机转速为 2000r/min	约 4.0V，脉冲周期随转速增加而改变
62	传感器接地（曲轴位置传感器）	—	—
63	传感器接地（凸轮轴位置传感器）	—	—
64	未用	—	—
65 与 63	凸轮轴位置传感器	发动机暖机怠速运行	3.6V
		发动机转速 2000r/min	3.6V，脉冲周期随转速增加而改变
66～68	未用	—	—
69 与 108	驻车/空挡位置（PNP）开关	点火开关位于 ON 位置；自动变速器换挡杆位于 P 或 N 挡；手动变速器换挡杆位于 N 挡	蓄电池电压
		点火开关位于 ON 位置；换挡杆位于除了 P 或 N 挡的其他位置	约 0
70、71	未用	—	—
72	传感器电源（节气门位置传感器）	点火开关位于 ON 位置	约 5V
73 与 108	进气门正时控制电磁阀	发动机暖机怠速运行	蓄电池电压
		发动机暖机运行，转速为 2000r/min	7～10V

续表

测量端子	信号名称	检测条件	检测值
74与48	传感器电源(制冷剂压力传感器)	点火开关位于ON位置	约5V
75与62	传感器电源(曲轴位置传感器)	点火开关位于ON位置	约5V
76、77	未用	—	—
78与63	传感器电源(凸轮轴位置传感器)	点火开关位于ON位置	约5V
79～82	未用	—	—
83	CAN(控制器区域网络)通信线路	—	—
84	CAN(控制器区域网络)通信线路	—	—
85～87	未用	—	—
88	数据接口	—	—
89～92	未用	—	—
93与108	点火开关	点火开关位于OFF位置	0
		点火开关位于ON位置	蓄电池电压
94～98	未用	—	—
99与108	制动灯开关	点火开关位于OFF位置,完全释放制动踏板	约0
		点火开关位于OFF位置,轻微踩下制动踏板	蓄电池电压
100、101	未用	—	—
102与104	传感器电源(加速踏板位置传感器2)	点火开关位于ON位置	约5V
103与104	加速踏板位置传感器2	点火开关位于ON位置,发动机不运行;完全释放加速踏板	0.3～0.6V
		点火开关位于ON位置,发动机不运行;完全踩下加速踏板	1.95～2.4V
104	传感器接地(加速踏板位置传感器2)	—	—
105与108	发动机控制电脑电源	点火开关位于ON位置	蓄电池电压
106与111	传感器电源(加速踏板位置传感器1)	点火开关位于ON位置	5V
107	未用	—	—
108	发动机控制电脑接地	—	—
109	未用	—	—
110与111	加速踏板位置传感器1	点火开关位于ON位置,发动机不运行;完全释放加速踏板	0.6～0.9V
		点火开关位于ON位置,发动机不运行;完全踩下加速踏板	3.9～4.7V

续表

测量端子	信号名称	检测条件	检测值
111	传感器接地(加速踏板位置传感器 1)	—	—
112	未用	—	—

二、自动变速器电控单元端子检测

自动变速器电控单元端子识别见图 5-1-2，自动变速器电控单元端子检测见表 5-1-2。

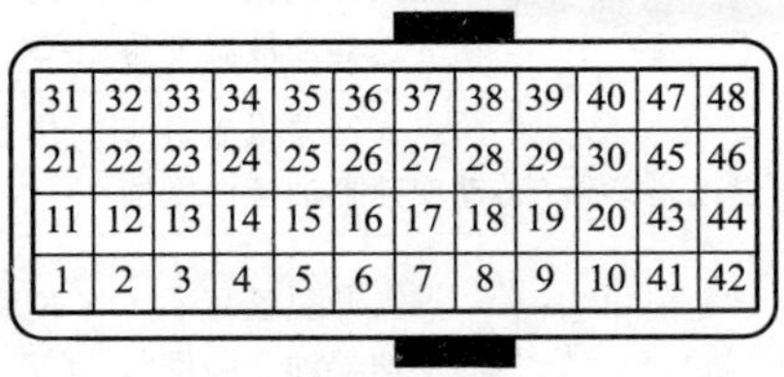

图 5-1-2　自动变速器电控单元端子识别

表 5-1-2　自动变速器电控单元端子检测

测量端子	信号名称	检测条件	检测值
1 与接地	挡位选择开关 ON-OFF 电磁阀	点火开关设置在 ON 位置，变速器设置在 P、N、D1 和 1 挡	10～16V
		点火开关转至 ON 位置，变速器设置在其他挡位	约 0
2 与接地	1 挡开关	点火开关设置在 ON 位置；变速器设置在 1 挡	10～16V
		点火开关设置在 ON 位置；变速器设置在其他挡	约 0
3 与接地	2 挡开关	点火开关设置在.ON 位置；变速器设置在 2 挡	10～16V
		点火开关设置在 ON 位置；变速器设置在其他挡	约 0
4 与接地	D 挡开关	点火开关设置在 ON 位置；变速器设置在 D 挡	10～16V
		点火开关设置在 ON 位置；变速器设置在其他挡	约 0
5 与接地	N 挡开关	点火开关设置在 ON 位置；变速器设置在 N 挡	10～16V
		点火开关设置在 ON 位置；变速器设置在其他挡	约 0
6 与接地	R 挡开关	点火开关设置在 ON 位置；变速器设置在 R 挡	10～16V
		点火开关设置在 ON 位置；变速器设置在其他挡	约 0

续表

测量端子	信号名称	检测条件	检测值
7与接地	P挡开关	点火开关设置在ON位置;变速器设置在P挡	10～16V
		点火开关设置在ON位置;变速器设置在其他挡	约0
8～10	未用	—	—
11与接地	传感器接地	测量电压	应始终为0
12与接地	自动变速器油液温度传感器	点火开关设置在ON位置,自动变速器油液温度约20℃	2.01～2.05V
		点火开关设置在ON位置,自动变速器油液温度约5℃	约1.45～1.50V
		点火开关设置在ON位置,自动变速器油液温度约8℃	约0.90～0.94V
13～20	未用	—	—
21	ROM(只读存储器)	—	—
22	ROM(只读存储器)	—	—
23	控制器区域网络低速传输电路	—	—
24与接地	输出速度传感器	变速器换挡杆设置在1挡,车速保持在20km/h	约640Hz,标准波形见图5-1-3中的波形1
25	未用	—	—
26与接地	传感器电源	点火开关设置在ON位置	约5V
		点火开关设置在OFF位置	约0
27～29	未用	—	—
30与接地	低速离合器电磁阀	变速器设置在1挡,驾车行驶	波形信号为尖峰脉冲信号,如图5-1-3中波形2所示
		发动机启动,车辆静止,变速器设置在P挡	波形信号为方波脉冲信号,如图5-1-3中波形3所示
31	ROM(电子时钟只读存储器)	—	—
32	未用	—	—
33	控制器区域网络高速传输电路	—	—
34	未用	—	—
35与接地	输入速度传感器	变速器换挡杆设置在1挡,车速保持在20km/h	约880Hz,波形信号如图5-1-3中的波形4所示
36	未用	—	—
37	管路压力电磁阀	变速器换挡杆设置在1挡,车速保持在20km/h	波形信号如图5-1-3中的波形5所示

续表

测量端子	信号名称	检测条件	检测值
38 与接地	锁止电磁阀	变速器设置在 D 挡，车辆加速至 60km/h 以上，松开加速踏板，在车速达到 60km/h 时检查脉冲信号	波形信号如图 5-1-3 中的波形 5 所示
		发动机启动，车辆静止，变速器设置在 P 挡，检查脉冲信号	波形信号如图 5-1-3 中波形 6 所示
39 与接地	2-4 制动电磁阀	变速器设置在 D 挡，车辆加速至 20km/h 以上，松开加速踏板，在车速达到 20km/h 时检查脉冲信号	波形信号如图 5-1-3 中波形 7 所示
		发动机启动，车辆静止，变速器设置在 P 挡，检查脉冲信号	波形信号如图 5-1-3 中波形 8 所示
40 与接地	高速离合器/低速和倒挡制动电磁阀	变速器设置在 D 挡，车辆加速至 40km/h 以上，松开加速踏板，在车速达到 40km/h 时检查脉冲信号	波形信号如图 5-1-3 中波形 8 所示
		发动机启动；车辆静止，变速器设置在 P 挡，检查脉冲信号	波形信号如图 5-1-3 中波形 7 所示
41	接地	测量电压	应始终为 0
42	接地	测量电压	应始终为 0
43～44	未用	—	—
45 与接地	电源	测量电压	始终为 10～16V
47 与接地	电源	点火开关设置在 ON 位置	约 10～16V
		点火开关设置在 OFF 位置	约 0
48 与接地	电源	点火开关设置在 ON 位置	约 10～16V
		点火开关设置在 OFF 位置	约 0

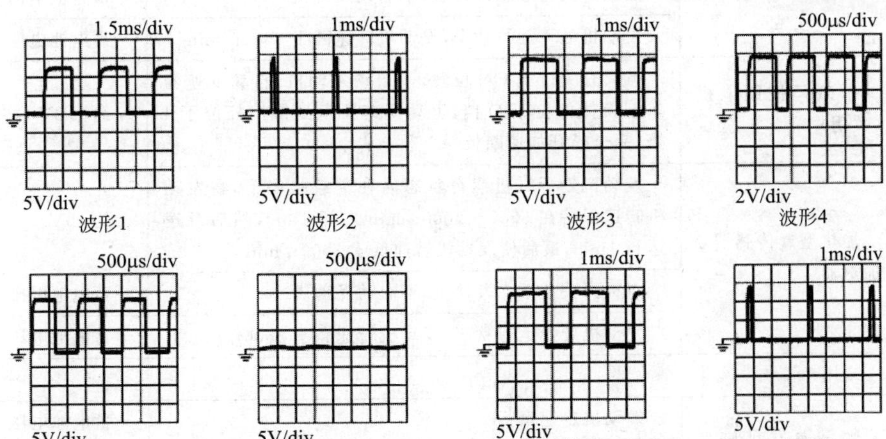

图 5-1-3　玛驰轿车自动变速器电控单元标准波形

第二节 LIVINA（骊威）轿车（2010～2014 年款）

骊威轿车 1.6L（HR16DE）发动机电控单元安装位置及端子识别见图 5-2-1，发动机电控单元端子检测见表 5-2-1。

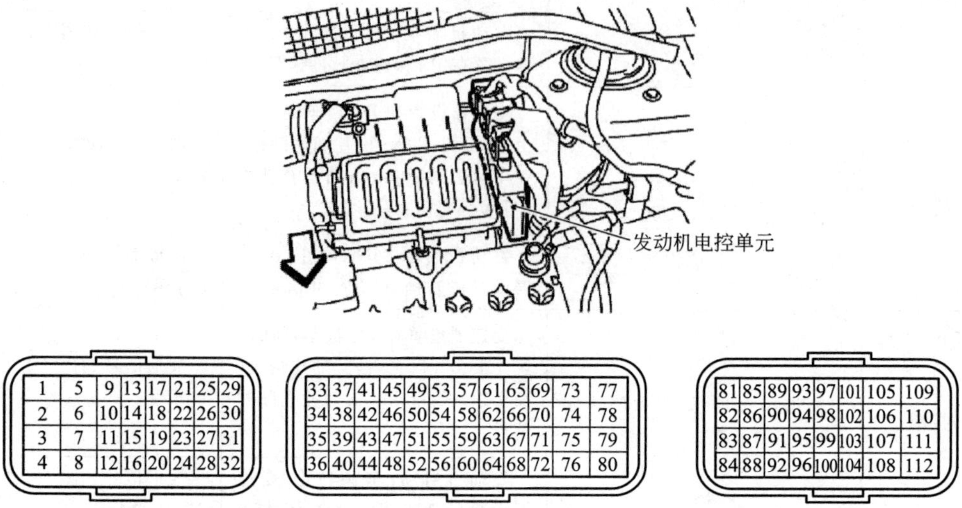

图 5-2-1 骊威轿车 1.6L（HR16DE）发动机电控单元安装位置及端子识别

表 5-2-1 骊威轿车 1.6L（HR16DE）发动机电控单元端子检测

端子	检测项目	检测条件	标准值
1	节气门控制电机（开启）	点火开关位于 ON 位置，不启动发动机，自动变速器车型换挡杆位于 D 挡，手动变速器车型换挡杆位于 1 挡，完全踩下加速踏板	约 3.2V
2	节气门控制电机供电	点火开关位于 ON 位置	蓄电池电压
3	加热型氧传感器 1 加热器	发动机处于暖机运行状态，发动机转速低于 3600r/min	约 10V
		点火开关位于 ON 位置，不启动发动机	蓄电池电压
		发动机处于运行状态，发动机转速高于 3600r/min	蓄电池电压
4	节气门控制电机（关闭）	点火开关位于 ON 位置，不启动发动机，自动变速器车型换挡杆位于 D 挡，手动变速器车型换挡杆位于 1 挡，完全松开加速踏板	约 1.8V
5	加热型氧传感器 2 加热器	发动机处于暖机运行状态后在空载状态下，将发动机转速保持在 3500～4000r/min 之间 1min，然后怠速运行 1min，最后使发动机转速低于 3600r/min	约 10V
		点火开关位于 ON 位置，不启动发动机	蓄电池电压
		发动机处于运行状态，发动机转速高于 3600r/min	蓄电池电压
6～8	未用	—	—
9	燃油蒸发排放炭罐净化控制电磁阀	发动机怠速运行	蓄电池电压
		发动机暖机运行，发动机转速达到 2000r/min（距发动机启动时间超过 100s）	约 10V

续表

端子	检测项目	检测条件	标准值
10	发动机控制电脑接地	发动机怠速运行	车身接地
11	发动机控制电脑接地	发动机怠速运行	车身接地
12	未用	—	—
13	转速表信号	发动机暖机怠速运行	3～5V
		发动机暖机运行，发动机转速为2000r/min	3～5V
14	未用	—	—
15	节气门控制电机继电器	点火开关位于OFF位置	蓄电池电压
		点火开关位于ON位置	0～1.0V
16	未用	—	—
17	1缸点火信号	发动机暖机怠速运行	0～0.3V
		发动机暖机运行，发动机转速为2000r/min	0.2～0.5V
18	2缸点火信号	发动机暖机怠速运行	0～0.3V
		发动机暖机运行，发动机转速为2500r/min	0.2～0.5V
19、20	未用	—	—
21	4缸点火信号	发动机暖机怠速运行	0～0.3V
		发动机暖机运行，发动机转速为2500r/min	0.2～0.5V
22	3缸点火信号	发动机暖机怠速运行	0～0.3V
		发动机暖机运行，发动机转速为2500r/min	0.2～0.5V
23	燃油泵继电器	发动机处于运行状态时，将点火开关转到ON位置后1s内	0～1.0V
		将点火开关转到ON位置后超过1s	蓄电池电压
24	未用	—	—
25	4缸喷油器	发动机暖机怠速运行	蓄电池电压
		发动机暖机运行，发动机转速为2000r/min	蓄电池电压
26～28	未用	—	—
29	3缸喷油器	发动机暖机怠速运行	蓄电池电压
		发动机暖机运行，发动机转速为2000r/min	蓄电池电压
30	2缸喷油器	发动机暖机怠速运行	蓄电池电压
		发动机暖机运行，发动机转速为2000r/min	蓄电池电压
31	1缸喷油器	发动机暖机怠速运行	蓄电池电压
		发动机暖机运行，发动机转速为2000r/min	蓄电池电压
32	发动机控制电脑继电器（自动切断）	发动机处于运行状态，将点火开关转到OFF位置后5s内	0～1.0V
		发动机处于运行状态，将点火开关转到OFF位置后5s后	蓄电池电压

续表

端子	检测项目	检测条件	标准值
33	节气门位置传感器1	点火开关位于ON位置，不启动发动机，自动变速器车型换挡杆位于D挡，手动变速器车型换挡杆位于1挡，完全松开加速踏板	高于0.36V
		点火开关位于ON位置，不启动发动机，自动变速器车型换挡杆位于D挡，手动变速器车型换挡杆位于1挡，完全踩下加速踏板	低于4.75V
34	节气门位置传感器1	点火开关位于ON位置，不启动发动机，自动变速器车型换挡杆位于D挡，手动变速器车型换挡杆位于1挡，完全松开加速踏板	低于4.75V
		点火开关位于ON位置，不启动发动机，自动变速器车型换挡杆位于D挡，手动变速器车型换挡杆位于1挡，完全踩下加速踏板	高于0.36V
35	未用	—	—
36	传感器接地（节气门位置传感器）	发动机暖机怠速运行	约0
37	爆震传感器	发动机怠速运行	约2.5V
38	发动机冷却液温度传感器	发动机运行	输出电压随发动机冷却液温度在0～4.8V之间变化
39	未用	—	—
40	传感器接地（爆震传感器）	发动机暖机怠速运行	约0
41	制冷剂压力传感器	发动机暖机运行，空调开关开启，鼓风机开关开启，空调压缩机处于工作状态	1.0～4.0V
42、43	未用	—	—
44	传感器接地（发动机冷却液温度传感器）	发动机暖机怠速运行	约0
45	质量型空气流量传感器	点火开关位于ON位置，发动机不运行	约0.4V
		发动机暖机怠速运行	1.0～1.3V
		将发动机转速从怠速运行状态迅速提高到4000r/min	从1.0～1.3V上升到2.4V左右（电压应随发动机转速升高到4000r/min而呈现线性上升）
46	进气温度传感器	发动机处于运行状态	输出电压随发动机进气温度在0～4.8V之间变化
47	未用	—	—
48	传感器接地（制冷剂压力传感器）	发动机暖机怠速运行	约0
49	加热型氧传感器1	发动机暖机运行，发动机转速为2000r/min	电压在0～1.0V之间呈现周期性变化

续表

端子	检测项目	检测条件	标准值
50	加热型氧传感器2	发动机暖机运行后在空载状态下，将发动机转速保持在3500～4000r/min之间约1min，然后怠速运行1min，然后将发动机转速迅速由怠速升高至3000r/min	0～1.0V
51	未用	—	—
52	传感器接地（质量型空气流量传感器）	发动机暖机怠速运行	约0
53、54	未用	—	—
55	传感器接地（进气温度传感器）	发动机暖机怠速运行	约0
56	传感器接地（加热型氧传感器1）	发动机暖机怠速运行	约0
57、58	未用	—	—
59	传感器接地（加热型氧传感器2）	发动机暖机怠速运行	约0
60	未用	—	—
61	曲轴位置传感器	发动机暖机怠速运行	约4.0V
		发动机暖机运行，发动机转速为2000r/min	约4.0V
62	传感器接地（曲轴位置传感器）	发动机暖机怠速运行	约0
63	传感器接地（凸轮轴位置传感器）	发动机暖机怠速运行	约0
64	未用	—	—
65	凸轮轴位置传感器	发动机暖机怠速运行	1.0～2.0V
		发动机转速2000r/min	1.0～2.0V
66～68	未用	—	—
69	驻车/空挡位置(PNP)开关	点火开关位于ON位置；换挡杆位于P或N挡	蓄电池电压
		点火开关位于ON位置；换挡杆位于除了P或N挡的其他位置	约0
70、71	未用	—	—
72	传感器电源（节气门位置传感器）	点火开关位于ON位置	约5V
73	未用	—	—
74	传感器电源（制冷剂压力传感器）	点火开关位于ON位置	约5V
75	传感器电源（曲轴位置传感器）	点火开关位于ON位置	约5V
76、77	未用	—	—
78	传感器电源（凸轮轴位置传感器）	点火开关位于ON位置	约5V

续表

端子	检测项目	检测条件	标准值
79～82	未用	—	—
83	CAN(控制器区域网络)通信线路	—	—
84	CAN(控制器区域网络)通信线路	—	—
85～87	未用	—	—
88	数据接口	点火开关位于 ON 位置,未连接 CONSULT-Ⅱ 或 GST 故障诊断仪	约 10.5V
89～91	未用	—	—
92	离合器开关	点火开关位于 OFF 位置,离合器踏板完全释放	约 0
		点火开关位于 OFF 位置,离合器踏板轻微踩下	蓄电池电压
93	点火开关	点火开关位于 OFF 位置	0
		点火开关位于 ON 位置	蓄电池电压
94～98	未用	—	—
99	制动灯开关	点火开关位于 OFF 位置,完全释放制动踏板	约 0
		点火开关位于 OFF 位置,轻微踩下制动踏板	蓄电池电压
100、101	未用	—	—
102	传感器电源(加速踏板位置传感器 2)	点火开关位于 ON 位置	约 5V
103	加速踏板位置传感器 2	点火开关位于 ON 位置,发动机不运行;完全释放加速踏板	0.3～0.6V
		点火开关位于 ON 位置,发动机不运行;完全踩下加速踏板	1.95～2.4V
104	传感器接地(加速踏板位置传感器 2)	发动机暖机怠速运行	约 0
105	发动机控制电脑电源	点火开关位于 ON 位置	蓄电池电压
106	传感器电源(加速踏板位置传感器 1)	点火开关位于 ON 位置	约 5V
107	未用	—	—
108	发动机控制电脑接地	发动机怠速运行	车身接地
109	未用	—	—
110	加速踏板位置传感器 1	点火开关位于 ON 位置,发动机不运行;完全释放加速踏板	0.6～0.9V
		点火开关位于 ON 位置,发动机不运行;完全踩下加速踏板	3.9～4.7V
111	传感器接地(加速踏板位置传感器 1)	发动机暖机怠速运行	约 0
112	未用	—	—

第三节 SYLPHY（轩逸）轿车（2012～2015 年款）

一、1.6L 发动机电控单元端子检测

1.6L 发动机电控单元端子识别见图 5-3-1，端子检测见表 5-3-1。

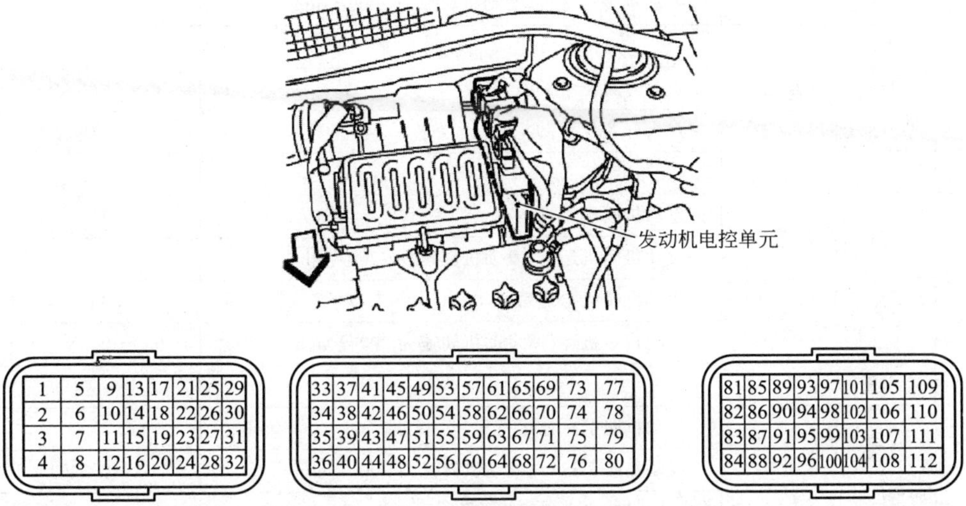

图 5-3-1 1.6L 发动机电控单元端子识别

表 5-3-1 1.6L 发动机电控单元端子检测

端子	检测项目	检测条件	检测值
1	节气门控制电机（开启）	点火开关位于 ON 位置，不启动发动机，换挡杆位于 D 挡，完全踩下加速踏板	约 3.2V
2	节气门控制电机供电	点火开关位于 ON 位置	蓄电池电压
3	加热型氧传感器 1 加热器	发动机处于暖机运行状态，发动机转速低于 3600r/min	约 10V
		点火开关位于 ON 位置，不启动发动机	蓄电池电压
		发动机处于运行状态，发动机转速高于 3600r/min	蓄电池电压
4	节气门控制电机（关闭）	点火开关位于 ON 位置，不启动发动机，换挡杆位于 D 挡，完全松开加速踏板	约 1.8V
5	加热型氧传感器 2 加热器	发动机处于暖机运行状态，发动机转速低于 3600r/min	约 10V
		点火开关位于 ON 位置，不启动发动机	蓄电池电压
		发动机处于运行状态，发动机转速高于 3600r/min	蓄电池电压
6～8	未用	—	—
9	燃油蒸发排放炭罐净化控制电磁阀	发动机怠速运行	蓄电池电压
		发动机暖机运行，发动机转速达到 2000r/min	约 10V
10	发动机电控单元接地	发动机怠速运行	车身接地

续表

端子	检测项目	检测条件	检测值
11	发动机电控单元接地	发动机怠速运行	车身接地
12	未用	—	—
13	转速表信号	发动机暖机怠速运行	3～5V
		发动机暖机运行,发动机转速为2000r/min	3～5V
14	未用	—	—
15	节气门控制电机继电器	点火开关位于OFF位置	蓄电池电压
		点火开关位于ON位置	0～1.0V
16	未用	—	—
17	1号点火信号	发动机暖机怠速运行	0～0.3V
		发动机暖机运行,发动机转速为2000r/min	0.2～0.5V
18	2号点火信号	发动机暖机怠速运行	0～0.3V
		发动机暖机运行,发动机转速为2000r/min	0.2～0.5V
19、20	未用	—	—
21	4号点火信号	发动机暖机怠速运行	0～0.3V
		发动机暖机运行,发动机转速为2000r/min	0.2～0.5V
22	3号点火信号	发动机暖机怠速运行	0～0.3V
		发动机暖机运行,发动机转速为2000r/min	0.2～0.5V
23	燃油泵继电器	发动机处于运行状态时,将点火开关转到ON位置后1s内	0～1.0V
		将点火开关转到ON位置后超过1s	蓄电池电压
24	未用	—	—
25	4号喷油器	发动机暖机怠速运行	蓄电池电压
		发动机暖机运行,发动机转速为2000r/min	蓄电池电压
26～28	未用	—	—
29	3号喷油器	发动机暖机怠速运行	蓄电池电压
		发动机暖机运行,发动机转速为2000r/min	蓄电池电压
30	2号喷油器	发动机暖机怠速运行	蓄电池电压
		发动机暖机运行,发动机转速为2000r/min	蓄电池电压
31	1号喷油器	发动机暖机怠速运行	蓄电池电压
		发动机暖机运行,发动机转速为2000r/min	蓄电池电压
32	发动机电控单元继电器(自动切断)	发动机处于运行状态,将点火开关转到OFF位置后5s内	0～1.0V
		发动机处于运行状态,将点火开关转到OFF位置后5s后	蓄电池电压
33	节气门位置传感器1	点火开关位于ON位置,不启动发动机,换挡杆位于D挡,完全松开加速踏板	高于0.36V
		点火开关位于ON位置,不启动发动机,换挡杆位于D挡,完全踩下加速踏板	低于4.75V

续表

端子	检测项目	检测条件	检测值
34	节气门位置传感器 2	点火开关位于 ON 位置，不启动发动机，换挡杆位于 D 挡，完全松开加速踏板	低于 4.75V
		点火开关位于 ON 位置，不启动发动机，换挡杆位于 D 挡，完全踩下加速踏板	高于 0.36V
35	未用	—	—
36	传感器接地（节气门位置传感器）	发动机暖机怠速运行	约 0
37	爆震传感器	发动机怠速运行	约 2.5V
38	发动机冷却液温度传感器	发动机运行	输出电压随发动机冷却液温度在 0～4.8V 之间变化
39	未用	—	—
40	传感器接地（爆震传感器）	发动机暖机怠速运行	约 0
41	制冷剂压力传感器	发动机暖机运行；空调开关开启；鼓风机开关开启；空调压缩机处于工作状态	1.0～4.0V
42、43	未用	—	—
44	传感器接地（发动机冷却液温度传感器）	发动机暖机怠速运行	约 0
45	质量型空气流量传感器	点火开关位于 ON 位置，发动机不运行	约 0.4V
		发动机暖机怠速运行	1.0～1.3V
		发动机转速从怠速运行状态迅速提高到 4000r/min	从 1.0～1.3V 上升到 2.4V 左右
46	进气温度传感器	发动机处于运行状态	输出电压随发动机进气温度在 0～4.8V 之间变化
47	未用	—	—
48	传感器接地（制冷剂压力传感器）	发动机暖机怠速运行	约 0
49	加热型氧传感器 1	发动机暖机运行，发动机转速为 2000r/min	电压在 0～1.0V 之间呈现周期性变化
50	加热型氧传感器 2	发动机暖机运行后在空载状态下，将发动机转速保持在 3500～4000r/min 之间约 1min，然后怠速运行 1min，然后将发动机转速迅速由怠速升高至 3000r/min	0～1.0V
51	未用	—	—
52	传感器接地（质量型空气流量传感器）	发动机暖机怠速运行	约 0
53、54	未用	—	—
55	传感器接地（进气温度传感器）	发动机暖机怠速运行	约 0

续表

端子	检测项目	检测条件	检测值
56	传感器接地(加热型氧传感器 1)	发动机暖机怠速运行	约 0
57、58	未用	—	—
59	传感器接地(加热型氧传感器 2)	发动机暖机怠速运行	约 0
60	未用	—	—
61	曲轴位置传感器	发动机暖机怠速运行	约 4.0V
		发动机暖机运行,发动机转速为 2000r/min	约 4.0V
62	传感器接地(曲轴位置传感器)	发动机暖机怠速运行	约 0
63	传感器接地(凸轮轴位置传感器)	发动机暖机怠速运行	约 0
64	未用	—	—
65	凸轮轴位置传感器	发动机暖机怠速运行	1.0～2.0V
		发动机转速 2000r/min	1.0～2.0V
66～68	未用	—	—
69	驻车/空挡位置(PNP)开关	点火开关位于 ON 位置,换挡杆位于 P 或 N 挡	蓄电池电压
		点火开关位于 ON 位置,换挡杆位于除了 P 或 N 挡的其他位置	约 0
70、71	未用	—	—
72	传感器电源(节气门位置传感器)	点火开关位于 ON 位置	约 5V
73	进气门正时控制电磁阀	发动机暖机怠速运行	蓄电池电压
		发动机暖机运行,转速为 2000r/min	7～10V
74	传感器电源(制冷剂压力传感器)	点火开关位于 ON 位置	约 5V
75	传感器电源(曲轴位置传感器)	点火开关位于 ON 位置	约 5V
76、77	未用	—	—
78	传感器电源(凸轮轴位置传感器)	点火开关位于 ON 位置	约 5V
79～82	未用	—	—
83	CAN(控制器区域网络)通信线路	点火开关位于 ON 位置	输出电压随通信状态在 1.7～2.3V 之间变化
84	CAN(控制器区域网络)通信线路	点火开关位于 ON 位置	输出电压随通信状态在 2.6～3.2V 之间变化
85～87	未用	—	—
88	数据接口	点火开关位于 ON 位置,未连接 CONSULT-Ⅱ或 GST 故障诊断仪	约 10.5V

续表

端子	检测项目	检测条件	检测值
89～92	未用	—	—
93	点火开关	点火开关位于 OFF 位置	0
		点火开关位于 ON 位置	蓄电池电压
94～98	未用	—	—
99	制动灯开关	点火开关位于 OFF 位置，完全释放制动踏板	约 0
		点火开关位于 OFF 位置，轻微踩下制动踏板	蓄电池电压
100、101	未用	—	—
102	传感器电源（加速踏板位置传感器 2）	点火开关位于 ON 位置	约 5V
103	加速踏板位置传感器 2	点火开关位于 ON 位置，发动机不运行；完全释放加速踏板	0.3～0.6V
		点火开关位于 ON 位置，发动机不运行；完全踩下加速踏板	1.95～2.4V
104	传感器接地（加速踏板位置传感器 2）	发动机暖机怠速运行	约 0
105	发动机电控单元电源	点火开关位于 ON 位置	蓄电池电压
106	传感器电源（加速踏板位置传感器 1）	点火开关位于 ON 位置	约 5V
107	未用	—	—
108	发动机电控单元接地	发动机怠速运行	车身接地
109	未用	—	—
110	加速踏板位置传感器 1	点火开关位于 ON 位置，发动机不运行；完全释放加速踏板	0.6～0.9V
		点火开关位于 ON 位置，发动机不运行；完全踩下加速踏板	3.9～4.7V
111	传感器接地（加速踏板位置传感器 1）	发动机暖机怠速运行	约 0
112	未用	—	—

二、自动变速器电控单元（TCM）端子检测数据

自动变速器电控单元（TCM）端子识别见图 5-3-2，自动变速器电控单元（TCM）端子检测见表 5-3-2。

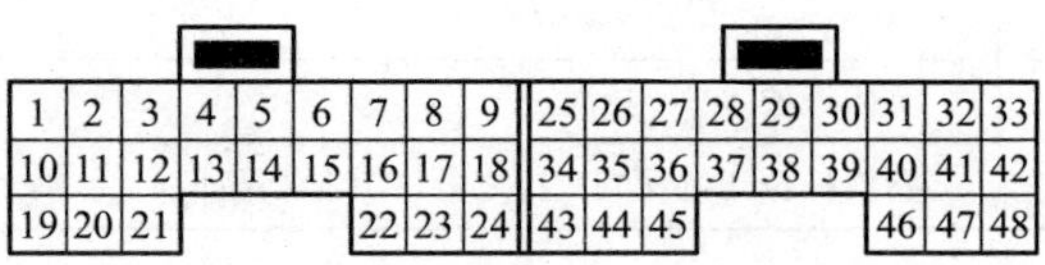

图 5-3-2　自动变速器电控单元（TCM）端子识别

表 5-3-2 自动变速器电控单元（TCM）端子检测

端子	检测项目	检测条件	检测值
1	自动变速器油路压力电磁阀	发动机暖机运行，松开加速踏板	1.5～3.0V
		发动机暖机运行，踩下加速踏板	0
2	自动变速器油路压力电磁阀（带有降压电阻器）	发动机暖机运行，松开加速踏板	4～14V
		发动机暖机运行，踩下加速踏板	0
3	液力变矩器离合器电磁阀	车辆行驶时，当自动变速器执行锁止时	8～15V
		车辆行驶时，当自动变速器没有执行锁止时	0
4	未用	—	—
5	CAN（控制器区域网络）高速通信线路	—	—
6	CAN（控制器区域网络）低速通信线路	—	—
7～9	未用	—	—
10	电源	点火开关转到 ON 位置	蓄电池电压
		点火开关转到 OFF 位置	0
11	换挡电磁阀 A	当换挡电磁阀 A 工作时	蓄电池电压
		当换挡电磁阀 A 没有工作时	0
12	换挡电磁阀 B	当换挡电磁阀 B 工作时	蓄电池电压
		当换挡电磁阀 B 没有工作时	0
13～18	未用	—	—
19	电源	点火开关转到 ON 位置	蓄电池电压
		点火开关转到 OFF 位置	0
20	超越离合器电磁阀	当超越离合器工作时	蓄电池电压
		当超越离合器不工作时	0
21～24	未用	—	—
25	接地	任何时间	一直为 0
26	PNP 开关“1”挡	换挡杆位于“1”挡时	蓄电池电压
		换挡杆位于除了“1”挡之外的其他挡位时	0
27	PNP 开关“1”挡	换挡杆位于“2”挡时	蓄电池电压
		换挡杆位于除了“2”挡之外的其他挡位时	0
28	电源	任何时间	蓄电池电压
29	转速传感器	车辆以 20km/h 的速度行驶	150Hz
30	故障诊断仪	—	—
31	故障诊断仪	—	—
32、33	未用	—	—
34	PNP 开关“D”挡	换挡杆位于“D”挡时	蓄电池电压
		换挡杆位于除了“D”挡之外的其他挡位时	0

续表

端子	检测项目	检测条件	检测值
35	PNP 开关“R”挡	换挡杆位于“R”挡时	蓄电池电压
		换挡杆位于除了“R”挡之外的其他挡位时	0
36	PNP 开关“N”挡或“P”挡	换挡杆位于“N 或 P”挡时	蓄电池电压
		换挡杆位于除了“N 或 P”挡之外的其他挡位时	0
37	未用	—	—
38	涡轮转速传感器	车辆以 20km/h 的速度行驶	360Hz
39	发动机转速信号	—	—
40	车速传感器	车辆以 2～3km/h 的速度行驶 1m 以上	电压在低于 1V 或高于 4.5V 之间变化
41	未用	—	—
42	传感器接地	任何时间	0
43～46	未用	—	—
47	自动变速器油液温度传感器	油液温度为 20℃时	1.5V
		油液温度为 80℃时	0.5V
48	接地	任何时间	0

三、转向电控单元（EPS）端子检测数据

转向电控单元安装位置及端子识别见图 5-3-3，转向电控单元端子检测见表 5-3-3。

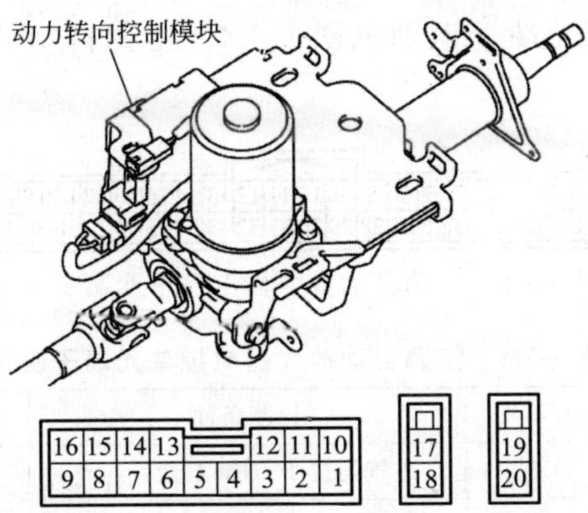

图 5-3-3　转向电控单元安装位置及端子识别

表 5-3-3　转向电控单元端子检测

端子	检测项目	检测状态		数据(近似值)
1～3	未用	—		—
4	辅助扭矩传感器	发动机运转	转向盘未转向(无转向力)	2.5V
			转向盘转向	1.7～3.3V(测量值会根据左右转向变化)
5	扭矩传感器电源	点火开关:ON		8V
		点火开关:OFF		0

续表

端子	检测项目	检测状态		数据(近似值)
6	主扭矩传感器	发动机运转	转向盘未转向(无转向力)	2.5V
			转向盘转向	1.7～3.3V(测量值会根据左右转向变化)
7	扭矩传感器接地	一直		0
8	未用	—		—
9	控制器区域网络高速通信电路	—		—
10	电源	点火开关:ON		蓄电池电压
		点火开关:OFF		0
11～15	未用	—		—
16	控制器区域网络低速通信电路	—		—
17	电源(存储器备份)	点火开关:ON		蓄电池电压
		点火开关:OFF		蓄电池电压
18	接地	一直		0
19	电机(+)	—		—
20	电机(-)	—		—

四、空调自动放大器电控单元端子检测数据

空调自动放大器电控单元端子识别见图 5-3-4，空调自动放大器电控单元端子检测见表 5-3-4。

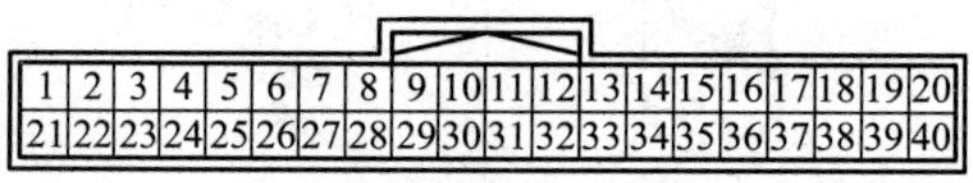

图 5-3-4 空调自动放大器电控单元端子识别

表 5-3-4 空调自动放大器电控单元端子检测

端子	检测项目	点火开关	检测条件	检测值
1	进气门电机反馈信号	ON	进气门位于 REC 位置	大约 0.5V
		ON	进气门位于 FRE 位置	大约 4.5V
2	车内传感器	—	—	—
3	进气传感器	—	—	—
4	环境温度传感器	—	—	—
5	日照传感器	—	—	—
6	气体传感器信号	ON	—	电压在 0～4V 之间变化
7	车速信号输出	ON	车速表工作(车速大约为 40km/h 时)	电压在 0～10V 之间变化
8	进气门电机电源(5V 输出)	ON	—	大约 5V

续表

<table>
<tr><th>端子</th><th>检测项目</th><th>点火开关</th><th colspan="2">检测条件</th><th>检测值</th></tr>
<tr><td>9</td><td>未用</td><td>—</td><td colspan="2">—</td><td>—</td></tr>
<tr><td>10</td><td>传感器接地</td><td>ON</td><td colspan="2">—</td><td>大约 0</td></tr>
<tr><td>11</td><td>接地</td><td>ON</td><td colspan="2">—</td><td>大约 0</td></tr>
<tr><td>12</td><td>未用</td><td>—</td><td colspan="2">—</td><td>—</td></tr>
<tr><td>13</td><td>鼓风机脉宽调制</td><td>ON</td><td colspan="2">风扇转速:1 级速度</td><td>电压在 0～10V 之间变化</td></tr>
<tr><td>14</td><td>风扇打开信号</td><td>ON</td><td colspan="2">鼓风机电机:ON</td><td>电压在 5～10V 之间变化</td></tr>
<tr><td>15</td><td>压缩机打开信号</td><td>ON</td><td colspan="2">空调开关:ON(鼓风机电机工作)</td><td>电压在 0～1V 之间变化</td></tr>
<tr><td rowspan="2">16</td><td rowspan="2">后窗除雾器打开信号</td><td rowspan="2">ON</td><td colspan="2">按下后窗除雾器开关时</td><td>电压在 0～1V 之间变化</td></tr>
<tr><td colspan="2">松开后窗除雾器开关时</td><td>电压在 0～10V 之间变化</td></tr>
<tr><td>17～20</td><td>空气混合门电机驱动信号</td><td>ON</td><td colspan="2">在温度控制盘操作后</td><td>电压在 0～10V 之间变化</td></tr>
<tr><td>21</td><td>IGN 2 电源</td><td>ON</td><td colspan="2">—</td><td>蓄电池电压</td></tr>
<tr><td>22</td><td>压缩机离合器信号</td><td>ON</td><td colspan="2">压缩机:ON</td><td>蓄电池电压</td></tr>
<tr><td>23</td><td>发动机冷却液温度传感器信号</td><td>ON</td><td colspan="2">发动机暖机怠速运行</td><td>电压应随发动机冷却液温度的不同在 0～4.8V 之间变化</td></tr>
<tr><td>24</td><td>未用</td><td>—</td><td colspan="2">—</td><td>—</td></tr>
<tr><td rowspan="2">25</td><td rowspan="2">后窗除雾器反馈信号</td><td rowspan="2">ON</td><td colspan="2">后窗除雾器开关:ON</td><td>大约 12V</td></tr>
<tr><td colspan="2">后窗除雾器开关:OFF</td><td>大约 0</td></tr>
<tr><td>26～28</td><td>未用</td><td>—</td><td colspan="2">—</td><td>—</td></tr>
<tr><td>29</td><td>IGN 1 电源</td><td>ON</td><td colspan="2">—</td><td>蓄电池电压</td></tr>
<tr><td>30</td><td>蓄电池电源</td><td>OFF</td><td colspan="2">—</td><td>蓄电池电压</td></tr>
<tr><td rowspan="2">31</td><td rowspan="2">清洁模式输出信号</td><td rowspan="2">ON</td><td colspan="2">清洁模式</td><td>约 0</td></tr>
<tr><td colspan="2">ION 控制模式</td><td>大约 5V</td></tr>
<tr><td rowspan="2">32</td><td rowspan="2">ION 控制模式输出信号</td><td rowspan="2">ON</td><td colspan="2">ION 控制模式</td><td>大约 0</td></tr>
<tr><td colspan="2">清洁模式</td><td>大约 5V</td></tr>
<tr><td rowspan="2">33</td><td rowspan="2">ION 模式信号</td><td rowspan="2">ON</td><td colspan="2">清洁模式</td><td>大约 12V</td></tr>
<tr><td colspan="2">ION 控制模式</td><td>大约 0</td></tr>
<tr><td rowspan="2">34</td><td rowspan="2">ION ON/OFF 信号</td><td rowspan="2">ON</td><td colspan="2">鼓风机:ON</td><td>大约 0</td></tr>
<tr><td colspan="2">鼓风机:OFF</td><td>大约 12V</td></tr>
<tr><td rowspan="2">35</td><td rowspan="2">进气门电机驱动信号(REC)</td><td rowspan="4">ON</td><td rowspan="4">FRE/REC 开关*1 或 FRE 开关*2 和 REC 开关*2</td><td>REC-FRE</td><td>大约 0</td></tr>
<tr><td>FRE-REC</td><td>大约 12V</td></tr>
<tr><td rowspan="2">36</td><td rowspan="2">进气门电机驱动信号(FRE)</td><td>REC-FRE</td><td>大约 12V</td></tr>
<tr><td>FRE-REC</td><td>大约 0</td></tr>
<tr><td>37～40</td><td>模式门电机驱动信号</td><td>ON</td><td colspan="2">在模式控制盘操作后</td><td>电压在 0～12V 之间变化</td></tr>
</table>

第四节　TEANA（天籁）轿车（2010～2015 年款）

发动机电控单元接口端子识别见图 5-4-1，端子检测见表 5-4-1。

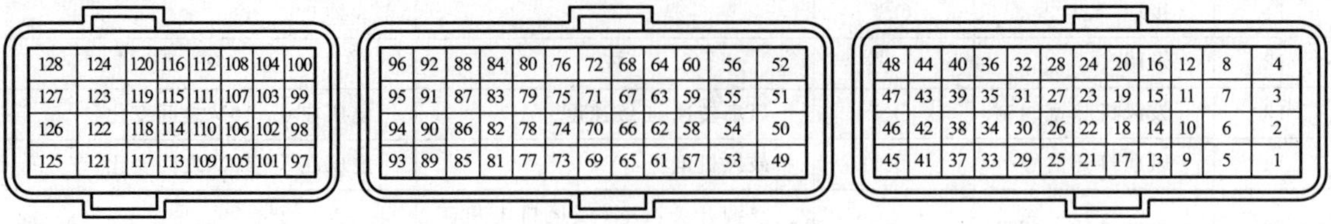

图 5-4-1　发动机电控单元接口端子识别

表 5-4-1　发动机电控单元接口端子检测

端子(线色)		说明		检测条件	规范值
+	−	端子功能	输入/输出		
1(红)	128(灰)	节气门控制电机(关闭)	输出	点火开关:ON 发动机不运行,选挡杆:D挡 加速踏板:完全松开	1.8V[①]脉冲
2(红)	128(灰)	节气门控制电机电源	输入	点火开关:ON	蓄电池电压(11～14V)
3(蓝)	128(灰)	节气门控制电机(打开)	输出	点火开关:ON 发动机不运行,选挡杆:D挡 加速踏板:完全踩下	3.2V[①]
4(白)	8(黑)	爆震传感器	输入	发动机运转中,怠速	2.5V
5(白)	128(灰)	进气歧管调整阀电机(关闭)	输出	点火开关:ON 发动机冷却液温度:高于−30℃ 加速踏板:踩下→完全松开	蓄电池电压出现约1s
6(蓝)	128(灰)	进气歧管调整阀电机电源	输入	点火开关:ON	蓄电池电压(11～14V)
7(黑)	128(灰)	进气歧管调整阀电机(打开)	输出	点火开关:ON 发动机冷却液温度:高于−30℃ 加速踏板:完全松开→踩下	蓄电池电压出现约1s
8(黑)	—	传感器接地(爆震传感器)	—	—	—
9(黄) 10(棕) 13(棕) 14(黄)	128(灰)	4号喷油器 3号喷油器 1号喷油器 2号喷油器	输出	发动机暖机怠速运行(怠速时,脉冲周期随转速改变)	蓄电池电压(11～14V)[①]
				发动机运转中,暖机状态 发动机转速:2000r/min	蓄电池电压(11～14V)[①]

续表

端子(线色)		说明		检测条件	规范值
+	—	端子功能	输入/输出		
12(黑)	—	ECM 接地	—	—	—
16(黑)	—	ECM 接地	—	—	—
17(紫)	128(灰)	EVAP 炭罐净化控制电磁阀	输出	发动机运转中,怠速 加速踏板:在发动机启动后没有踩下	蓄电池电压(11~14V)①
				发动机运转中 发动机转速:约 2000r/min(发动机启动超过 100s 之后)	蓄电池电压(11~14V)①
18(浅绿)	128(灰)	燃油泵继电器	输出	点火开关:ON 点火开关按至 ON 位置后 1s,发动机运转中	0~1.0V
				点火开关:ON 点火开关按至 ON 位置超过 1s	蓄电池电压(11~14V)
21(棕)	128(灰)	节气门控制电机继电器	输出	点火开关:OFF	蓄电池电压(11~14V)
				点火开关:ON	0~1.0V
22(蓝)	23(黑)	加热型氧传感器 2	输入	发动机运转中,满足下列条件后,发动机转速迅速从怠速升高至 3000r/min 发动机:暖机后,发动机转速保持在 3500~4000r/min 达 1min,并在无负荷下怠速运转 1min	0~1.0V
23(黑)	—	传感器接地(加热型氧传感器 2)	—	—	—
25(蓝)	26(绿)	发动机机油温度传感器	输入	发动机运转中	0~4.8V(输出电压随发动机机油温度而变化)
26(绿)	—	传感器接地(发动机机油温度传感器)	—	—	—
27(棕)	—	传感器接地(发动机冷却液温度传感器)	—	—	—
28(天蓝)	27(棕)	发动机冷却液温度传感器	输入	发动机运转中	0~4.8V(输出电压随发动机冷却液温度而变化)
30(白)	—	传感器接地[凸轮轴位置传感器(相位)]	—	—	—
31(红)	30(白)	凸轮轴位置传感器(相位)	输入	发动机暖机怠速运行(怠速时,脉冲周期随转速改变)	1.0~2.0①
				发动机运转中 发动机转速:2000r/min	1.0~2.0①

续表

端子(线色)		说明		检测条件	规范值
+	—	端子功能	输入/输出		
32(棕)	—	传感器电源[凸轮轴位置传感器(相位)]	—	点火开关:ON	5.0V
33(紫)	34(BR)	进气温度传感器	输入	发动机运转中	0～4.8V(输出电压随进气温度而变化)
34(棕)	—	传感器接地(质量型空气流量传感器,进气温度传感器)	—	—	—
35(白)	34(棕)	质量型空气流量传感器	输入	点火开关:ON 发动机不运行	1.3V
				发动机暖机怠速运行	1.3～1.6V
				发动机运转中,暖机状态,发动机转速从怠速转速上升至约4000r/min	电压由1.3～1.6V升高至2.5V(检查电压是否随发动机转速升高到约4000r/min而线性上升)
36(红)	—	传感器电源(质量型空气流量传感器,进气温度传感器)	—	点火开关:ON	5.0V
37(黑)	—	屏蔽	—	—	—
38(紫)	—	传感器接地(发动机机油压力传感器)	—	—	—
39(蓝)	38(紫)	发动机机油压力传感器	输入	发动机暖机怠速运行	1.3V①
				发动机运转中,暖机状态 发动机转速:2000r/min	2.7V①
40(棕)	38(紫)	传感器电源(发动机机油压力传感器)	—	点火开关:ON	5.0V
41(白)	128(灰)	空燃比传感器1	输入	点火开关:ON	2.2V
42(白)	—	传感器接地(排气门正时控制位置传感器)	—	—	—
43(红)	42(白)	排气门正时控制位置传感器	输入	发动机暖机怠速运行(怠速时,脉冲周期随转速改变)	1.0～2.0V①
				发动机运转中 发动机转速:2000r/min	1.0～2.0V①
44(棕)	—	传感器电源(排气门正时控制位置传感器)	—	点火开关:ON	5V
45(黑)	128(灰)	空燃比传感器1	输入	发动机运转中 发动机转速:2000r/min	1.8V(输出电压随空燃比而变化)

续表

端子(线色)		说明		检测条件	规范值
+	—	端子功能	输入/输出		
49(白)	128(灰)	进气歧管管道控制阀电机(关闭)	输出	点火开关 ON 发动机冷却液温度:—7℃和60℃之间 加速踏板:踩下→完全松开	蓄电池电压出现约1s
50(蓝)	128(灰)	进气歧管管道控制阀电机电源	输入	点火开关:ON	蓄电池电压(11～14V)
51(黑)	128(灰)	进气歧管管道控制阀电机(打开)	输出	点火开关 ON 发动机冷却液温度:—7～60℃ 加速踏板:完全松开→踩下	蓄电池电压出现约1s
52(黑)	—	ECM 接地	—	—	—
53(棕)	128(灰)	空燃比传感器1加热器	输入	发动机暖机怠速运行(在启动发动机后超过140s)	2.9～8.8V①
54(黄)	128(灰)	加热型氧传感器2加热器	输出	发动机运转中 发动机转速:满足以下条件之后低于3600r/min 发动机:暖机后,发动机转速保持在3500～4000r/min达1min,并在无负荷下怠速运转1min	10V①
				点火开关:ON 发动机不运行 发动机运转中,转速大于3600r/min	蓄电池电压(11～14V)
56(天蓝)	128(灰)	进气门正时中央锁止控制电磁阀	输出	发动机暖机怠速运行	0
				发动机冷机(发动机冷却液温度低于60℃)怠速运行	蓄电池电压(11～14V)
61(白)	62(红)	蓄电池温度传感器	输入	发动机怠速运行 蓄电池温度:25℃	3.3V
62(红)	—	传感器接地(蓄电池电流传感器,蓄电池温度传感器)	—	—	—
63(绿)	62(红)	蓄电池电流传感器	输入	发动机怠速运行 蓄电池:完全充满②	2.6～3.5V
64(黑)	—	传感器电源(蓄电池电流传感器)	—	点火开关:ON	5.0V
70(白)	—	传感器接地[曲轴位置传感器(位置)]	—	—	—

续表

<table>
<tr><th colspan="2">端子(线色)</th><th colspan="2">说明</th><th rowspan="2">检测条件</th><th rowspan="2">规范值</th></tr>
<tr><th>+</th><th>−</th><th>端子功能</th><th>输入/输出</th></tr>
<tr><td rowspan="2">71(红)</td><td rowspan="2">70(白)</td><td rowspan="2">曲轴位置传感器(位置)</td><td rowspan="2">输入</td><td>发动机暖机怠速运行(怠速时,脉冲周期随转速改变)</td><td>4.0V①</td></tr>
<tr><td>发动机运转中
发动机转速:2000r/min</td><td>4.0V①</td></tr>
<tr><td>72(棕)</td><td>—</td><td>传感器电源[曲轴位置传感器(位置)]</td><td>—</td><td>点火开关:ON</td><td>5.0V</td></tr>
<tr><td>73(黑)</td><td>—</td><td>屏蔽</td><td>—</td><td>—</td><td>—</td></tr>
<tr><td rowspan="2">77(红)</td><td rowspan="2">78(黑)</td><td rowspan="2">节气门位置传感器 2</td><td rowspan="2">输入</td><td>点火开关:ON
发动机不运行,选挡杆:D挡
加速踏板:完全松开</td><td>低于 4.75V</td></tr>
<tr><td>点火开关:ON
发动机不运行,选挡杆:D挡
加速踏板:完全踩下</td><td>高于 0.36V</td></tr>
<tr><td>78(黑)</td><td>—</td><td>传感器接地(节气门位置传感器 1 和 2)</td><td>—</td><td>—</td><td>—</td></tr>
<tr><td rowspan="2">79(白)</td><td rowspan="2">78(黑)</td><td rowspan="2">节气门位置传感器 1</td><td rowspan="2">输入</td><td>点火开关:ON
发动机不运行,选挡杆:D挡
加速踏板:完全松开</td><td>高于 0.36V</td></tr>
<tr><td>点火开关:ON
发动机不运行,选挡杆:D挡
加速踏板:完全踩下</td><td>低于 4.75V</td></tr>
<tr><td>80(绿)</td><td>—</td><td>传感器电源(节气门位置传感器)</td><td>—</td><td>点火开关:ON</td><td>5.0V</td></tr>
<tr><td>81(天蓝)</td><td>128(灰)</td><td>ECM 电源(备用)</td><td>输入</td><td>点火开关:OFF</td><td>蓄电池电压(11～14V)</td></tr>
<tr><td rowspan="2">83(蓝)</td><td rowspan="2">92(浅绿)</td><td rowspan="2">进气歧管管道控制阀位置传感器</td><td rowspan="2">输入</td><td>点火开关:ON
发动机冷却液温度:−12℃和 59℃之间
加速踏板:完全松开</td><td>低于 1.4V</td></tr>
<tr><td>点火开关:ON
发动机冷却液温度:−12℃和 59℃之间
加速踏板:轻轻踩下</td><td>高于 2.8V</td></tr>
<tr><td>84(棕)</td><td>—</td><td>传感器电源(进气歧管管道控制阀位置传感器)</td><td>—</td><td>点火开关:ON</td><td>5.0V</td></tr>
</table>

续表

端子(线色)		说明		检测条件	规范值
+	—	端子功能	输入/输出		
86(棕) 87(黄) 90(浅绿) 91(紫)	128(灰)	1号点火信号 2号点火信号 3号点火信号 4号点火信号	输出	发动机暖机怠速运行(怠速时,脉冲周期随转速改变)	0～0.1V①
				发动机运转中,暖机状态 发动机转速:2000r/min	0～0.2V①
89(紫)	128(灰)	ECM继电器(自切断)	输出	发动机运转中,点火开关:OFF 点火开关按至OFF位置后几秒钟	0～1.0V
				点火开关:OFF 点火开关按至OFF位置后超过几秒钟	蓄电池电压(11～14V)
92(浅绿)	—	传感器接地(进气歧管管道控制阀位置传感器)	—	—	—
93(黄)	128(灰)	进气门正时控制电磁阀	输出	发动机暖机怠速运行	0
				发动机运转中,暖机状态,发动机转速迅速升高到2000r/min	蓄电池电压(11～14V)①
94(棕)	128(灰)	排气门正时控制电磁阀	输出	发动机暖机怠速运行	0
				发动机运转中,暖机状态 发动机转速:2000r/min	蓄电池电压(11～14V)
99(粉红)	—	CAN通信线路(低速)	输入/输出	—	—
100(蓝)	—	CAN通信线路(高速)	输入/输出	—	—
103(紫)	124(天蓝)	制冷剂压力传感器	输入	发动机运转中,暖机状态 打开A/C开关和鼓风机风扇电机开关:ON(压缩机工作)	1.0～4.0V
104(红)	—	传感器电源(制冷剂压力传感器)	—	点火开关:ON	5.0V
109(蓝)	128(灰)	点火开关	输入	点火开关:OFF	0
				点火开关:ON	蓄电池电压(11～14V)
110(绿)	111(红)	ASCD(定速巡航)转向盘开关	输入	点火开关:ON ASCD方向盘开关:OFF	4V
				点火开关:ON 主开关:按下	0
				点火开关:ON CANCEL开关:按下	1V
				点火开关:ON ACCEL/RES开关:按下	3V
				点火开关:ON COAST/SET开关:按下	2V

续表

端子(线色)		说明		检测条件	规范值
+	—	端子功能	输入/输出		
111(红)	—	传感器接地(ASCD方向盘开关)	—	—	—
115(红)	128(灰)	制动灯开关	输入	点火开关:OFF 制动踏板:完全松开	0
				点火开关:OFF 制动踏板:轻轻踩下	蓄电池电压(11～14V)
116(棕)	128(灰)	制动踏板位置开关	输入	点火开关:OFF 制动踏板:完全松开	蓄电池电压(11～14V)
117(白)	128(灰)	PNP信号	输入	点火开关:ON 选挡杆:P挡或N挡	蓄电池电压(11～14V)
				点火开关:ON 选挡杆:除上述以外	0
118(灰)	—	传感器电源(加速踏板位置传感器2)	—	点火开关:ON	5.0V
119(粉红)	120(绿)	加速踏板位置传感器2	输入	点火开关:ON 发动机不运行 加速踏板:完全松开	0.25～0.5V
				点火开关:ON 发动机不运行 加速踏板:完全踩下	2.0～2.5V
120(绿)	—	传感器接地(加速踏板位置传感器2)	—	—	—
121(浅绿)	128(灰)	ECM电源	输入	点火开关:ON	蓄电池电压(11～14V)
122(紫)	—	传感器电源(加速踏板位置传感器1)	—	点火开关:ON	5.0V
124(天蓝)	—	传感器接地(制冷剂压力传感器)	—	—	—
126(天蓝)	127(蓝)	加速踏板位置传感器1	输入	点火开关:ON 发动机不运行 加速踏板:完全松开	0.5～1.0V
				点火开关:ON 发动机不运行 加速踏板:完全踩下	4.2～4.8V
127(蓝)	—	传感器接地(加速踏板位置传感器1)	—	—	—
128(灰)	—	ECM接地	—	—	—

①脉冲信号平均电压(可使用示波器确认实际的脉冲信号)。

②测量端子电压前,确认蓄电池已经充满。

第五节 QASHQAI（逍客）轿车（2010～2015年款）

发动机电控单元接口端子识别见图5-5-1，端子检测见表5-5-1。

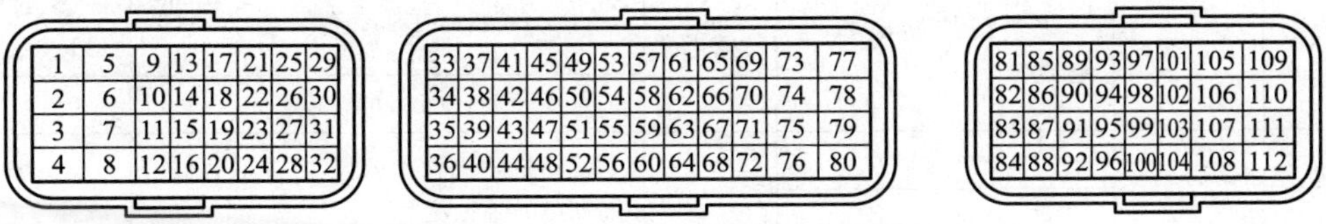

图5-5-1 发动机电控单元端子识别

表5-5-1 发动机电控单元接口端子检测

端子(线色)		端子功能		检测条件	规范值(近似值)
+	－	端子功能	输入/输出		
1(橙)	108(黑)	节气门控制电机(打开)	输出	点火开关:ON 发动机关闭换挡杆:D挡(CVT)、1挡(M/T) 加速踏板:完全踩下	0～14V
2(棕)	108(黑)	节气门控制电机继电器电源	输入	点火开关:ON	蓄电池电压(11～14V)
3(绿)	108(黑)	加热型氧传感器1加热器	输出	发动机运转中,暖机状态 发动机转速:低于3400r/min	10V脉冲
				点火开关:ON 发动机关闭,发动机运转中 发动机转速:大于3400r/min	蓄电池电压(11～14V)
4(粉红)	108(黑)	节气门控制电机(关闭)	输出	点火开关:ON,发动机关闭 换挡杆:D挡(CVT),1挡(M/T) 加速踏板:完全松开	0～14V脉冲
5(天蓝)	108(黑)	加热型氧传感器2加热器	输出	发动机运转中 发动机暖机空载状态下运行,将发动机转速保持在3500～4000r/min之间1min,然后怠速1min 满足以上条件之后,发动机转速低于3600r/min	10V脉冲
				点火开关:ON 发动机关闭发动机转速大于3600r/min	蓄电池电压(11～14V)
9(蓝)	108(黑)	EVAP炭罐净化量控制电磁阀	输出	发动机怠速运行	蓄电池电压(11～14V)脉冲
				发动机转速:约2000r/min(发动机启动超过100s之后)	10V脉冲
10(黑)	—	ECM接地	—	—	—
11(黑)	—	ECM接地	—	—	—

续表

端子(线色)		端子功能		检测条件	规范值（近似值）
+	−	端子功能	输入/输出		
15(黑)	108(黑)	节气门控制电机继电器	输出	点火开关:OFF	蓄电池电压(11～14V)
				点火开关:ON	0～1.0V
17(红)	108(黑)	1号点火信号	输出	发动机暖机怠速运行(怠速时,脉冲周期随转速改变)	0 ～ 0.3V脉冲
18(棕)		2号点火信号			
21(粉红)		4号点火信号		发动机运转中,暖机状态 发动机转速:2500r/min	0.2 ～ 0.5V脉冲
22(天蓝)		3号点火信号			
23(浅绿)	108(黑)	燃油泵继电器	输出	点火开关:ON 点火开关转至ON位置后1s 发动机运转中	0～1.0V
				点火开关:ON 点火开关转至ON位置后超过1s	蓄电池电压(11～14V)
25(紫)	108(黑)	4号燃油喷射器	输出	发动机暖机怠速运行(怠速时,脉冲周期随转速改变)	蓄电池电压(11～14V)脉冲
29(绿)		3号燃油喷射器			
30(橙)		2号燃油喷射器		发动机运转中,暖机状态 发动机转速:2000r/min	蓄电池电压(11～14V)脉冲
31(蓝)		1号燃油喷射器			
32(黄)	108(黑)	ECM继电器(自切断)	输出	发动机运转中 点火开关:OFF 点火开关转至OFF位置后,等待几秒钟	0～1.0V
				点火开关:OFF 点火开关转至OFF位置后,超过几秒钟	蓄电池电压(11～14V)
33(浅绿)	36(黄)	节气门位置传感器1	输入	点火开关:ON 发动机关闭换挡杆:D挡(CVT)、1挡(M/T) 加速踏板:完全松开	高于0.36V
				点火开关:ON 发动机关闭换挡杆:D挡(CVT)、1挡(M/T) 加速踏板:完全踩下	低于4.75V
34(橙)	36(黄)	节气门位置传感器2	输入	点火开关:ON 发动机关闭换挡杆:D挡(CVT)、1挡(M/T) 加速踏板:完全松开	低于4.75V
				点火开关:ON 发动机关闭换挡杆:D挡(CVT)、1挡(M/T) 加速踏板:完全踩下	高于0.36V

续表

端子(线色)		端子功能		检测条件	规范值（近似值）
+	—	端子功能	输入/输出		
36(黄)	—	传感器接地(节气门位置传感器)	—	—	—
37(白)	40(—)	爆震传感器	输入	发动机怠速运行	2.5V
38(粉红)	44(蓝)	发动机冷却液温度传感器	输入	发动机处于运行状态	0～4.8V(输出电压随发动机冷却液温度而变化)
40(—)	—	传感器接地(爆震传感器)	—	—	—
41(绿)	48(紫)	制冷剂压力传感器	输入	发动机运转中，暖机状态，A/C开关和鼓风机电机开关：ON(压缩机工作)	1.0～4.0V
44(蓝)	—	传感器接地(发动机冷却液温度传感器)	—	—	—
45(棕)	52(浅绿)	质量型空气流量传感器	输入	点火开关：ON 发动机关闭	0.4V
				发动机暖机怠速运行	0.9～1.1V
				发动机运转中，暖机状态，发动机转速从怠速上升至约4000r/min	0.9～1.1V至2.4V(检查电压是否随发动机转速升高到约4000r/min而线性上升)
46(红)	55(橙)	进气温度传感器	输入	发动机处于运行状态	0～4.8V(输出电压随进气温度而变化)
48(紫)	—	传感器接地(制冷剂压力传感器)	—	—	—
49(天蓝)	56(粉红)	加热型氧传感器1	输入	发动机运转中，暖机状态，发动机转速2000r/min	0～1.0V
50(白)	59(红)	加热型氧传感器2	输入	发动机运转中 发动机暖机后，在空载状态下，将发动机转速保持在3500～4000r/min之间1min，然后怠速1min 满足以上条件后，发动机转速迅速从怠速升高至3000r/min	0～1.0V
52(浅绿)	—	传感器接地(质量型空气流量传感器)	—	—	—
55(橙)	—	传感器接地(进气温度传感器)	—	—	—
56(粉红)	—	传感器接地(加热型氧传感器1)	—	—	—

续表

端子(线色)		端子功能		检测条件	规范值（近似值）
+	—	端子功能	输入/输出		
59(红)	—	传感器接地(加热型氧传感器 2)	—	—	—
61(棕)	62(灰)	曲轴位置传感器(位置)	输入	发动机暖机怠速运行(怠速时,脉冲周期随转速改变)	4.0V 脉冲
				发动机运转中 发动机转速:2000r/min	4.0V 脉冲
62(灰)	—	传感器接地[曲轴位置传感器(位置)]	—	—	—
63(蓝)	—	传感器接地[凸轮轴位置传感器(相位)]	—	—	—
65(绿)	63(蓝)	凸轮轴位置传感器(相位)	输入	发动机暖机怠速运行(怠速时,脉冲周期随转速改变)	4.0 脉冲
				发动机运转中 发动机转速为 2000r/min	4.0V 脉冲
69(橙)	108(黑)	PNP 信号	输入	点火开关:ON 换挡杆:P 挡或 N 挡(CVT)、空挡(M/T)	蓄电池电压(11～14V)
				点火开关:ON 换挡杆:除上述以外	0
72(紫)	36(黄)	传感器电源(节气门位置传感器)	—	点火开关:ON	5V
73(粉红)	108(黑)	进气门正时控制电磁阀	输出	发动机暖机怠速运行	蓄电池电压(11～14V)
				发动机运转中,暖机状态,迅速提高发动机转速到 2500r/min 时	0～14V 脉冲
74(棕)	48(紫)	传感器电源(制冷剂压力传感器)	—	点火开关:ON	5V
75(绿)	62(灰)	传感器电源[曲轴位置传感器(位置)]	—	点火开关:ON	5V
78(浅绿)	63(蓝)	传感器电源[凸轮轴位置传感器(相位)]	—	点火开关:ON	5V
83(粉红)	—	CAN 通信线路	输入/输出	—	—
84(蓝)	—	CAN 通信线路	输入/输出	—	—
88(橙)	—	数据接口	输入/输出	—	—
93(白)	108(黑)	点火开关	输入	点火开关:OFF	0
				点火开关:ON	蓄电池电压(11～14V)

续表

端子(线色)		端子功能		检测条件	规范值(近似值)
+	—	端子功能	输入/输出		
94(紫)	95(蓝)	ASCD(定速巡航)方向盘开关	输入	点火开关:ON ASCD方向盘开关:OFF	4V
				点火开关:ON MAIN开关:按下	0
				点火开关:ON CANCEL开关:按下	1V
				点火开关:ON RESUME/ACCELERATE 开关:按下	3V
				点火开关:ON SET/COAST开关:按下	2V
95(蓝)	—	传感器接地(ASCD方向盘开关)	—	—	—
99(黄)	108(黑)	制动灯开关	输入	点火开关:OFF 制动踏板,完全松开	0
				点火开关:OFF 制动踏板,轻轻踩下	蓄电池电压(11～14V)
100(红)	108(黑)	ASCD制动开关	输入	点火开关:ON 制动踏板,轻轻踩下	0
				点火开关:ON 制动踏板,完全松开	蓄电池电压(11～14V)
102(棕)	104(天蓝)	传感器电源(加速踏板位置传感器2)	—	点火开关:ON	5V
103(灰)	104(天蓝)	加速踏板位置传感器2	输入	点火开关:ON 发动机关闭,加速踏板:完全松开	0.3～0.6V
				点火开关:ON 发动机关闭,加速踏板,完全踩下	1.95～2.4V
104(天蓝)	—	传感器电源(加速踏板位置传感器2)	—	—	—
105(绿)	108(黑)	ECM电源	输入	点火开关:ON	蓄电池电压(11～14V)
106(紫)	111(红)	传感器电源(加速踏板位置传感器1)	—	点火开关:ON	5V
108(黑)	—	ECM接地	—	—	—
110(白)	111(红)	加速踏板位置传感器1	输入	点火开关:ON 发动机关闭,加速踏板:完全松开	0.6～0.9V
				点火开关:ON 发动机关闭,加速踏板:完全踩下	3.9～4.7V
111(红)	—	传感器接地(加速踏板位置传感器1)	—	—	—

第六节 X-TRAIL（奇骏）轿车（2010～2015年款）

一、发动机电控单元端子检测

发动机电控单元端子识别见图5-6-1，端子检测见表5-6-1。

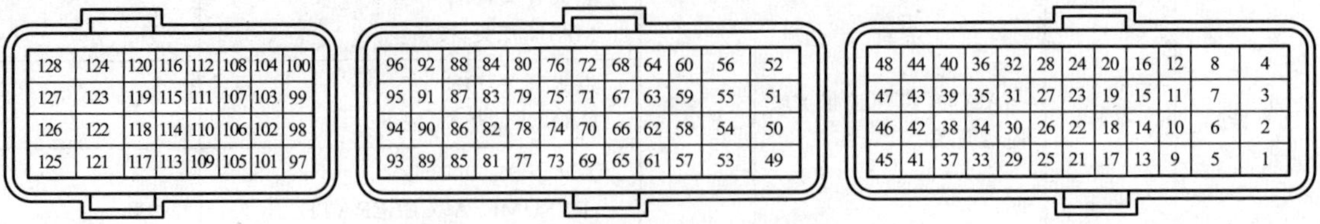

图5-6-1 发动机电控单元端子识别

表5-6-1 发动机电控单元端子检测

端子(线色)		说明		检测条件	规范值
+	—	端子功能	输入/输出		
1(白)	55(灰)	1号喷油器(HI)	输出	发动机暖机怠速运行(怠速时，脉冲周期随转速改变)	蓄电池电压(11～14V)[①]脉冲
2(白)		2号喷油器(HI)			
3(白)		3号喷油器(HI)		发动机运转中 发动机：暖机后 发动机转速：2000r/min	蓄电池电压(11～14V)[①]脉冲
4(白)		4号喷油器(HI)			
5(黑)	55(灰)	1号喷油器(LO)	输出	发动机暖机怠速运行(怠速时，脉冲周期随转速改变)	蓄电池电压(11～14V)[①]脉冲
6(黑)		2号喷油器(LO)			
7(黑)		3号喷油器(LO)		发动机运转中 发动机：暖机后 发动机转速：2000r/min	蓄电池电压(11～14V)[①]脉冲
8(黑)		4号喷油器(LO)			
11(黑)	—	ECM接地	—	—	—
12(棕)	—	屏蔽	—	—	—
14(白)	128(黑)	倒挡/空挡位置信号(M/T)驻车/空挡位置信号(CVT)	输入	点火开关：ON 选挡杆：P挡或N挡	蓄电池电压(11～14V)
				点火开关：ON 选挡杆：除上述挡位外	0
15(红)	—	传感器接地(凸轮轴位置传感器)	—	—	—
19(白)	15(红)	凸轮轴位置传感器	输入	发动机暖机怠速运行(怠速时，脉冲周期随转速改变)	1.0～2.0V[①]脉冲
				发动机运转中 发动机：暖机后 发动机转速：2000r/min	1.0～2.0V[①]脉冲
20(蓝)	—	传感器接地(质量型空气流量传感器，进气温度传感器)	—	—	—

续表

端子(线色)		说明		检测条件	规范值
+	—	端子功能	输入/输出		
21(蓝)	44(棕)	传感器电源(曲轴位置传感器)	—	点火开关:ON	5V
23(黄)	39(红)	传感器电源(燃油轨压力传感器,制冷剂压力传感器,发动机机油压力传感器)	—	点火开关:ON	5V
24(黄)	42(黑)	传感器电源(排气门正时控制位置传感器)	—	点火开关:ON	5V
25(蓝)	—	传感器接地(发动机冷却液温度传感器,发动机机油温度传感器)	—	—	—
28(棕)	20(蓝)	质量型空气流量传感器	输入	点火开关:ON 发动机不运行	0.4V
				发动机暖机怠速运行	0.7～1.2V
				发动机运转中 发动机:暖机后,发动机转速从怠速升高至4000r/min(电压随发动机转速升高而平稳升高)	0.7 ～ 1.2V →2.4V
29(灰)	39(红)	发动机机油压力传感器	输入	发动机暖机怠速运行	1.3V[①]脉冲
				发动机运转中 发动机转速:2000r/min	2.7V[①]脉冲
31(绿)	25(蓝)	发动机冷却液温度传感器	输入	发动机运转中	0～4.8V(输出电压随发动机冷却液温度而变化)
32(粉红)	25(蓝)	发动机机油温度传感器	输入	发动机运转中	0～4.8V(输出电压随发动机机油温度而变化)
33(绿)	39(红)	燃油轨压力传感器	输入	发动机暖机怠速运行	0.82～1.14V
				发动机运转中 发动机暖机后,转速从怠速升高至4000r/min	0.82～2.9V
34(粉红)	39(红)	制冷剂压力传感器	输入	发动机暖机怠速运行 A/C 开关:ON(压缩机工作)	1.0～4.0V
35(紫)	20(蓝)	进气温度传感器	输入	发动机运转中	0～4.8V(输出电压随进气温度而变化)

续表

端子(线色)		说明		检测条件	规范值
+	—	端子功能	输入/输出		
36(未定)	—	传感器接地(爆震传感器)	—	—	—
39(红)	—	传感器接地(燃油轨压力传感器、制冷剂压力传感器、发动机机油压力传感器)	—	—	—
40(白)	36(一)	爆震传感器	输入	发动机怠速运行	2.5V
42(黑)	—	传感器接地(排气门正时控制位置传感器)	—	—	—
43(绿)	15(红)	传感器电压(凸轮轴位置传感器)	—	点火开关:ON	5V
44(棕)	—	传感器接地(曲轴位置传感器)	—	—	—
45(绿)	128(黑)	LIN通信线路	输入/输出	点火开关:ON	12V[①]脉冲
46(浅绿)	42(黑)	排气门正时控制位置传感器	输入	发动机暖机怠速运行(怠速时,脉冲周期随转速改变)	1.0～2.0V[①]脉冲
				发动机运转中 发动机暖机后,转速:2000r/min	1.0～2.0V[①]脉冲
48(灰)	44(棕)	曲轴位置传感器	输入	发动机暖机怠速运行(怠速时,脉冲周期随转速改变)	4.0V[①]脉冲
				发动机运转中 发动机暖机后,转速:2000r/min	4.0V[①]脉冲
49(黄)	55(灰)	喷油器驱动电源1	输入	发动机暖机怠速运行	蓄电池电压(11～14V)
50(紫)	54(棕)	高压燃油泵继电器	输入	发动机暖机怠速运行	蓄电池电压(11～14V)
51(白)	54(棕)	高压燃油泵(HI)	输出	发动机暖机怠速运行(怠速时,脉冲周期随转速改变)	蓄电池电压(11～14V)[①]脉冲
				发动机运转中 发动机暖机后,转速:2000r/min	蓄电池电压(11～14V)[①]脉冲
52(黑)	128(黑)	高压燃油泵(LO)	—	发动机暖机怠速运行(怠速时,脉冲周期随转速改变)	蓄电池电压(11～14V)[①]脉冲
				发动机运转中 发动机暖机后,转速:2000r/min	蓄电池电压(11～14V)[①]脉冲
53(白)	55(灰)	喷油器驱动电源2	输入	发动机暖机怠速运行	蓄电池电压(11～14V)
54(棕)	—	ECM接地(高压燃油泵)	—	—	—

续表

端子(线色)		说明		检测条件	规范值
+	−	端子功能	输入/输出		
55(灰)	—	ECM 接地(喷油器)	—	—	—
56(黑)	—	ECM 接地(喷油器)	—	—	—
57(黄)	59(黑)	加热型氧传感器 2	输入	发动机运转中 发动机暖机后,转速保持在 3500~4000r/min 之间达 1min 并在无负荷下怠速运转 1min 满足以上条件后,发动机转速迅速从怠速升高至 3000r/min	0~1.0V
59(黑)	—	传感器接地(加热型氧传感器 2)	—	—	—
60(红)	75(黑)	传感器电压(节气门位置传感器 1,节气门位置传感器 2)	—	点火开关:ON	5V
62(黑)	—	屏蔽	—	—	—
63(绿)	75(黑)	节气门位置传感器 1	输入	点火开关:ON 发动机不运行选挡杆:D 挡 加速踏板:完全松开	高于 0.36V
				点火开关:ON 发动机不运行选挡杆:D 挡 加速踏板:完全踩下	低于 4.75V
64(黄)	128(黑)	空燃比(A/F)传感器 1	输入	发动机运转中 发动机暖机后,转速:2000r/min	2.2V(随空燃比而变化)
65(白)	128(黑)	节气门控制电机电源	输入	点火开关:ON	蓄电池电压(11~14V)
69(红)	128(黑)	节气门控制电机(打开)	输出	点火开关:ON 发动机:关闭选挡杆:D 挡 加速踏板:完全踩下	3.2V① 脉冲信号
70(—)	—	屏蔽	—	—	—
71(白)	75(黑)	节气门位置传感器 2	输入	点火开关:ON 发动机不运行选挡杆:D 挡 加速踏板:完全松开	低于 4.75V
				点火开关:ON 发动机不运行选挡杆:D 挡 加速踏板:完全踩下	高于 0.36V

续表

端子(线色)		说明		检测条件	规范值
+	−	端子功能	输入/输出		
72(绿)	128(黑)	空燃比(A/F)传感器1	输入	点火开关:ON	1.8V
73(蓝)	128(黑)	节气门控制电机(关闭)	输出	点火开关:ON 发动机不运行选挡杆:D挡 加速踏板:完全松开	1.8V① 脉冲
75(黑)	—	传感器接地(节气门位置传感器1,节气门位置传感器2)	—	—	—
77(米黄)	128(黑)	EVAP炭罐净化量控制电磁阀	输出	发动机怠速运行 加速踏板:启动发动机后完全松开	蓄电池电压(11～14V)①脉冲
				发动机运转中 发动机转速:2000r/min(发动机启动超过100s之后)	10V① 脉冲
78(黄) 82(棕) 86(白) 90(天蓝)	128(黑)	1号点火信号 2号点火信号 3号点火信号 4号点火信号	输出	发动机暖机怠速运行(怠速时,脉冲周期随转速改变)	0～0.3V脉冲
				发动机运转中 发动机暖机后,转速:2000r/min	0.2～0.5V①脉冲
79(紫)	128(黑)	进气歧管管道控制阀电源	输入	发动机暖机怠速运行	蓄电池电压(11～14V)
80(紫)	128(黑)	节气门控制电机继电器	输出	点火开关:OFF	蓄电池电压(11～14V)
				点火开关:ON	0～1.0V
81(绿)	128(黑)	进气歧管管道控制阀(关闭)	输出	发动机暖机怠速运行	0
				发动机运转中 发动机暖机后,空载,当发动机转速从3000r/min降低至怠速时,松开加速踏板	产生电压片刻(11～14V)
85(黄)	128(黑)	进气歧管管道控制阀(打开)	输出	发动机暖机怠速运行	0
				发动机运转中 发动机暖机后,空载,发动机转速从怠速升高至3000r/min	产生电压片刻(11～14V)
87(粉红)	128(黑)	燃油泵继电器	输出	点火开关:ON 点火开关按至ON位置后超过1s 发动机运转中	0～1.0V
				点火开关:ON 点火开关按至ON位置后1s	蓄电池电压(11～14V)

续表

端子(线色)		说明		检测条件	规范值
+	—	端子功能	输入/输出		
89(紫)	59(黑)	加热式氧传感器2加热器	输出	发动机运转中 发动机暖机后,转速保持在3500~4000r/min之间达1min,并在无负荷下怠速运转1min 发动机转速满足以上条件后低于3600r/min	10V[①]脉冲
				点火开关:ON 发动机:关闭发动机运转中 发动机转速:大于3600r/min	蓄电池电压(11~14V)
91(粉红)	128(黑)	ECM继电器(自切断)	输出	发动机运转中 点火开关:OFF 点火开关按至OFF位置后几秒钟	0~1.0V
				点火开关:OFF 点火开关按至OFF位置后超过几秒钟	蓄电池电压(11~14V)
93(粉红)	128(黑)	空燃比(A/F)传感器1加热器	输入	发动机暖机怠速运行(在启动发动机后超过140s)	2.9~8.8V[①]脉冲
94(绿)	128(黑)	进气门正时控制电磁阀	输出	发动机运转中 发动机暖机后,怠速	0
				发动机运转中 发动机暖机后,转速迅速从怠速升高至2000r/min	(11~14V)[①]脉冲
95(灰)	128(黑)	排气门正时控制电磁阀	输出	发动机暖机怠速运行	0
				发动机运转中 发动机:暖机后,发动机转速:2000r/min	蓄电池电压(11~14V)
97(白)	124(红)	大气压力传感器	输入	点火开关:ON	1.8~4.8V输出电压随大气压力变化
99(粉红)	—	CAN-L	输入/输出	—	—
100(蓝)	—	CAN-H	输入/输出	—	—
101(黄)	124(红)	传感器电压(大气压力传感器)	—	点火开关:ON	5V
108(红)	128(黑)	离合器踏板位置开关	输入	点火开关:ON 离合器踏板:完全松开	0
				点火开关:ON 离合器踏板:完全踩下	蓄电池电压(11~14V)
109(浅绿)	128(黑)	点火开关	输入	点火开关:OFF	0
				点火开关:ON	蓄电池电压(11~14V)

续表

端子(线色)		说明		检测条件	规范值
+	−	端子功能	输入/输出		
110(绿)	111(棕)	ASCD(定速巡航)转向盘开关	输入	点火开关:ON ASCD 转向盘开关:OFF	4.0V
				点火开关:ON 主开关:按下	0
				点火开关:ON CANCEL 开关:按下	1.0V
				点火开关:ON RESUME/ACCELERATE 开关:按下	3.0V
				点火开关:ON SET/COAST 开关:按下	2.0V
111(棕)	—	传感器接地(ASCD 转向盘开关)	—	—	—
115(紫)	128(黑)	制动灯开关	输入	点火开关:OFF 制动踏板:完全松开	0
				点火开关:OFF 制动踏板:踩下	蓄电池电压(11～14V)
116(灰)	128(黑)	制动踏板位置开关	输入	点火开关:OFF 制动踏板:完全松开	蓄电池电压(11～14V)
				点火开关:OFF 制动踏板:踩下	0
118(天蓝)	120(浅绿)	传感器电压源(加速踏板位置传感器 2)	—	点火开关:ON	5V
119(黄)	120(浅绿)	加速踏板位置传感器 2	输入	点火开关:ON 发动机不运行加速踏板:完全松开	0.3～0.6V
				点火开关:ON 发动机不运行加速踏板:完全踩下	1.95～2.4V
120(浅绿)	—	传感器接地(加速踏板位置传感器 2)	—	—	—
121(棕)	128(黑)	ECM 电源	输入	点火开关:ON	蓄电池电压(11～14V)
122(紫)	127(红)	传感器电压(加速踏板位置传感器 1)	—	点火开关:ON	5V
123(黑)	—	ECM 接地	—	—	—
124(红)	—	传感器接地(大气压力传感器)	—	—	—
125(黑)	—	ECM 接地	—	—	—

续表

端子(线色)		说明		检测条件	规范值
+	—	端子功能	输入/输出		
126(灰)	127(红)	加速踏板位置传感器 1	输入	点火开关:ON 发动机不运行加速踏板:完全松开	0.6～0.9V
				点火开关:ON 发动机不运行加速踏板:完全踩下	3.9～4.7V
127(红)	—	传感器接地(加速踏板位置传感器 1)	—	—	—
128(黑)	—	ECM 接地	—	—	—

①脉冲信号的平均电压（可使用示波器确认实际的脉冲信号）

二、RE6F01A 自动变速器电控单元端子检测

自动变速器电控单元接口端子识别见图 5-6-2，自动变速器控制单元接口端子排列见表 5-6-2。

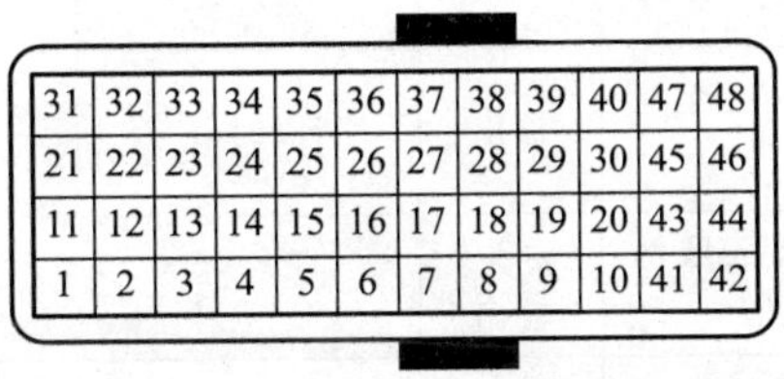

图 5-6-2　自动变速器电控单元端子识别

表 5-6-2　自动变速器控制单元接口端子排列

端子(线色)		端子功能		检测条件		规范值
+	—	信号名称	输入/输出			
1(绿)	接地	R 挡开关	输入	点火开关处于 ON 位置	选挡杆处于 R 挡	蓄电池电压
					除上述位置以外	0
2(黄)	接地	N 挡开关	输入	点火开关处于 ON 位置	选挡杆处于 N 挡	蓄电池电压
					除上述位置以外	0
3(白)	接地	D 挡开关	输入	点火开关处于 ON 位置	选挡杆处于 D 挡	蓄电池电压
					除上述位置以外	0
11(蓝)	接地	P 挡开关	输入	点火开关处于 ON 位置	选挡杆在 P 挡	蓄电池电压
					除上述位置以外	0
12(天蓝)	接地	自动变速器油液温度传感器(－)	输入	一直		0
13(粉红)	12(天蓝)	自动变速器油液温度传感器(＋)	输出	点火开关处于 ON 位置	当 ATF 温度是 20℃(68℉)时	2.52V
					当 ATF 温度是 80℃(176℉)时	0.69V

续表

端子(线色)		端子功能		检测条件		规范值
+	—	信号名称	输入/输出			
14(灰)	接地	L&R/B 压力开关	输出	行驶时	L&R/B 啮合	0
					其他任何操作	蓄电池电压
15(红)	接地	2-6/B 压力开关	输出	行驶时	2-6/B 啮合	0
					其他任何操作	蓄电池电压
18(紫)	接地	H/C 压力开关	输出	行驶时	H/C 啮合	0
					其他任何操作	蓄电池电压
20(黑)	接地	接地	输出	一直		0
23(紫)	接地	输入速度传感器(一)	输入	一直		0
24(黄)	接地	输出速度传感器(一)	输入	一直		0
29(灰)	接地	L&R/B 换挡电磁阀	输出	行驶时	选择 P 挡、R 挡、N 挡后，选择 1 挡	蓄电池电压
					其他任何操作	0
30(紫)	接地	L/C 换挡电磁阀	输出	行驶时	选择 5 挡、6 挡时	蓄电池电压
					其他任何操作	0
31(粉红)	—	控制器区域网络低速通信	输入/输出	—		—
32(蓝)	—	控制器区域网络高速通信	输入/输出	—		—
33(红)	接地	输入速度传感器(+)	输入	在 D 挡位置怠速时(车辆停止时)		332Hz
34(橙)	接地	输入速度传感器(+)	输入	在 D 挡位置以 20km/h 速度行驶时		383Hz
35(浅绿)	接地	3-5R/C 线性电磁阀	输出	行驶时	3-5R/C 啮合	0
					3-5R/C 分离	脉冲信号
36(天蓝)	接地	H/C 线性电磁阀	输出	行驶时	H/C 啮合	0
					H/C 分离	脉冲信号
37(绿)	接地	L/C 线性电磁阀	输出	行驶时	L/C 啮合	脉冲信号
					L/C 分离	0
38(黄)	接地	管路压力线性电磁阀	输出	发动机启动		脉冲信号
				发动机关闭		0
39(白)	接地	L/U&L&R/B 线性电磁阀	输出	行驶时	选择 D 挡后，选择 1 挡，锁止工作	脉冲信号
					其他任何操作	0
40(蓝)	接地	2-6/B 线性电磁阀	输出	行驶时	2-6/B 啮合	脉冲信号
					2-6/B 分离	0

续表

端子(线色)		端子功能		检测条件		规范值
+	—	信号名称	输入/输出			
44(黑)	接地	接地	输出	一直		0
45(白)	接地	电源(记忆备份)	输入	一直		蓄电池电压
46(灰)	接地	电源	输入	点火开关处于ON位置	—	蓄电池电压
				点火开关处于OFF位置	—	0
47(橙)	接地	电源(记忆备份)	输入	一直		蓄电池电压
48(蓝)	接地	电源	输入	点火开关处于ON位置	—	蓄电池电压
				点火开关处于OFF位置	—	0

第七节　SUNNY（阳光）1.2L轿车（2014～2015年款）

发动机电控单元端子识别见图5-7-1，端子检测见表5-7-1。

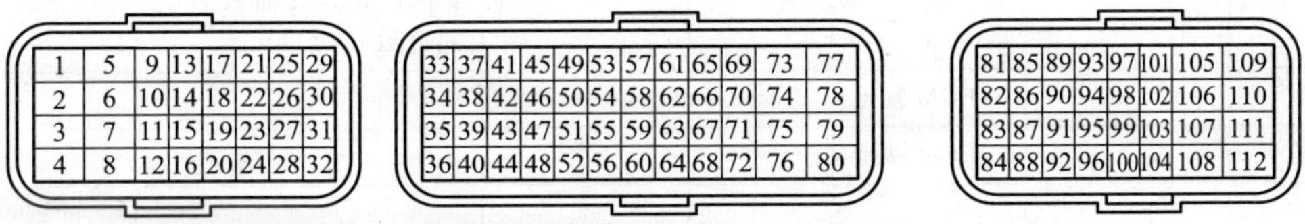

图5-7-1　发动机电控单元端子识别

表5-7-1　发动机电控单元端子检测

端子(线色)		端子功能说明		检测条件	规范值
+	—	信号名称	输入/输出		
1(蓝)	107(黑)	节气门控制电机(打开)	输出	点火开关:ON 发动机不运行 选挡杆:D挡(CVT)、1挡(M/T) 加速踏板:完全踩下	2V[①]脉冲
2(蓝底白色条纹)	107(黑)	节气门控制电机电源	输入	点火开关:ON	蓄电池电压(11～14V)
3(绿)	107(黑)	空燃比传感器1加热器	输出	发动机运转中 暖机状态,怠速(在启动发动机后超过140s)	2.9～8.8V[①]脉冲
4(粉红)	107(黑)	节气门控制电机(关闭)	输出	点火开关:ON 发动机不运行 选挡杆:D挡(CVT)、1挡(M/T) 加速踏板:完全松开	2V[①]脉冲

续表

端子(线色)		端子功能说明		检测条件	规范值
+	-	信号名称	输入/输出		
5(棕底白色条纹)	107(黑)	加热型氧传感器2加热器	输出	发动机运转中 发动机暖机后,转速保持在3500～4000r/min之间达1min,并在无负荷下怠速运转1min 发动机转速:满足以上条件之后低于3900r/min	10V[①]脉冲
				点火开关:ON 发动机不运行 发动机运转中,发动机转速:大于3900r/min	蓄电池电压(11～14V)
6(天蓝)	107(黑)	电压稳定信号	输出	停车/启动系统操作 重新启动时	12V脉冲(起动机电机运转时)[①]
9(天蓝)	107(黑)	EVAP炭罐净化量控制电磁阀	输出	发动机运转中 怠速,发动机启动后,加速踏板完全踩下	蓄电池电压(11～14V)
				发动机运转中 发动机转速:大约2000r/min(发动机启动超过100s之后)	蓄电池电压(11～14V)
10(黑)	—	ECM接地	—	—	—
11(黑)	—	ECM接地	—	—	—
12(红) 16(橙) 20(白) 24(棕)	107(黑)	EGR量控制阀(步骤1) EGR量控制阀(步骤3) EGR量控制阀(步骤2) EGR量控制阀(步骤4)	输出	发动机运转中,怠速	0.5V或蓄电池电压(11～14V)输出电压随EGR量控制阀打开角度而变化(步骤)
15(绿底白色条纹)	107(黑)	节气门控制电机继电器	输出	点火开关:ON→OFF	0～1.0V ↓ 蓄电池电压(11～14V) ↓ 0
				点火开关:ON	0～1.0V
17(紫)	107(黑)	1号点火信号	输出	发动机运转中 暖机状态:怠速(怠速时,脉冲周期随转速改变)	0～0.3V
18(黄底黑色条纹)	107(黑)	2号点火信号		发动机运转中 暖机状态,发动机转速:2500r/min	0.2～0.5V
22(棕)		3号点火信号			

续表

端子(线色)		端子功能说明		检测条件	规范值
+	−	信号名称	输入/输出		
23(灰)	107(黑)	燃油泵继电器	输出	点火开关:ON 点火开关按至 ON 位置后 1s 发动机运转中	0～1.0V
				点火开关:ON 点火开关按至 ON 位置后超过 1s	蓄电池电压(11～14V)
29(绿)	107(黑)	3 号喷油器	输出	发动机暖机怠速(怠速时,脉冲周期随转速改变)	蓄电池电压(11～14V)
30(橙)		2 号喷油器		发动机运转中 暖机状态,发动机转速:2000r/min	蓄电池电压(11～14V)
31(蓝)		1 号喷油器			
32S(粉红)	107(黑)	ECM 继电器(自切断)	输出	发动机运转中 点火开关:OFF 点火开关按至 OFF 位置后几秒钟	0～1.0V
				点火开关:OFF 点火开关按至 OFF 位置后超过几秒钟	蓄电池电压(11～14V)
33(绿)	36(红)	节气门位置传感器 1	输入	点火开关:ON 发动机不运行 选挡杆:D 挡(CVT)、1 挡(M/T) 加速踏板:完全松开	高于 0.36V
				点火开关:ON 发动机不运行 选挡杆:D 挡(CVT),1 挡(M/T) 加速踏板:完全踩下	低于 4.75V
34(蓝)	36(红)	节气门位置传感器 2	输入	点火开关:ON 发动机不运行 选挡杆:D 挡(CVT)、1 挡(M/T) 加速踏板:完全松开	低于 4.75V
				点火开关:ON 发动机不运行 选挡杆:D 挡(CVT)、1 挡(M/T) 加速踏板:完全踩下	高于 0.36V
36(红)	—	传感器接地(节气门位置传感器)	—	—	—

续表

端子(线色)		端子功能说明		检测条件	规范值
+	-	信号名称	输入/输出		
37(白)	40(黑)	爆震传感器	输入	发动机怠速运行	2.5V
38(浅绿)	44(粉红)	发动机冷却液温度传感器	输入	发动机运转中	0~4.8V(输出电压随发动机冷却液温度而变化)
39(蓝)	68(红)	蓄电池温度传感器	输入	发动机运转中	0~4.8V(输出电压随蓄电池温度而变化)
40(黑)	—	传感器接地(爆震传感器遮蔽电路)	—	—	—
41(粉红)	60(黑)	制动助力器压力传感器	输入	发动机怠速运行制动踏板:完全松开	1.25V
				发动机怠速运行制动踏板:轻轻踩下	1.5V
42(红)	51(黄)	EGR温度传感器	输入	发动机运转中,暖机状态	低于4.8V
				发动机运转中,暖机状态 EGR系统:操作中	0~1.5V
43(蓝)	68(红)	大气压力传感器	输入	点火开关:ON	1.8~4.8V(输出电压随大气压力而变化)
44(粉红)	—	传感器接地(发动机冷却液温度传感器)	—	—	—
45(绿底黑色条纹)	52(浅绿)	质量型空气流量传感器	输入	点火开关ON 发动机不运行	0.4V
				发动机暖机怠速	0.8~1.2V
				发动机转速从暖机怠速状态上升至约4000r/min	0.8~1.2V至2.4V检查电压是否随发动机转速升高到约4000r/min而线性上升
46(紫)	55(橙)	进气温度传感器	输入	发动机运转中	0~4.8V(输出电压随进气温度而变化)
47(橙)	60(黑)	制动液压力传感器	输入	点火开关:ON 制动踏板完全松开	0.5V
				点火开关:ON 踩下制动踏板	0.5~4.5V(输出电压随踏板踩踏的深度而变化)

续表

端子(线色)		端子功能说明		检测条件	规范值
+	—	信号名称	输入/输出		
49(粉红)	107(黑)	空燃比传感器 1	输入	发动机运转中 暖机状态,发动机转速:2000r/min	2.2V(输出电压随空燃比而变化)
50(蓝底红色条纹)	59(红底白色条纹)	加热型氧传感器 2	输入	发动机运转中 发动机暖机后转速保持在 3500～4000r/min 之间达 1min,并在无负荷下怠速运转 1min 满足以上条件后,发动机转速迅速从怠速升高至 3000r/min	0～1.0V
51(黄)	—	传感器接地(EGR 温度传感器)	—	—	—
52(浅绿)	—	传感器接地(质量型空气流量传感器)	—	—	—
53(蓝)	107(黑)	空燃比传感器 1	输入	点火开关:ON	1.8V
54(棕)	—	传感器接地(发动机机油温度传感器)	—	—	—
55(橙)	—	传感器接地(进气温度传感器)	—	—	—
57(粉红)	54(棕)	发动机机油温度传感器	输入	发动机运转中	0～4.8V(输出电压随发动机机油温度而变化)
58(橙)	68(红)	蓄电池电流传感器	输入	蓄电池:完全充满[②]发动机怠速运行	2.5～3.5V
59(红底白色条纹)	—	传感器接地(加热型氧传感器 2)	—	—	—
60(黑)	—	传感器接地(制动助力器压力传感器,制动液压力传感器)	—	—	—
61(红)	62(白)	曲轴位置传感器(位置)	输入	发动机暖机怠速(怠速时,脉冲周期随转速改变)	4.0V[①]
				发动机运转中 发动机转速 2000r/min	4.0V[①]
62(白)	—	传感器接地[曲轴位置传感器(位置)]	—	—	—
63(灰)	—	传感器接地[凸轮轴位置传感器(相位)]	—	—	—
65(紫底绿色条纹)	63(灰)	凸轮轴位置传感器(相位)	输入	发动机暖机怠速(怠速时,脉冲周期随转速改变)	0.8V[①]脉冲
				发动机运转中 发动机转速为 2000r/min	0.8V[①]脉冲

续表

端子(线色)		端子功能说明		检测条件	规范值
+	—	信号名称	输入/输出		
68(红)	—	传感器接地(蓄电池电流传感器,大气压力传感器)	—	—	—
69(棕)	107(黑)	PNP(驻车/空挡位置)信号	输入	点火开关:ON 选挡杆:P挡或N挡(CVT)、空挡(M/T)	蓄电池电压(11~14V)
				点火开关:ON 选挡杆:除上述挡位以外	0
70(棕)	107(黑)	发动机通信线路	输入/输出	点火开关:ON	12V脉冲
71(黄)	68(红)	传感器电源(蓄电池电流传感器,大气压力传感器)	—	点火开关:ON	5V
72(白)	36(红)	传感器电源(节气门位置传感器)	—	点火开关:ON	5V
73(粉红)	107(黑)	进气门正时控制电磁阀	输出	发动机暖机怠速	B蓄电池电压(11~14V)①
				发动机由暖机怠速转速迅速升高至2000r/min时	7~10V①脉冲
74(黄)	60(黑)	传感器电源(制动助力器压力传感器,制动液压力传感器)	—	点火开关:ON	5V
75(棕)	62(白)	传感器电源[曲轴位置传感器(位置)]	—	点火开关:ON	5V
78(蓝底白色条纹)	63(灰)	传感器电源[凸轮轴位置传感器(相位)]	—	点火开关:ON	5V
81(紫)	107(黑)	ECM电源(备份)	输入	点火开关:OFF	蓄电池电压(11~14V)
82(天蓝)	107(黑)	启动可操作信号	输出	点火开关:ON	0
				发动机运转中 停车/启动系统启动条件:未形成	蓄电池电压(11~14V)
				发动机运转中 停车/启动系统启动条件:形成	0
83(粉红)	—	控制器区域网络低速通信	输入/输出	—	—
84(蓝)	—	控制器区域网络高速通信	输入/输出	—	—

续表

端子(线色)		端子功能说明		检测条件	规范值
+	—	信号名称	输入/输出		
85(灰)	98(浅绿)	制冷剂压力传感器	输入	发动机运转中 暖机状态，空调开关和鼓风机风扇开关：ON(压缩机工作)	1.0～4.0V
87(浅绿)	107(黑)	发动机重新启动继电器控制信号	输出	停车/启动系统操作重新启动时	0(起动机电机运转时)
				发动机暖机怠速	蓄电池电压(11～14V)
88(灰)	—	数据接口	输入/输出	—	—
89(棕)	107(黑)	停车/启动 OFF 开关	输入	点火开关：ON 停车/启动 OFF 开关：OFF	蓄电池电压(11～14V)
				点火开关：ON 停车/启动 OFF 开关：ON	蓄电池电压(11～14V) ↓ 0 ↓ 蓄电池电压(11～14V)
93(蓝)	107(黑)	点火开关	输入	点火开关：OFF	0
				点火开关：ON	蓄电池电压(11～14V)
98(浅绿)	—	传感器接地(制冷剂压力传感器)	—	—	—
99(粉红)	107(黑)	制动灯开关	输入	点火开关：OFF 制动踏板，完全松开	0
				点火开关：OFF 制动踏板，轻轻踩下	蓄电池电压(11～14V)
100(绿)	107(黑)	制动踏板位置开关	输入	点火开关：OFF 制动踏板，完全松开	蓄电池电压(11～14V)
				点火开关：OFF 制动踏板，轻轻踩下	0
101(白)	98(浅绿)	传感器电源(制冷剂压力传感器)	—	点火开关：ON	5V
102(棕)	104(黄)	传感器电源(加速踏板位置传感器 2)	—	点火开关：ON	5V
103(灰)	104(黄)	加速踏板位置传感器 2	输入	点火开关：ON 发动机不运行，加速踏板：完全松开	0.3～0.6V
				点火开关：ON 发动机不运行，加速踏板：完全踩下	1.95～2.4V

续表

端子(线色)		端子功能说明		检测条件	规范值
+	—	信号名称	输入/输出		
104(黄)	—	传感器接地(加速踏板位置传感器 2)	—	—	—
105(绿)	107(黑)	ECM 电源	输入	点火开关:ON	蓄电池电压(11～14V)
106(紫)	111(红)	传感器电源(加速踏板位置传感器 1)	—	点火开关:ON	5V
107(黑)	—	ECM 接地	—	—	—
110(天蓝)	111(红)	加速踏板位置传感器 1	输入	点火开关:ON 发动机不运行,加速踏板:完全松开	0.6～0.9V
				点火开关:ON 发动机不运行,加速踏板:完全踩下	3.9～4.7V
111(红)	—	传感器接地(加速踏板位置传感器 1)	—	—	—

①脉冲信号的平均电压（可使用示波器确认实际的脉冲信号）。

②测量端子电压前，确认蓄电池已经充满。

第六章

MITSUBISHI（三菱）车系

第一节 PAJERO（帕杰罗）劲畅轿车（2012～2015 年款）

一、6B31 发动机电控单元端子检测

发动机电控单元安装位置及端子识别见图 6-1-1，端子检测见表 6-1-1。

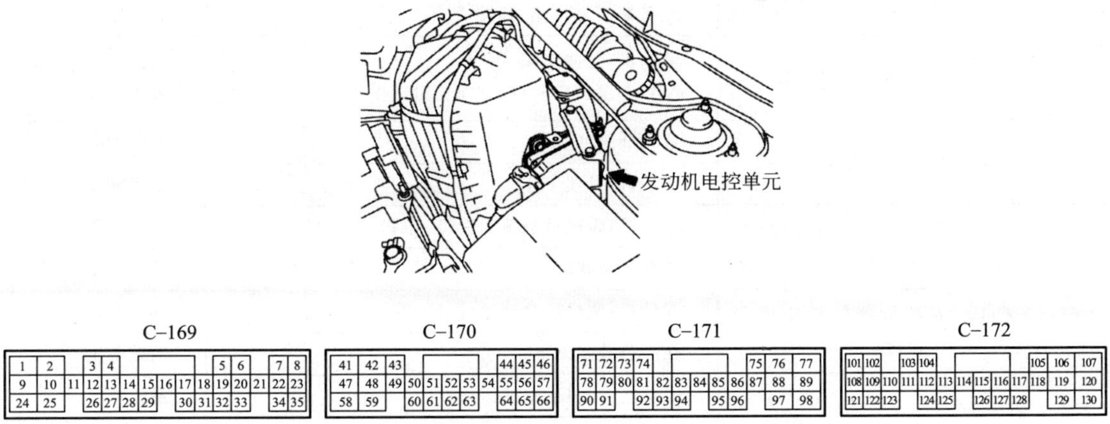

图 6-1-1 发动机电控单元安装位置及端子识别

表 6-1-1 发动机电控单元端子检测

端子	检查项目	检查条件(发动机情况)	正常状况
1	1 号喷油器	发动机:发动机在暖机后怠速时,突然踩下加速踏板	从 9～14V①,临时会稍稍下降
9	2 号喷油器		
24	3 号喷油器		
2	4 号喷油器		
10	5 号喷油器		
25	6 号喷油器		
3	左气缸侧体氧传感器(前)加热器	发动机:暖机后怠速运行(15s 后)	9～11V①
		在高负载状况下	9～11V①→系统电压

续表

<table>
<tr><th>端子</th><th>检查项目</th><th colspan="2">检查条件(发动机情况)</th><th>正常状况</th></tr>
<tr><td rowspan="2">4</td><td rowspan="2">右气缸侧体氧传感器(前)加热器</td><td colspan="2">发动机:暖机后怠速运行(15s后)</td><td>9～11V①</td></tr>
<tr><td colspan="2">在高负载状况下</td><td>9～11V①→系统电压</td></tr>
<tr><td>8</td><td>交流发动机G端子</td><td colspan="2">发动机:暖机后怠速运行
A/C冷凝器风扇:不运转
前照灯开关:OFF→ON
制动灯:OFF→ON
后除雾器开关:OFF→ON</td><td>电压升高</td></tr>
<tr><td>11</td><td>1号点火线圈</td><td colspan="2" rowspan="6">发动机:转速3000r/min</td><td rowspan="6">0.3～3.0V①</td></tr>
<tr><td>12</td><td>2号点火线圈</td></tr>
<tr><td>13</td><td>3号点火线圈</td></tr>
<tr><td>30</td><td>4号点火线圈</td></tr>
<tr><td>23</td><td>5号点火线圈</td></tr>
<tr><td>33</td><td>6号点火线圈</td></tr>
<tr><td rowspan="2">18</td><td rowspan="2">A/C冷凝器风扇继电器</td><td colspan="2">A/C冷凝器风扇:不运转</td><td>系统电压</td></tr>
<tr><td colspan="2">A/C冷凝器风扇:运转</td><td>0～3V</td></tr>
<tr><td>20</td><td>A/C压缩机继电器</td><td colspan="2">发动机:怠速工作
A/C开关:OFF→ON(压缩机工作时)</td><td>系统电压→小于或等于1.0V</td></tr>
<tr><td rowspan="2">21</td><td rowspan="2">燃油泵继电器</td><td colspan="2">点火开关:ON</td><td>系统电压</td></tr>
<tr><td colspan="2">发动机:怠速工作</td><td>小于或等于1.0V</td></tr>
<tr><td rowspan="2">26</td><td rowspan="2">左气缸侧体氧传感器(后)加热器</td><td colspan="2">发动机:暖机后怠速运行(15s后)</td><td>小于或等于1.0V</td></tr>
<tr><td colspan="2">在高负载状况下</td><td>系统电压</td></tr>
<tr><td rowspan="2">27</td><td rowspan="2">右气缸侧体氧传感器(后)加热器</td><td colspan="2">发动机:暖机后怠速运行(15s后)</td><td>小于或等于1.0V</td></tr>
<tr><td colspan="2">在高负载状况下</td><td>系统电压</td></tr>
<tr><td rowspan="2">31</td><td rowspan="2">加油器控制阀</td><td colspan="2">发动机:暖机后怠速运行</td><td>系统电压</td></tr>
<tr><td colspan="2">发动机:转速5000r/min</td><td>小于或等于1V→4～10V①(经过几秒钟之后)</td></tr>
<tr><td rowspan="2">34</td><td rowspan="2">净化控制电磁阀</td><td colspan="2">点火开关:ON</td><td>系统电压</td></tr>
<tr><td colspan="2">发动机:暖机后转速2500r/min(发动机启动程序完成后4min)</td><td>电压降低</td></tr>
<tr><td>41</td><td rowspan="2">供给电源</td><td colspan="2" rowspan="2">点火开关:ON</td><td rowspan="2">系统电压</td></tr>
<tr><td>47</td></tr>
<tr><td rowspan="6">44</td><td rowspan="6">发动机冷却液温度传感器</td><td rowspan="6">点火开关:ON</td><td>发动机冷却液温度为−20℃时</td><td>3.9～4.5V</td></tr>
<tr><td>发动机冷却液温度为0℃时</td><td>3.2～3.8V</td></tr>
<tr><td>发动机冷却液温度为20℃时</td><td>2.3～2.9V</td></tr>
<tr><td>发动机冷却液温度为40℃时</td><td>1.3～1.9V</td></tr>
<tr><td>发动机冷却液温度为60℃时</td><td>0.7～1.3V</td></tr>
<tr><td>发动机冷却液温度为80℃时</td><td>0.3～0.9V</td></tr>
</table>

续表

端子	检查项目	检查条件(发动机情况)		正常状况
46	加速踏板位置传感器(主)	点火开关:ON	松开加速踏板	0.9～1.1V
			完全踩下加速踏板	大于或等于 4.0V
49	发动机控制继电器	点火开关:LOCK(OFF)		系统电压
		点火开关:ON		小于或等于 1.0V
50	曲轴角度传感器	发动机:启动		0.4～4.0V①
		发动机:怠速工作		2.3～3.0V①
51	凸轮轴位置传感器	发动机:启动		0.4～4.0V①
		发动机:怠速工作		2.5～3.9V①
52	动力转向液压力开关	发动机:暖机后怠速运行	当转向盘静止时	系统电压
			当转向盘工作时	小于或等于 1V
54	交流发动机 FR 端子	发动机:暖机后怠速运行		电压降低
		A/C 冷凝器风扇:不运转		
		前照灯开关:OFF→ON		
		制动灯:OFF→ON		
		后除雾器开关:OFF→ON		
55	加速踏板位置传感器(主)电压	点火开关:ON		4.9～5.1V
56	加速踏板位置传感器(副)	点火开关:ON	释放加速踏板	0.4～0.6V
			完全踩下加速踏板	大于或等于 2.0V
58	点火开关-ST	发动机:启动		大于或等于 8V
60	传感器外加电压	点火开关:ON		4.9～5.1V
63	加速踏板位置传感器(副)电压	点火开关:ON		4.9～5.1V
64	进气温度传感器	点火开关:ON	进气温度为−20℃时	3.8～4.4V
			进气温度为 0℃时	3.2～3.8V
			进气温度为 20℃时	2.3～2.9V
			进气温度为 40℃时	1.5～2.1V
			进气温度为 60℃时	0.8～1.4V
			进气温度为 80℃时	0.4～1.0V
65	空气流量传感器	发动机:慢慢增加转速		电压随转速增加而升高
66	备用电源	点火开关:LOCK(OFF)		系统电压
71	左气缸侧体氧传感器(前)	发动机:暖机后转速保持在 2500r/min		0.6V↔1.0V(重复改变)
72	右气缸侧体氧传感器(前)	发动机:暖机后转速保持在 2500r/min		0.5V↔1.4V(重复改变)
73	左气缸侧体氧传感器(后)	变速器:2 挡 车辆在节气门全开下加速行驶时,发动机转速维持在大于或等于 3500r/min		0.6～1.0V

续表

<table>
<tr><th>端子</th><th>检查项目</th><th colspan="2">检查条件(发动机情况)</th><th>正常状况</th></tr>
<tr><td>74</td><td>右气缸侧体氧传感器(后)</td><td colspan="2">变速器:2挡
车辆在节气门全开下加速行驶时,发动机转速维持在大于或等于3500r/min</td><td>1.0～1.5V</td></tr>
<tr><td>75</td><td>氧传感器补偿电压</td><td colspan="2">点火开关:ON</td><td>0.4～0.6V</td></tr>
<tr><td>77</td><td>供至节气门控制伺服的供电电压</td><td colspan="2">点火开关:ON</td><td>系统电压</td></tr>
<tr><td>79</td><td>向节气门位置传感器供给电压</td><td colspan="2">点火开关:ON</td><td>4.9～5.1V</td></tr>
<tr><td rowspan="2">80</td><td rowspan="2">节气门位置传感器(主)</td><td rowspan="2">拆下节气门体处的进气软管
断开电子控制节气门插接器
使用专用工具测试线束(MB991658),仅桥接断开的插接器上的1号、2号、3号和4号接合端子
点火开关:ON(发动机停机)</td><td>用手指完全关闭节气门</td><td>0.3～0.7V</td></tr>
<tr><td>用手指完全打开节气门</td><td>大于或等于4.0V</td></tr>
<tr><td rowspan="2">83</td><td rowspan="2">A/C开关</td><td rowspan="2">发动机:暖机手怠速工作</td><td>A/C开关:OFF</td><td>小于或等于1V</td></tr>
<tr><td>A/C开关:ON</td><td>系统电压(当压缩机离合器工作时)</td></tr>
<tr><td rowspan="2">84</td><td rowspan="2">A/C负荷信号</td><td rowspan="2">发动机:暖机后怠速运行
A/C开关:ON(压缩机离合器工作时)</td><td>当A/C在低负载状态下工作时</td><td>小于或等于1V</td></tr>
<tr><td>当A/C在高负载状态下工作时</td><td>系统电压</td></tr>
<tr><td>86</td><td>车速传感器</td><td colspan="2">点火开关:ON
将车辆缓慢向前移动</td><td>0↔5V(重复改变)</td></tr>
<tr><td>89</td><td>节气门控制伺服(+)</td><td colspan="2">点火开关:ON
加速踏板:完全打开→完全关闭</td><td>蓄电池电压慢慢下降(约2V)</td></tr>
<tr><td rowspan="6">91</td><td rowspan="6">进气歧管绝对压力传感器</td><td rowspan="4">点火开关:ON</td><td>海拔0</td><td>3.8～4.2V</td></tr>
<tr><td>海拔600m</td><td>3.5～3.9V</td></tr>
<tr><td>海拔1200m</td><td>3.3～3.7V</td></tr>
<tr><td>海拔1800m</td><td>3.0～3.4V</td></tr>
<tr><td colspan="2">发动机:暖机后怠速运行</td><td>0.6～1.4V</td></tr>
<tr><td colspan="2">发动机:在暖机后怠速时,迅速踩下加速踏板</td><td>根据进气歧管处的负压而变化</td></tr>
<tr><td rowspan="2">92</td><td rowspan="2">节气门控制伺服继电器</td><td colspan="2">点火开关:LOCK(OFF)</td><td>系统电压</td></tr>
<tr><td colspan="2">点火开关:ON</td><td>小于或等于1.0V</td></tr>
</table>

续表

端子	检查项目	检查条件(发动机情况)		正常状况
95	节气门位置传感器(副)	拆下节气门体处的进气软管 断开电子控制节气门插接器 使用专用工具测试线束(MB991658),仅桥接断开的插接器上的1号、2号、3号和4号接合端子 点火开关:ON(发动机停机)	用手指完全关闭节气门	大于或等于4.0V
			用手指完全打开节气门	小于或等于1.0V
97	节气门控制伺服(—)	点火开关:ON 加速踏板:完全关闭→完全打开		蓄电池电压慢慢下降(约2V)
98	点火开关-IG	点火开关:ON		系统电压
123	制动灯开关	点火开关:ON	踩下制动踏板	系统电压
			松开制动踏板	小于或等于1V
127	可变进气控制电磁阀	发动机:暖机后怠速运行		小于或等于1V
		发动机:转速4000r/min		系统电压

①显示电压为使用模拟电压表的平均值(因为数字电压表可能无法稳定显示平均电压)。

二、ABS电控单元端子检测

ABS电控单元端子识别见图6-1-2,端子检测见表6-1-2。

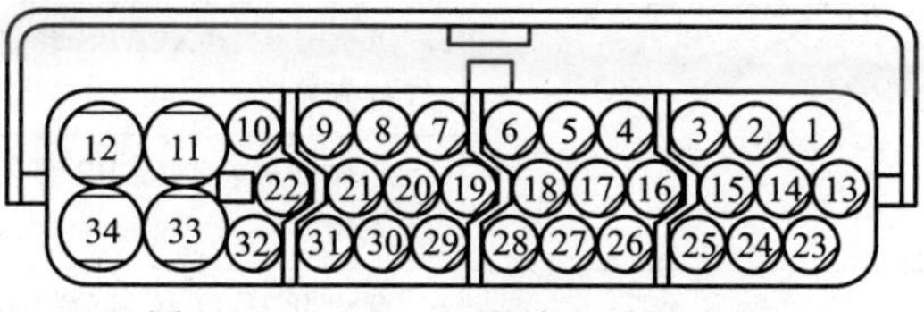

图6-1-2 ABS电控单元端子识别

表6-1-2 ABS电控单元端子检测

端子	功能说明	检测条件	规范值
1	电磁阀电源	始终	蓄电池电压
4②	后差速器锁检测开关输入	后差速器锁检测开关:OFF	约5V
		后差速器锁检测开关:ON	小于或等于0.5V
7	车轮速度传感器(右前)电源	点火开关:ON	接近系统电压
9	车轮速度传感器(左后)电源	点火开关:ON	接近系统电压
10①	加速度传感器(信号)	点火开关:ON 车辆位于水平面	2.4~2.6V
13	电机电源	始终	蓄电池电压

续表

端子	功能说明	检测条件	规范值
14	制动警告灯输出	点火开关:ON(制动警告灯打开)	小于或等于1V
		点火开关:ON(制动警告灯关闭,制动液液位正常且驻车制动器处于关闭位置)	接近系统电压
16	ABS警告灯输出	点火开关:ON(ABS警告灯打开)	小于或等于1V
		点火开关:ON(ABS警告灯关闭)	接近系统电压
19	车轮速度传感器(左前)电源	点火开关:ON	接近系统电压
21	车轮速度传感器(右后)电源	点火开关:ON	接近系统电压
22①	加速度传感器(接地)	始终	小于或等于0.5V
25	ABS-ECU电源(IG1)	点火开关:ON	系统电压
		点火开关:OFF	小于或等于1V
27	制动灯开关输入	制动灯开关:ON	接近系统电压
		制动灯开关:OFF	小于或等于1V
33①	加速度传感器(电源)	点火开关:ON	约5V
3	制动灯开关输入	制动灯开关:ON	蓄电池电压
		制动灯开关:OFF	小于或等于1V
6①	加速度传感器(接地)	务必	小于或等于0.5V
9①	加速度传感器(信号)	点火开关:ON 在水平路面上的车辆	2.4～2.6V
12	电磁阀电源	务必	系统电压
22	ABS警告灯输出	点火开关:ON(ABS警告灯打开)	小于或等于1V
		点火开关:ON(ABS警告灯关闭)	系统电压
25	制动警告灯输出	点火开关:ON(制动警告灯打开)	小于或等于1V
		点火开关:ON(制动警告灯关闭,制动液液位正常并且驻车制动器处于关闭位置)	系统电压
29①	加速度传感器(电源)	点火开关:ON	约5V
30②	后差速器锁检测开关输入	后差速器锁检测开关:OFF	约5V
		后差速器锁检测开关:ON	小于或等于0.5V
32	ABS-ECU电源(IG1)	点火开关:ON	系统电压
		点火开关:OFF	小于或等于1V
34	电机电源	务必	系统电压

①4轮驱动车型。

②配备后差速器锁的车型。

第二节　ASX 劲炫轿车（2011～2014 年款）

一、2.0L 4B11 发动机电控单元端子检测

发动机电控单元安装位置见图 6-2-1，发动机电控单元端子识别见图 6-2-2，端子检测见表 6-2-1。

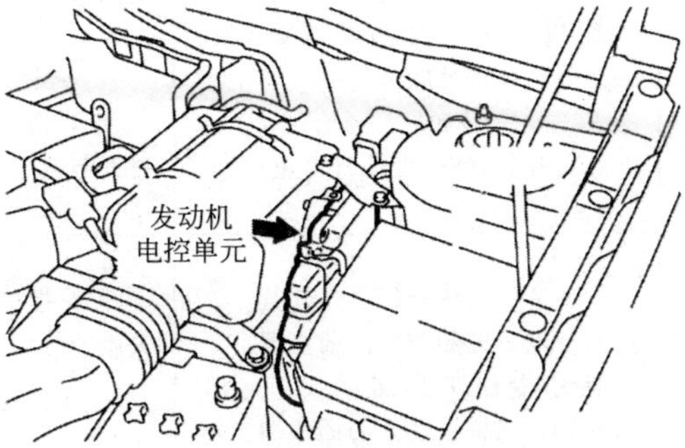

图 6-2-1　发动机电控单元安装位置

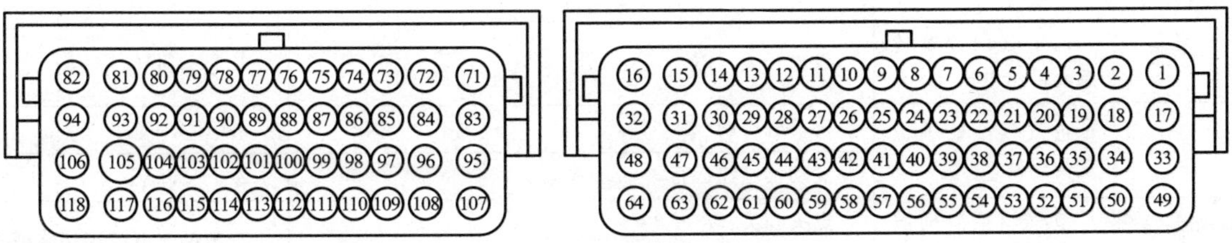

图 6-2-2　发动机电控单元端子识别

表 6-2-1　发动机电控单元端子检测

端子	功能说明	检测条件	规范值
1	正时调节机油控制阀	点火开关:ON	系统电压
		发动机:在高负荷状况下	4～10V①
2	1 号喷油器	发动机暖机后怠速运行时,突然踩下加速踏板	9～15V①(短时间会稍稍下降)
3	2 号喷油器		
18	3 号喷油器		
19	4 号喷油器		
4	1 号点火线圈	发动机:转速 3000r/min	0.3～3.0V①
5	2 号点火线圈		
20	3 号点火线圈		
21	4 号点火线圈		
6	起动机激活信号	发动机:启动	系统电压
		发动机怠速运行	小于或等于 1V
7	排气门凸轮轴位置传感器	发动机:启动	2.0～4.8V①
		发动机怠速运行	2.0～3.0V①

续表

端子	功能说明	检测条件		规范值
8	曲轴角度传感器	发动机启动		0.4～4.0V①
		发动机怠速运行		2.0～3.0V①
9	传感器电压	点火开关:ON		系统电压
10	节气门位置传感器(主)	拆下节气门体处的进气软管 断开电子控制节气门插接器 使用专用工具测试线束(MB 991658),仅桥接断开的插接器上的3号、4号、5号和6号接合端子 点火开关:ON(发动机停止)	用手指完全关闭节气门	0.3～0.7V
			用手指完全打开节气门	4.0～4.8V
11	节气门位置传感器(副)	拆下节气门体处的进气软管 断开电子控制节气门插接器 使用专用工具测试线束(MB 991658),仅桥接断开的插接器上的3号、4号、5号和6号接合端子 点火开关:ON(发动机停机)	用手指完全关闭节气门	大于或等于4V
			用手指完全打开节气门	大于或等于1V
12	向节气门位置传感器供给电压	点火开关:ON		4.9～5.1V
14	进气门凸轮轴位置传感器	发动机启动		2.0～4.8V①
		发动机怠速运行		2.0～3.0V①
15	节气门控制伺服(+)	点火开关:ON 加速踏板:完全打开→完全关闭		从蓄电池电压缓缓降低
16	节气门控制伺服(-)	点火开关:ON 加速踏板:完全关闭→完全打开		从蓄电池电压缓缓降低
17	排气加油器控制阀	点火开关:ON		系统电压
		发动机:在高负荷状况下		4～10V①
26	发动机冷却液温度传感器	点火开关:ON	发动机冷却液温度为-20℃时	3.9～4.5V
			发动机冷却液温度为0℃时	3.2～3.8V
			发动机冷却液温度为20℃时	2.3～2.9V
			发动机冷却液温度为40℃时	1.3～1.9V
			发动机冷却液温度为60℃时	0.7～1.3V
			发动机冷却液温度为80℃时	0.3～0.9V
34	氧传感器加热器(南非版车辆),氧传感器(前)加热器(俄罗斯版车辆)	发动机:暖机后怠速工作(发动机启动后20s)		9～11V
		发动机:高速空转		系统电压
35	氧传感器(后)加热器(俄罗斯版车辆)	发动机:暖机后怠速工作(发动机启动后20s)		9～11V①
		发动机:高速空转		系统电压

续表

端子	功能说明	检测条件		规范值
36	机油压力开关	点火开关:ON		小于或等于 1V
		发动机怠速运行		系统电压
37	净化控制电磁阀	点火开关:ON		系统电压
		发动机:暖机后转速 3000r/min(发动机启动程序完成后 4min)		电压降低
38	氧传感器(南非版车辆),氧传感器(前)(俄罗斯版车辆)	发动机:暖机后转速保持在 2500r/min		小于或等于 0.9V↔1.1~1.5V(重复改变)
39	氧传感器补偿电压(南非版车辆),氧传感器(前)补偿电压(俄罗斯版车辆)	点火开关:ON		0.4~0.6V
40	氧传感器(后)(俄罗斯版车辆)	变速器:2 挡 车辆在节气门全开下加速行驶时,发动机转速维持在大于或等于 3500r/min		1.0~1.5V
41	氧传感器(后)补偿电压(俄罗斯版车辆)	点火开关:ON		0.4~0.6V
44	向歧管绝对压力传感器施加电压	点火开关:ON		4.9~5.1V
45	进气歧管绝对压力传感器	点火开关:ON	海拔 0	3.8~4.2V
			海拔 600m	3.5~3.9V
			海拔 1200m	3.3~3.7V
			海拔 1800m	3.0~3.4V
		发动机:暖机后怠速工作		0.6~1.4V
		发动机:发动机在暖机后怠速时,迅速踩下加速踏板		根据进气歧管处的负压而变化
60	交流发电机 G 端子	发动机:暖机后怠速工作 散热器风扇:不工作 前照灯开关:OFF→ON 制动灯:OFF→ON 后除雾器开关:OFF→ON		电压升高
61	交流发电机 FR 端子	发动机:暖机后怠速工作 散热器风扇:不工作 前照灯开关:OFF→ON 制动灯:OFF→ON 后除雾器开关:OFF→ON		电压降低
62	交流发电机 L 端子	点火开关:ON		0.5~2.0V
		发动机怠速运行		系统电压
72	供至节气门控制伺服的供电电压	点火开关:ON		系统电压

续表

端子	功能说明	检测条件		规范值
73	发动机控制继电器	点火开关:LOCK(OFF)		系统电压
		点火开关:ON		小于或等于 1V
74	加速踏板位置传感器(主)	点火开关:ON	松开加速踏板	0.9～1.1V
			完全踩下加速踏板	4.0～4.8V
75	施加到加速踏板位置传感器(主)上的电压	点火开关:ON		4.9～5.1V
77	加速踏板位置传感器(副)	点火开关:ON	松开加速踏板	0.4～0.6V
			完全踩下加速踏板	2.0～2.5V
78	完全踩下加速踏板施加到加速踏板位置传感器(副)上的电压	点火开关:ON		4.9～5.1V
82	电源	点火开关:ON		系统电压
84	节气门控制伺服继电器	点火开关:LOCK(OFF)		0～0.1V
		点火开关:ON		小于或等于 1V
85	离合器踏板位置开关(M/T)	点火开关:ON	松开离合器踏板	小于或等于 10V
			踩下离合器踏板	小于或等于 1V
87	空气流量传感器	发动机:慢慢增加转速		电压随转速增加而升高
89	进气温度传感器	点火开关:ON	进气温度为－20℃时	3.8～4.4V
			进气温度为 0℃时	3.2～3.8V
			进气温度为 20℃时	2.3～2.9V
			进气温度为 40℃时	1.5～2.1V
			进气温度为 60℃时	0.8～1.4V
			进气温度为 80℃时	0.4～1.0V
92	点火开关-IG	点火开关:ON		系统电压
96	燃油泵继电器	点火开关:ON		系统电压
		发动机怠速运行		小于或等于 1V
102	A/C 压缩机继电器	发动机怠速运行 A/C 开关:OFF→ON(压缩机工作时)		系统电压→小于或等于 1V
104	备用电源	点火开关:LOCK(OFF)		系统电压
105	点火开关-ST	发动机启动		大于或等于 8V
106	起动机继电器	发动机启动		系统电压
		发动机怠速运行		小于或等于 1V
109	车速传感器(M/T)	点火开关:ON 将车辆缓慢向前移动		0～1V↔4～5V(重复改变)

①显示电压为使用模拟电压表的平均值(因为数字电压表可能无法稳定显示平均电压)。

二、1.6L 4A92 发动机电控单元端子检测

发动机电控单元端子识别见图 6-2-3，端子检测见表 6-2-2。

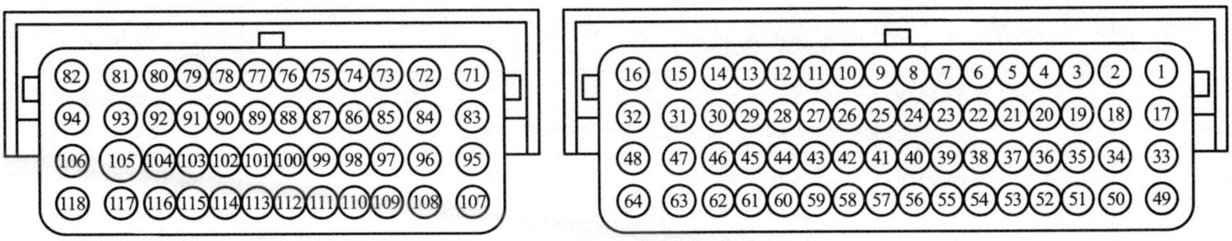

图 6-2-3　发动机电控单元端子识别

表 6-2-2　发动机电控单元端子检测

<table>
<tr><th>端子</th><th>功能说明</th><th colspan="2">检测条件</th><th>规范值</th></tr>
<tr><td rowspan="2">1</td><td rowspan="2">进气门正时调节机油控制阀</td><td colspan="2">点火开关:ON</td><td>系统电压</td></tr>
<tr><td colspan="2">发动机:在高负载状况下</td><td>4～10V①</td></tr>
<tr><td>2</td><td>1 号喷油器</td><td colspan="2" rowspan="4">发动机:发动机在暖机后怠速时,突然踩下加速踏板</td><td rowspan="4">9～15①(短时间会稍稍下降)</td></tr>
<tr><td>3</td><td>2 号喷油器</td></tr>
<tr><td>18</td><td>3 号喷油器</td></tr>
<tr><td>19</td><td>4 号喷油器</td></tr>
<tr><td>4</td><td>1 号点火线圈</td><td colspan="2" rowspan="4">发动机:转速 3000r/min</td><td rowspan="4">0.3～3.0V①</td></tr>
<tr><td>5</td><td>2 号点火线圈</td></tr>
<tr><td>20</td><td>3 号点火线圈</td></tr>
<tr><td>21</td><td>4 号点火线圈</td></tr>
<tr><td rowspan="2">6</td><td rowspan="2">起动机激活信号</td><td colspan="2">发动机启动</td><td>系统电压</td></tr>
<tr><td colspan="2">发动机怠速运行</td><td>小于或等于 1V</td></tr>
<tr><td rowspan="2">8</td><td rowspan="2">曲轴角度传感器</td><td colspan="2">发动机启动</td><td>0.4～4.0V①</td></tr>
<tr><td colspan="2">发动机怠速运行</td><td>2.0～3.0V①</td></tr>
<tr><td>9</td><td>传感器外加电压</td><td colspan="2">点火开关:ON</td><td>系统电压</td></tr>
<tr><td rowspan="2">10</td><td rowspan="2">节气门位置传感器(主)</td><td rowspan="2">拆下节气门体处的进气软管
断开电子控制节气门插接器
使用专用工具测试线束(MB991658),仅桥接断开的插接器上的 3 号、4 号、5 号和 6 号接合端子
点火开关:ON(发动机停机)</td><td>用手指完全关闭节气门</td><td>0.3～0.7V</td></tr>
<tr><td>用手指完全打开节气门</td><td>4.0～4.8V</td></tr>
<tr><td rowspan="2">11</td><td rowspan="2">节气门位置传感器(副)</td><td rowspan="2">拆下节气门体处的进气软管
断开电子控制节气门插接器
使用专用工具测试线束(MB991658),仅桥接断开的插接器上的 3 号、4 号、5 号和 6 号接合端子
点火开关:ON(发动机停机)</td><td>用手指完全关闭节气门</td><td>4.3～4.7V</td></tr>
<tr><td>用手指完全打开节气门</td><td>0.2～0.6V</td></tr>
<tr><td>12</td><td>向节气门位置传感器供给电压</td><td colspan="2">点火开关:ON</td><td>4.9～5.1V</td></tr>
</table>

续表

<table>
<tr><th>端子</th><th>功能说明</th><th colspan="2">检测条件</th><th>规范值</th></tr>
<tr><td rowspan="2">14</td><td rowspan="2">凸轮轴位置传感器</td><td colspan="2">发动机启动</td><td>2.0～4.8V①</td></tr>
<tr><td colspan="2">发动机怠速运行</td><td>3.0～4.0V①</td></tr>
<tr><td>15</td><td>节气门控制伺服(＋)</td><td colspan="2">点火开关:ON
加速踏板:完全打开→完全关闭</td><td>蓄电池电压慢慢下降(约 2V)</td></tr>
<tr><td>16</td><td>节气门控制伺服(－)</td><td colspan="2">点火开关:ON
加速踏板:完全关闭→完全打开</td><td>蓄电池电压慢慢下降(约 2V)</td></tr>
<tr><td rowspan="6">26</td><td rowspan="6">发动机冷却液温度传感器</td><td rowspan="6">点火开关:ON</td><td>发动机冷却液温度为－20℃时</td><td>3.9～4.5V</td></tr>
<tr><td>发动机冷却液温度为 0℃时</td><td>3.2～3.8V</td></tr>
<tr><td>发动机冷却液温度为 20℃时</td><td>2.3～2.9V</td></tr>
<tr><td>发动机冷却液温度为 40℃时</td><td>1.3～1.9V</td></tr>
<tr><td>发动机冷却液温度为 60℃时</td><td>0.7～1.3V</td></tr>
<tr><td>发动机冷却液温度为 80℃时</td><td>0.3～0.9V</td></tr>
<tr><td rowspan="2">34</td><td rowspan="2">氧传感器(前)加热器</td><td colspan="2">发动机:暖机后怠速工作(发动机启动后 20s)</td><td>9～11V①</td></tr>
<tr><td colspan="2">发动机:高速空转</td><td>系统电压</td></tr>
<tr><td rowspan="2">35</td><td rowspan="2">氧传感器(后)加热器</td><td colspan="2">发动机:暖机后怠速工作(发动机启动后 20s)</td><td>9～11V①</td></tr>
<tr><td colspan="2">发动机:高速空转</td><td>系统电压</td></tr>
<tr><td rowspan="2">36</td><td rowspan="2">机油压力开关</td><td colspan="2">点火开关:ON</td><td>小于或等于 1V</td></tr>
<tr><td colspan="2">发动机怠速运行</td><td>系统电压</td></tr>
<tr><td rowspan="2">37</td><td rowspan="2">净化控制电磁阀</td><td colspan="2">点火开关:ON</td><td>系统电压</td></tr>
<tr><td colspan="2">发动机:暖机后转速 3000r/min(发动机启动程序完成后 3min)</td><td>电压降低</td></tr>
<tr><td>38</td><td>氧传感器(前)</td><td colspan="2">发动机:暖机后转速保持在 2500r/min</td><td>小于或等于 0.9V↔1.1～1.5V(重复改变)</td></tr>
<tr><td>39</td><td>氧传感器(前)补偿电压</td><td colspan="2">点火开关:ON</td><td>0.4～0.6V</td></tr>
<tr><td>40</td><td>氧传感器(后)</td><td colspan="2">变速器:2 挡
车辆在节气门全开下加速行驶时,发动机转速维持在大于或等于 3500r/min</td><td>1.0～1.5V</td></tr>
<tr><td>41</td><td>氧传感器(后)补偿电压</td><td colspan="2">点火开关:ON</td><td>0.4～0.6V</td></tr>
<tr><td>44</td><td>向歧管绝对压力传感器施加电压</td><td colspan="2">点火开关:ON</td><td>4.9～5.1V</td></tr>
<tr><td rowspan="6">45</td><td rowspan="6">歧管绝对压力传感器</td><td rowspan="4">点火开关:ON</td><td>海拔:0</td><td>3.8～4.2V</td></tr>
<tr><td>海拔:600m</td><td>3.5～3.9V</td></tr>
<tr><td>海拔:1200m</td><td>3.3～3.7V</td></tr>
<tr><td>海拔:1800m</td><td>3.0～3.4V</td></tr>
<tr><td colspan="2">发动机:暖机后怠速工作</td><td>0.6～1.4V</td></tr>
<tr><td colspan="2">发动机:在暖机后怠速时,迅速踩下加速踏板</td><td>根据进气歧管处的负压而变化</td></tr>
</table>

续表

端子	功能说明	检测条件		规范值
60	交流发电机 G 端子	发动机:暖机后怠速工作 散热器风扇:不工作 前照灯开关:OFF→ON 制动灯:OFF→ON 后除雾器开关:OFF→ON		电压升高
61	交流发电机 FR 端子	发动机:暖机后怠速工作 散热器风扇:不工作 前照灯开关:OFF→ON 制动灯:OFF→ON 后除雾器开关:OFF→ON		电压降低
62	交流发电机 L 端子	点火开关:ON		0.5～2.0V
		发动机怠速运行		系统电压
72	供至节气门控制伺服的供电电压	点火开关:ON		系统电压
73	发动机控制继电器	点火开关:LOCK(OFF)		系统电压
		点火开关:ON		小于或等于 1V
74	加速踏板位置传感器(主)	点火开关:ON	松开加速踏板	0.9～1.1V
			完全踩下加速踏板	4.0～4.8V
75	施加到加速踏板位置传感器(主)上的电压	点火开关:ON		4.9～5.1V
77	加速踏板位置传感器(副)	点火开关:ON	松开加速踏板	0.4～0.6V
			完全踩下加速踏板	2.0～2.5V
78	完全踩下加速踏板施加到加速踏板位置传感器(副)上的电压	点火开关:ON		4.9～5.1V
82	供给电源	点火开关:ON		系统电压
84	节气门控制伺服继电器	点火开关:LOCK(OFF)		0～0.1V
		点火开关:ON		小于或等于 1V
89	进气温度传感器	点火开关:ON	进气温度为－20℃时	3.8～4.4V
			进气温度为 0℃时	3.2～3.8V
			进气温度为 20℃时	2.3～2.9V
			进气温度为 40℃时	1.5～2.1V
			进气温度为 60℃时	0.8～1.4V
			进气温度为 80℃时	0.4～1.0V
92	点火开关-IG	点火开关:ON		系统电压
96	燃油泵继电器	点火开关:ON		系统电压
		发动机怠速运行		小于或等于 1V

续表

端子	功能说明	检测条件		规范值
98	蓄电池温度传感器系统(俄罗斯版车辆除外)	点火开关:ON	蓄电池温度传感器周围的空气温度为－20℃时	3.8～4.4V
			蓄电池温度传感器周围的空气温度为0℃时	3.2～3.8V
			蓄电池温度传感器周围的空气温度为20℃时	2.3～2.9V
			蓄电池温度传感器周围的空气温度为40℃时	1.5～2.1V
			蓄电池温度传感器周围的空气温度为60℃时	0.8～1.4V
			蓄电池温度传感器周围的空气温度为80℃时	0.4～1.0V
99	向蓄电池电流传感器施加电压(俄罗斯版车辆除外)	点火开关:ON		4.9～5.1V
100	蓄电池电流传感器系统(俄罗斯版车辆除外)	蓄电池在放电中 发动机启动		变化值小于3.5V
		蓄电池在充电中 将点火开关置于ON处几分钟,发动机启动后		电压值从大于3.5V始逐渐增加[②]
102	A/C压缩机继电器	发动机怠速运行 空调开关:OFF→ON(压缩机工作)		蓄电池电压→小于或等于1V
104	备用电源	点火开关:LOCK(OFF)		系统电压
105	点火开关-ST	发动机启动		大于或等于8V
106	起动机继电器	发动机启动		系统电压
		发动机怠速运行		小于或等于1V

①显示电压为使用模拟电压表的平均值(因为数字电压表可能无法稳定显示平均电压)。

②如果蓄电池充满电,则输出的读数可能不正确。

第三节 OUTLANDER(欧蓝德)EX劲界轿车(2011～2014年款)

2.4L 4B12发动机电控单元安装位置和端子识别见图6-3-1,端子检测见表6-3-1。

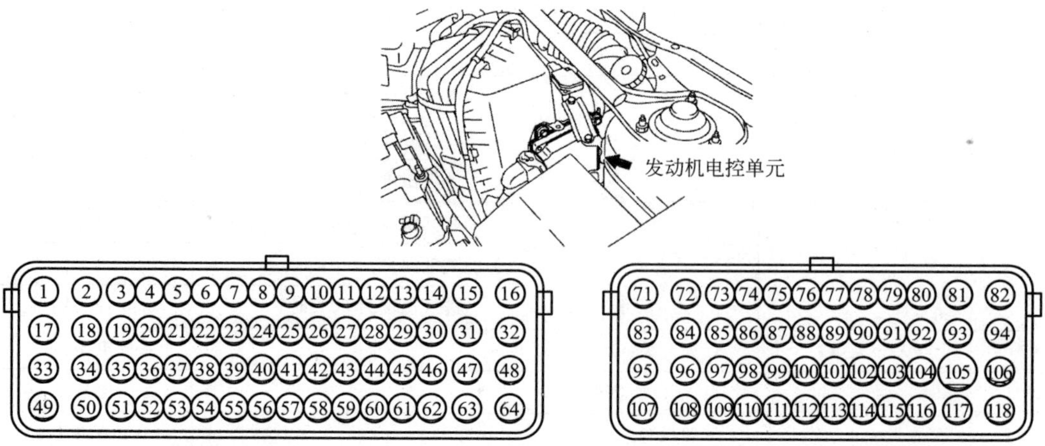

图6-3-1 发动机电控单元安装位置和端子识别

表 6-3-1　发动机电控单元端子检测

<table>
<tr><th>端子</th><th>检查项目</th><th colspan="2">检查情况(发动机工况)</th><th>正常状况</th></tr>
<tr><td rowspan="2">1</td><td rowspan="2">进气门正时调节油压控制阀</td><td colspan="2">点火开关:ON</td><td>系统电压</td></tr>
<tr><td colspan="2">在高负载状况下</td><td>4～10V①</td></tr>
<tr><td>2</td><td>第 1 缸喷油器</td><td colspan="2" rowspan="4">发动机在暖机后怠速时,突然踩下加速踏板</td><td rowspan="4">9～13①(短时间会稍稍下降)</td></tr>
<tr><td>3</td><td>第 2 缸喷油器</td></tr>
<tr><td>18</td><td>第 3 缸喷油器</td></tr>
<tr><td>19</td><td>第 4 缸喷油器</td></tr>
<tr><td>4</td><td>第 1 缸点火线圈</td><td colspan="2" rowspan="4">发动机在 3000r/min 转速运行</td><td rowspan="4">0.1～2.0V①</td></tr>
<tr><td>5</td><td>第 2 缸点火线圈</td></tr>
<tr><td>20</td><td>第 3 缸点火线圈</td></tr>
<tr><td>21</td><td>第 4 缸点火线圈</td></tr>
<tr><td rowspan="2">6</td><td rowspan="2">起动机激活信号</td><td colspan="2">发动机:转动曲轴</td><td>系统电压</td></tr>
<tr><td colspan="2">发动机:怠速</td><td>小于或等于 1V</td></tr>
<tr><td rowspan="2">7</td><td rowspan="2">排气门凸轮轴位置传感器</td><td colspan="2">发动机:转动曲轴</td><td>2.0～4.8V①</td></tr>
<tr><td colspan="2">发动机怠速运行</td><td>2.0～3.0V①</td></tr>
<tr><td rowspan="2">8</td><td rowspan="2">曲轴角度传感器</td><td colspan="2">发动机:转动曲轴</td><td>0.4～4.0V①</td></tr>
<tr><td colspan="2">发动机怠速运行</td><td>2.0～3.0V①</td></tr>
<tr><td>9</td><td>传感器外加电压</td><td colspan="2">点火开关:ON</td><td>4.9～5.1V</td></tr>
<tr><td rowspan="2">10</td><td rowspan="2">节气门位置传感器(主)</td><td rowspan="2">拆下节气门体处的进气软管
断开电子控制节气门插接器
使用专用工具测试线束(MB 991658),仅桥接断开的插接器上的3号、4号、5号和6号接合端子
点火开关:ON(发动机停机)</td><td>用手指完全关闭节气门</td><td>0.3～0.7V</td></tr>
<tr><td>用手指完全打开节气门</td><td>大于或等于 4.0V</td></tr>
<tr><td rowspan="2">11</td><td rowspan="2">节气门位置传感器(副)</td><td rowspan="2">拆下节气门体处的进气软管
断开电子控制节气门插接器
使用专用工具测试线束(MB 991658),仅桥接断开的插接器上的3号、4号、5号和6号接合端子
点火开关:ON(发动机停机)</td><td>用手指完全关闭节气门</td><td>4.3～4.7V</td></tr>
<tr><td>用手指完全打开节气门</td><td>0.3V～0.7V</td></tr>
<tr><td>12</td><td>向节气门位置传感器供给电压</td><td colspan="2">点火开关:ON</td><td>4.9～5.1V</td></tr>
<tr><td rowspan="2">14</td><td rowspan="2">进气门凸轮轴位置传感器</td><td colspan="2">发动机:转动曲轴</td><td>2.0～4.8V①</td></tr>
<tr><td colspan="2">发动机怠速运行</td><td>2.0～3.0V①</td></tr>
<tr><td>15</td><td>节气门控制伺服(+)</td><td colspan="2">点火开关:ON
加速踏板:完全关闭→完全打开</td><td>从蓄电池电压缓缓降低</td></tr>
<tr><td>16</td><td>节气门控制伺服(－)</td><td colspan="2">点火开关:ON
加速踏板:完全关闭→完全打开</td><td>从蓄电池电压缓缓降低</td></tr>
</table>

续表

<table>
<tr><th>端子</th><th>检查项目</th><th colspan="2">检查情况(发动机工况)</th><th>正常状况</th></tr>
<tr><td rowspan="2">17</td><td rowspan="2">排气门正时调节油压控制阀</td><td colspan="2">点火开关:ON</td><td>系统电压</td></tr>
<tr><td colspan="2">在高负载状况下</td><td>4～10V①</td></tr>
<tr><td rowspan="6">26</td><td rowspan="6">发动机冷却液温度传感器</td><td rowspan="6">点火开关:ON</td><td>发动机冷却液温度为−20℃时</td><td>3.9～4.5V</td></tr>
<tr><td>发动机冷却液温度为0℃时</td><td>3.2～3.8V</td></tr>
<tr><td>发动机冷却液温度为20℃时</td><td>2.3～2.9V</td></tr>
<tr><td>发动机冷却液温度为40℃时</td><td>1.3～1.9V</td></tr>
<tr><td>发动机冷却液温度为60℃时</td><td>0.7～1.3V</td></tr>
<tr><td>发动机冷却液温度为80℃时</td><td>0.3～0.9V</td></tr>
<tr><td>31</td><td>EGR阀(A)(装配EGR阀的车辆)</td><td colspan="2" rowspan="4">点火开关:OFF→ON</td><td rowspan="4">为进行初始化,对EGR阀通电3s,然后再断电</td></tr>
<tr><td>32</td><td>EGR阀(B)(装配EGR阀的车辆)</td></tr>
<tr><td>47</td><td>EGR阀(C)(装配EGR阀的车辆)</td></tr>
<tr><td>48</td><td>EGR阀(D)(装配EGR阀的车辆)</td></tr>
<tr><td rowspan="2">34</td><td rowspan="2">氧传感器加热器(未装配EGR阀的车辆),氧传感器(前)加热器(装配EGR阀的车辆)</td><td colspan="2">点火开关:ON</td><td>小于或等于13①</td></tr>
<tr><td colspan="2">发动机:暖机后怠速工作(2min后)</td><td>系统电压</td></tr>
<tr><td rowspan="2">35</td><td rowspan="2">氧传感器(后)加热器(装配EGR阀的车辆)</td><td colspan="2">点火开关:ON</td><td>小于或等于13V①</td></tr>
<tr><td colspan="2">发动机:暖机后怠速工作(2min后)</td><td>系统电压</td></tr>
<tr><td rowspan="2">36</td><td rowspan="2">机油压力开关</td><td colspan="2">点火开关:ON</td><td>小于或等于1V</td></tr>
<tr><td colspan="2">发动机怠速运行</td><td>系统电压</td></tr>
<tr><td rowspan="2">37</td><td rowspan="2">净化控制电磁阀</td><td colspan="2">点火开关:ON</td><td>系统电压</td></tr>
<tr><td colspan="2">发动机:暖机后转速保持在2500r/min(发动机起动程序完成后4min)</td><td>电压降低</td></tr>
<tr><td>38</td><td>氧传感器(未装配EGR阀的车辆),氧传感器(前)(装配EGR阀的车辆)</td><td colspan="2">发动机:暖机后转速保持在2500r/min</td><td>0.5V↔1.4V(重复变化)</td></tr>
<tr><td>39</td><td>氧传感器偏移量(未装配EGR阀的车辆),氧传感器(前)偏移量(装配EGR阀的车辆)</td><td colspan="2">点火开关:ON</td><td>0.4～0.6V</td></tr>
<tr><td>40</td><td>氧传感器(后)(装配EGR阀的车辆)</td><td colspan="2">变速器:2挡
车辆在节气门全开下加速行驶时,发动机转速维持在大于或等于3500r/min</td><td>1.0～1.5V</td></tr>
<tr><td>41</td><td>氧传感器(后)补偿电压(装配EGR阀的车辆)</td><td colspan="2">点火开关:ON</td><td>0.4～0.6V</td></tr>
</table>

续表

端子	检查项目	检查情况(发动机工况)		正常状况
44	向进气歧管绝对压力传感器施加电压	点火开关:ON		4.9～5.1V
45	进气歧管绝对压力传感器	点火开关:ON	海拔:0	3.8～4.2V
			海拔:600m	3.5～3.9V
			海拔:1200m	3.3～3.7V
			海拔:1800m	3.0～3.4V
		发动机:暖机后怠速工作		0.8～2.4V
		发动机:在暖机后怠速时,迅速踩下加速踏板		根据进气歧管处的负压而变化
58	动力转向液压力开关	发动机:暖机后怠速	转向盘静止时	系统电压
			转动转向盘时	小于或等于1V
60	交流发电机G端子	发动机:暖机后怠速工作 散热器风扇:不工作 前照灯开关:OFF→ON 制动灯:OFF→ON 后除雾器开关:OFF→ON		电压升高
61	交流发电机FR端子	发动机:暖机后怠速工作 散热器风扇:不工作 前照灯开关:OFF→ON 制动灯:OFF→ON 后除雾器开关:OFF→ON		电压降低
62	交流发电机L端子	点火开关:ON		0.5～2.0V
		发动机怠速运行		系统电压
72	供至节气门控制伺服的供电电压	点火开关:ON		系统电压
73	发动机控制继电器	点火开关:LOCK(OFF)		系统电压
		点火开关:ON		小于或等于1V
74	加速踏板位置传感器(主)	点火开关:ON	释放加速踏板	0.9～1.1V
			完全踩下加速踏板	大于或等于4.0V
75	施加到加速踏板位置传感器(主)上的电压	点火开关:ON		4.9～5.1V
77	加速踏板位置传感器(副)	点火开关:ON	释放加速踏板	0.4～0.6V
			完全踩下加速踏板	大于或等于2.0V
78	施加到加速踏板位置传感器(副)上的电压	点火开关:ON		4.9～5.1V
82	供给电源	点火开关:ON		系统电压
84	节气门控制伺服继电器	点火开关:LOCK(OFF)		0～0.1V
		点火开关:ON		小于或等于1V

续表

<table>
<tr><th>端子</th><th>检查项目</th><th colspan="2">检查情况(发动机工况)</th><th>正常状况</th></tr>
<tr><td>87</td><td>空气流量传感器</td><td colspan="2">发动机:慢慢增加转速</td><td>电压随转速增加而升高</td></tr>
<tr><td rowspan="6">89</td><td rowspan="6">进气温度传感器</td><td rowspan="6">点火开关:ON</td><td>进气温度为−20℃时</td><td>3.8～4.4V</td></tr>
<tr><td>进气温度为 0 时</td><td>3.2～3.8V</td></tr>
<tr><td>进气温度为 20℃时</td><td>2.3～2.9V</td></tr>
<tr><td>进气温度为 40℃时</td><td>1.5～2.1V</td></tr>
<tr><td>进气温度为 60℃时</td><td>0.8～1.4V</td></tr>
<tr><td>进气温度为 80℃时</td><td>0.4～1.0V</td></tr>
<tr><td>92</td><td>点火开关-IG</td><td colspan="2">点火开关:ON</td><td>系统电压</td></tr>
<tr><td rowspan="2">96</td><td rowspan="2">燃油泵继电器</td><td colspan="2">点火开关:ON</td><td>系统电压</td></tr>
<tr><td colspan="2">发动机怠速运行</td><td>小于或等于 1V</td></tr>
<tr><td>102</td><td>空调压缩机继电器</td><td colspan="2">发动机怠速运行
空调开关:OFF→ON(压缩机工作)</td><td>系统电压→小于或等于 1V</td></tr>
<tr><td>104</td><td>备用电源</td><td colspan="2">点火开关:LOCK(OFF)</td><td>系统电压</td></tr>
<tr><td>105</td><td>点火开关-ST</td><td colspan="2">发动机:转动曲轴</td><td>系统电压</td></tr>
<tr><td rowspan="2">106</td><td rowspan="2">起动机继电器</td><td colspan="2">发动机:转动曲轴</td><td>系统电压</td></tr>
<tr><td colspan="2">发动机怠速运行</td><td>小于或等于 1V</td></tr>
</table>

①显示电压为使用模拟电压表的平均值（因为数字电压表可能无法稳定显示平均电压）。

第七章

TOYOTA（丰田）车系

第一节 FJ CRUISER（酷路泽）4.0L 轿车（2012～2015 年款）

发动机电控单元安装在仪表板右侧的杂物箱后，端子识别见图 7-1-1，端子检测见表 7-1-1。

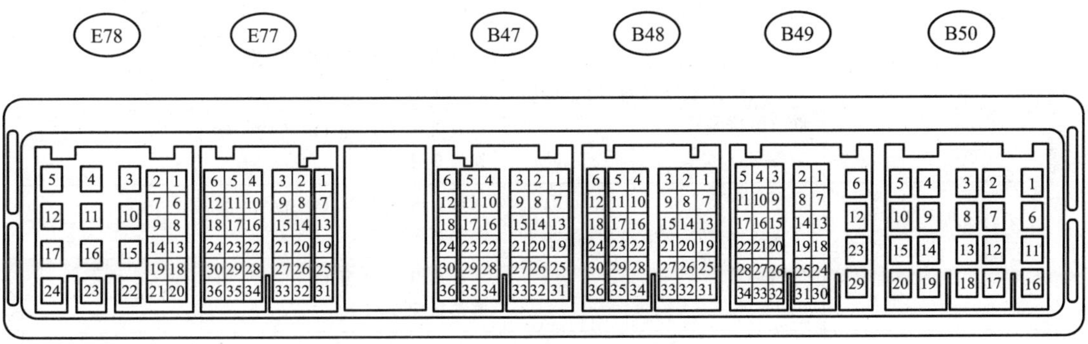

图 7-1-1 发动机电控单元端子识别

表 7-1-1 发动机电控单元端子检测

端子	功能说明	检测条件	规范值
E78-24 与 B49-12	蓄电池（用于测量蓄电池电压和为发动机控制模块存储器供电）	任何工况	11～14V
B49-23 与 B49-12	节气门电机电源	任何工况	11～14V
E77-21 与 B49-12	点火开关	点火开关转至 ON 位置	11～14V
E78-22 与 B49-12	发动机控制模块电源	点火开关转至 ON 位置	11～14V
E78-23 与 B49-12	发动机控制模块电源	点火开关转至 ON 位置	11～14V
B48-19 与 B48-20	凸轮轴正时机油控制阀（气缸列 1，进气）	点火开关转至 ON 位置	用示波器测量，应读取到图 7-1-2 所示波形信号
B47-19 与 B47-20	凸轮轴正时机油控制阀凸轮轴正时机油控制阀（气缸列 2，进气）	点火开关转至 ON 位置	用示波器测量，应读取到图 7-1-2 所示波形信号
B48-21 与 B48-22	凸轮轴正时机油控制阀（气缸列 1，排气）	点火开关转至 ON 位置	用示波器测量，应读取到图 7-1-2 所示波形信号

续表

端子	功能说明	检测条件	规范值
B47-21 与 B47-22	凸轮轴正时机油控制阀(气缸列 2,排气)	点火开关转至 ON 位置	用示波器测量,应读取到图 7-1-2 所示波形信号
E78-9 与 B49-12	发动机燃油喷射继电器	点火开关转至 ON 位置	11～14V
B47-15 与 B48-8	传感器供电	点火开关转至 ON 位置	4.5～5.5V
B48-14 与 B48-13	空气质量流量传感器	发动机怠速,换挡杆设置在 P 或 N 挡,空调关闭	0.5～3.0V
B48-15 与 B48-7	进气温度传感器	发动机怠速,进气温度为 20℃	0.5～3.4V
B49-17 与 B48-8	发动机冷却液温度传感器	发动机怠速,发动机冷却液温度为 80℃	0.2～1.0V
B49-15 与 B49-14	节气门位置传感器(用于发动机控制)	点火开关转至 ON 位置,节气门全关	0.5～1.2V
		点火开关转至 ON 位置,节气门全开	3.2～4.8V
B49-16 与 B49-14	节气门位置传感器(用于传感器故障检测)	点火开关转至 ON 位置,节气门全关	2.1～3.1V
		点火开关转至 ON 位置,节气门全开	4.5～5V
E77-6 与 E77-3	加速踏板位置传感器(用于发动机控制)	点火开关转至 ON 位置,加速踏板不踩下	0.5～1.1V
		点火开关转至 ON 位置,加速踏板完全踩下	2.6～4.5V
E77-5 与 E77-1	加速踏板位置传感器(用于传感器故障检测)	点火开关转至 ON 位置,加速踏板不踩下	1.2～2.0V
		点火开关转至 ON 位置,加速踏板完全踩下	3.4～5.0V
E77-4 与 E77-3	加速踏板位置传感器电源	点火开关转至 ON 位置	4.5～5.5V
E77-2 与 E77-1	加速踏板位置传感器电源	点火开关转至 ON 位置	4.5～5.5V
B50-17 与 B50-16	空燃比传感器加热器	发动机怠速	用示波器测量,应读取到图 7-1-3 所示波形信号
		点火开关转至 ON 位置	11～14V
B50-19 与 B50-18	空燃比传感器加热器	发动机怠速	用示波器测量,应读取到图 7-1-3 所示波形信号
		点火开关转至 ON 位置	11～14V
B49-1 与 B49-12	空燃比传感器	点火开关转至 ON 位置	3.3V
B49-7 与 B49-12	空燃比传感器	点火开关转至 ON 位置	3.3V
B49-2 与 B49-12	空燃比传感器	点火开关转至 ON 位置	2.9V
B49-8 与 B49-12	空燃比传感器	点火开关转至 ON 位置	2.9V

续表

端子	功能说明	检测条件	规范值
B50-12 与 B50-11	氧传感器加热器	发动机怠速	低于 3.0V
		点火开关转至 ON 位置	11～14V
B50-13 与 B50-11	氧传感器加热器	发动机怠速	低于 3.0V
		点火开关转至 ON 位置	11～14V
B47-2 与 B47-1	氧传感器	发动机暖机后，将发动机转速升高到 2500r/min 并保持 2min	用示波器测量，应读取到图 7-1-4 所示波形信号
B47-4 与 B47-3	氧传感器	发动机暖机后，将发动机转速升高到 2500r/min 并保持 2min	用示波器测量，应读取到图 7-1-4 所示波形信号
B50-6 与 B50-14	喷油器	点火开关转至 ON 位置	11～14V
		发动机怠速	用示波器测量，应读取到图 7-1-5 所示波形信号
B50-1 与 B50-14	喷油器	点火开关转至 ON 位置	11～14V
		发动机怠速	用示波器测量，应读取到图 7-1-5 所示波形信号
B50-7 与 B50-14	喷油器	点火开关转至 ON 位置	11～14V
		发动机怠速	用示波器测量，应读取到图 7-1-5 所示波形信号
B50-2 与 B50-14	喷油器	点火开关转至 ON 位置	11～14V
		发动机怠速	用示波器测量，应读取到图 7-1-5 所示波形信号
B50-8 与 B50-14	喷油器	点火开关转至 ON 位置	11～14V
		发动机怠速	用示波器测量，应读取到图 7-1-5 所示波形信号
B50-3 与 B50-14	喷油器	点火开关转至 ON 位置	11～14V
		发动机怠速	用示波器测量，应读取到图 7-1-5 所示波形信号
B48-11 与 B48-12	爆震传感器 1	发动机暖机后，将发动机转速保持在 4000r/min	用示波器测量，应读取到图 7-1-6 所示波形信号
B48-5 与 B48-6	爆震传感器 2	发动机暖机后，将发动机转速保持在 4000r/min	用示波器测量，应读取到图 7-1-6 所示波形信号
B47-9 与 B47-10	可变气门正时传感器（气缸列 1，进气）	发动机怠速	产生脉冲

续表

端子	功能说明	检测条件	规范值
B47-12 与 B47-11	可变气门正时传感器可变气门正时传感器(气缸列 2,排气)	发动机怠速	产生脉冲
B47-13 与 B47-14	可变气门正时传感器(气缸列 1,进气)	发动机怠速	产生脉冲
B47-18 与 B47-17	可变气门正时传感器可变气门正时传感器(气缸列 2,排气)	发动机怠速	产生脉冲
B47-6 与 B47-5	曲轴位置传感器	发动机怠速	产生脉冲
B49-24 与 B49-12	点火线圈 1	发动机怠速	产生脉冲
B49-25 与 B49-12	点火线圈 2	发动机怠速	产生脉冲
B49-26 与 B49-12	点火线圈 3	发动机怠速	产生脉冲
B49-27 与 B49-12	点火线圈 4	发动机怠速	产生脉冲
B49-28 与 B49-12	点火线圈 5	发动机怠速	产生脉冲
B49-29 与 B49-12	点火线圈 6	发动机怠速	产生脉冲
B49-6 与 B49-12	点火确认信号	点火开关转至 ON 位置	4.5～5.5V
		发动机怠速	产生脉冲
B49-18 与 B49-12	燃油蒸发活性炭罐清污阀	点火开关转至 ON 位置	11～14V
		发动机怠速	产生脉冲
E78-18 与 B49-12	仪表板车速信号	点火开关转至 ON 位置,慢慢转动驱动轮	用示波器测量,应读取到图 7-1-7 所示波形信号
E77-10 与 B49-12	起动机信号	发动机转动	11～14V
E77-18 与 B49-12	制动灯开关	制动踏板踩下	7.5～14V
		制动踏板松开	低于 1.5V
E78-8 与 B49-12	制动灯开关	点火开关转至 ON 位置,制动踏板踩下	7.5～14V
		点火开关转至 ON 位置,制动踏板松开	低于 1.5V
B48-2 与 B49-12	驻车/空挡位置开关	点火开关转至 ON 位置,变速器挡位设置在 P 或 N 挡位置	低于 3.0V
		点火开关转至 ON 位置,变速器挡位没有设置在 P 或 N 挡位置	11～14V
B50-20 与 B50-10	节气门电机	发动机暖机怠速	产生脉冲
B49-29 与 B50-10	节气门电机	发动机暖机怠速	产生脉冲
E77-8 与 B49-12	燃油泵控制	点火开关转至 ON 位置	11～14V
B78-3 与 B49-12	燃油泵控制	点火开关转至 ON 位置	11～14V
E78-13 与 B49-12	故障指示灯	点火开关转至 ON 位置	低于 3.0V
		发动机怠速	11～14V

续表

端子	功能说明	检测条件	规范值
E78-10 与 B49-12	电器负载	后窗除霜器或尾灯开关关闭	0～1.5V
		后窗除霜器或尾灯开关开启	7.5～14V
E77-28 与 B49-12	DLC(诊断数据链路连接器)3的 TC 端子	点火开关转至 ON 位置	11～14V
E77-29 与 B49-12	发动机转速信号	发动机怠速	用示波器测量，应读取到图 7-1-8 所示波形信号
B48-16 与 B49-12	动力转向压力开关	点火开关转至 ON 位置	11～14V
E77-19 与 B49-12	燃油蒸发活性炭罐通风阀	点火开关转至 ON 位置	11～14V
E77-7 与 B49-12	燃油蒸发排放活性炭罐泄漏探测泵	探测泵处于关闭状态	0～3V
		探测泵处于开启状态	11～14V
E48-1 与 B48-8	燃油蒸发活性炭罐压力传感器	点火开关转至 ON 位置	3～3.6V
E78-17 与 B49-12	安全气囊	发动机暖机怠速	用示波器测量，应读取到图 7-1-9 所示波形信号
E77-32 与 B49-12	CAN(控制器区域网络)通信电路	点火开关转至 ON 位置	产生脉冲
E77-31 与 B49-12	CAN(控制器区域网络)通信电路	点火开关转至 ON 位置	产生脉冲

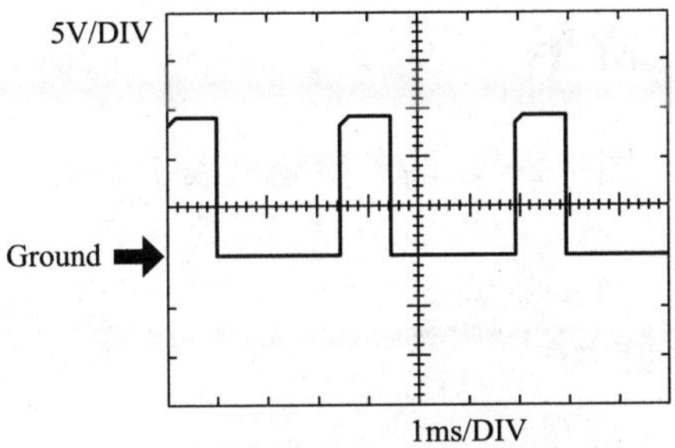

图 7-1-2　凸轮轴正时机油控制阀信号波形

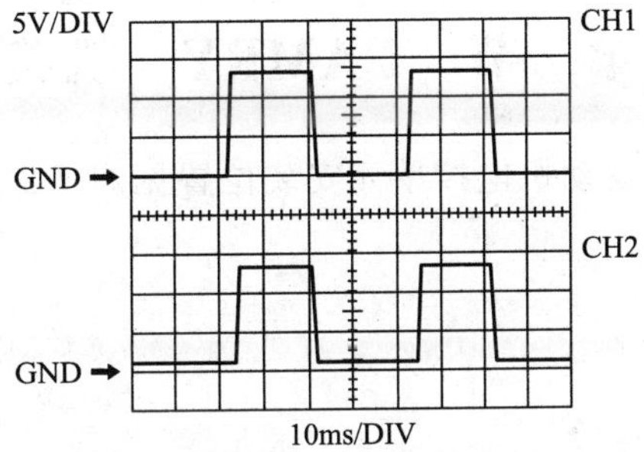

图 7-1-3　空燃比传感器加热器信号波形

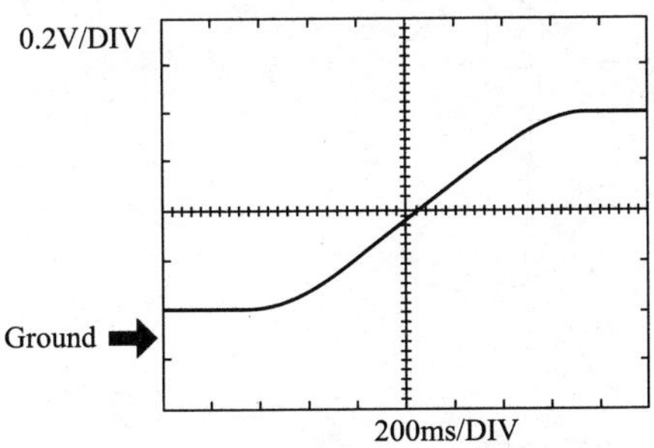

图 7-1-4　氧传感器信号波形

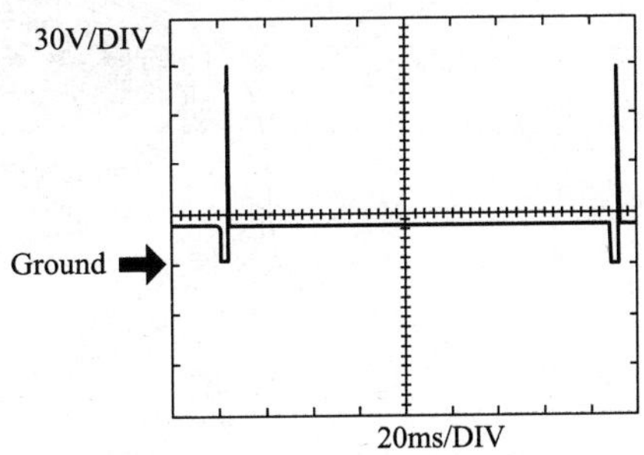

图 7-1-5　喷油器信号波形

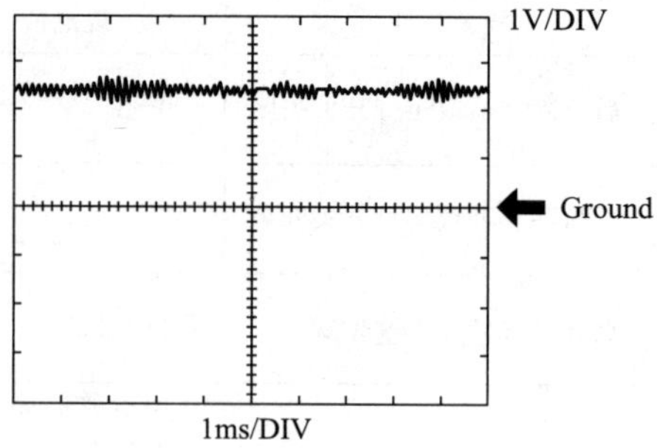

图 7-1-6 爆震传感器信号波形

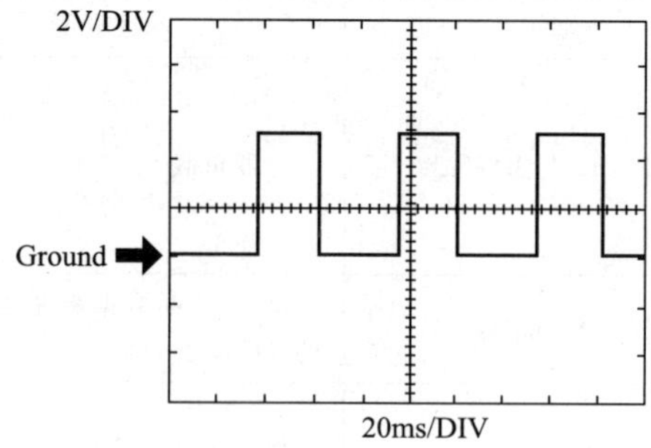

图 7-1-7 车速传感器信号波形

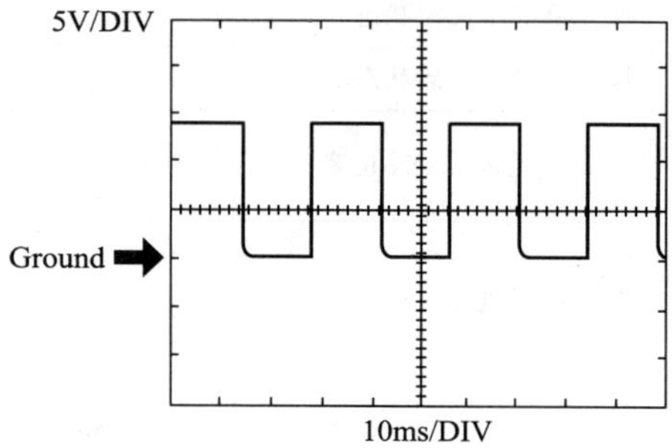

图 7-1-8 发动机转速传感器信号波形

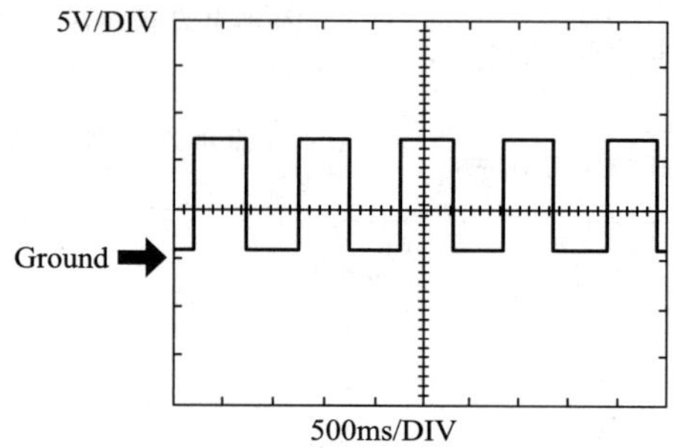

图 7-1-9 安全气囊信号波形

第二节 CAMRY（凯美瑞）2.5L轿车（2012～2015年款）

发动机电控单元安装位置见图 7-2-1，端子识别见图 7-2-2，端子检测见表 7-2-1。

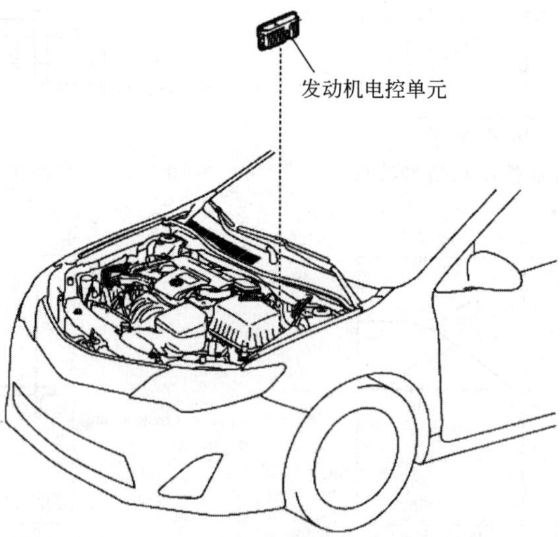

图 7-2-1 发动机电控单元安装位置

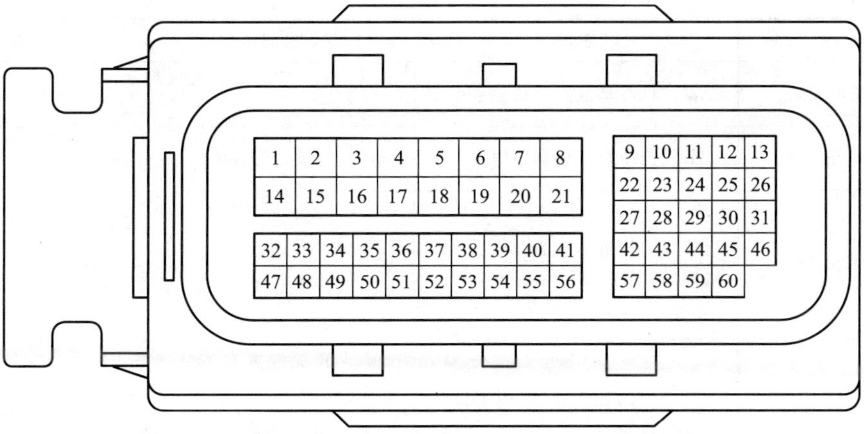

A25

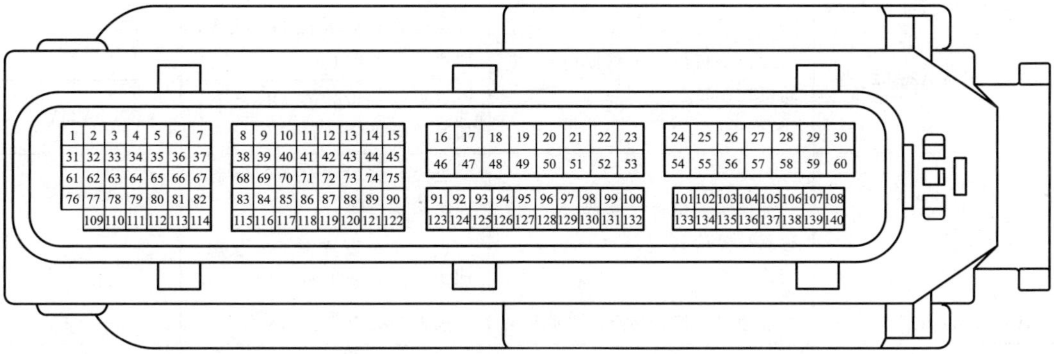

E26

图 7-2-2　发动机电控单元端子识别

表 7-2-1　发动机电控单元端子检测

端子	功能说明	检测条件	规范值
A25-1 与 E26-16	蓄电池(用于测量蓄电池电压和为发动机控制模块存储器供电)	任何工况	11～14V
E26-29 与 E26-16	节气门电机电源	任何工况	11～14V
A25-37 与 E26-16	点火开关	点火开关设置在 ON 状态	11～14V
A25-2 与 E26-16	发动机控制模块电源	点火开关设置在 ON 状态	11～14V
A25-3 与 E26-16	发动机控制模块电源	点火开关设置在 ON 状态	11～14V
E26-74 与 E26-75	凸轮轴正时机油控制阀(进气)	点火开关设置在 ON 状态	用示波器测量,应读取到图 7-2-3 所示波形信号
E26-65 与 E26-64	凸轮轴正时机油控制阀(排气)	点火开关设置在 ON 状态	用示波器测量,应读取到图 7-2-4 所示波形信号
A25-46 与 E26-16	发动机燃油喷射继电器	点火开关设置在 ON 状态	11～14V
E26-91 与 E26-92	空气质量流量传感器	发动机怠速,换挡杆设置在 P 或 N 挡,空调关闭	0.5～3.0V
E26-93 与 E26-94	进气温度传感器	发动机怠速,进气温度为 20℃	0.5～3.4V

续表

端子	功能说明	检测条件	规范值
E26-95 与 E26-96	发动机冷却液温度传感器	发动机怠速，发动机冷却液温度为 80℃	0.2～1.0V
E26-125 与 E26-126	节气门位置传感器供电	点火开关设置在 ON 状态	4.5～5.5V
E26-127 与 E26-126	节气门位置传感器(用于发动机控制)	点火开关设置在 ON 状态，节气门全关	0.5～1.2V
		点火开关设置在 ON 状态，节气门全开	3.2～4.8V
E26-128 与 E26-126	节气门位置传感器(用于传感器故障检测)	点火开关设置在 ON 状态，节气门全关	2.1～3.1V
		点火开关设置在 ON 状态，节气门全开	4.5～5V
A25-51 与 A25-52	加速踏板位置传感器(用于发动机控制)	点火开关设置在 ON 状态，加速踏板不踩下	0.5～1.1V
		点火开关设置在 ON 状态，加速踏板完全踩下	2.6～4.5V
A25-54 与 A25-55	加速踏板位置传感器(用于传感器故障检测)	点火开关设置在 ON 状态，加速踏板不踩下	1.2～2.0V
		点火开关设置在 ON 状态，加速踏板完全踩下	3.4～5.0V
A25-53 与 A25-52	加速踏板位置传感器电源	点火开关设置在 ON 状态	4.5～5.5V
A25-56 与 A25-55	加速踏板位置传感器电源	点火开关设置在 ON 状态	4.5～5.5V
E26-23 与 E26-53	空燃比传感器加热器	发动机怠速	用示波器测量，应读取到图 7-2-5 所示波形信号
		点火开关设置在 ON 状态	11～14V
E26-133 与 E26-16	空燃比传感器	点火开关设置在 ON 状态	3.3V
E26-134 与 E26-16	空燃比传感器	点火开关设置在 ON 状态	2.9V
E26-24 与 E26-53	氧传感器加热器	发动机怠速	低于 3.0V
		点火开关设置在 ON 状态	11～14V
E26-100 与 E26-132	氧传感器	发动机暖机后，将发动机转速升高到 2500r/min 并保持 2min	用示波器测量，应读取到图 7-2-6 所示波形信号
E26-20 与 E26-50	喷油器 1	点火开关设置在 ON 状态	11～14V
		发动机怠速	用示波器测量，应读取到图 7-2-7 所示波形信号
E26-17 与 E26-50	喷油器 2	点火开关设置在 ON 状态	11～14V
		发动机怠速	用示波器测量，应读取到图 7-2-7 所示波形信号

续表

端子	功能说明	检测条件	规范值
E26-18 与 E26-50	喷油器 3	点火开关设置在 ON 状态	11～14V
		发动机怠速	用示波器测量，应读取到图 7-2-7 所示波形信号
E26-19 与 E26-50	喷油器 4	点火开关设置在 ON 状态	11～14V
		发动机怠速	用示波器测量，应读取到图 7-2-7 所示波形信号
E26-123 与 E26-124	爆震传感器	发动机暖机后，将发动机转速保持在 4000r/min	用示波器测量，应读取到图 7-2-8 所示波形信号
E26-82 与 E26-114	凸轮轴位置传感器(进气)	发动机怠速	用示波器测量，应读取到图 7-2-9 所示波形信号
E26-81 与 E26-112	凸轮轴位置传感器可(排气)	发动机怠速	用示波器测量，应读取到图 7-2-9 所示波形信号
E26-76 与 E26-109	曲轴位置传感器	发动机怠速	用示波器测量，应读取到图 7-2-10 所示波形信号
E26-57 与 E26-16	点火线圈 1	发动机怠速	用示波器测量，应读取到图 7-2-11 所示波形信号
E26-56 与 E26-16	点火线圈 2	发动机怠速	用示波器测量，应读取到图 7-2-11 所示波形信号
E26-55 与 E26-16	点火线圈 3	发动机怠速	用示波器测量，应读取到图 7-2-11 所示波形信号
E26-54 与 E26-16	点火线圈 4	发动机怠速	用示波器测量，应读取到图 7-2-11 所示波形信号
E26-51 与 E26-16	点火确认信号	点火开关设置在 ON 状态	4.5～5.5V
		发动机怠速	用示波器测量，应读取到图 7-2-11 所示波形信号
E26-68 与 E26-50	燃油蒸发活性炭罐清污阀	点火开关设置在 ON 状态	11～14V
		发动机怠速	用示波器测量，应读取到图 7-2-12 所示波形信号
E26-57 与 E26-16	仪表板车速信号	点火开关设置在 ON 状态，慢慢转动驱动轮	用示波器测量，应读取到图 7-2-13 所示波形信号

续表

端子	功能说明	检测条件	规范值
A25-22 与 E26-16	起动机信号	发动机转动	5.5V 或更高
A25-11 与 E26-16	制动灯开关	制动踏板踩下	7.5～14V
		制动踏板松开	低于 1.5V
A25-24 与 E26-16	制动灯开关	点火开关设置在 ON 状态，制动踏板踩下	7.5～14V
		点火开关设置在 ON 状态，制动踏板松开	低于 1.5V
E26-63 与 E26-16	驻车/空挡位置开关	点火开关设置在 ON 状态，变速器挡位设置在 P 或 N 挡位置	低于 3.0V
		点火开关设置在 ON 状态，变速器挡位没有设置在 P 或 N 挡位置	11～14V
E26-60 与 E26-58	节气门执行器	发动机暖机怠速	用示波器测量，应读取到图 7-2-14 所示波形信号
E26-30 与 E26-58	节气门执行器	发动机暖机怠速	用示波器测量，应读取到图 7-2-15 所示波形信号
A25-21 与 E26-50	燃油泵控制	点火开关设置在 ON 状态	11～14V
A25-30 与 E26-16	故障指示灯	点火开关设置在 ON 状态	低于 3.0V
		发动机怠速	11～14V
A25-23 与 E26-16	DLC(诊断数据链路连接器)3 的 TC 端子	点火开关设置在 ON 状态	11～14V
A25-31 与 E26-16	发动机转速信号	发动机怠速	用示波器测量，应读取到图 7-2-16 所示波形信号
A25-7 与 E26-50	燃油蒸发活性炭罐通风阀	点火开关设置在 ON 状态	11～14V
A25-19 与 E26-50	燃油蒸发排放活性炭罐泄漏探测泵	探测泵处于关闭状态	0～3V
		探测泵处于开启状态	11～14V
A25-49 与 A25-48	燃油蒸发活性炭罐压力传感器	点火开关设置在 ON 状态	3～3.6V
E26-73 与 E26-16	发电机	点火开关设置在 ON 状态	11～14V
A25-13 与 E26-16	CAN(控制器区域网络)高速通信电路	点火开关设置在 ON 状态	用示波器测量，应读取到图 7-2-17 所示波形信号
A25-26 与 E26-16	CAN(控制器区域网络)低速通信电路	点火开关设置在 ON 状态	用示波器测量，应读取到图 7-2-18 所示波形信号
E26-69 与 E26-50	谐波增压进气系统真空切换阀信号	点火开关设置在 ON 状态	11～14V

续表

端子	功能说明	检测条件	规范值
E26-22 与 E26-50	进气涡流控制阀	发动机怠速	用示波器测量，应读取到图 7-2-19 所示波形信号
E26-21 与 E26-50	进气涡流控制阀	发动机怠速	用示波器测量，应读取到图 7-2-20 所示波形信号
E26-131 与 E26-129	进气涡流控制阀位置传感器	点火开关从 OFF 状态转换到 ON 状态	3.0～4.0V
E26-130 与 E26-16	进气涡流控制阀位置传感器电源	点火开关设置在 ON 状态	4.5～5.5V
A25-45 与 E26-16	曲轴位置传感器信号	发动机暖机怠速运行	用示波器测量，应读取到图 7-2-21 所示波形信号
A25-5 与 E26-50	冷却风扇电机信号(低)	点火开关设置在 ON 状态	11～14V
		发动机怠速，空调开启或发动机冷却液温度较高	低于 1.5V
A25-6 与 E26-50	冷却风扇电机信号(高)	点火开关设置在 ON 状态	11～14V
		发动机怠速，发动机冷却液温度较高	低于 1.5V
A25-14 与车身接地	发动机电控单元接地	任何工况	1Ω
E26-50 与车身接地	发动机电控单元接地	任何工况	1Ω
E26-49 与车身接地	发动机电控单元接地	任何工况	1Ω
E26-58 与车身接地	发动机电控单元接地	任何工况	1Ω
E26-59 与车身接地	节气门执行器屏蔽接地	任何工况	1Ω

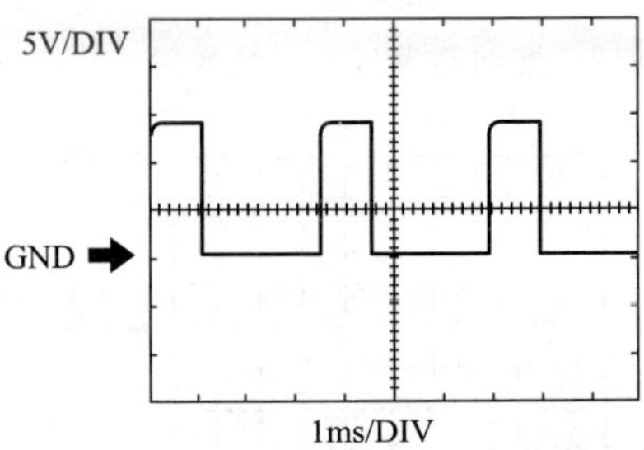

图 7-2-3　进气凸轮轴正时机油控制阀波形信号

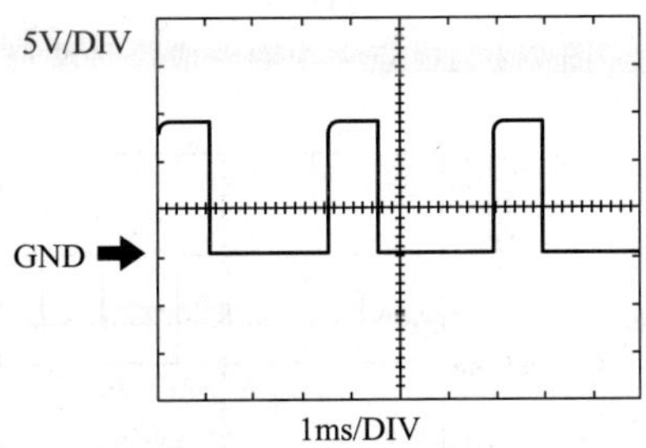

图 7-2-4　排气凸轮轴正时机油控制阀波形信号

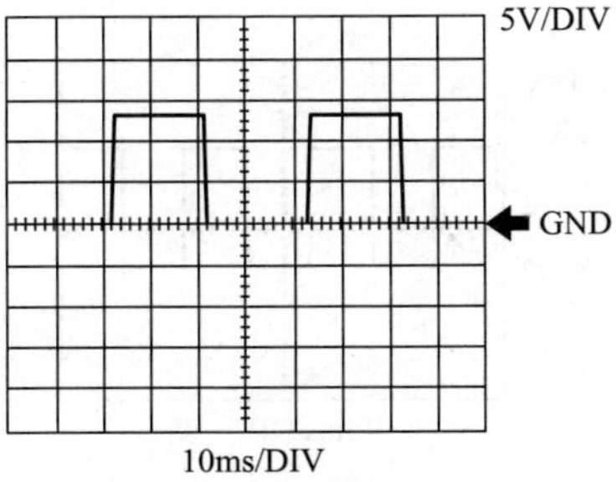

图 7-2-5　空燃比传感器加热器信号波形

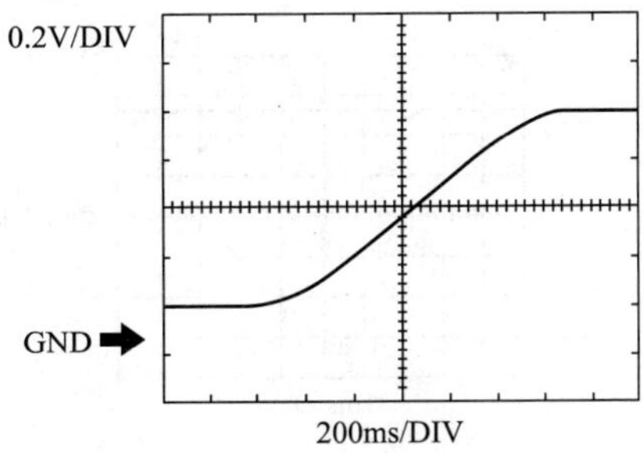

图 7-2-6　氧传感器信号波形

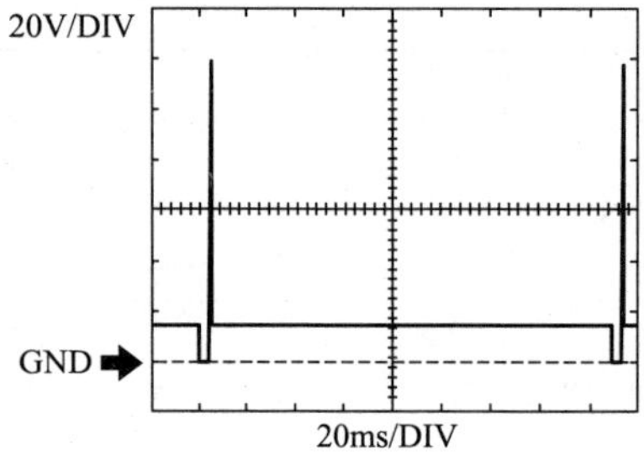

图 7-2-7　喷油器信号波形

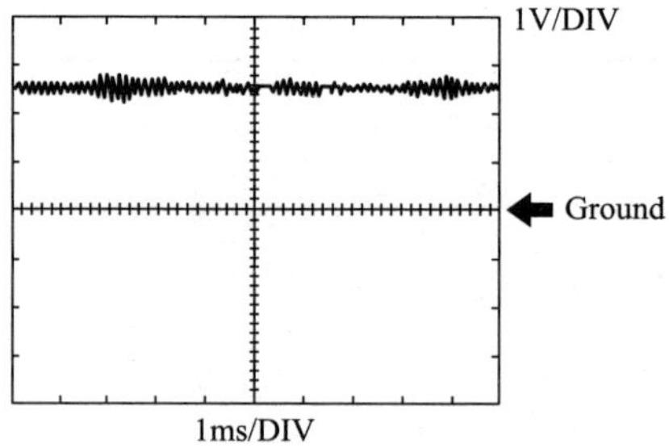

图 7-2-8　爆震传感器信号波形

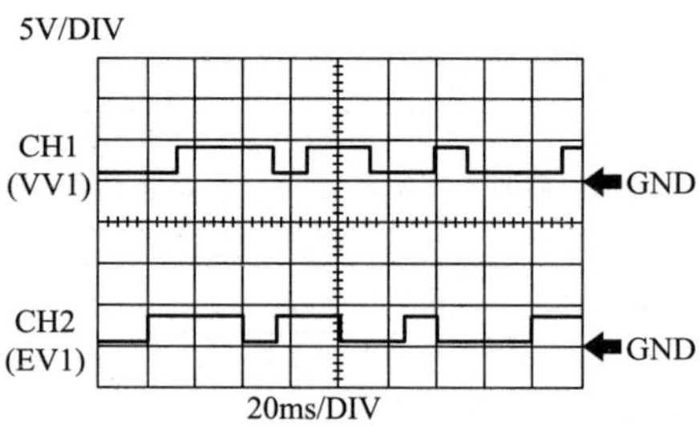

图 7-2-9　凸轮轴位置传感器信号波形

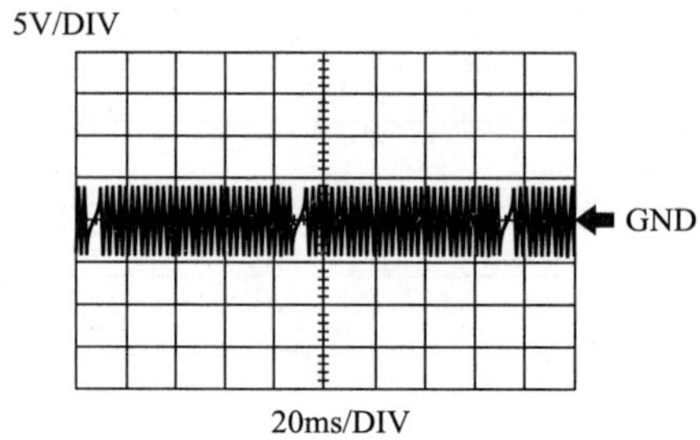

图 7-2-10　曲轴位置传感器信号波形

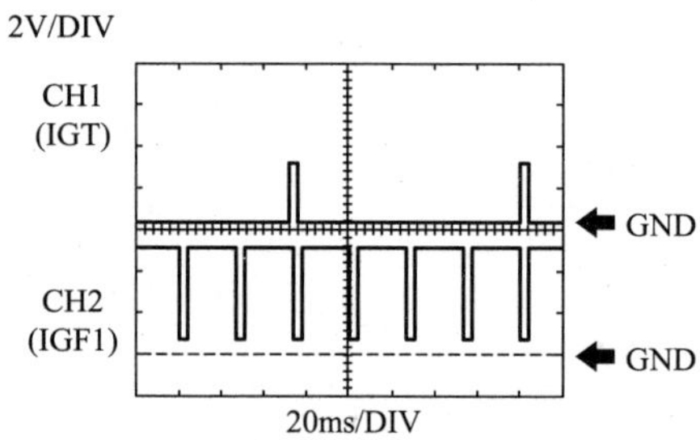

图 7-2-11　点火线圈总成信号波形

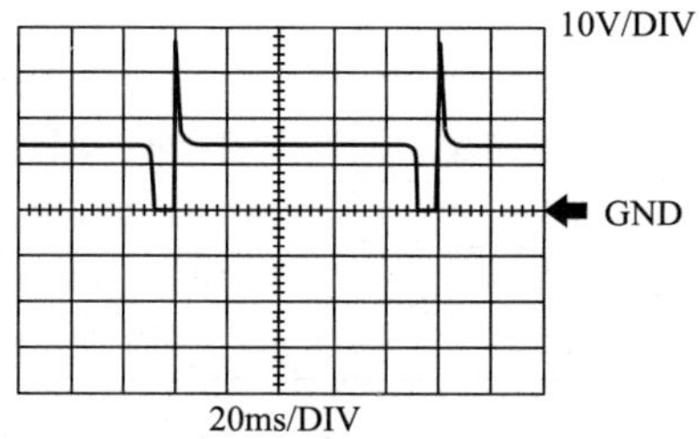

图 7-2-12　燃油蒸发排放活性炭罐净化阀信号波形

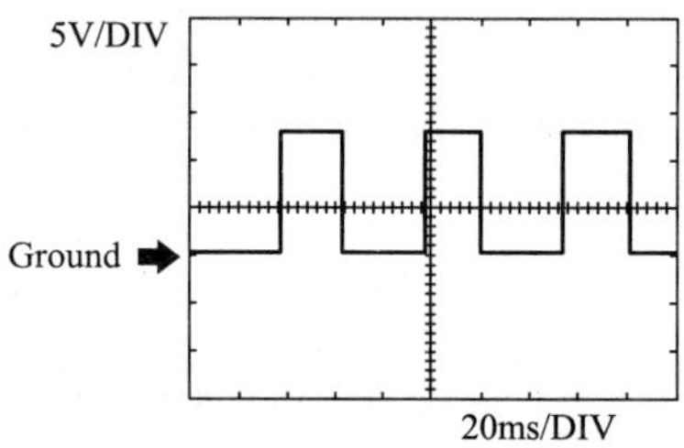

图 7-2-13　车速传感器信号波形

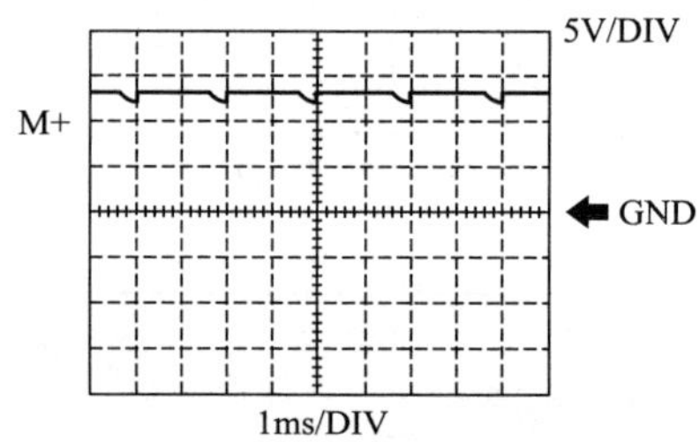

图 7-2-14　节气门执行器正极端子信号波形

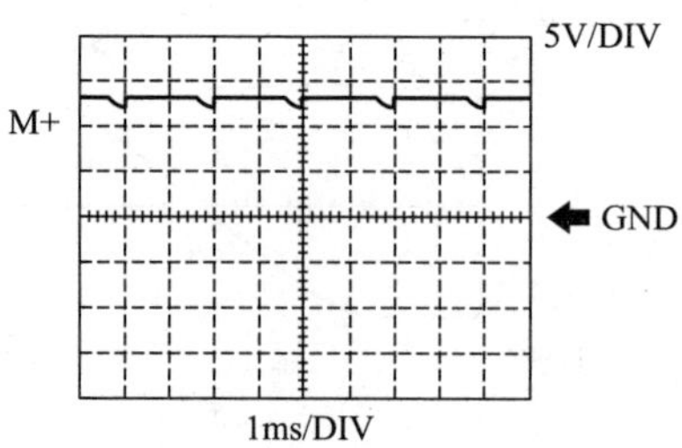

图 7-2-15　节气门执行器负极端子信号波形

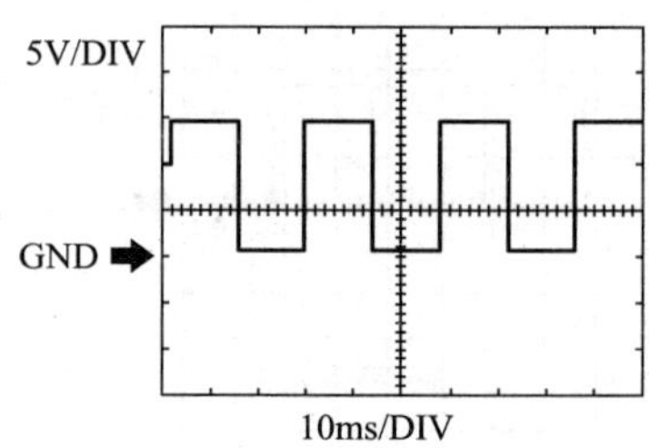

图 7-2-16　发动机转速信号波形

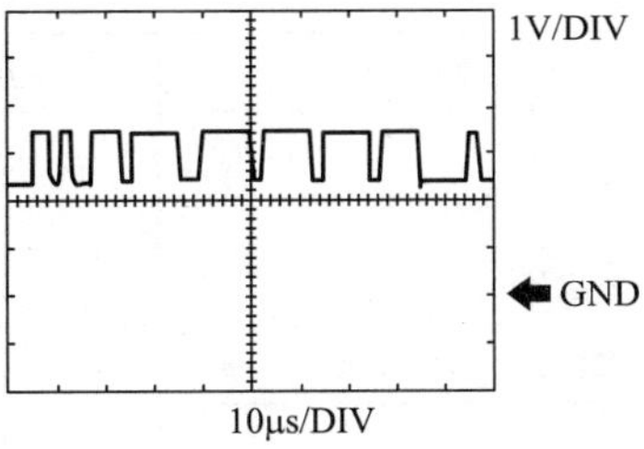

图 7-2-17 CAN（控制器区域网络）高速通信信号波形

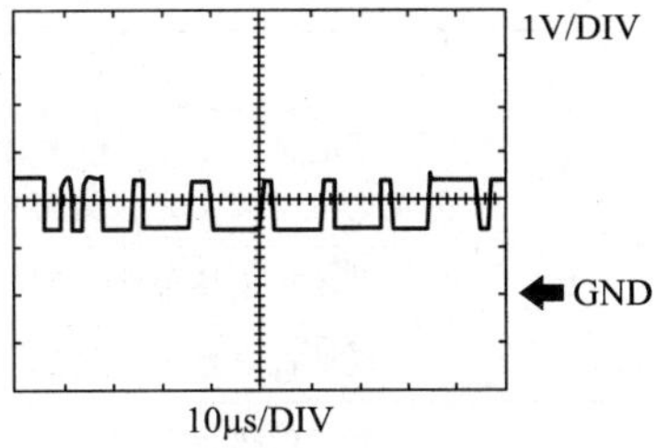

图 7-2-18 CAN（控制器区域网络）低速通信信号波形

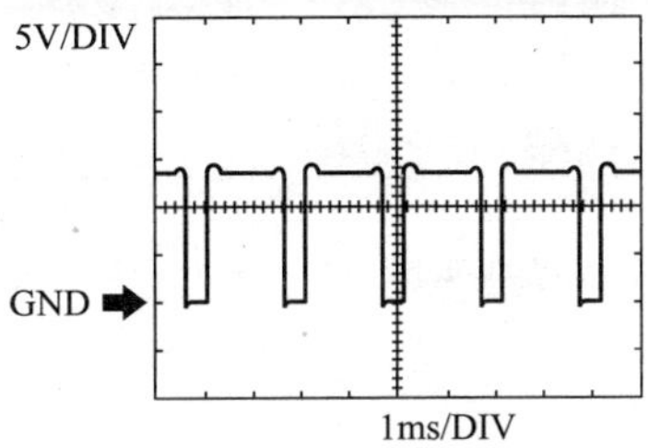

图 7-2-19 进气控制阀执行器正极端子信号波形

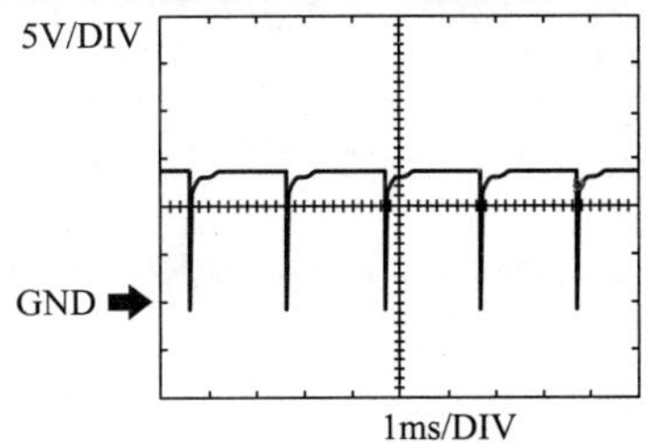

图 7-2-20 进气控制阀执行器负极端子信号波形

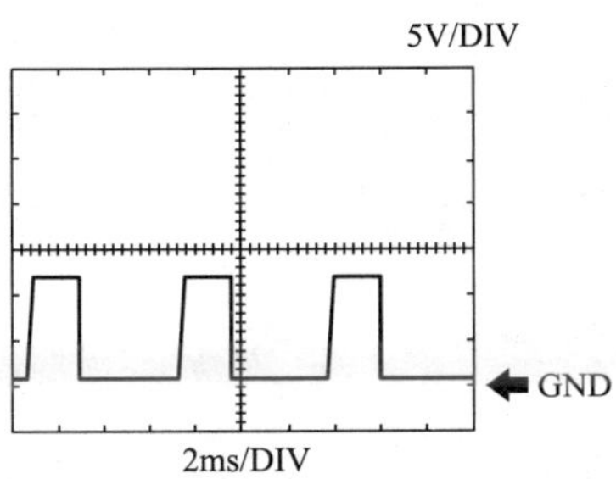

图 7-2-21 曲轴位置传感器信号波形

第三节 VERSO（逸致）轿车（2011～2015 年款）

1.6L（1ZR-FE）发动机电控单元端子识别见图 7-3-1，端子检测见表 7-3-1。

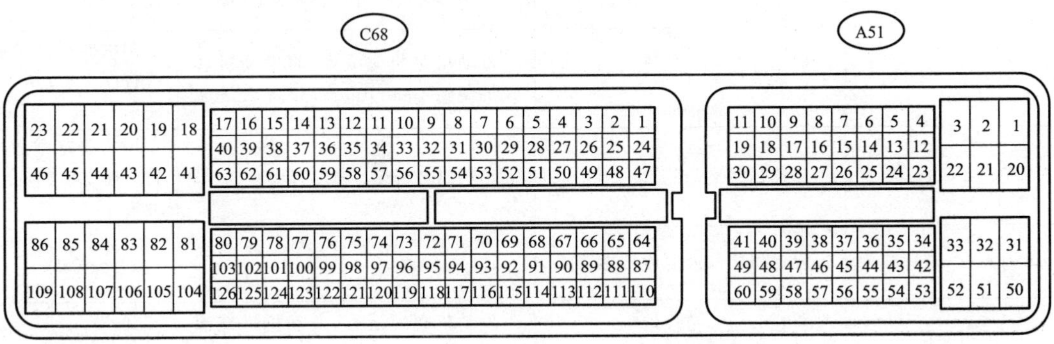

图 7-3-1 发动机电控单元端子识别

表 7-3-1　发动机电控单元端子检测

端子	功能说明	检测条件	规范值
A51-20 与 C68-105	蓄电池(策略蓄电池电压和发动机电控单元存储器)	任何工况	11～14V
A51-2 与 C68-105	发动机电控单元电源	点火开关设置到 ON 状态	11～14V
A51-1 与 C68-105	发动机电控单元电源	点火开关设置到 ON 状态	11～14V
A51-3 与 C68-105	节气门执行器电源	任何工况	11～14V
C68-109 与 C68-105	点火线圈总成(点火信号)	发动机怠速运行	用示波器测量,应符合图 7-3-2 所示的波形
C68-108 与 C68-105			
C68-107 与 C68-105			
C68-106 与 C68-105			
C68-82 与 C68-105	点火确认信号	点火开关设置到 ON 状态	4.5～5.5V
C68-93 与 C68-117	曲轴位置传感器	发动机暖机怠速运行	用示波器测量,应符合图 7-3-3 所示的波形
C68-94 与 C68-118	凸轮轴位置传感器(进气)	发动机暖机怠速运行	用示波器测量,应符合图 7-3-3 所示的波形
C68-86 与 C68-46	喷油器总成	点火开关设置到 ON 状态	11～14V
C68-85 与 C68-46			
C68-84 与 C68-46		发动机怠速运行	用示波器测量,应符合图 7-3-4 所示的波形
C68-83 与 C68-46			
C68-104 与 C68-41	空燃比传感器加热器	点火开关设置到 ON 状态	11～14V
		发动机怠速运行	用示波器测量,应符合图 7-3-16 所示的波形
C68-103 与 C68-105	空燃比传感器	点火开关设置到 ON 状态	3.3V
C68-126 与 C68-105	空燃比传感器	点火开关设置到 ON 状态	3.0V
C68-63 与 C68-81	氧传感器加热器	点火开关设置到 ON 状态	11～14V
		发动机怠速运行	低于 3.0V
C68-80 与 C68-79	氧传感器	发动机暖机完成后,将发动机转速提高到 2500r/min 并保持 2min	用示波器测量,应符合图 7-3-5 所示的波形
C68-110 与 C68-111	爆震传感器	发动机暖机完成后,将发动机转速提高到 4000r/min 并保持 2min	用示波器测量,应符合图 7-3-6 所示的波形
A51-38 与 C68-105	车速信号	车辆以 20km/h 速度行驶	用示波器测量,应符合图 7-3-7 所示的波形
C68-64 与 C68-65	发动机冷却液温度传感器	发动机怠速运行,冷却液温度为 80℃	0.2～1.0V
C68-87 与 C68-88	进气温度传感器	发动机怠速运行,发动机进气温度为 20℃	0.5～3.4V

续表

端子	功能说明	检测条件	规范值
C68-69 与 C68-92	质量空气流量传感器	发动机怠速运行，换挡杆挂入 N 挡，空调关闭	0.5～3.0V
A51-24 与 C68-105	故障指示灯	点火开关设置到 ON 状态，故障指示灯熄灭	低于 0.3V
		发动机怠速运行	11～14V
A51-48 与 C68-105	起动机信号	起动机带动发动机转动	5.5V 或更高
C68-113 与 C68-90	节气门位置传感器（发动机控制）	点火开关设置到 ON 状态，节气门完全关闭	0.5～1.1V
		点火开关设置到 ON 状态，节气门完全开启	3.2～4.8V
C68-112 与 C68-90	节气门位置传感器（传感器故障检测）	点火开关设置到 ON 状态，松开加速踏板	2.1～3.1V
		点火开关设置到 ON 状态，彻底踩下加速踏板	4.6～5.0V
C68-89 与 C68-90	传感器电源	点火开关设置到 ON 状态	4.5～5.5V
A51-57 与 A51-59	加速踏板位置传感器电源	点火开关设置到 ON 状态	4.5～5.5V
A51-55 与 A51-59	加速踏板位置传感器（发动机控制）	点火开关设置到 ON 状态，松开加速踏板	0.5～1.1V
		点火开关设置到 ON 状态，彻底踩下加速踏板	2.6～4.5V
A51-54 与 A51-59	加速踏板位置传感器（传感器故障检测）	点火开关设置到 ON 状态，松开加速踏板	1.2～2.0V
		点火开关设置到 ON 状态，彻底踩下加速踏板	3.4～5.0V
A51-58 与 A51-60	加速踏板位置传感器电源	点火开关设置到 ON 状态	4.5～5.5V
C68-43 与 C68-44	节气门执行器	发动机暖机怠速运行	用示波器测量，应符合图 7-3-8 所示的波形
C68-42 与 C68-44	节气门执行器	发动机暖机怠速运行	用示波器测量，应符合图 7-3-9 所示的波形
A51-36 与 C68-105	制动灯开关总成	踩下制动踏板	11～14V
		松开制动踏板	低于 1.5V
A51-35 与 C68-105	制动灯开关总成	踩下制动踏板	低于 1.5V
		松开制动踏板	11～14V
C68-62 与 C68-105	燃油蒸发排放活性炭罐净化阀	点火开关设置到 ON 状态	11～14V
		发动机怠速运行	用示波器测量，应符合图 7-3-10 所示的波形
A51-19 与 C68-105	燃油泵控制	点火开关设置到 ON 状态	11～14V
		发动机怠速运行	低于 1.5V

续表

端子	功能说明	检测条件	规范值
A51-15 与 C68-105	发动机转速	发动机怠速运行	用示波器测量，应符合图 7-3-11 所示的波形
A51-41 与 C68-105	故障诊断连接器 3 的端子 TC	点火开关设置到 ON 状态	11～14V
C68-74 与 C68-96	凸轮轴正时机油控制阀总成（进气）	发动机怠速运行	用示波器测量，应符合图 7-3-12 所示的波形
A51-8 与 C68-105	CAN（控制器区域网络）高速通信电路	点火开关设置到 ON 状态	用示波器测量，应符合图 7-3-13 所示的波形
A51-9 与 C68-105	CAN（控制器区域网络）低速通信电路	点火开关设置到 ON 状态	用示波器测量，应符合图 7-3-14 所示的波形
A51-27 与 C68-105	点火开关总成	点火开关设置到 ON 状态	11～14V
A51-44 与 C68-105	主继电器	点火开关设置到 ON 状态	11～14V
C68-75 与 C68-97	凸轮轴正时机油控制阀总成（排气）	发动机怠速运行	用示波器测量，应符合图 7-3-15 所示的波形
C68-119 与 C68-105	凸轮轴位置传感器电源	点火开关设置到 ON 状态	4.4～5.5V
C68-121 与 C68-105	凸轮轴位置传感器电源	点火开关设置到 ON 状态	4.4～5.5V
A51-31 与 C68-105	电气负载	尾灯开关开启	7.5～14V
		尾灯开关关闭	低于 1.5V
A51-43 与 C68-105	冷却风扇控制	点火开关设置到 ON 状态，空调开关设置到 MAX COOL	1.5～3.5V
C68-52 与 C68-105	发电机	点火开关设置到 ON 状态	11～14V
C68-76 与 C68-105	倒车灯开关总成	点火开关设置到 ON 状态，换挡杆挂入 R 挡	11～14V
		点火开关设置到 ON 状态，换挡杆没有挂入 R 挡	低于 1V

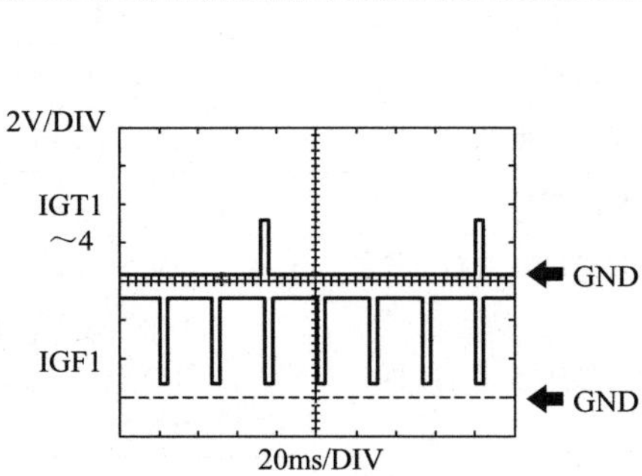

图 7-3-2　点火器信号波形

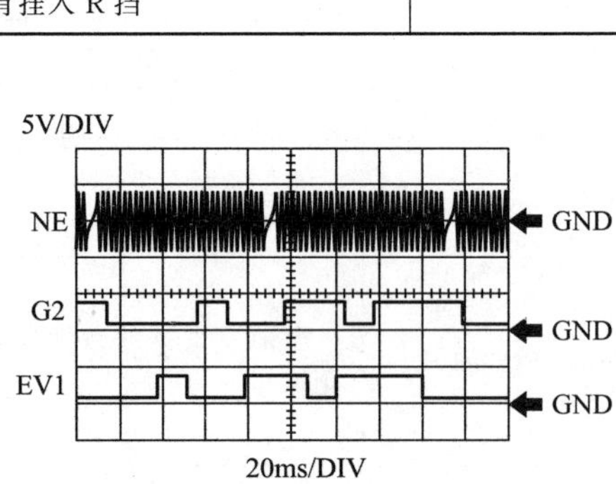

图 7-3-3　曲轴位置传感器和凸轮轴位置传感器信号波形

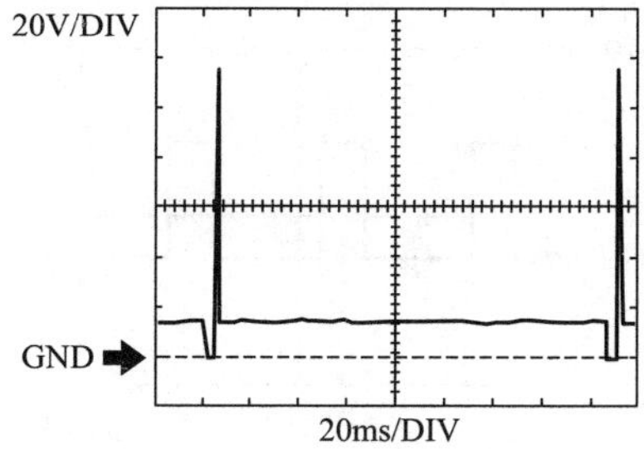

图 7-3-4 喷油器信号波形

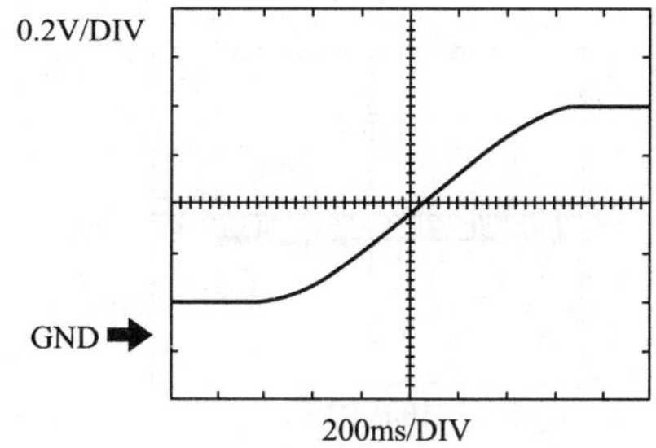

图 7-3-5 氧传感器信号波形

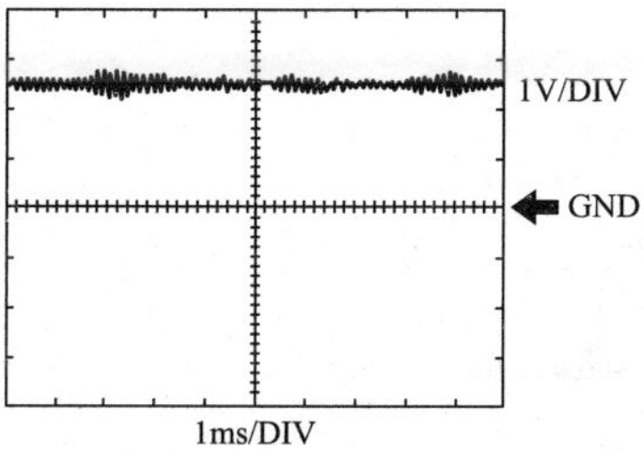

图 7-3-6 爆震传感器信号波形

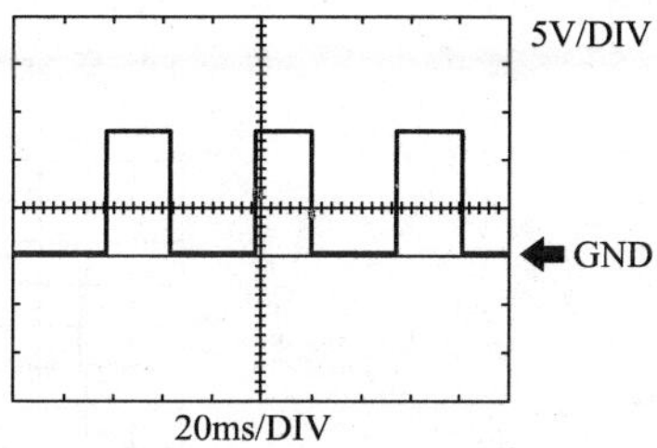

图 7-3-7 车速信号波形

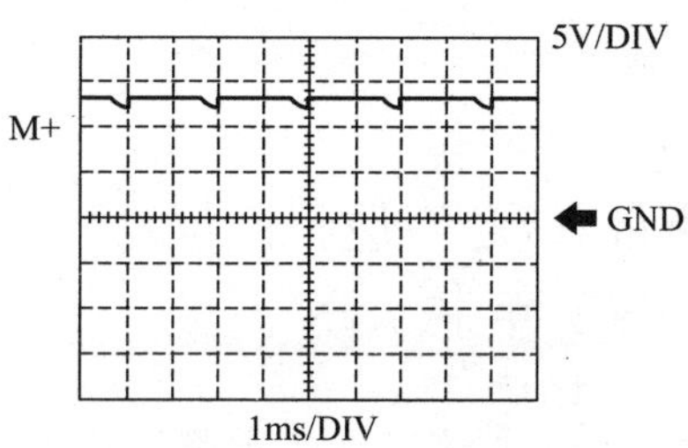

图 7-3-8 节气门执行器正极端子信号波形

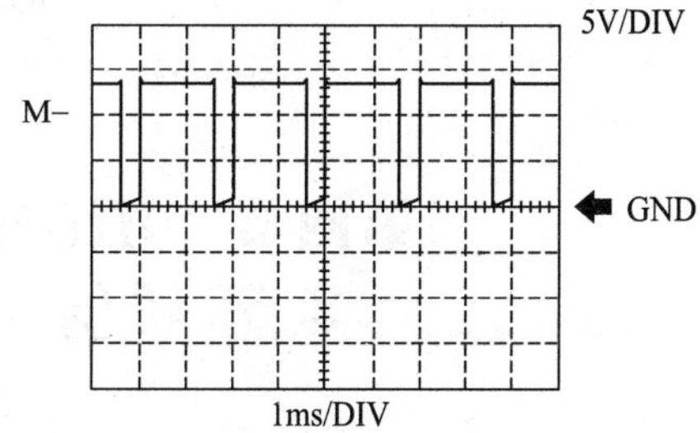

图 7-3-9 节气门执行器负极端子信号波形

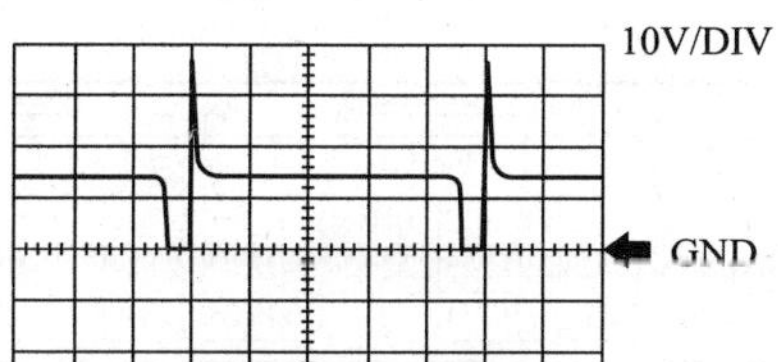

图 7-3-10 燃油蒸发排放活性炭罐净化阀信号波形

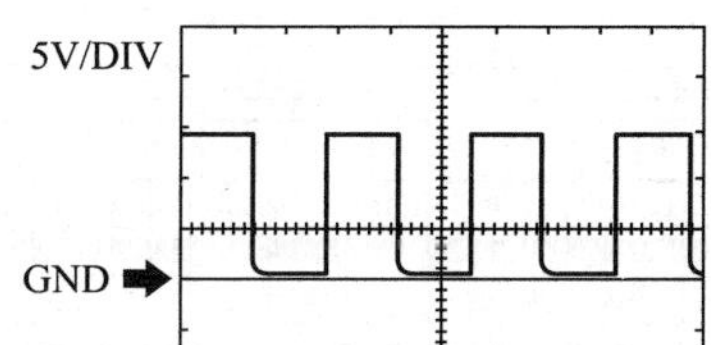

图 7-3-11 发动机转速信号波形

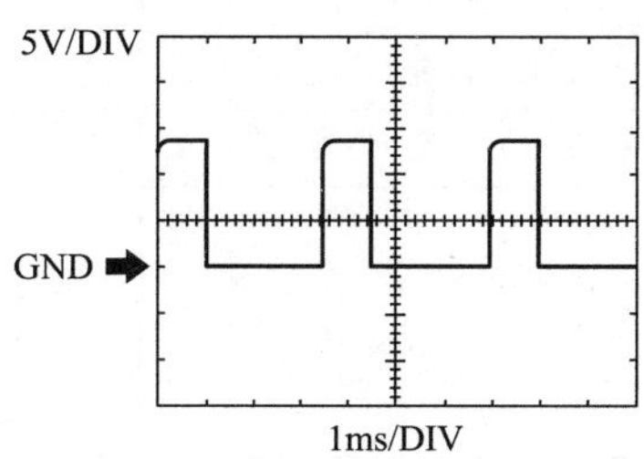

图 7-3-12 凸轮轴正时机油控制阀总成（进气）信号波形

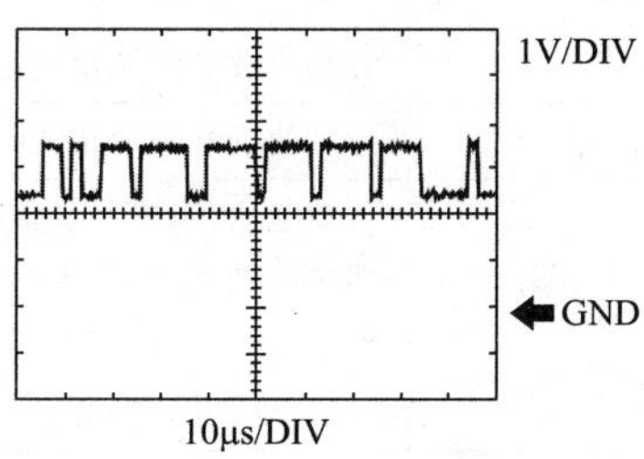

图 7-3-13 CAN（控制器区域网络）高速通信信号波形

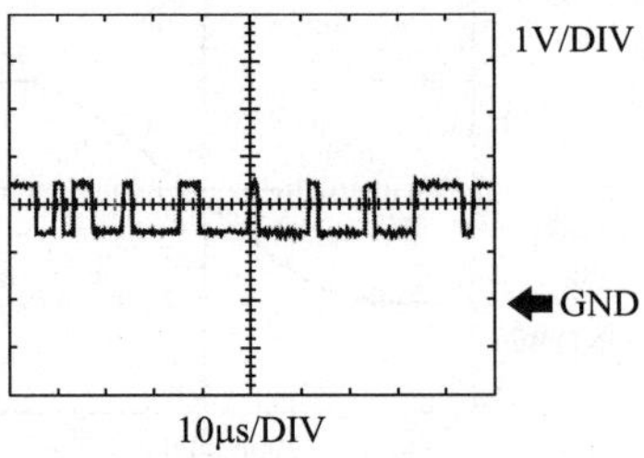

图 7-3-14　CAN（控制器区域网络）低速通信信号波形

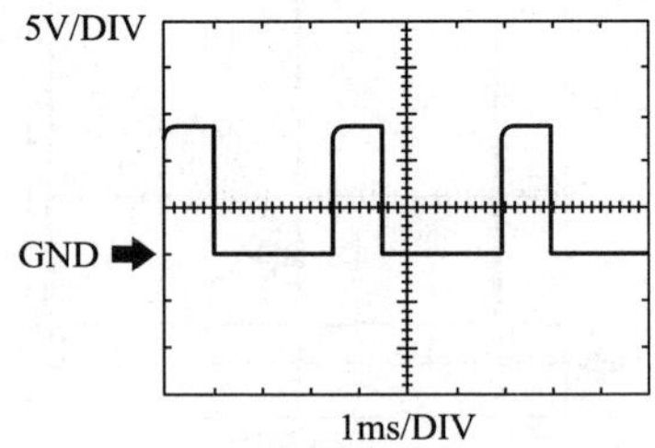

图 7-3-15　凸轮轴正时机油控制阀总成（排气）信号波形

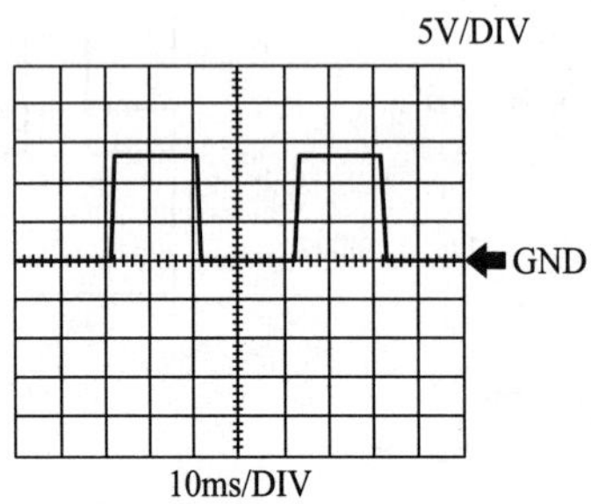

图 7-3-16　空燃比传感器加热器信号波形

第四节　HIGHLANDER（汉兰达）3.5L 轿车（2010～2015 年款）

2GR-FE 发动机电控单元端子识别见图 7-4-1，发动机电控单元端子检测见表 7-4-1。

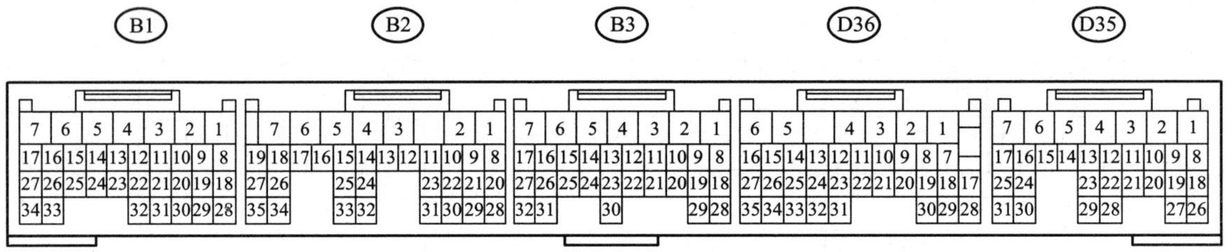

图 7-4-1　发动机电控单元端子识别

表 7-4-1　发动机电控单元端子检测

端子	功能	检测条件	标准值
D35-1 与 B3-1	发动机电控单元供电	点火开关转至 ON 位置	11～14V
D35-2 与 B3-1	发动机电控单元供电	点火开关转至 ON 位置	11～14V
D35-3 与 B3-1	蓄电池(用于测量蓄电池电压和为发动机电控单元存储器供电)	任何工况	11～14V
D35-7 与 B3-1	节气门电机供电	任何工况	11～14V
D35-8 与 B3-1	燃油喷射继电器运行信号	点火开关转至 ON 位置	11～14V

续表

端子	功能	检测条件	标准值
D35-9 与 B3-1	点火开关信号	点火开关转至 ON 位置	11～14V
D35-10 与 B3-1	燃油泵控制继电器	点火开关转至 ON 位置	11～14V
D35-13 与 B3-1	发电机总成	点火开关转至 ON 位置	11～14V
D35-15 与 B3-1	制动灯开关信号	制动踏板踩下	7.5～14V
		制动踏板松开	低于 1.5V
D35-16 与 B3-1	制动灯开关信号	点火开关转至 ON 位置，制动踏板踩下	低于 1.5V
		点火开关转至 ON 位置，制动踏板松开	7.5～14V
D35-17 与 B3-1	附件继电器控制信号	发动机启动	低于 1.5V
D35-18 与 D35-20	加速踏板位置传感器	点火开关转至 ON 位置，加速踏板松开	0.5～1.1V
		点火开关转至 ON 位置，加速踏板踩下	2.6～4.5V
D35-19 与 D35-21	加速踏板位置传感器	点火开关转至 ON 位置，加速踏板松开	1.2～2.0V
		点火开关转至 ON 位置，加速踏板踩下	2.4～5.0V
D35-23 与 B3-1	DLC3(诊断数据连接器 3)	点火开关转至 ON 位置	11～14V
D35-26 与 D35-20	加速踏板位置传感器供电	点火开关转至 ON 位置	4.5～5.0V
D35-27 与 D35-21	加速踏板位置传感器供电	点火开关转至 ON 位置	4.5～5.0V
D36-1 与 B3-1	发动机转速信号	发动机怠速	脉冲信号
D36-8 与 B3-1	车速信号	点火开关转至 ON 位置，转动车辆的驱动轮	脉冲信号
D36-30 与 B3-1	故障指示灯运行信号	点火开关转至 ON 位置	低于 3V
		发动机怠速	9～14V
D36-33 与 B3-1	CAN(控制器区域网络)高速通信	点火开关转至 ON 位置	脉冲信号
D36-34 与 B3-1	CAN(控制器区域网络)低速通信	点火开关转至 ON 位置	脉冲信号
B3-1 与车身接地	发动机电控单元接地电路	任何工况	低于 1V
B3-2 与 B1-7	喷油器 1 信号	点火开关转至 ON 位置	11～14V
B3-3 与 B1-7	喷油器 2 信号	点火开关转至 ON 位置	11～14V
B3-4 与 B1-7	喷油器 3 信号	点火开关转至 ON 位置	11～14V
B3-5 与 B1-7	喷油器 4 信号	点火开关转至 ON 位置	11～14V
B3-6 与 B1-7	喷油器 5 信号	点火开关转至 ON 位置	11～14V
B3-7 与 B1-7	喷油器 6 信号	点火开关转至 ON 位置	11～14V
B3-11 与 B3-1	起动机继电器运行信号	发动机启动	11～14V
B3-12 与 B3-1	起动机继电器运行信号	发动机启动	11～14V

续表

端子	功能	检测条件	标准值
B3-15 与 B3-14	凸轮轴正时系统机油控制阀(进气侧)信号	点火开关转至 ON 位置	脉冲信号
B3-16 与 B3-17	凸轮轴正时系统机油控制阀(进气侧)信号	点火开关转至 ON 位置	脉冲信号
B3-18 与 B3-28	VVT(可变气门正时)传感器信号(进气侧)	发动机暖机怠速	脉冲信号
B3-19 与 B3-29	VVT(可变气门正时)传感器信号(进气侧)	发动机暖机怠速	脉冲信号
B3-20 与 B3-21	曲轴位置传感器信号	发动机暖机怠速	脉冲信号
B3-23 与 B3-22	VVT(可变气门正时)传感器信号(排气侧)	发动机暖机怠速	脉冲信号
B3-25 与 B3-24	VVT(可变气门正时)传感器信号(排气侧)	发动机暖机怠速	脉冲信号
B3-26 与 B3-31	凸轮轴正时系统机油控制阀(排气侧)信号	点火开关转至 ON 位置	脉冲信号
B3-27 与 B3-32	凸轮轴正时系统机油控制阀(排气侧)信号	点火开关转至 ON 位置	脉冲信号
B3-30 与 B3-1	燃油泵控制	发动机启动	11～14V
		发动机怠速运行	低于 3V
B1-1 与 B2-4	氧传感器加热器信号	发动机怠速	脉冲信号
		点火开关转至 ON 位置	11～14V
B1-4 与 B2-3	节气门驱动电机运行信号(负极端子)	发动机暖机怠速	脉冲信号
B1-5 与 B2-3	节气门驱动电机运行信号(正极端子)	发动机暖机怠速	脉冲信号
B1-6 与车身接地	发动机电控单元接地电路	任何工况	低于 1V
B1-7 与车身接地	发动机电控单元接地电路	任何工况	低于 1V
B1-8 与 B3-1	点火线圈 1	发动机怠速运行	脉冲信号
B1-9 与 B3-1	点火线圈 2	发动机怠速运行	脉冲信号
B1-10 与 B3-1	点火线圈 3	发动机怠速运行	脉冲信号
B1-11 与 B3-1	点火线圈 4	发动机怠速运行	脉冲信号
B1-12 与 B3-1	点火线圈 5	发动机怠速运行	脉冲信号
B1-13 与 B3-1	点火线圈 6	发动机怠速运行	脉冲信号
B1-17 与 B3-1	节气门驱动电机屏蔽接地电路	任何工况	低于 1V
B1-18 与 B3-1	氧传感器信号	发动机暖机后以 2500r/min 转速运行	脉冲信号
B1-19 与 B1-32	节气门位置传感器信号	点火开关转至 ON 位置，加速踏板松开	2.1～3.1V
		点火开关转至 ON 位置，加速踏板踩下	4.5～5.0V

续表

端子	功能	检测条件	标准值
B1-20 与 B1-32	节气门位置传感器信号	点火开关转至 ON 位置，节气门全关	0.5～1.2V
		点火开关转至 ON 位置，节气门全开	3.2～4.8V
B1-21 与 B1-28	发动机冷却液温度传感器信号	发动机怠速，发动机冷却液温度为 80℃	0.2～1.0V
B1-22 与 B1-28	进气温度传感器信号	发动机怠速，进气温度为 20℃	0.5～3.4V
B1-23 与 B1-28	传感器供电	点火开关转至 ON 位置	4.5～5.0V
B1-24 与 B13-1	点火确认信号	点火开关转至 ON 位置	4.5～5.0V
		发动机怠速运行	脉冲信号
B1-28 与 B3-1	节气门位置传感器接地	任何工况	低于 1V
B1-29 与 B3-1	质量空气流量传感器接地	任何工况	低于 1V
B1-30 与 B1-29	质量空气流量传感器信号	发动机怠速，换挡杆设置在 P 或 N 挡，空调关闭	0.5～3.0V
B1-33 与 B3-1	进气谐振系统进气控制阀运行信号	点火开关转至 ON 位置	11～14V
B1-34 与 B3-1	燃油蒸发活性炭罐清污阀运行信号	点火开关转至 ON 位置	11～14V
B2-1 与 B2-6	氧传感器加热器信号	发动机怠速	脉冲信号
		点火开关转至 ON 位置	11～14V
B2-2 与 B2-7	氧传感器加热器信号	发动机怠速	脉冲信号
		点火开关转至 ON 位置	11～14V
B2-3 与 B3-1	发动机电控单元接地电路	任何工况	低于 1V
B2-4 与 B3-1	发动机电控单元接地电路	任何工况	低于 1V
B2-5 与 B3-1	氧传感器加热器信号	发动机怠速	脉冲信号
		点火开关转至 ON 位置	11～14V
B2-6 与 B3-1	发动机电控单元接地电路	任何工况	低于 1V
B2-7 与 B3-1	发动机电控单元接地电路	任何工况	低于 1V
B2-8 与 B3-1	驻车/空挡开关信号	点火开关转至 ON 位置，变速器设置在 P 或 N 挡位置	低于 3.0V
		点火开关转至 ON 位置，变速器没有设置在 P 或 N 挡位置	11～14V
B2-20 与 B2-21	爆震传感器接地电路	发动机暖机后在 4000r/min 转速下运行	脉冲信号
B2-22 与 B3-1	空燃比传感器信号	点火开关转至 ON 位置	3.0V
B2-23 与 B3-1	空燃比传感器信号	点火开关转至 ON 位置	3.0V
B2-33 与 B1-28	氧传感器信号	发动机暖机后在 2500r/min 转速运行 2min	脉冲信号

第八章

HYUNDAI（现代）车系

第一节　EQUUS（雅科仕）5.0L轿车（2012～2015年款）

一、发动机电控单元端子功能说明

发动机电控单元端子识别见图8-1-1，端子功能说明见表8-1-1。

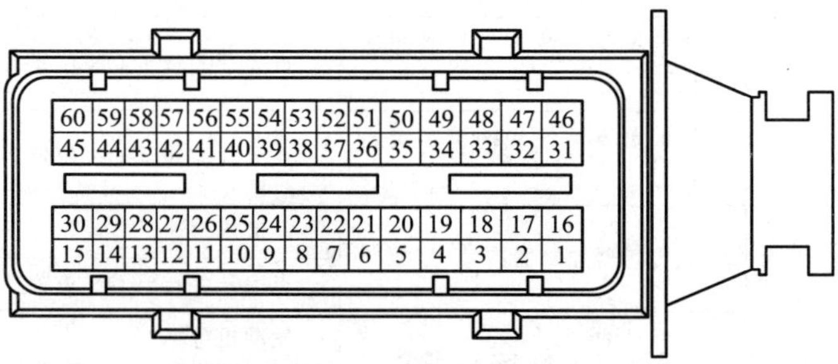

发动机电控单元连接器A

发动机电控单元连接器B

图8-1-1　发动机电控单元端子识别

表8-1-1　发动机电控单元端子功能说明

发动机电控单元连接器A			
端子	功能说明	端子	功能说明
1	气缸3点火线圈控制输出信号	6	燃油箱压力传感器信号输入
2	气缸6点火线圈控制输出信号	7	燃油油位传感器信号输入
3	发动机转速信号(与配电模块连接)	8	空调压力传感器信号输入
4	气缸2喷油器控制输出信号	9	接地(连接定速巡航控制开关)
5	气缸1喷油器控制输出信号	10	空调压力传感器接地

续表

发动机电控单元连接器A			
端子	功能说明	端子	功能说明
11	动力转向压力传感器接地	36	防非法启动指示灯控制输出
12	曲轴位置传感器信号输入	37	未用
13	未用	38	燃油泵继电器控制输出
14	主继电器控制输出	39	进气歧管绝对压力传感器信号输入
15	喷油器6控制输出	40	未用
16	气缸2点火线圈控制输出	41	氧传感器(气缸列2,传感器1)接地
17	气缸4点火线圈控制输出	42	未用
18	未用	43	氧传感器(气缸列1,传感器1)接地
19	喷油器7控制输出	44	控制器区域网络低速通信电路
20	燃油蒸发排放净化电磁阀控制	45	喷油器3点火线圈控制输出
21	燃油蒸发排放活性炭罐关闭阀控制输出	46	气缸1点火线圈控制输出
22	动力转向压力信号输入	47	气缸7点火线圈控制输出
23	未用	48	电子节气门控制电机(+)控制输出
24	燃油箱压力传感器接地	49	未用
25	进气歧管绝对压力传感器接地	50	电子节气门控制电机(−)控制输出
26	定速巡航控制开关信号输入	51	故障指示灯控制输出
27	曲轴位置传感器低电平信号输入	52～53	未用
28	燃油总管压力传感器接地	54	冷却风扇控制输出
29	燃油油位传感器信号输入	55	未用
30	喷油器4控制输出	56	氧传感器(气缸列2,传感器1)信号输入
31	气缸5点火线圈控制输出	57	未用
32	气缸8点火线圈控制输出	58	氧传感器(气缸列1,传感器1)信号输入
33	喷油器8控制输出	59	控制器区域网络高速通信电路
34	连续可变气门正时机油控制阀(气缸列1,排气)控制输出	60	喷油器5控制输出
35	连续可变气门正时机油控制阀(气缸列1,进气)控制输出		

发动机电控单元连接器B			
端子	功能说明	端子	功能说明
1	点火线圈接地	11	节气门位置传感器接地
2	电源接地	12	氧传感器(气缸列1,传感器2)接地
3	氧传感器(气缸列2,传感器1)加热器控制输出	13	燃油总管压力传感器信号输入
4	发动机电控单元接地	14	节气门位置传感器1信号输入
5	主继电器供电	15	氧传感器(气缸列2,传感器2)信号输入
6	主继电器2供电	16～18	未用
7	氧传感器(气缸列1,传感器2)加热器控制输出	19	气缸列1排气凸轮轴位置传感器信号输入
8	网络串行信号总线	20	未用
9	爆震传感器(气缸列1,前部)高电平信号输入	21	起动机继电器输入
10	爆震传感器(气缸列1,后部)高电平信号输入	22	气缸列1进气凸轮轴位置传感器接地

续表

发动机电控单元连接器 B			
端子	功能说明	端子	功能说明
23	传感器（进气歧管绝对压力传感器、节气门位置传感器 1、节气门位置传感器 2、动力转向压力传感器）供电	62	凸轮轴位置传感器（气缸列 2，进气）信号输入
24	加速踏板位置传感器 1 供电	63	未用
25	点火开关	64	车速传感器信号输入
26	发电机	65	节气门位置传感器供电
27～29	未用	66	控制器区域网络低速通信电路
30	气缸列 1，排气凸轮轴位置传感器接地	67	防非法启动通信电路
31	气缸列 1，前部爆震传感器低电平信号输入	68	燃油喷射电源 1 信号（ON）输出（连接喷油器驱动盒）
32	气缸列 1，后部爆震传感器低电平信号输入	69	燃油喷射电源 2 信号（SEL 1）输出（连接喷油器驱动盒）
33	发动机冷却液温度传感器接地	70	燃油喷射电源 1 信号（SEL 0）输出（连接喷油器驱动盒）
34	未用	71、72	未用
35	进气温度传感器信号输入	73	氧传感器（气缸列 1，传感器 1）加热器控制输出
36	发动机冷却液温度传感器信号输入	74	爆震传感器（气缸列 2，前部）高电平信号输入
37	加速踏板位置传感器 1 信号输入	75	爆震传感器（气缸列 2，后部）高电平信号输入
38	节气门位置传感器 2 信号输入	76	加速踏板位置传感器 2 接地
39	用电负荷信号输入（连接前照灯模块）	77	未用
40	制动开关 2 信号输入	78	进气温度传感器接地
41	制动开关 1 信号输入	79、80	未用
42、43	未用	81	加速踏板位置传感器 2 信号输入
44	空调“SELECT（选择）”开关信号输入	82	未用
45	传感器（加速踏板位置传感器 2，开头压力传感器，燃油油箱压力传感器）供电	83	气缸列 1 进气凸轮轴位置传感器信号输入
46	燃油总管压力传感器供电	84	发电机 FR 信号输入
47	未用	85	气缸列 2 排气凸轮轴位置传感器信号输入
48	起动机继电器控制输出	86	蓄电池电源
49	气缸列 2 进气凸轮轴位置传感器接地	87	未用
50	燃油泵继电器输出	88	控制器区域网络高速通信
51	氧传感器（气缸列 2，传感器 2）加热器控制输出信号	89	燃油喷射电源 1 信号（SEL 1）输出（连接喷油器驱动盒）
52	爆震传感器（气缸列 2，前部）低电平信号输入	90	连续可变气门正时机油控制阀（气缸列 2，进气）控制输出
53	爆震传感器（气缸列 2，后部）低电平信号输入	91	未用
54	加速踏板位置传感器 1 接地	92	连续可变气门正时机油控制阀（气缸列 2，排气）控制输出
55	氧传感器（气缸列 2，传感器 2）接地	93	空调压缩机控制输出
56、57	未用	94	燃油喷射电源 2 信号（SEL 0）输出（连接喷油器驱动盒）
58	氧传感器（气缸列 2，传感器 2）信号输入		
59	气缸列 2 排气凸轮轴位置传感器接地		
60	燃油喷射电源 2 信号（ON）输出（连接喷油器驱动盒）		
61	未用		

二、制动系统电控单元端子功能说明

制动系统电控单元端子识别见图 8-1-2，端子说明见表 8-1-2。

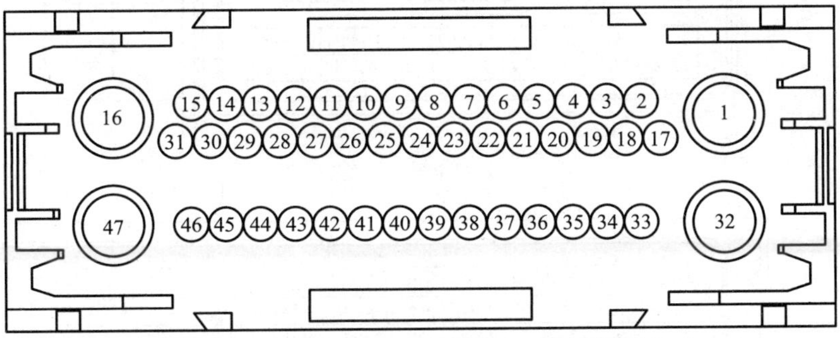

图 8-1-2　制动系统电控单元端子识别

表 8-1-2　制动系统电控单元端子说明

端子	功能说明
1	ESP(电子稳定程序)熔断器 1
2	未用
3	未用
4	ESC(电子稳定控制)OFF(关闭)开关
5	未用
6	制动灯开关
7	电控单元(轮速信号)
8	接线盒熔断器
9	轮胎压力监测模块
10	数据链路连接器(K 线)
11	PDM(配电模块)
12	控制器区域网络高速通信
13	控制器区域网络低速通信
14	音响/视频及导航控制单元(轮速信号)
15	未用
16	接地
17	未用
18	控制器区域网络高速通信
19	控制器区域网络低速通信
20、21	未用
22	传感器供电
23	电子驻车开关(自动驻车开关)
24～27	未用
28	VSM(车辆稳定控制)OFF(关闭)开关
29	传感器接地
30、31	未用
32	ESP(电子稳定程序)熔断器 2
33	右前轮速传感器接地
34	右前轮速传感器信号
35	未用
36	左后轮速传感器接地
37	左后轮速传感器信号
38	未用
39	制动灯继电器
40、41	未用
42	右后轮速传感器接地
43	右后轮速传感器信号
44	制动灯继电器
45	左前轮速传感器接地
46	左前轮速传感器信号
47	接地

第二节　VELOSTER（飞思）1.6L 轿车（2012～2015 年款）

一、发动机电控单元端子功能说明

发动机电控单元端子识别见图 8-2-1，端子功能说明见表 8-2-1。

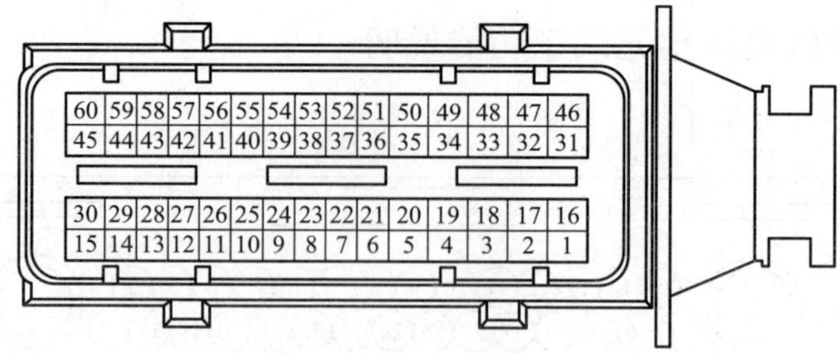

发动机电控单元连接器A

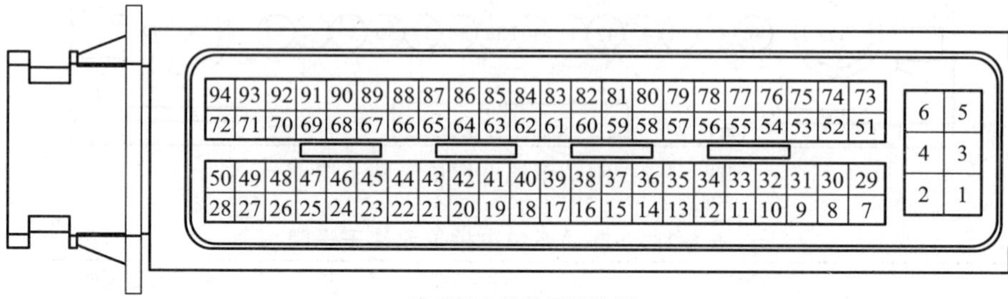

发动机电控单元连接器B

图 8-2-1 发动机电控单元端子识别

表 8-2-1 发动机电控单元端子功能说明

发动机电控单元连接器 A			
端子	功能说明	端子	功能说明
1	气缸 3 喷油器高电平控制输出信号	29	空调压缩机继电器控制输出
2	气缸 4 喷油器高电平控制输出信号	30	未用
3	气缸 2 喷油器低电平控制输出信号	31	气缸 3 点火线圈控制输出
4	未用	32	气缸 1 点火线圈控制输出
5	氧传感器(传感器 1)进气控制输出	33	气缸 1 喷油器低电平控制输出信号
6～11	未用	34	燃油压力控制阀高电平控制输出
12	防非法启动指示灯控制输出	35	节气门控制电机(—)控制输出
13	未用	36	未用
14	冷却风扇高速继电器控制输出	37	爆震传感器输入
15	连续可变气门正时机油控制阀(排气)控制输出	38	传感器接地
16	气缸 2 喷油器高电平控制输出信号	39	鼓风机开关最大信号输入
17	气缸 1 喷油器高电平控制输出信号	40	制动灯开关信号输入
18	气缸 3 喷油器低电平控制输出信号	41～44	未用
19	未用	45	连续可变气门正时机油控制阀(进气)控制输出
20	燃油蒸发排放净化电磁阀控制		
21、22	未用	46	气缸 4 点火线圈控制输出
23	发动机冷却液温度传感器信号输入	47	气缸 2 点火线圈控制输出
24	传感器接地	48	气缸 4 喷油器低电平控制输出信号
25	未用	49	燃油压力控制阀低电平控制输出
26	燃油箱油位传感器信号输入	50	电子节气门控制电机(+)控制输出
27	燃油蒸发排放活性炭罐关闭阀控制输出	51、52	未用
28	未用	53	制动测试开关信号输入

续表

发动机电控单元连接器 A

端子	功能说明	端子	功能说明
54	未用	58	发动机转速传感器信号输出
55	离合器开关信号输入	59	发动机冷却风扇继电器低电平控制输出
56	用电负荷信号输入(除霜器)	60	可变进气电磁阀控制输出
57	发电机 COM 信号输出		

发动机电控单元连接器 B

端子	功能说明	端子	功能说明
1	发动机电控单元接地	39	传感器供电(节气门位置传感器 1 和节气门位置传感器 2)
2	发动机电控单元接地		
3	发动机电控单元接地	40	加速踏板位置传感器 1 供电
4	主继电器供电	41	传感器供电(进气歧管绝对压力传感器、燃油箱压力传感器)
5	蓄电池电压		
6	蓄电池电压	42	传感器供电(进气凸轮轴位置传感器、排气凸轮轴位置传感器)
7	主继电器供电		
8	氧传感器 2 接地	43	空调开关信号输入
9	加速踏板位置传感器 1 信号输入	44	空调压力开关
10	加速踏板位置传感器 2 接地	45	空调压力传感器信号输入
11	未用	46	车速信号输入
12	燃油压力传感器接地	47	起动机继电器高电平控制信号
13	未用	48～51	未用
14	节气门位置传感器 1 信号输入	52	氧传感器 1 接地
15、16	未用	53	氧传感器 1 加压室供电
17	燃油油位信号输入	54～57	未用
18	加速踏板位置传感器 2 供电	58	燃油总管压力传感器信号输入
19	未用	59	未用
20	传感器供电(燃油总管压力传感器、空调压力传感器)	60	启动信号输入
21	未用	61	LIN 网络通信信号输入(连接蓄电池传感器)
22	刮水器开关信号输入		
23	未用	62	未用
24	加速踏板位置传感器 1 供电	63	控制器区域网络低速通信电路
25～28	未用	64	排气凸轮轴位置传感器接地
		65	排气凸轮轴位置传感器信号输入
29	点火开关信号输入	66	未用
30	氧传感器 2 信号输入	67	曲轴位置传感器 B 信号输入
31	加速踏板位置传感器 2 信号输入	68～71	未用
32	加速踏板位置传感器 1 接地	72	燃油蒸发排放净化电磁阀控制输出
33、34	未用	73	未用
35	节气门位置传感器接地	74	氧传感器 1 信号
36	节气门位置传感器 2 信号输入	75	氧传感器 1 信号
37、38	未用	76	燃油总管压力传感器接地

发动机电控单元连接器 B			
端子	功能说明	端子	功能说明
77	空调压力传感器接地	86	进气凸轮轴位置传感器接地
78	进气歧管绝对压力传感器接地	87	进气凸轮轴位置传感器信号输入
79	进气温度传感器信号输入	88	前照灯开关输入
80	进气歧管绝对压力传感器信号输入	89	曲轴位置传感器 A 信号输入
81、82	未用	90	燃油泵继电器控制输出
83	防非法启动通信电路	91、92	未用
84	未用	93	主继电器控制输出
85	控制器区域网络高速通信电路	94	起动机继电器低电平控制输出

二、制动系统电控单元端子功能说明

制动系统电控单元端子识别见图 8-2-2，端子说明见表 8-2-2。

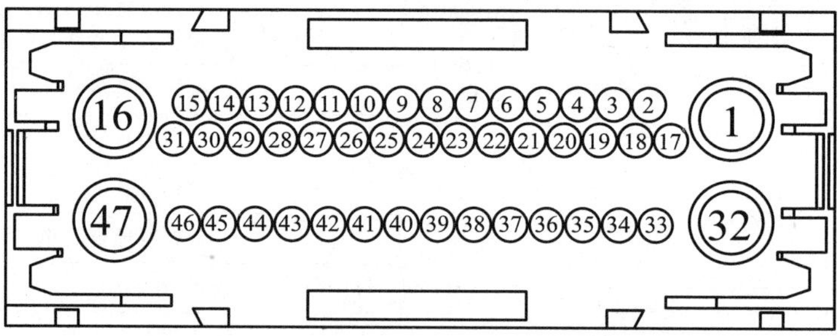

图 8-2-2　制动系统电控单元端子识别

表 8-2-2　制动系统电控单元端子说明

端子	功能说明	端子	功能说明
1	ESP(电子稳定程序)熔断器 1	17	未用
2、3	未用	18	控制器区域网络高速通信
4	ESC(电子稳定控制)OFF(关闭)开关	19	控制器区域网络低速通信
5	未用	20、21	未用
6	制动灯开关	22	传感器供电
7	电控单元(轮速信号)	23	电子驻车开关(自动驻车开关)
8	接线盒熔断器	24～27	未用
9	轮胎压力监测模块	28	VSM(车辆稳定控制)OFF(关闭)开关
10	数据链路连接器(K 线)	29	传感器接地
11	PDM(配电模块)	30、31	未用
12	控制器区域网络高速通信	32	ESP(电子稳定程序)熔断器 2
13	控制器区域网络低速通信	33	右前轮速传感器接地
14	音响/视频及导航控制单元(轮速信号)	34	右前轮速传感器信号
15	未用	35	未用
16	接地	36	左后轮速传感器接地

续表

端子	功能说明	端子	功能说明
37	左后轮速传感器信号	43	右后轮速传感器信号
38	未用	44	制动灯继电器
39	制动灯继电器	45	左前轮速传感器接地
40、41	未用	46	左前轮速传感器信号
42	右后轮速传感器接地	47	接地

三、制动系统电控单元端子功能说明

制动系统电控单元端子识别见图 8-2-3，端子说明见表 8-2-3。

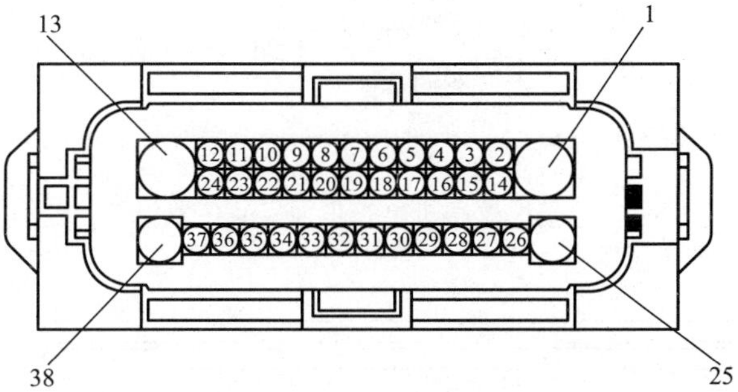

图 8-2-3　制动系统电控单元端子识别

表 8-2-3　制动系统电控单元端子说明

端子	功能说明	端子	功能说明
1	ABS 制动系统熔断器 1(40A)	22	驻车制动开关
2、3	未用	23	制动灯继电器
4	传感器供电(横摆率传感器、转向角传感器)	24	横摆率传感器
5～7	未用	25	ABS 制动系统熔断器 2(40A)
8	上坡辅助系统继电器控制	26	控制器区域网络高速通信网络
9	发动机电控单元，制动灯开关	27	转向角传感器
10	电子稳定控制 OFF(关闭)开关	28	发动机电控单元
11	传感器接地(横摆率传感器、转向角传感器)	29	ABS 制动系统熔断器(10A)
12	横摆率传感器	30	未用
13	接地	31	左前轮速传感器信号
14	控制器区域网络低速通信网络	32	左后轮速传感器信号
15	转向角传感器 A	33	右后轮速传感器供电
16	转向角变速器 B	34	右前轮速传感器供电
17	未用	35	未用
18	左前轮速传感器供电	36	上坡辅助系统继电器
19	左后轮速传感器供电	37	未用
20	右后轮速传感器信号	38	接地
21	右前轮速传感器信号		

第三节 SONATA（索纳塔）第八代轿车（2011～2015 年款）

2.4L 和 2.0L 发动机电控单元安装位置见图 8-3-1，端子识别见图 8-3-2，端子功能说明见表 8-3-1。

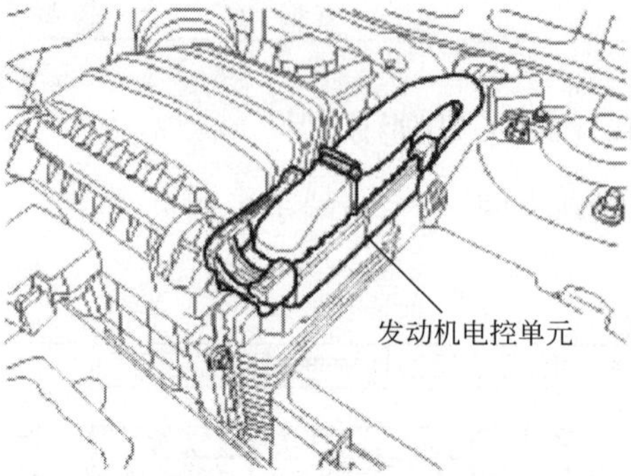

图 8-3-1 发动机电控单元安装位置识别

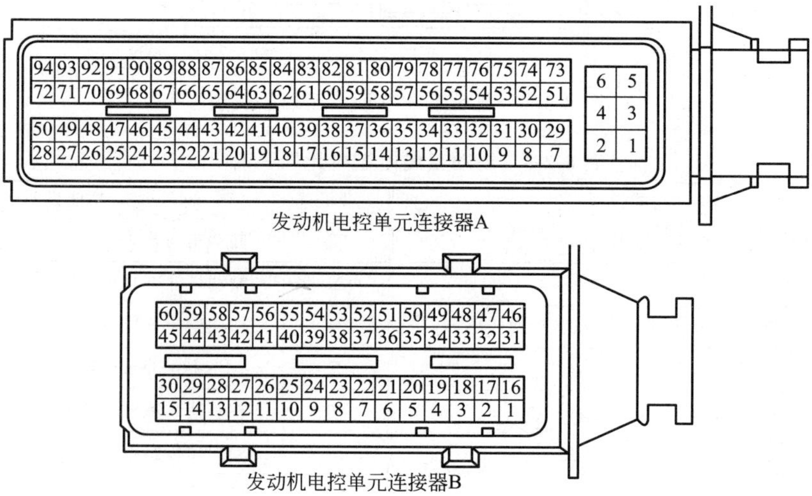

图 8-3-2 发动机电控单元端子识别

表 8-3-1 发动机电控单元端子功能说明

发动机电控单元连接器 A			
端子	功能说明	端子	功能说明
1	电源接地	13	加速踏板位置传感器 2 接地
2	点火开关供电	14	发动机冷却液温度传感器接地
3	电源接地	15	凸轮轴位置传感器信号(排气)
4	主继电器供电	16	氧传感器 1 接地
5	电源接地	17	曲轴位置传感器信号
6	蓄电池电压	18～23	未用
7～11	未用	24	启动继电器接地
12	爆震传感器信号输入	25	喷油器 1

续表

发动机电控单元连接器 A			
端子	功能说明	端子	功能说明
26	喷油器 3	62	凸轮轴位置传感器(进气)信号
27	喷油器 4	63	节气门位置传感器供电
28	喷油器 2	64	主继电器控制输出
29	未用	65	发动机冷却风扇低速继电器
30	进气歧管绝对压力传感器供电	66	CVVT(连续可变气门正时)机油控制阀(进气)
31	进气歧管绝对压力传感器信号	67	净化控制电磁阀
32	节气门位置传感器 2 信号	68	CVVT(连续可变气门正时)机油控制阀(排气)
33	发动机冷却液温度传感器信号输入	69	防盗警告灯
34	爆震传感器接地	70	燃油泵继电器
35	加速踏板位置传感器 2 信号输入	71	电子节气门控制电机
36	加速踏板位置传感器 2 供电	72	电子节气门控制电机
37	凸轮轴位置传感器(排气)接地	73	未用
38	氧传感器 1 信号输入	74	进气歧管绝对压力传感器接地
39	曲轴位置传感器接地	75	防盗系统控制
40	车速信号	76	LIN 网络通信
41	动力转向压力传感器	77	CAN(控制器区域网络)高速通信
42	未用	78	CAN(控制器区域网络)低速通信
43	空调压力传感器供电	79	未用
44、45	未用	80	节气门位置传感器信号
46	发电机	81	动力转向压力传感器接地
47～49	未用	82	加速踏板位置传感器 1 信号
50	可变进气电磁阀控制输出	83	凸轮轴位置传感器(进气)接地
51	蓄电池电源(主继电器)	84	氧传感器 2 信号
52	未用	85	氧传感器 2 接地
53	进气温度传感器信号输入	86	发动机转速信号
54	空调压力传感器信号输入	87	未用
55、56	未用	88	发动机冷却风扇高速继电器
57	空调压力传感器接地	89～91	未用
58	未用	92	故障告警灯
59	节气门位置传感器供电	93	氧传感器 1 加热器控制
60	加速踏板位置传感器 1 供电	94	氧传感器 2 加热器控制
61	加速踏板位置传感器 1 接地		

发动机电控单元连接器 B			
端子	功能说明	端子	功能说明
1	点火线圈控制输出	16	点火线圈控制输出
2	点火线圈屏蔽	17～28	未用
3～12	未用	29	制动开关 1 信号输入
13	电气负荷(刮水器)信号输入	30	定速巡航控制开关信号输入
14	交流发电机	31	点火线圈控制输出
15	定速巡航控制开关接地	32～41	未用

续表

发动机电控单元连接器 B			
端子	功能说明	端子	功能说明
42	空调鼓风机开关信号	46	点火线圈控制输出
43	离合器开关信号	47～56	未用
44	制动开关 2 信号输入	57	空调开关 ON 信号输入
45	未用	58～60	未用

第四节　ELANTRA（朗动）1.8L 轿车（2012～2015 年款）

1.8L G4N8 发动机电控单元端子识别见图 8-4-1，端子功能说明见表 8-4-1。

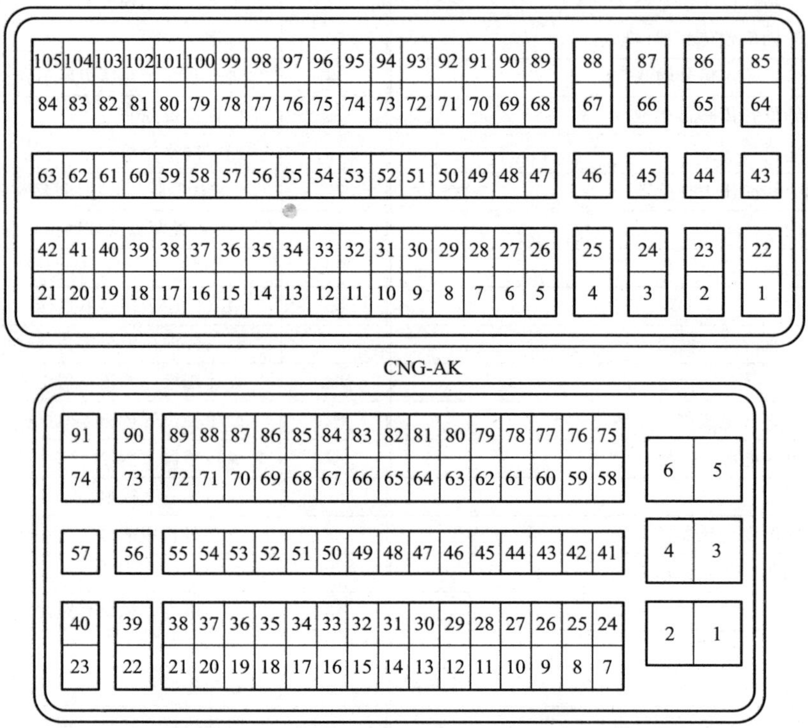

图 8-4-1　1.8L G4N8 发动机电控单元端子识别

表 8-4-1　1.8L G4N8 发动机电控单元端子功能说明

CNG-AA 连接器			
端子	功能说明	端子	功能说明
1～6	未用	13	发动机冷却液温度传感器接地
7	净化控制电磁阀	14	未用
8、9	未用	15	加速踏板位置传感器 2 电源
10	蓄电池传感器(电源)	16、17	未用
11	歧管绝对压力传感器电源	18	节气门位置传感器电源(5V)
12	节气门位置传感器 1 信号	19	加速踏板位置传感器 1 电源

CNG-AA 连接器			
端子	功能说明	端子	功能说明
20、21	未用	60	爆震传感器接地
22	(自动变速器)VFS-OD 电磁阀	61	爆震传感器信号
23	(自动变速器)VFS 线路	62	加速踏板位置传感器 1 接地
24	氧传感器(上)加热器	63	加速踏板位置传感器 2 接地
25	氧传感器(下)信号	64～68	未用
26	(自动变速器)换挡电磁阀 B	69	蓄电池传感器
27～31	未用	70	蓄电池传感器(信号)
32	节气门位置传感器接地	71、72	未用
33	未用	73	(自动变速器)位置开关代码 S4
34	节气门位置传感器 2 信号	74	(自动变速器)位置开关代码 S2
35、36	未用	75	(自动变速器)位置开关代码 S3
37	(自动变速器)升挡	76、77	未用
38	(自动变速器)选择开关	78	燃油油量传感器信号
39	(自动变速器)油温传感器(－)	79～81	未用
40	未用	82	发动机冷却液温度传感器信号
41	氧传感器(下)接地	83	氧传感器(上)
42	未用	84	氧传感器(上)
43	(自动变速器)VFS-UD 电磁阀	85、86	未用
44	(自动变速器)VFS-35R 电磁阀	87	(自动变速器)电磁阀电源 2
45	(自动变速器)VFS-T/CON 电磁阀	88	(自动变速器)电磁阀电源 1
46	(自动变速器)VFS-26B 电磁阀	89	(自动变速器)换挡电磁阀 A
47、48	未用	90～93	未用
49	蓄电池传感器(接地)	94	(自动变速器)位置开关代码 S1
50	未用	95	(自动变速器)输出速度电源
51	电负荷信号	96	(自动变速器)输入速度电源
52	未用	97、98	未用
53	制动开关	99	(自动变速器)输入速度信号
54	加速踏板位置传感器 1 信号	100	(自动变速器)输出速度信号
55	未用	101、102	未用
56	加速踏板位置传感器 2 信号	103	氧传感器(下)加热器
57	未用	104	氧传感器(上)
58	(自动变速器)降挡	105	氧传感器(上)
59	(自动变速器)油温传感器(＋)		

CNG-AK 连接器			
端子	功能说明	端子	功能说明
1	接地	6	发动机控制继电器 ON 输入
2	接地	7	凸轮轴位置传感器(排气)接地
3	存储器电源	8	歧管绝对压力传感器接地
4	接地	9～11	未用
5	存储器电源	12	燃油箱油位传感器接地

续表

CNG-AK 连接器			
端子	功能说明	端子	功能说明
13、14	未用	55	未用
15	空调压力传感器电源	56	机油控制阀(进气)
16	交流发电机 PWM 信号输出	57	点火线圈 1 控制
17、18	未用	58	未用
19	喷油器 2 控制	59	CAN(控制器区域网络高速通信)
20	冷却风扇低速继电器控制	60	CAN(控制器区域网络高速通信)
21	未用	61	钥匙防盗通信线
22	电子节气门控制电机(－)	62	未用
23	电子节气门控制电机(＋)	63	发动机转速输出
24	未用	64	车速传感器
25	空调压力传感器接地	65	未用
26	歧管绝对压力传感器信号	66	凸轮轴位置传感器(进气)信号
27	未用	67	启动开关输入
28	进气温度传感器	68	ON/START 输入
29	除霜器	69	喷油器 3 控制
30～35	未用	70	未用
36	冷却风扇高速继电器控制	71	启动继电器控制
37	燃油泵继电器控制	72、73	未用
38	未用	74	点火线圈 4 控制
39	机油控制阀(排气)	75	发动机控制继电器 ON 输入
40	点火线圈 2 控制	76	CAN(控制器区域网络低速通信)
41～43	未用	77	CAN(控制器区域网络低速通信)
44	APT 信号	78	曲轴位置传感器(－)
45	未用	79	曲轴位置传感器(＋)
46	制动灯开关	80	凸轮轴位置传感器(进气)接地
47	凸轮轴位置传感器(排气)信号	81～84	未用
48	未用	85	可变进气电磁阀
49	雨刮器信号	86～88	未用
50	发动机控制继电器控制	89	喷油器 4 控制
51～53	未用	90	喷油器 1 控制
54	钥匙防盗灯	91	点火线圈 3 控制

第九章

KIA（起亚）车系

第一节　K5 2.4L 轿车（2011～2015 年款）

发动机电控单元端子识别见图 9-1-1，端子检测见表 9-1-1。

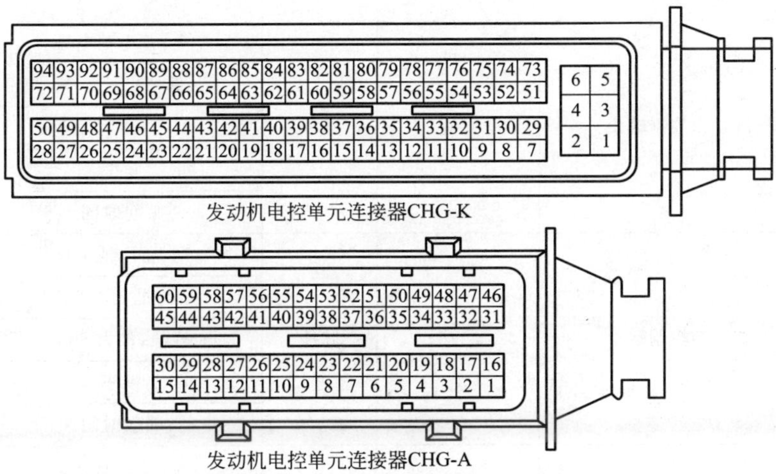

图 9-1-1　发动机电控单元端子识别

表 9-1-1　发动机电控单元端子检测

发动机电控单元连接器 CHG A					
端子号	说明	条件	类型	范围	测试结果
1	电源接地	怠速	DC(直流)	最大 50mV	
2	蓄电池电源(B+)	点火开关 OFF	DC(直流)	最大 0.5V	10.2mV
		点火开关 ON		蓄电池电压	12.02V
3	电源接地	怠速	DC(直流)	最大 50mV	2.8mV
4	蓄电池电源(B+)	点火开关 OFF	DC(直流)	最大 1.0V	3.1mV
		点火开关 ON		蓄电池电压	12.1V
5	电源接地	怠速	DC(直流)	最大 50mV	1.8mV
6	蓄电池电源(B+)	通常(未配备点火开关钥匙)	电流	2.0mA 以下	0.4mA
			DC(直流)	蓄电池电压	12.88V
7～11	未用				
12	爆震传感器(KS)信号输入	发生爆震	可变频率	－0.3～0.3V	
		发动机正常运行，没有发生爆震		0	

发动机电控单元连接器 CHG-A					
端子号	说明	条件	类型	范围	测试结果
13	传感器接地	怠速	DC(直流)	最大 50mV	30mV
14	传感器接地	怠速	DC(直流)	最大 50mV	12.4mV
15	凸轮轴位置传感器(CMPS)[排气]信号输入	怠速	脉冲	高:蓄电池电压	5V
				低:最大 0.5V	0.2V
				频率	5.36Hz
16	传感器接地	怠速	DC(直流)	最大 50mV	29.0mV
17	曲轴位置传感器(CKPS)信号输入	怠速	脉冲	高:蓄电池电压	5V
				低:最大 0.5V	40mV
				频率	600Hz
18～23	未用				
24	启动开关(接地)				
25	喷油器(气缸＃1)控制输出	怠速	脉冲	高:蓄电池电压	13.8V
				低:最大 1.0V	200mV
				峰值:最大 80V	54.1V
				频率	5.21Hz
				喷射时间	2.74ms
26	喷油器(气缸＃3)控制输出	怠速	脉冲	高:蓄电池电压	13.9V
				低:最大 1.0V	170mV
				峰值:最大 80V	53.9V
				频率	5.18Hz
				喷射时间	2.73ms
27	喷油器(气缸＃4)控制输出	怠速	脉冲	高:蓄电池电压	14V
				低:最大 1.0V	160mV
				峰值:最大 80V	54.3V
				频率	5.24Hz
				喷射时间	2.70ms
28	喷油器(气缸＃2)控制输出	怠速	脉冲	高:蓄电池电压	14.1V
				低:最大 1.0V	160mV
				峰值:最大 80V	53.9V
				频率:5.21Hz	5.21Hz
				喷射时间:2.73ms	2.74ms
29	轮速传感器(WSS)[－]信号输入	车辆行驶(30km/h)	正弦波形	15Hz:最小 0.13Vpp(峰峰值)	
				1000Hz:最小 0.2Vpp	
30	传感器电源(＋5V)	点火开关 OFF	DC(直流)	最大 0.5V	0
		点火开关 ON		4.9～5.1V	4.98V

续表

发动机电控单元连接器 CHG-A					
端子号	说明	条件	类型	范围	测试结果
31	歧管绝对压力传感器(MAPS)信号输入	怠速	模拟	0.8～1.6V	1.37V
32	节气门位置传感器(TPS)2 信号输入	关闭	模拟	4.2～5.0V	4.52V
		全开		3.3～3.8V	3.68V
33	发动机水温传感器(ECTS)信号输入	怠速	模拟	0.5～4.5V	1.02V
34	传感器接地	怠速	DC(直流)	最大 50mV	8mV
35	加速踏板位置传感器(APS)2 信号输入	关闭		最大 1.0V	0.4V
		全开		1.5～3.0V	1.9V
36	传感器电源(+5V)	点火开关 OFF	DC(直流)	最大 0.5V	5mV
		点火开关 ON		4.9～5.1V	5.02V
37	传感器接地	怠速	DC(直流)	最大 50mV	11mV
38	加热式氧传感器(传感器 1)信号输入	怠速	DC(直流)	浓:0.6～1.0V	926mV
				稀:最大 0.4V	20mV
39	传感器接地	怠速	DC(直流)	最大 50mV	11mV
40	车速信号输入	车辆行驶	脉冲	高:最小 4.5V	5V
				低:最大 0.5V	0
				频率	怠速时频率为 46.9Hz
				占空比(−)	怠速时为 50.4%
41	动力转向压力传感器(PSPS)信号输入				
42	—				
43	传感器电源(+5V)	点火开关 OFF	DC(直流)	最大 0.5V	
		点火开关 ON		4.9～5.1V	
44	—				
45	—				
46	交流发电机(COM)				
47	—				
48	—				
49	—				
50	连续可变电磁(VIS)阀控制输出	工作	DC(直流)	最大 1.0V	316mV
		不工作		蓄电池电压	14.0V
51	蓄电池电源(B+)	点火开关 OFF	DC(直流)	最大 1.0V	3.1mV
		点火开关 ON		蓄电池电压	12.3V
52	—				

续表

端子号	说明	条件	类型	范围	测试结果
发动机电控单元连接器 CHG-A					
53	进气温度传感器(IATS)信号输入	怠速	模拟	0～5.0V	2.55V
54	空调压力传感器(APT)信号输入	怠速	DC(直流)	0.4～4.6V	A/C OFF:1.29V A/C ON:2.01V
55	—				
56	—				
57	传感器接地	怠速	DC(直流)	最大 50mV	11mV
58	—				
59	传感器接地	怠速	DC(直流)	最大 50mV	6mV
60	传感器电源(+5V)	点火开关 OFF	DC(直流)	最大 0.5V	10mV
		点火开关 ON		4.9～5.1V	5.02V
61	传感器接地	怠速	DC(直流)	最大 50mV	30mV
62	凸轮轴位置传感器(CMPS)(进气)信号输入	怠速	脉冲	高:蓄电池电压	5V
				低:最大 0.5V	0.2V
				频率	5.2Hz
63	传感器电源(+5V)	点火开关 OFF	DC(直流)	最大 0.5V	0
		点火开关 ON		4.9～5.1V	5.03V
64	主继电器控制输出	继电器 OFF	DC(直流)	蓄电池电压	12.3V
		继电器 ON		最大 1.0V	730mV
65	冷却风扇继电器(低速)控制输出	空调 ON	脉冲	高:蓄电池电压	10.4V
				低:0～0.5V	60mV
66	CVVT 机油控制(OCV)阀(进气)控制输出	怠速	脉冲	高:蓄电池电压	15.0V
				低:最大 1.0V	120mV
				频率	300Hz
				占空比(+)	84.70%
67	净化控制电磁阀(PCSV)控制输出	工作	脉冲	高:蓄电池电压	14.3V
				低:最大 1.0V	80mV
				峰值电压:最大 70V	57.0V
				频率	16Hz
68	CVVT 机油控制(OCV)阀(排气)控制输出	怠速	脉冲	高:蓄电池电压	13.5V
				低:最大 1.0V	100mV
				峰值电压:最大 70V	13.5V
				频率	300Hz
69	钥匙防盗系统警告灯控制输出	灯 OFF	DC(直流)	高:蓄电池电压	13.2V
		灯 ON		低:最大 2.0V	40mV
70	燃油泵继电器控制输出	继电器 OFF	DC(直流)	蓄电池电压	12.8V
		继电器 ON		最大 1.0V	40mV
71	ETC 电机(+)控制输出	怠速	脉冲	高:蓄电池电压	13.4V
				低:最大 1.0V	0

续表

发动机电控单元连接器 CHG-A					
端子号	说明	条件	类型	范围	测试结果
72	ETC 电机(一)控制输出	怠速	脉冲	高：蓄电池电压	13.3V
				低：最大 1.0V	0
73	—				
74	传感器接地	怠速	DC(直流)	最大 50mV	7mV
75	钥匙防盗系统通信线	通信时	脉冲	高：最小 8.5V	11.8V
				低：最大 3.5V	1.0V
76	LIN 通信信号输入				
77	CAN(高速)	隐性	脉冲	2.0～3.0V	2.58V
		显性		2.75～4.5V	3.54V
78	CAN(低速)	隐性	脉冲	2.0～3.0V	2.64V
		显性		0.5～2.25V	1.52V
79	—				
80	节气门位置传感器(TPS)1 信号输入	关闭	模拟	0.3～0.9V	0.65V
		全开		1.5～3.0V	1.63V
81	传感器接地				
82	加速踏板位置传感器(APS)1 信号输入	关闭	模拟	最大 1.0V	0.8V
		全开		最小 4.0V	4.0V
83	传感器接地	怠速	DC(直流)	最大 50mV	12mV
84	加热式氧传感器(HO2S)(传感器 2)信号输入	怠速	DC(直流)	浓：0.6～1.0V	74mV
				稀：最大 0.4V	70mV
85	传感器接地	怠速	DC(直流)	最大 50mV	10mV
86	发动机转速信号输出	怠速	脉冲	高：蓄电池电压	14.0V
				低：最大 0.5V	60mV
				频率：20～26Hz	21Hz
				占空比(+)	50%
87	—				
88	冷却风扇继电器(高速)控制输出	继电器 OFF	DC(直流)	蓄电池电压	
		继电器 ON		最大 1.0V	
89～91	—				
92	故障告警灯控制输出	故障灯亮	DC(直流)	最大 1.0V	54mV
		故障灯灭		蓄电池电压	13.8V
93	加热式氧传感器(HO2S)(传感器 1)加热器控制输出	发动机运转	脉冲	高：蓄电池电压	14.4V
				低：最大 1.0V	0.36V
				频率	10.0Hz
				占空比(+)	58.3%
94	加热式氧传感器(HO2S)(传感器 2)加热器控制输出	发动机运转	脉冲	高：蓄电池电压	14.0V
				低：最大 1.0V	0.31V
				频率	7.68Hz
				占空比(+)	53.9%

续表

<table>
<tr><th colspan="6">发动机电控单元连接器 CHG-A</th></tr>
<tr><th>端子号</th><th>说明</th><th>条件</th><th>类型</th><th>范围</th><th>测试结果</th></tr>
<tr><td rowspan="4">1</td><td rowspan="2">点火线圈(气缸＃4)控制输出(配备钥匙防盗系统/配备智能钥匙)</td><td rowspan="4">怠速</td><td rowspan="4">脉冲</td><td>初级电压:300～400V</td><td>416V</td></tr>
<tr><td>ON 电压:最大 2.0V</td><td>1.4V</td></tr>
<tr><td rowspan="2">点火线圈(气缸＃1)控制输出(未配备钥匙防盗系统/未配备智能钥匙)</td><td>频率</td><td>5.2Hz</td></tr>
<tr><td>通电时间</td><td>2.78ms</td></tr>
<tr><td>2</td><td>屏蔽</td><td>怠速</td><td>DC(直流)</td><td>最大 50mV</td><td>16.8mV</td></tr>
<tr><td>3～12</td><td>—</td><td></td><td></td><td></td><td></td></tr>
<tr><td>13</td><td>电气负荷(雨刮器)信号输入</td><td></td><td></td><td></td><td></td></tr>
<tr><td rowspan="2">14</td><td rowspan="2">交流发电机(FR)</td><td rowspan="2">怠速</td><td rowspan="2">脉冲</td><td>高:蓄电池电压</td><td>13.4V</td></tr>
<tr><td>低:最大 1.5V</td><td>40mV</td></tr>
<tr><td>15</td><td>接地</td><td>怠速</td><td>DC(直流)</td><td>最大 50mV</td><td></td></tr>
<tr><td rowspan="4">16</td><td rowspan="2">点火线圈(气缸＃2)控制输出(配备钥匙防盗系统/配备智能钥匙)</td><td rowspan="4">怠速</td><td rowspan="4">脉冲</td><td>初级电压:300～400V</td><td>416V</td></tr>
<tr><td>ON 电压:最大 2.0V</td><td>1.3V</td></tr>
<tr><td rowspan="2">点火线圈(气缸＃3)控制输出(未配备钥匙防盗系统/未配备智能钥匙)</td><td>频率</td><td>5.2Hz</td></tr>
<tr><td>通电时间</td><td>2.73ms</td></tr>
<tr><td>17～27</td><td>—</td><td></td><td></td><td></td><td></td></tr>
<tr><td>28</td><td>起动机接地</td><td></td><td></td><td></td><td></td></tr>
<tr><td rowspan="2">29</td><td rowspan="2">制动开关 1 信号输入</td><td>制动 ON</td><td rowspan="2">DC(直流)</td><td>蓄电池电压</td><td></td></tr>
<tr><td>制动 OFF</td><td>最大 0.5V</td><td></td></tr>
<tr><td>30</td><td>—</td><td></td><td></td><td></td><td></td></tr>
<tr><td rowspan="4">31</td><td rowspan="2">点火线圈(气缸＃1)控制输出(配备钥匙防盗系统/配备智能钥匙)</td><td rowspan="4">怠速</td><td rowspan="4">脉冲</td><td>初级电压:300～400V</td><td>408V</td></tr>
<tr><td>ON 电压:最大 2.0V</td><td>1.6V</td></tr>
<tr><td rowspan="2">点火线圈(气缸＃4)控制输出(未配备钥匙防盗系统/未配备智能钥匙)</td><td>频率</td><td>5.2Hz</td></tr>
<tr><td>通电时间</td><td>2.74ms</td></tr>
<tr><td>32～42</td><td>—</td><td></td><td></td><td></td><td></td></tr>
<tr><td rowspan="2">43</td><td rowspan="2">离合器开关信号输入</td><td>释放</td><td rowspan="2">DC(直流)</td><td>最大 0.5V</td><td></td></tr>
<tr><td>按下</td><td>蓄电池电压</td><td></td></tr>
<tr><td rowspan="2">44</td><td rowspan="2">制动开关 2 信号输入</td><td>按下</td><td>DC(直流)</td><td>最大 0.5V</td><td></td></tr>
<tr><td>正常</td><td></td><td>蓄电池电压</td><td></td></tr>
<tr><td>45</td><td>—</td><td></td><td></td><td></td><td></td></tr>
<tr><td rowspan="4">46</td><td rowspan="2">点火线圈(气缸＃3)控制输出(配备钥匙防盗系统/配备智能钥匙)</td><td rowspan="4">怠速</td><td rowspan="4">脉冲</td><td>初级电压:300～400V</td><td>410V</td></tr>
<tr><td>ON 电压:最大 2.0V</td><td>1.5V</td></tr>
<tr><td rowspan="2">点火线圈(气缸＃2)控制输出(未配备钥匙防盗系统/未配备智能钥匙)</td><td>频率</td><td>5.2Hz</td></tr>
<tr><td>通电时间</td><td>2.78ms</td></tr>
<tr><td>47～60</td><td>—</td><td></td><td></td><td></td><td></td></tr>
</table>

第二节 K2轿车（2011～2015年款）

K4FD发动机电控单元安装位置见图9-2-1，端子识别见图9-2-2，端子检测见表9-2-1。

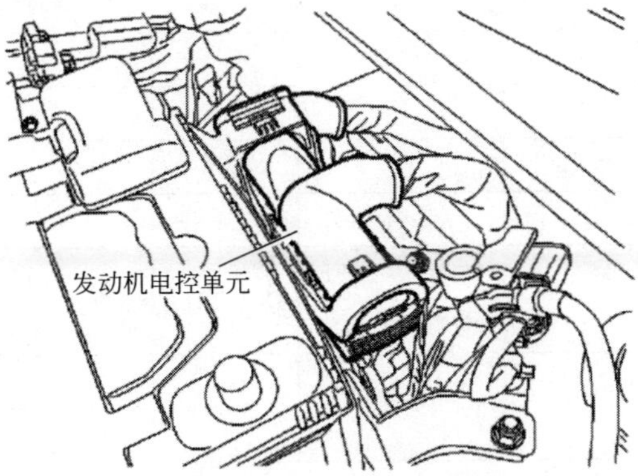

图9-2-1 发动机电控单元安装位置识别

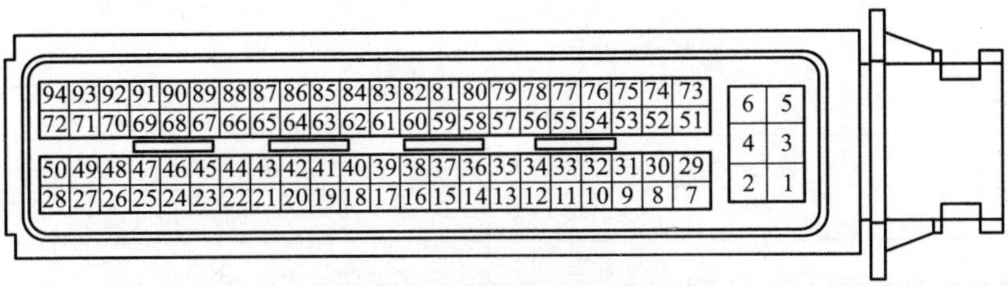

图9-2-2 发动机电控单元端子识别

表9-2-1 发动机电控单元端子检测

端子号	说明	条件	类型	范围	测试结果
1	电子节气门控制电机(＋)	怠速	脉冲	高:蓄电池电压	13.4V
				低:最高1.0V	0
2	电子节气门控制电机(＋)	怠速	脉冲	高:蓄电池电压	13.4V
				低:最高1.0V	0
3	电源接地	怠速	DC(直流)	最大50mV	
4	电源接地	怠速	DC(直流)	最大50mV	
5	主继电器蓄电池电压	点火开关OFF	DC(直流)	最大1.0V	3.1mV
		点火开关ON		蓄电池电压	12.1V
6	主继电器蓄电池电压	点火开关OFF	DC(直流)	最大1.0V	3.1mV
		点火开关ON		蓄电池电压	12.1V
7	氧传感器加热器控制输出	发动机运行	脉冲	高:蓄电池电压	14.2V
				低:最高1.0V	220mV
8	气缸2喷油器控制输出	怠速	脉冲	高:蓄电池电压	13.6V
				低:最高1.0V	336mV
				峰值:最大80V	69.7V

续表

端子号	说明	条件	类型	范围	测试结果
9	气缸1喷油器控制输出	怠速	脉冲	高:蓄电池电压	13.6V
				低:最高1.0V	336mV
				峰值:最大80V	69.7V
10	发动机转速信号输出				
11	未用				
12	起动机开关信号输出				
13	电负荷信号输入(除霜)				
14	空调开关ON信号输入	空调开关OFF	DC(直流)	最大0.5V	220Mv
		空调开关ON		蓄电池电压	12.6V
15	交流发电机负荷信号输入	怠速	脉冲	高:蓄电池电压	13.2V
				低:最高1.5V	1.34V
16	未用				
17	凸轮轴位置传感器信号输入	怠速	脉冲	高:蓄电池电压	13.72V
				低:最高0.5V	200mV
18	点火开关电源	点火开关OFF	DC(直流)	最大1.0V	200mV
		点火开关ON		蓄电池电压	12.9V
19	传感器电源(3.3V)	点火开关OFF	DC(直流)	最大0.5V	200mV
		点火开关ON		(3.3±0.1)V	3.02V
20	传感器电源(5V)	点火开关OFF	DC(直流)	最大0.5V	3.6mV
		点火开关ON		4.8～5.2V	5.02V
21	传感器电源(3.3V)	点火开关OFF	DC(直流)	最大0.5V	200mV
		点火开关ON		(3.3±0.1)V	3.02V
22	进气温度传感器信号	怠速	模拟	0～5V	2.55V
23	进气歧管绝对压力传感器信号输入	怠速	模拟	0.8～1.6V	1.37V
24	节气门位置传感器信号输入	节气门彻底关闭	模拟	0.3～0.9V	0.65V
		节气门全开		1.5～3.0V	1.63V
25	空调压力传感器信号输入	空调ON	模拟	最大4.8V	1.88V
26	传感器接地	怠速	DC(直流)	最大50mV	12mV
27	气缸3点火线圈信号输出	怠速	脉冲	初级电压:300～400V	372V
				ON电压:最大2.0V	1.1V
28	气缸1点火线圈信号输出	怠速	脉冲	初级电压:300～400V	372V
				ON电压:最大2.0V	1.1V
29	燃油蒸发排放活性炭罐净化控制电磁阀控制输出	电磁阀工作	脉冲	高:蓄电池电压	14.2V
		电磁阀不工作		低:最高1.0V	120mV
30	主继电器控制输出	继电器OFF	DC(直流)	最大2.64V	
		继电器ON		蓄电池电压	

续表

端子号	说明	条件	类型	范围	测试结果
31	冷却风扇低速继电器控制输出	继电器 OFF	DC(直流)	蓄电池电压	14.2V
		继电器 ON		最大 1.0V	61.6mV
32	交流发电机				
33	未用				
34	制动开关 1 信号输入	制动开关 ON	DC(直流)	蓄电池电压	
		制动开关 OFF		最大 0.5V	
35	未用				
36	前照灯近光继电器控制				
37	空调压力开关信号输入	空调开关 OFF	DC(直流)	最大 0.5V	200mV
		空调开关 ON		蓄电池电压	12.6V
38	制动开关 2 信号输入	踩下制动踏板	DC(直流)	最大 0.5V	
		松开制动踏板		蓄电池电压	
39	车速信号输入	发动机运行	脉冲	高:高于 4.5V	5V
				低:最大 0.5V	0
40	传感器接地	怠速	DC(直流)	最大 50mV	
41	传感器接地	怠速	DC(直流)	最大 50mV	
42	传感器电源(5V)	点火开关 OFF	DC(直流)	最大 0.5V	
		点火开关 ON		4.8～5.2V	
43	传感器电源(3.3V)	点火开关 OFF	DC(直流)	最大 0.5V	5mV
		点火开关 ON		(3.3±0.1)V	3.02V
44	冷却液温度传感器信号输入	怠速	模拟	0.5～4.5V	1.43V
45、46	未用				
47	动力转向开关信号输出				
48	未用				
49	气缸 2 点火线圈控制输出	怠速	脉冲	初级电压:300～400V	372V
				ON 电压:最大 2.0V	1.1V
50	气缸 4 点火线圈控制输出	怠速	脉冲	初级电压:300～400V	372V
				ON 电压:最大 2.0V	1.1V
51	气缸 3 喷油器控制输出	怠速	脉冲	高:蓄电池电压	13.6V
				低:最高 1.0V	336mV
				峰值:最大 80V	69.7V
52	起动机继电器控制输出				
53	冷却风扇高速继电器控制输出				
54	防盗系统告警灯控制输出	告警灯 OFF	DC(直流)	高:蓄电池电压	13.2V
		告警灯 ON		低:最高 2.0V	40mV
55	未用				
56	曲轴位置传感器信号输入	怠速	正弦波形	最小 1.0V	6.48V

续表

端子号	说明	条件	类型	范围	测试结果
57	CAN(控制器区域网络)高速通信		脉冲		
58	LIN 网络通信信号				
59～62	未用				
63	传感器接地	怠速	DC(直流)	最大 50mV	
64	未用				
65	传感器接地	怠速	DC(直流)	最大 50mV	
66	氧传感器加热器控制输出	发动机运行	脉冲	高:蓄电池电压	14V
				低:最大 1.0V	0.31V
67	加速踏板位置传感器 1 信号输入	不踩下加速踏板	模拟	0.2～0.7V	0.5V
		踩下加速踏板		1.2～2.4V	2.1V
68	未用				
69	加速踏板位置传感器 2 信号输入	不踩下加速踏板	模拟	0.2～0.7V	0.5V
		踩下加速踏板		1.2～2.4V	2.1V
70	传感器接地	怠速	DC(直流)	最大 50mV	8mV
71	氧传感器加热器控制输出	发动机运行	脉冲	高:蓄电池电压	14V
				低:最大 1.0V	0.31V
72、73	未用				
74	气缸 2 喷油器控制输出	怠速	脉冲	高:蓄电池电压	13.6V
				低:最高 1.0V	336mV
				峰值:最大 80V	69.7V
75	燃油泵继电器控制输出	继电器 OFF	DC(直流)	蓄电池电压	12.8V
		继电器 ON	DC(直流)	最大 1.0V	40mV
				峰值电压:最大 70V	
			电阻	680Ω	680Ω
76	空调压缩机继电器控制输出	空调 OFF	DC(直流)	蓄电池电压	14.3V
		空调 ON		最大 1.0V	102mV
77	电源接地				
78	传感器接地	怠速	DC(直流)	最大 50mV	11mV
79	CAN(控制器区域网络)低速通信		脉冲		
80	防盗系统通信	点火开关 ON	脉冲	高:8.5V 以上	11.8V
		开始通信		低:最高 3.5V	1.0V
81～82	未用				
83	传感器接地	怠速	DC(直流)	最大 50mV	7mV
84	未用				
85	传感器接地	怠速	DC(直流)	最大 50mV	6mV
86	传感器接地	怠速	DC(直流)	最大 50mV	10mV
87	氧传感器信号输入	怠速	DC(直流)	混合气浓:0.6～1.0V	740mV
				混合气稀:0.4V	70mV

续表

端子号	说明	条件	类型	范围	测试结果
88	节气门位置传感器信号输入	节气门关闭	模拟	4.2～5.0V	4.52V
		节气门全开		3.3～3.8V	3.68V
89	鼓风机电机开关输入				
90	未用				
91	爆震传感器信号输入	发动机发生爆震	不规则频率	0.3V	
		发动机正常运行		0	
92	CVVT(连续可变气门正时)机油控制阀输出	怠速	脉冲	高:蓄电池电压	15V
				低:最大 1.0V	120mV
				峰值电压:70V	15V
93、94	未用				

第三节 SPORTAGE（智跑）2.4L 轿车（2011～2015 年款）

发动机电控单元端子识别见图 9-3-1，端子检测见表 9-3-1。

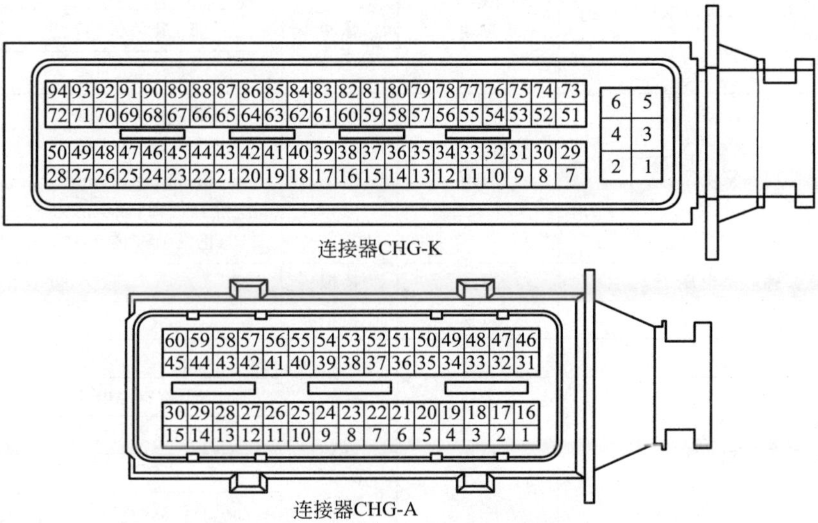

图 9-3-1 发动机电控单元端子识别

表 9-3-1 发动机电控单元端子检测

发动机电控单元连接器 CHG-K					
端子号	说明	条件	类型	范围	测试结果
1	电源接地	怠速	DC(直流)	最大 50mV	
2	蓄电池电源(B+)	点火开关 OFF	DC(直流)	最大 0.5V	10.2mV
		点火开关 ON		蓄电池电压	12.02V
3	电源接地	怠速	DC(直流)	最大 50mV	2.8mV
4	蓄电池电源(B+)	点火开关 OFF	DC(直流)	最大 1.0V	3.1mV
		点火开关 ON		蓄电池电压	12.1V

续表

发动机电控单元连接器 CHG-K					
端子号	说明	条件	类型	范围	测试结果
5	电源接地	怠速	DC(直流)	最大 50mV	1.8mV
6	蓄电池电源(B+)	通常 (未配备 点火开关钥匙)	电流	2.0mA 以下	0.4mA
			DC(直流)	蓄电池电压	12.88V
7～11	—				
12	爆震传感器(KS)信号输入	发生爆震	可变频率	－0.3～0.3V	
		发动机正常运行,无爆震发生		0	
13	传感器接地	怠速	DC(直流)	最大 50mV	30mV
14	传感器接地	怠速	DC(直流)	最大 50mV	12.4mV
15	凸轮轴位置传感器(CMPS)(排气)信号输入	怠速	脉冲	高:蓄电池电压	5V
				低:最大 0.5V	0.2V
				频率:5.36Hz	
16	传感器接地	怠速	DC(直流)	最大 50mV	29.0mV
17	曲轴位置传感器(CKPS)信号输入	怠速	脉冲	高:蓄电池电压	5.00V
				低:最大 0.5V	40mV
				频率:600Hz	
18	氧传感器加压室电压	怠速	模拟	正常:(450±20)mV 混合气浓:最大值为正常值+150mV 混合气稀:最小值为正常值－150mV	
19	氧传感器感应室电压	怠速	模拟		
20	接地	怠速	模拟		
21、22	—				
23	燃油消耗信号输出	怠速	脉冲	高:蓄电池电压	13.7V
				低:最大 0.5V	0
				频率	3.33Hz
				脉宽	500μs
24	启动开关(接地)				
25	喷油器(气缸＃1)控制输出			高:蓄电池电压	13.8V
				低:最大 1.0V	200mV
				峰值:最大 80V	54.1V
				频率	5.21Hz
				喷射时间	2.74ms
26	喷油器(气缸＃3)控制输出	怠速	脉冲	高:蓄电池电压	13.9V
				低:最大 1.0V	170mV
				峰值:最大 80V	53.9V
				频率	5.18Hz
				喷射时间	2.73ms

续表

发动机电控单元连接器 CHG-K					
端子号	说明	条件	类型	范围	测试结果
27	喷油器(气缸＃4)控制输出	怠速	脉冲	高:蓄电池电压	14V
				低:最大 1.0V	160mV
				峰值:最大 80V	54.3V
				频率	5.24Hz
				喷射时间	2.70ms
28	喷油器(气缸＃2)控制输出	怠速	脉冲	高:蓄电池电压	14.1V
				低:最大 1.0V	160mV
				峰值:最大 80V	53.9V
				频率:5.21Hz	5.21Hz
				喷射时间:2.73ms	2.74ms
29	—				
30	传感器电源(+5V)	点火开关 OFF	DC(直流)	最大 0.5V	0
		点火开关 ON		4.9～5.1V	4.98V
31	歧管绝对压力传感器(MAPS)信号输入	怠速	模拟	0.8～1.6V	1.37V
32	节气门位置传感器(TPS)2 信号输入	关闭	模拟	4.2～5.0V	4.52V
		全开		3.3～3.8V	3.68V
33	发动机水温传感器(ECTS)信号输入	怠速	模拟	0.5～4.5V	1.02V
34	传感器接地	怠速	DC(直流)	最大 50mV	8mV
35	加速踏板位置传感器(APS)2 信号输入	关闭		最大 1.0V	0.4V
		全开		1.5～3.0V	1.9V
36	传感器电源(+5V)	点火开关 OFF	DC(直流)	最大 0.5V	5mV
		点火开关 ON		4.9～5.1V	5.02V
37	传感器接地	怠速	DC(直流)	最大 50mV	11mV
38	加热式氧传感器(传感器 1)信号输入	怠速	DC(直流)	浓:0.6～1.0V	920mV
				稀:最大 0.4V	20mV
39	传感器接地	怠速	DC(直流)	最大 50mV	11mV
40	车速信号输入	车辆行驶	脉冲	高:最小 4.5V	5V
				低:最大 0.5V	0
				频率	怠速时为 46.9Hz
				占空比(一)	怠速时为 50.4%
41、42	—				
43	传感器电源(+5V)	点火开关 OFF	DC(直流)	最大 0.5V	
		点火开关 ON		4.9～5.1V	
44、45	—				
46	交流发电机(COM)				

发动机电控单元连接器 CHG-K					
端子号	说明	条件	类型	范围	测试结果
47～49	—				
50	连续可变电磁(VIS)阀控制输出	工作	DC(直流)	最大 1.0V	316mV
		不工作		蓄电池电压	14.0V
51	蓄电池电源(B+)	点火开关 OFF	DC(直流)	最大 1.0V	3.1mV
		点火开关 ON		蓄电池电压	12.3V
52	—				
53	进气温度传感器(IATS)信号输入	怠速	模拟	0～5.0V	2.55V
54	空调压力传感器(APT)信号输入	怠速	DC(直流)	0.4～4.6V	A/C OFF：1.29V A/C ON：2.01V
55	—				
56	鼓风机电机 MAX 信号输入				
57	传感器接地	怠速	DC(直流)	最大 50mV	11mV
58	—				
59	传感器接地	怠速	DC(直流)	最大 50mV	6mV
60	传感器电源(+5V)	点火开关 OFF	DC(直流)	最大 0.5V	10mV
		点火开关 ON		4.9～5.1V	5.02V
61	传感器接地	怠速	DC(直流)	最大 50mV	30mV
62	凸轮轴位置传感器(CMPS)(进气)信号输入	怠速	脉冲	高:蓄电池电压	5V
				低:最大 0.5V	0.2V
				频率	5.2Hz
63	传感器电源(+5V)	点火开关 OFF	DC(直流)	最大 0.5V	0
		点火开关 ON		4.9～5.1V	5.03V
64	主继电器控制输出	继电器 OFF	DC(直流)	蓄电池电压	12.3V
		继电器 ON		最大 1.0V	730mV
65	冷却风扇继电器(低速)控制输出	空调 ON	脉冲	高:蓄电池电压	10.4V
				低:0～0.5V	60mV
66	CVVT 机油控制(OCV)阀(进气)控制输出	怠速	脉冲	高:蓄电池电压	15.0V
				低:最大 1.0V	120mV
				频率	300Hz
				占空比(+)	84.70%
67	净化控制电磁阀(PCSV)控制输出	工作	脉冲	高:蓄电池电压	14.3V
				低:最大 1.0V	80mV
				峰值电压:最大 70V	57.0V
				频率	16Hz
68	CVVT 机油控制(OCV)阀(排气)控制输出	怠速	脉冲	高:蓄电池电压	13.5V
				低:最大 1.0V	100mV
				峰值电压:最大 70V	13.5V
				频率	300Hz

续表

发动机电控单元连接器 CHG-K					
端子号	说明	条件	类型	范围	测试结果
69	钥匙防盗系统警告灯控制输出	灯 OFF	DC(直流)	高:蓄电池电压	13.2V
		灯 ON		低:最大 2.0V	40mV
70	燃油泵继电器控制输出	继电器 OFF	DC(直流)	蓄电池电压	12.8V
		继电器 ON		最大 1.0V	40mV
71	电子节气门控制电机(+)控制输出	怠速	脉冲	高:蓄电池电压	13.4V
				低:最大 1.0V	0
72	电子节气门控制电机(−)控制输出	怠速	脉冲	高:蓄电池电压	13.3V
				低:最大 1.0V	0
73	—				
74	传感器接地	怠速	DC(直流)	最大 50mV	7mV
75	钥匙防盗系统通信线	通信时	脉冲	高:最小 8.5V	11.8V
				低:最大 3.5V	1.0V
76	LIN 通信信号输入				
77	CAN(高速)	隐性	脉冲	2.0～3.0V	2.58V
		显性		2.75～4.5V	3.54V
78	CAN(低速)	隐性	脉冲	2.0～3.0V	2.64V
		显性		0.5～2.25V	1.52V
79	—				
80	节气门位置传感器(TPS)1 信号输入	关闭	模拟	0.3～0.9V	0.65V
		全开		1.5～3.0V	1.63V
81	传感器接地				
82	加速踏板位置传感器(APS)1 信号输入	关闭	模拟	最大 1.0V	0.8V
		全开		最小 4.0V	4.0V
83	传感器接地	怠速	DC(直流)	最大 50mV	12mV
84	加热式氧传感器(HO2S)(传感器 2)信号输入	怠速	DC(直流)	浓:0.6～1.0V	74mV
				稀:最大 0.4V	70mV
85	传感器接地	怠速	DC(直流)	最大 50mV	10mV
86	发动机转速信号输出	怠速	脉冲	高:蓄电池电压	14.0V
				低:最大 0.5V	60mV
				频率:20～26Hz	21Hz
				占空比(+)	50%
87	—				
88	冷却风扇继电器(高速)控制输出	继电器 OFF	DC(直流)	蓄电池电压	
		继电器 ON		最大 1.0V	
89～91	—				
92	故障告警灯控制输出	故障灯亮	DC(直流)	最大 1.0V	54mV
		故障灯灭		蓄电池电压	13.8V

发动机电控单元连接器 CHG-K					
端子号	说明	条件	类型	范围	测试结果
93	加热式氧传感器(HO2S)(传感器 1)加热器控制输出	发动机运转	脉冲	高:蓄电池电压	14.4V
				低:最大 1.0V	0.36V
				频率	10.0Hz
				占空比(+)	58.3%
94	加热式氧传感器(HO2S)(传感器 2)加热器控制输出	发动机运转	脉冲	高:蓄电池电压	14.0V
				低:最大 1.0V	0.31V
				频率	7.68Hz
				占空比(+)	53.9%

发动机电控单元连接器 CHG-A					
端子号	说明	条件	类型	范围	测试结果
1	点火线圈(气缸#4)控制输出(配备钥匙防盗系统/配备智能钥匙) 点火线圈(气缸#1)控制输出(未配备钥匙防盗系统/未配备智能钥匙)	怠速	脉冲	初级电压:300～400V	416V
				ON 电压:最大 2.0V	1.4V
				频率	5.2Hz
				通电时间	2.78ms
2	屏蔽	怠速	DC(直流)	最大 50mV	16.8mV
3～12	—				
13	电气负荷[雨刮器]信号输入				
14	交流发电机(FR)	怠速	脉冲	高:蓄电池电压	13.4V
				低:最大 1.5V	40mV
15	接地	怠速	DC(直流)	最大 50mV	
16	点火线圈(气缸#2)控制输出(配备钥匙防盗系统/配备智能钥匙) 点火线圈(气缸#3)控制输出(未配备钥匙防盗系统/未配备智能钥匙)	怠速	脉冲	初级电压:300～400V	416V
				ON 电压:最大 2.0V	1.3V
				频率	5.2Hz
				通电时间	2.73ms
17～27	—				
28	起动机接地				
29	制动开关 1 信号输入	制动 ON	DC(直流)	蓄电池电压	
		制动 OFF		最大 0.5V	
30	—				
31	点火线圈(气缸#1)控制输出(配备钥匙防盗系统/配备智能钥匙) 点火线圈(气缸#4)控制输出(未配备钥匙防盗系统/未配备智能钥匙)	怠速	脉冲	初级电压:300～400V	408V
				ON 电压:最大 2.0V	1.6V
				频率	5.2Hz
				通电时间	2.74ms
32～41	—				
42	空调鼓风机开关信号输入	开关关闭	DC(直流)	最大 0.5V	20mV
		开关接通		蓄电池电压	11.8V

续表

发动机电控单元连接器 CHG-A					
端子号	说明	条件	类型	范围	测试结果
43	离合器开关信号输入	开关释放	DC（直流）	最大 0.5V	
		开关按下		蓄电池电压	
44	制动开关 2 信号输入	按下	DC（直流）	最大 0.5V	
		正常		蓄电池电压	
45	—				
46	点火线圈（气缸＃3）控制输出（配备钥匙防盗系统/配备智能钥匙）	怠速	脉冲	初级电压：300～400V	410V
				ON 电压：最大 2.0V	1.5V
	点火线圈（气缸＃2）控制输出（未配备钥匙防盗系统/未配备智能钥匙）			频率	5.2Hz
				通电时间	2.78ms
47～56	—				
57	空调开关 ON 信号输入	空调关闭	DC（直流）	最大 0.5V	0
		空调开启		蓄电池电压	14V
58	动力转向开关信号输入	开关 ON	DC（直流）	最大 0.5V	
		开关 OFF		蓄电池电压	
59、60	—				

第十章

BUICK（别克）车系

第一节　ENCLAVE（昂克雷）轿车（2010～2015 年款）

一、发动机电控单元端子功能说明

3.6L 轿车发动机电控单元安装位置见图 10-1-1，端子识别见图 10-1-2，端子功能说明见表 10-1-1。

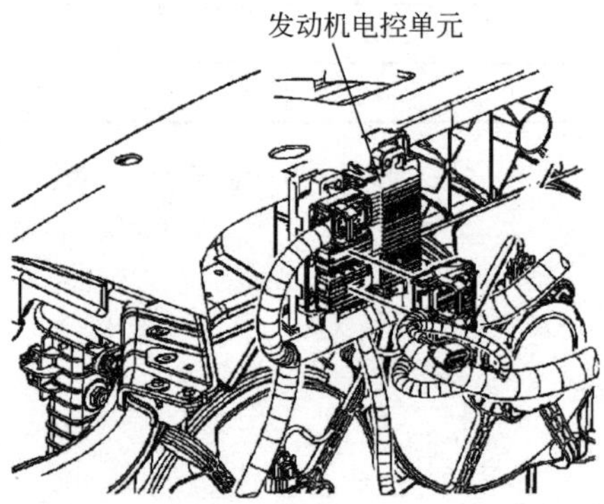

图 10-1-1　发动机电控单元安装位置识别

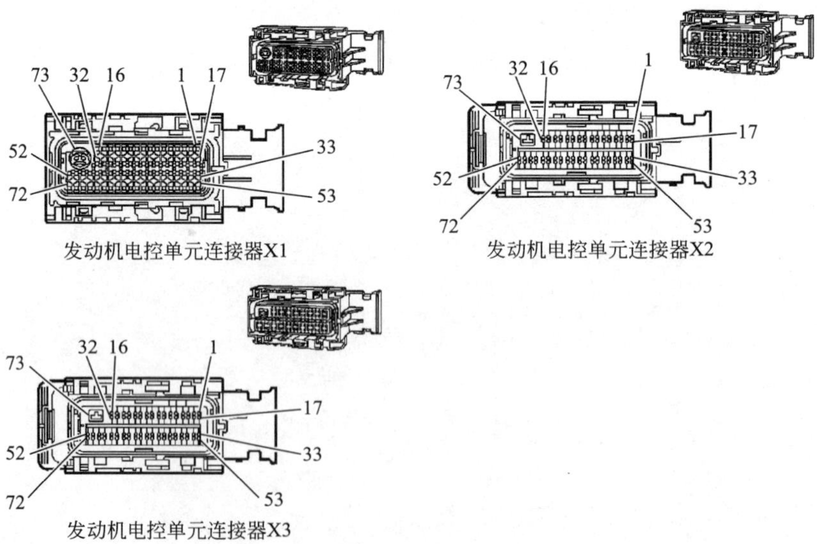

图 10-1-2　发动机电控单元端子识别

表 10-1-1　发动机电控单元端子功能说明

电控单元连接器 X1			
端子	功能说明	端子	功能说明
1～3	未用	43	未用
4	进气绝对压力传感器	44	燃油泵继电器控制
5	5V 参考信号 1	45	未用
6	空调制冷剂压力传感器信号	46	故障指示灯控制
7、8	未用	47	制动踏板位置传感器 5V 参考信号
9	燃油油箱压力传感器信号	48	制动踏板位置传感器信号
10	5V 参考信号 1	49、50	未用
11～13	未用	51	点火 1 电压信号
14	5V 参考信号 4	52	蓄电池正极电压信号
15	加速踏板位置传感器 1 信号	53	低参考信号
16～20	未用	54～56	未用
21	5V 参考信号 1	57	制动灯开关信号
22	低参考信号	58	未用
23、24	未用	59	发动机冷却风扇低速继电器控制
25	燃油油位传感器信号	60、61	未用
26	低参考信号	62	点火 1
27～29	未用	63	起动机继电器控制
30	低参考信号	64、65	未用
31	未用	66	燃油蒸发排放炭罐通风电磁阀控制
32	空调压缩机离合器继电器控制	67	点火 1 电压信号
33	5V 参考信号 3	68	制动踏板位置传感器低参考信号
34	加速踏板位置传感器 2 信号	69	未用
35～38	未用	70	附件唤醒串行数据
39	串行通信电路高速数据总线(＋)	71	未用
40	串行通信电路高速数据总线(－)	72	动力传动继电器控制
41	未用	73	PWR/TRN 继电器电压
42	发动机冷却风扇高速继电器控制		
电控单元连接器 X2			
端子	功能说明	端子	功能说明
1、2	未用	14	未用
3	低参考信号	15	进气空气湿度传感器信号
4～9	未用	16	节气门执行器控制电机控制-2
10	气缸列 1 氧传感器 1 参考电压	17	未用
11	气缸列 2 氧传感器 1 参考电压	18	5V 参考信号 1
12	气缸列 1 氧传感器 2 参考电压	19	燃油管路压力传感器信号
13	气缸列 2 氧传感器 2 参考电压	20～25	未用

续表

电控单元连接器 X2			
端子	功能说明	端子	功能说明
26	气缸列 1 氧传感器 1 低参考信号	50	未用
27	气缸列 2 氧传感器 1 低信号	51	燃油蒸发排放净化电磁阀控制
28	气缸列 1 氧传感器 2 低参考信号	52	进气流量传感器信号
29	气缸列 2 氧传感器 2 低参考信号	53	发电机接通信号
30、31	未用	54	低参考信号
32	节气门执行器控制电机控制 1	55	发电机磁场占空比信号
33	未用	56	低参考信号
34	5V 参考信号 4	57	低参考信号
35	未用	58	变速器 P 挡/N 挡信号
36	爆震传感器 1 信号	59、60	未用
37	爆震传感器 2 信号	61	气缸列 2 氧传感器 1 加热器低控制信号
38～40	未用	62	气缸列 2 氧传感器 2 加热器低控制信号
41	气缸列 1 氧传感器 1 加热器低控制信号	63	低参考信号
42	气缸列 1 氧传感器 2 加热器低控制信号	64～68	未用
43	进气歧管绝对压力传感器信号	69	低参考信号
44	5V 参考信号 3	70	节气门位置传感器信号
45～48	未用	71、72	未用
49	进气温度传感器信号	73	接地

电控单元连接器 X3			
端子	功能说明	端子	功能说明
1～7	未用	30	气缸 1 点火控制
8	发动机冷却液温度传感器信号	31	低参考信号
9	机油压力开关信号	32	燃油泵高压执行器低信号控制
10	5V 参考信号 2	33	凸轮轴位置传感器执行器电磁阀控制-气缸列 1 进气侧
11、12	未用		
13	气缸 6 点火控制	34	5V 参考信号 1
14	气缸 5 点火控制	35	凸轮轴位置传感器信号-气缸列 1 排气侧
15	低参考信号	36	凸轮轴位置传感器信号-气缸列 2 进气侧
16	燃油泵高压执行器电磁阀控制	37	5V 参考信号 1
17～23	未用	38	凸轮轴位置传感器信号-气缸列 2 排气侧
24、25	低参考信号	39	凸轮轴位置传感器执行器电磁阀控制-气缸列 1 进气侧
26	曲轴位置传感器信号		
27	气缸 4 点火控制	40	凸轮轴位置传感器执行器电磁阀控制-气缸列 1 排气侧
28	气缸 3 点火控制		
29	气缸 2 点火控制	41	凸轮轴位置传感器执行器电磁阀控制-气缸列 2 进气侧

续表

电控单元连接器 X3			
端子	功能说明	端子	功能说明
42	凸轮轴位置传感器执行器电磁阀控制-气缸列 2 排气侧	63～65	未用
		66	喷油器 4 控制
43～45	未用	67	喷油器 5 控制
46～48	低参考信号	68	喷油器 2 控制
49	未用	69	未用
50～53	低参考信号	70	喷油器 3 控制
54	5V 参考信号	71	喷油器 6 控制
55、56	低参考信号	72	喷油器 1 控制
57	5V 参考信号 1	73	接地
58～62	低参考信号		

二、车身电控单元端子功能

车身电控单元安装位置见图 10-1-3，端子识别见图 10-1-4，端子功能说明见表 10-1-2。

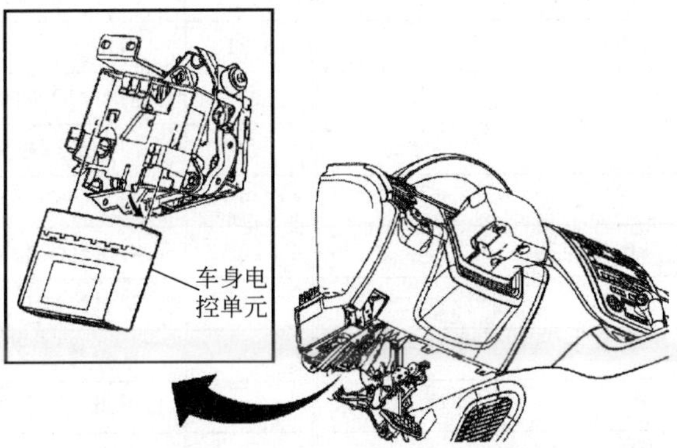

图 10-1-3　车身电控单元安装位置识别

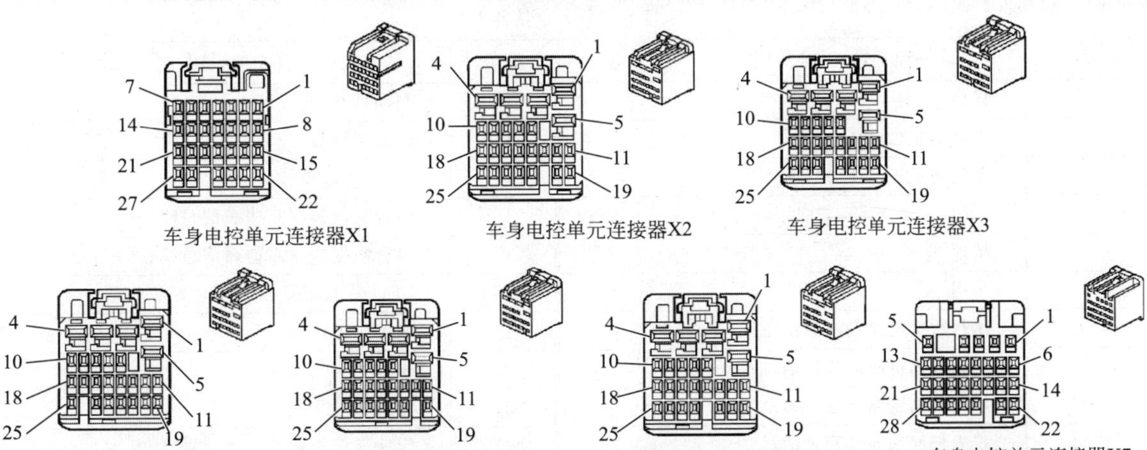

图 10-1-4　车身电控单元端子识别

表 10-1-2　车身电控单元端子功能说明

车身电控单元连接器 X1			
端子	功能说明	端子	功能说明
1	未用	15	左转向灯开关信号
2	点火开关位置Ⅱ/点火开关位置Ⅲ	16	右转向灯开关信号
3	定速巡航控制开关信号	17	12V 参考电压
4	点火钥匙电阻器信号	18	前照灯变光开关远光信号
5	风挡玻璃刮水器开关高速信号	19	危急告警开关信号(双闪)
6	方向盘控制信号	20	升挡/降挡开关信号
7	未用	21	点火电压
8	低参考信号	22	未用
9	风挡玻璃刮水器开关低速信号	23	TOW/HAUL(拖曳)开关信号
10～12	未用	24	风挡玻璃刮水器开关信号
13	遥控无线电控制信号	25	超车闪光信号
14	点火电压	26、27	未用

车身电控单元连接器 X2			
端子	功能说明	端子	功能说明
1	门控踏脚板照明灯电压	13～16	未用
2	蓄电池正极电压	17	前照灯关闭信号
3	仪表板照明灯电压	18	门控踏脚板照明灯开关信号
4	未用	19	未用
5	门控踏脚板照明高电平控制	20	右尾灯断电检测信号
6、7	未用	21	牵引控制开关信号
8	后部驻车灯电压	22	自动变速器换挡锁止控制电磁阀供电
9、10	未用	23、24	未用
11	日间行车灯环境亮度传感器信号	25	车内照明灯开关信号
12	前照灯开启信号		

车身电控单元连接器 X3			
端子	功能说明	端子	功能说明
1	接地	13	制动灯开关信号
2	蓄电池正极电压	14	低参考信号
3	蓄电池正极电压	15	5V 参考电压
4	未用	16	串行数据链路高速通信总线(＋)
5	接地	17	串行数据链路高速通信总线(－)
6、7	未用	18	LED 变光开关
8	串行数据链路高速通信总线(＋)	19	通信许可信号
9	串行数据链路高速通信总线(－)	20	未用
10	串行数据链路低速通信总线	21	雾灯
11	仪表板照明亮度开关信号	22	定速巡航指示器变光信号
12	12V 参考电压	23～25	未用

续表

车身电控单元连接器 X4			
端子	功能说明	端子	功能说明
1～4	蓄电池正极电压	15	风挡玻璃刮水器继电器控制
5	右转向灯供电	16	前照灯远光继电器控制
6	互联网络总线	17	发动机罩未关开关信号
7	风挡玻璃刮水器电机停止开关信号	18	未用
8	未用	19	点火电压
9	接地	20	未用
10	蓄电池正极电压	21	点火电压
11	雾灯继电器控制	22	上翻式车门锁销继电器控制
12	拖车右转向信号灯	23	前照灯近光供电
13	拖车左转向信号灯	24、25	未用
14	未用		

车身电控单元连接器 X5			
端子	功能说明	端子	功能说明
1	左后制动/转向灯供电	15	发动机罩关闭开关信号
2	右后制动/转向灯供电	16	驻车制动器开关信号
3	未用	17	左尾灯断电检测信号
4	左转向信号指示灯供电	18	喇叭继电器控制
5、6	制动灯供电	19	未用
7	未用	20	风挡玻璃刮水器开关信号 2
8、9	电流传感器供电	21	前风挡玻璃刮水器开关高速信号
10	低参考信号	22	未用
11	上翻式车门继电器高电平控制	23	前照灯近光继电器控制
12	未用	24	驻车灯继电器控制
13	POWER 模式	25	未用
14	尾门刮水器/清洗器开关供电		

车身电控单元连接器 X6			
端子	功能说明	端子	功能说明
1	未用	14	右后车门未关开关信号
2	倒车灯固定	15	左后车门未关开关信号
3	仪表板照明灯供电	16、17	未用
4～7	未用	18	乘客侧车门门锁开关上锁信号
8	右前车门未关开关信号	19、20	未用
9	乘客侧车门门锁开关开锁信号	21	LED 变光信号
10	左前车门未关开关信号	22	后部入口开启开关信号
11	未用	23	后部关闭手柄开启信号
12	上翻式车门未关开关信号	24、25	未用
13	未用		

续表

车身电控单元连接器 X7			
端子	功能说明	端子	功能说明
1	未用	13～17	未用
2	点火电压	18	电动车窗主开关右后升起信号
3	倒车灯继电器	19	电动车窗主开关右后降下信号
4、5	未用	20	未用
6	驾驶员车门门锁继电器开锁控制	21	电动车窗主开关锁定信号
7	驾驶员车门开锁继电器控制	22～24	未用
8	日间行车灯固定	25	座椅加热指示灯调光
9	驾驶员车门开锁继电器控制	26	电动车窗主开关右后降下信号
10	未用	27	电动车窗主开关右后关闭信号
11	驾驶员车门门锁开关开锁信号	28	电动车窗主开关左后升起信号
12	驾驶员车门门锁开关上锁信号		

三、ABS 制动系统电控单元端子功能说明

ABS 制动系统电控单元安装位置见图 10-1-5，端子识别见图 10-1-6，端子功能说明见表 10-1-3。

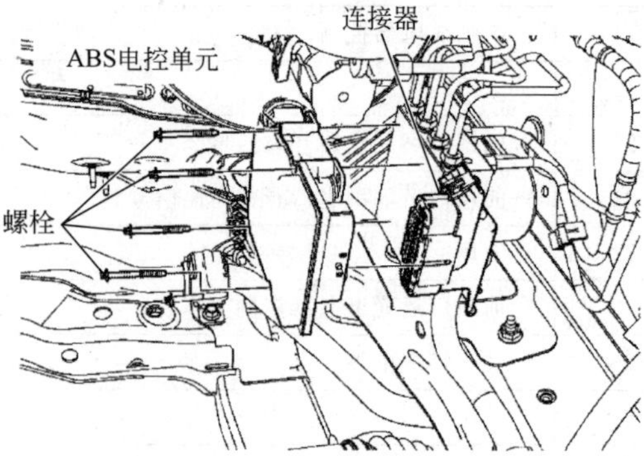

图 10-1-5　ABS 制动系统电控单元安装位置

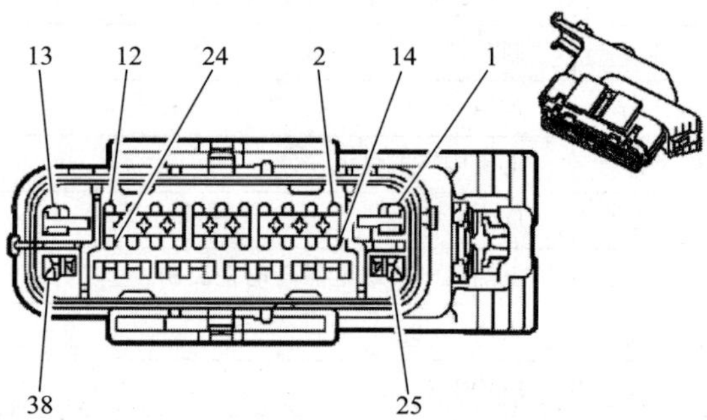

图 10-1-6　ABS 制动系统电控单元端子识别

表 10-1-3　ABS 制动系统电控单元端子功能说明

端子	功能说明	端子	功能说明
1	蓄电池正极电压	12	低参考信号
2	5V 参考电压	13	接地
3、4	未用	14	GMLAN 串行数据总线高速通信电路(一)
5	可变动力转向执行器供电	15	GMLAN 串行数据总线高速通信电路(一)
6	低参考信号	16	低参考信号
7～9	未用	17	未用
10	制动真空传感器信号	18	右前轮速传感器信号
11	车速信号	19	右后轮速传感器信号

续表

端子	功能说明	端子	功能说明
20	低参考信号	31	低参考信号
21	左前轮速传感器信号	32	12V参考电压
22、23	未用	33	左后轮速传感器信号
24	控制器区域网络总线低速串行通信数据	34	低参考信号
25	蓄电池正极电压	35	通信许可信号
26	串行数据总线高速通信电路(+)	36	真空辅助泵继电器控制
27	串行数据总线高速通信电路(+)	37	控制器区域网络总线高速串行通信数据
28	可变动力转向执行器控制	38	接地
29、30	未用		

第二节 ENCORE（昂克拉）1.4L轿车（2013～2015年款）

一、发动机电控单元端子功能说明

发动机电控单元安装位置见图10-2-1，端子识别见图10-2-2，端子功能说明见表10-2-1。

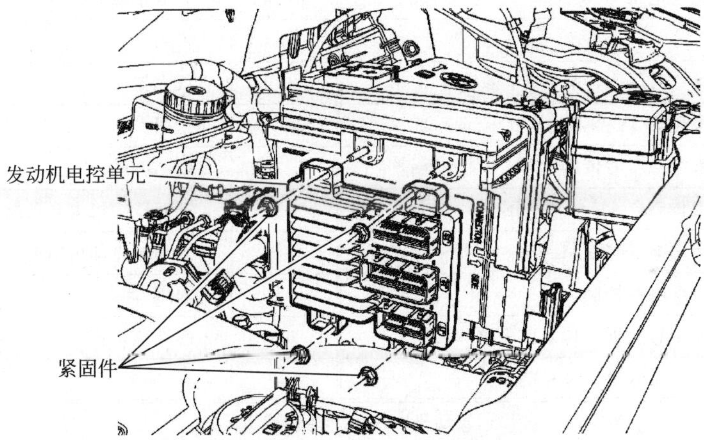

图10-2-1 发动机电控单元安装位置

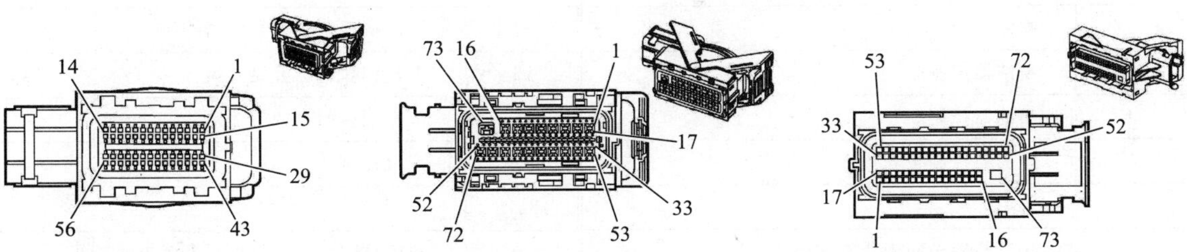

发动机电控单元连接器X1　发动机电控单元连接器X2　发动机电控单元连接器X3

图10-2-2 发动机电控单元端子识别

表 10-2-1　发动机电控单元端子功能说明

发动机电控单元连接器 X1			
端子	功能说明	端子	功能说明
1	未用	31	进气温度传感器低电平参考电压
2	加速踏板位置信号	32	发动机冷却液温度传感器 2 低电平参考电压
3	质量空气流量传感器信号	33	定速巡航/电子节气门控制/变矩器离合器制动信号
4～7	未用		
8	空气湿度传感器信号	34	P/N(驻车挡/空挡)安全开关制动信号
9	进气歧管绝对压力传感器	35～37	未用
10	加速踏板位置信号 1	38	加速踏板位置低电平参考电压 1
11	进气歧管绝对压力传感器	39	进气歧管绝对压力传感器 5V 电压
12	空调制冷剂压力传感器信号	40	动力总成继电器控制
13	空调制冷剂压力传感器低电平参考电压	41	发动机冷却风扇低速继电器控制
14、15	未用	42	未用
16	加速踏板位置 5V 参考电压 2	43	GMLAN 串行数据高速通信电路(－)1
17	未用	44	未用
18	附件唤醒串行数据	45	发动机进气温度传感器信号
19	RUN/STRAT 点火 1 电压	46	发动机冷却液温度传感器信号
20	蓄电池正极电压	47	充电指示灯控制
21、22	未用	48	未用
23	进气歧管绝对压力传感器 5V 参考电压	49	放大器
24	加速踏板位置 5V 参考电压 1	50、51	未用
25	进气歧管绝对压力传感器 5V 参考电压	52	ENGINE CHECK(检查发动机)指示灯控制
26	空调压力传感器 5V 参考电压	53	空调压缩机离合器继电器控制
27	起动机启用继电器控制	54	发动机冷却风扇高速继电器控制
28	燃油泵主继电器控制	55	未用
29	GMLAN 串行数据高速通信电路(＋)1	56	燃油蒸发排放活性炭罐清洗电磁阀控制
30	加速踏板位置低电平参考电压 2		

发动机电控单元连接器 X2			
端子	功能说明	端子	功能说明
1	点火控制 1	13	动力传动系统主继电器熔断器电源 1
2	喷油器控制 1	14	发动机冷却系统节温器控制
3	喷油器控制 2	15	节气门执行器控制开启
4	喷油器控制 3	16	节气门执行器控制关闭
5	喷油器控制 4	17	点火控制 3
6～9	未用	18、19	未用
10	排气凸轮轴同步器电磁阀 1	20	曲轴位置传感器低电平参考电压
11	进气凸轮轴同步器电磁阀 1	21	排气凸轮轴位置传感器低电平参考电压 1
12	未用	22、23	未用

续表

发动机电控单元连接器 X2			
端子	功能说明	端子	功能说明
24	进气凸轮轴位置传感器低电平参考电压 1	47	加热型氧传感器低电平信号，传感器 1
25	未用	48	未用
26	空挡传感器电路	49	爆震传感器低电平参考电压 1
27	传感器低电平参考电压	50～52	未用
28	动力传动系统主继电器熔断器电源 1	53	点火控制 2
29	凸轮轴同步器 W 电路低电平参考电压	54、55	未用
30	凸轮轴同步器 X 电路低电平参考电压	56	曲轴位置传感器信号
31	发动机机油压力开关信号	57	排气凸轮轴位置传感器 1
32	未用	58、59	未用
33	点火控制 4	60	进气凸轮轴位置传感器 1
34	未用	61、62	未用
35	点火控制低电平参考电压	63	节气门位置传感器 1
36	曲轴位置传感器电压	64	未用
37	排气凸轮轴位置传感器供电 1	65	节气门位置传感器信号
38、39	未用	66	未用
40	进气凸轮轴位置传感器供电 1	67	加热型氧传感器高电平信号，传感器 1
41、42	未用	68	未用
43	节气门位置传感器 5V 参考电压	69	爆震传感器信号 1
44	节气门位置传感器低电平参考电压	70、71	未用
45	未用	72	加热型氧传感器加热器低电平控制，传感器 1
46	进气温度传感器 2 信号	73	接地

发动机电控单元连接器 X3			
端子	功能说明	端子	功能说明
1	倒挡开关信号	27	燃油油位传感器低电平参考信号
2～9	未用	28	进气歧管绝对压力传感器 5V 参考电压
10	燃油蒸发排放活性炭罐清洗电磁阀控制	29	进气歧管绝对压力传感器低电平参考信号
11、12	未用	30	发动机冷却液温度传感器低电平参考电压
13	涡轮旁通电磁阀控制	31	未用
14	未用	32	加热型氧传感器加热器低电平控制
15	涡轮增压器泄压阀电磁阀控制	33～37	未用
16	未用	38	离合器结合传感器参考电压
17	发电机磁场占空比信号	39～43	未用
18～21	未用	44	制动踏板位置传感器 5V 参考电压
22	制动踏板位置传感器低电平参考信号	45	进气歧管绝对压力传感器信号
23	制动真空传感器低电平参考信号	46	发动机冷却液温度传感器信号
24～26	未用	47～57	未用

发动机电控单元连接器 X3			
端子	功能说明	端子	功能说明
58	制动踏板位置传感器信号或离合器接合传感器信号	65、66	未用
		67	加热型氧传感器高电平信号,传感器 2
59～62	未用	68	加热型氧传感器低电平信号,传感器 2
63	燃油压力传感器	69～73	未用
64	主燃油油位传感器信号		

二、ABS（防抱死制动系统）电控单元端子功能说明

ABS 电控单元端子识别见图 10-2-3，端子功能说明见表 10-2-2。

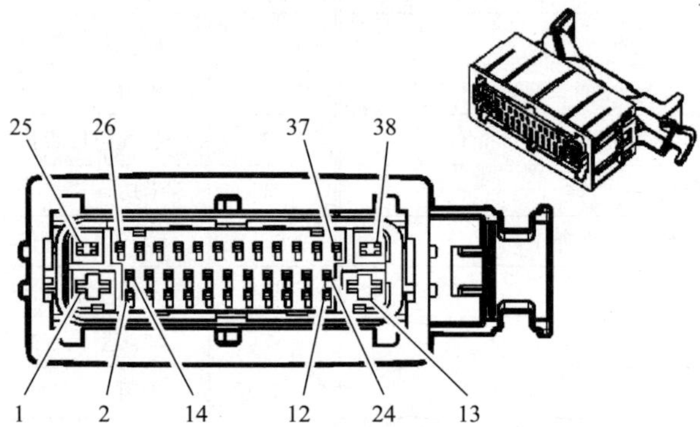

图 10-2-3 ABS 电控单元端子识别

表 10-2-2 ABS 电控单元端子功能说明

端子	功能说明	端子	功能说明
1	蓄电池正极电压	22	制动液液位传感器信号
2	制动真空传感器 5V 参考电压	23	制动真空传感器信号
3	未用	24	GMLAN 串行数据高速通信(－)2
4	车辆惯性传感器供电	25	蓄电池正极电压
5	制动真空传感器低电平参考电压	26	GMLAN 串行数据高速通信(＋)1
6～10	未用	27、28	未用
11	制动真空开关信号	29	串行数据通信启用
12	GMLAN 串行数据高速通信(＋)2	30	未用
13	接地	31	右前轮速传感器信号
14	GMLAN 串行数据高速通信(－)1	32	右后轮速传感器信号
15～17	未用	33	左后轮速传感器供电
18	右前轮速传感器信号供电	34	左前轮速传感器供电
19	右后轮速传感器信号供电	35～37	未用
20	左后轮速传感器信号	38	接地
21	左前轮速传感器信号		

第三节 英朗 XT/GT 轿车（2010～2015 年款）

一、1.6L 发动机电控单元端子功能说明

1.6L 发动机电控单元安装位置及端子识别见图 10-3-1，端子功能说明见表 10-3-1。

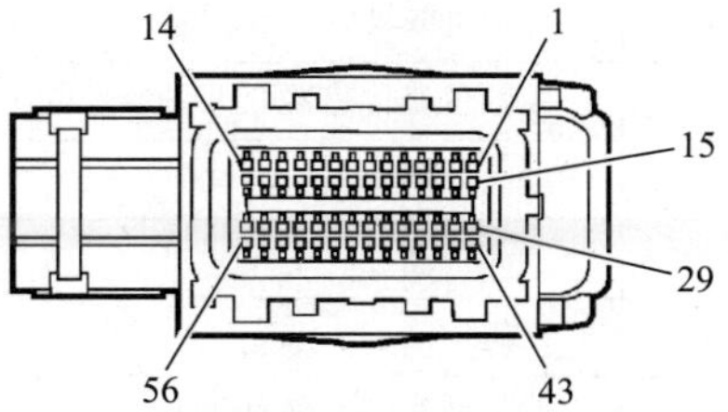

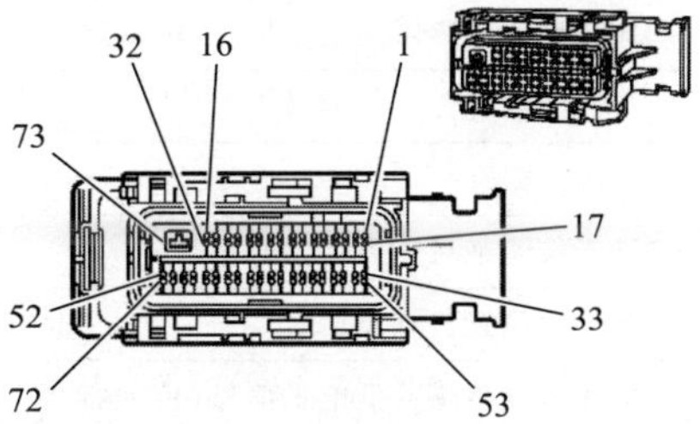

图 10-3-1 1.6L 发动机电控单元安装位置及端子识别

表 10-3-1 1.6L 发动机电控单元端子功能说明

发动机电控单元连接器 X1			
端子	功能说明	端子	功能说明
1	检查发动机指示器控制	29	起动机启用继电器控制
2	燃油泵主继电器控制	30～32	未用
3	动力系统主继电器保险丝电源	33	空调压力传感器 5V 参考电压
4	未用	34、35	未用
5	加速踏板位置 5V 参考电压 1	36	附件唤醒串行数据
6～9	未用	37	未用
10	高速 GMLAN 串行数据(＋)	38	燃油油位传感器低电平参考电压
11	高速 GMLAN 串行数据(－)	39	未用
12	蓄电池正极电压	40	加速踏板位置信号 1
13	未用	41	空调制冷剂压力传感器信号
14	RUN/START 点火 1 电压	42	加速踏板位置信号 2
15	高速冷却风扇继电器控制	43	乘客安全带张紧器高电平控制
16	发动机主继电器线圈控制	44	冷却风扇低速继电器控制
17、18	未用	45	空调制冷剂压力传感器低电平参考电压
19	加速踏板位置 5V 参考电压 2	46	发动机冷却液温度传感器 2 低电平参考电压
20	加速踏板位置低电平参考电压 1	47～50	未用
21	加速踏板位置低电平参考电压 2	51	告警面板位置控制
22	未用	52	主燃油油位传感器信号
23	离合器接合传感器低电平参考电压	53	冷却液温度传感器 2 信号
24	驾驶员安全带张紧器高电平控制	54	驾驶员安全带张紧器低电平控制
25	巡航/电子节气门控制/变矩器离合器制动信号	55	未用
26～28	未用	56	离合器接合传感器信号

续表

发动机电控单元连接器 X2			
端子	功能说明	端子	功能说明
1	充电指示灯控制	39	排气凸轮轴位置传感器低电平参考电压
2	未用	40	进气凸轮轴位置传感器低电平参考电压
3	加热型氧传感器高电平信号,传感器 2	41～43	未用
4	加热型氧传感器高电平信号,传感器 1	44	可变进气歧管位置信号
5	节气门位置传感器信号 1	45	曲轴位置传感器低电平参考电压
6、7	未用	46	点火控制 4
8	进气歧管绝对压力传感器信号	47	点火控制 2
9	节气门位置传感器信号 2	48	未用
10	加热型氧传感器低电平信号,传感器 2	49	点火控制低电平参考电压
11	排气凸轮轴位置传感器 1	50	喷油器控制 1
12	喷油器 4 控制	51	喷油器控制 3
13	排气凸轮轴同步器电磁阀 1	52	加热型氧传感器加热器低电平控制,传感器 2
14	动力传动系统主继电器保险丝电源 2	53	未用
15	进气凸轮轴同步器电磁阀 1	54	进气凸轮轴位置传感器供电
16	喷油器 2 控制	55	爆震传感器信号 2
17	未用	56	右前车窗侵入传感器信号
18	曲轴位置传感器电压	57～59	未用
19	未用	60	节气门位置传感器低电平参考电压
20	加热型氧传感器低电平信号,传感器 1	61	未用
21	发电机磁场占空比信号	62	进气歧管绝对压力低电平参考电压
22、23	未用	63	未用
24	机油压力开关信号	64	节温器控制
25	动力传动系统主继电器保险丝电源 2	65	未用
26	曲轴位置传感器信号	66	蒸发排放炭罐吹洗电磁阀控制
27	进气凸轮轴位置传感器	67	未用
28～31	未用	68	节气门执行器控制信号
32	动力传动系统主继电器保险丝电源 2	69	节气门执行器控制信号
33	排气凸轮轴位置传感器供电	70	点火控制 1
34	未用	71	点火控制 3
35	爆震传感器信号 1	72	加热型氧传感器加热器低电平控制,传感器 1
36	进气歧管绝对压力传感器 5V 参考电压	73	接地
37、38	未用		

二、1.6T 发动机电控单元端子功能说明

1.6T 发动机电控单元安装位置及端子识别见图 10-3-2，端子功能说明见表 10-3-2。

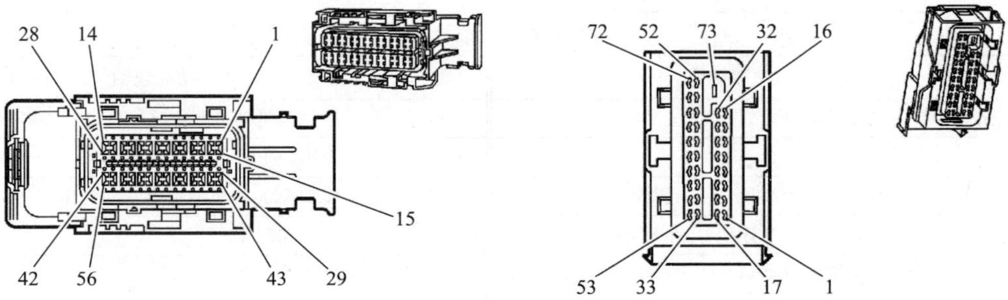

发动机电控单元连接器X1　　　　发动机电控单元连接器X2

图 10-3-2　1.6T 发动机电控单元安装位置及端子识别

表 10-3-2　1.6T 发动机电控单元端子功能说明

发动机电控单元连接器 X1			
端子	功能说明	端子	功能说明
1	未用	29	起动机继电器线圈控制
2	燃油泵主继电器控制	30、31	未用
3	动力传动系统主继电器保险丝电源 1	32	离合器接合传感器参考电压
4	空调压缩机离合器继电器控制	33	空调压力传感器 5V 参考电压
5	加速踏板位置 5V 参考电压 1	34	涡轮增压压力传感器 5V 参考电压
6	涡轮旁通电磁阀控制	35	未用
7、8	未用	36	附件唤醒串行数据
9	气压传感器低电平参考电压	37	涡轮增压压力传感器低电平参考电压
10	高速 GMLAN 串行数据(+)	38	燃油油位传感器低电平参考电压
11	高速 GMLAN 串行数据(−)	39	涡轮增压压力传感器温度信号
12	蓄电池正极电压	40	加速踏板位置信号 1
13	未用	41	空调制冷剂压力传感器信号
14	动力传动系统主继电器保险丝电源 4	42	加速踏板位置信号 2
15	高速冷却风扇继电器控制	43	发动机冷却系统节温器控制
16	动力总成继电器线圈控制	44	低速冷却风扇继电器控制
17、18	未用	45	空调制冷剂压力传感器低电平参考电压
19	加速踏板位置 5V 参考电压 2	46	冷却液温度传感器♯2 低电平参考电压
20	加速踏板位置低电平参考电压 1	47	未用
21	加速踏板位置低电平参考电压 2	48	气压传感器 5V 参考电压
22	未用	49、50	未用
23	离合器接合传感器低电平参考电压	51	质量空气流量传感器信号
24	进气温度传感器低电平参考电压	52	主燃油油位传感器信号
25	巡航/电子节气门控制/变矩器离合器制动信号	53	冷却液温度传感器♯2 信号
26	驻车空挡位置开关信号	54	进气温度传感器信号
27	未用	55	气压传感器信号
28	倒挡开关信号	56	离合器接合传感器信号

续表

发动机电控单元连接器 X2			
端子	功能说明	端子	功能说明
1	发电机接通信号	40	进气凸轮轴位置传感器低电平参考电压 1
2	未用	41～44	未用
3	加热型氧传感器高速信号,传感器 2	45	曲轴 60X 传感器低电平参考电压
4	加热型氧传感器高速信号,传感器 1	46	点火控制 4
5	节气门位置传感器信号 1	47	点火控制 2
6、7	未用	48	未用
8	进气歧管绝对压力传感器信号	49	点火控制低电平参考电压
9	节气门位置传感器信号 2	50	喷油器控制 1
10	加热型氧传感器低速信号,传感器 2	51	喷油器控制 3
11	未用	52	加热型氧传感器加热器低电平控制,传感器 2
12	喷油器控制 4	53	未用
13～15	未用	54	进气凸轮轴位置传感器电源电压 1
16	喷油器控制 2	55	机油压力开关信号
17	未用	56	节气门位置传感器 5V 参考电压
18	曲轴 60X 传感器电压	57～59	未用
19	未用	60	节气门位置传感器低电平参考电压
20	加热型氧传感器低速信号,传感器 1	61	未用
21	发电机磁场占空比信号	62	进气歧管绝对压力传感器低电平参考电压
22	未用	63	未用
23	涡轮增压压力传感器信号	64	冷却液温度传感器低电平参考电压
24	机油压力开关信号	65	未用
25	冷却液温度传感器信号	66	蒸发排放(EVAP)炭罐吹洗电磁阀控制
26	曲轴 60X 传感器信号	67	涡轮增压器排气泄压阀电磁阀控制
27	进气凸轮轴同步器电磁阀 2	68	节气门执行器控制关闭
28～30	未用	69	节气门执行器控制开启
31	机油油位开关信号	70	点火控制 1
32～34	未用	71	点火控制 3
35	机油油位开关信号	72	加热型氧传感器加热器低电平控制,传感器 1
36	进气歧管绝对压力传感器 5V 参考电压	73	接地
37～39	未用		

三、ABS 电控单元端子功能说明

ABS 电控单元端子识别见图 10-3-3，端子功能说明见表 10-3-3。

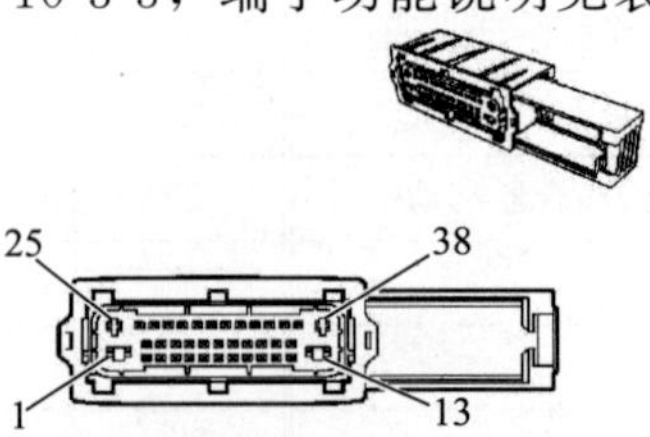

图 10-3-3　ABS 电控单元端子识别

表 10-3-3　ABS 电控单元端子功能说明

端子	功能说明	端子	功能说明
1	蓄电池正极电压	17	制动真空传感器 5V 参考电压(两厢车)
2	车速信号(两厢车)	18～24	未用
3、4	未用	25	蓄电池正极电压
5	高速 GMLAN 串行数据(＋)2	26	右前轮速传感器电源电压
6	高速 GMLAN 串行数据(－)2	27	右前轮速传感器信号
7	未用	28	制动液液位传感器信号
8	串行数据通信启用	29	左后轮速传感器信号
9	高速 GMLAN 串行数据(－)1	30	左后轮速传感器电源电压
10	高速 GMLAN 串行数据(－)1	31、32	未用
11	高速 GMLAN 串行数据(＋)1	33	右后轮速传感器电源电压
12	高速 GMLAN 串行数据(＋)1	34	右后轮速传感器信号
13	搭铁	35	未用
14	未用	36	左前轮速传感器信号
15	组合式车辆惯性传感器电源电压	37	左前轮速传感器电源电压
16	未用	38	未用

第四节　凯越 1.5L 轿车（2013～2015 年款）

发动机电控单元端子识别见图 10-4-1，端子功能说明见表 10-4-1。

<table>
<tr><td>6</td><td>7</td><td>8</td><td>9</td><td>10</td><td>11</td><td>12</td><td>13</td><td>14</td><td>15</td><td>16</td><td>17</td><td>18</td><td>19</td><td>20</td><td>21</td><td>22</td><td>23</td><td>24</td><td>5</td><td>4</td></tr>
<tr><td>25</td><td>26</td><td>27</td><td>28</td><td>29</td><td>30</td><td>31</td><td>32</td><td>33</td><td>34</td><td>35</td><td>36</td><td>37</td><td>38</td><td>39</td><td>40</td><td>41</td><td>42</td><td>43</td><td rowspan="2" colspan="2">3</td></tr>
<tr><td>44</td><td>45</td><td>46</td><td>47</td><td>48</td><td>48</td><td>50</td><td>51</td><td>52</td><td>53</td><td>54</td><td>55</td><td>56</td><td>57</td><td>58</td><td>59</td><td>60</td><td>61</td><td>62</td></tr>
<tr><td>63</td><td>64</td><td>65</td><td>66</td><td>67</td><td>68</td><td>69</td><td>70</td><td>71</td><td>72</td><td>73</td><td>74</td><td>75</td><td>76</td><td>77</td><td>78</td><td>79</td><td>80</td><td>81</td><td>2</td><td>1</td></tr>
</table>

图 10-4-1　发动机电控单元端子识别

表 10-4-1　发动机电控单元端子功能说明

端子	功能说明	端子	功能说明
1	点火线圈 C 控制	15	发电机控制
2	接地	16	未用
3	接地	17	冷却风扇高速继电器控制
4	点火线圈 A 控制	18	未用
5	高电平参考电压	19	发动机故障指示灯信号
6	喷油器 A 控制	20	电子节气门控制电压信号
7	喷油器 C 控制	21	电子节气门控制接地信号
8	喷油器 B 控制	22	排气凸轮轴位置执行器电磁阀控制
9	燃油泵继电器控制	23	后氧传感器加热器控制
10	启动继电器控制	24	前氧传感器加热器控制
11～13	未用	25	喷油器 D 控制
14	空调继电器控制	26	未用

续表

端子	功能说明	端子	功能说明
27	节气门位置信号 2	55～57	未用
28、29	未用	58	排气凸轮轴位置传感器信号
30	曲轴位置传感器信号	59	燃油泵液位传感器信号输入
31、32	未用	60	驻车/空挡开关信号
33	制动踏板位置开关信号输入	61	未用
34	未用	62	点火线圈 D 控制
35	机油压力开关信号输入	63	未用
36	爆震传感器高电平输入	64	燃油蒸发排放清污电磁阀控制
37	爆震传感器低电平输入	65	冷却风扇低速继电器控制
38	GMLAN 串行数据总线高速通信电路(－)	66	5V 参考电压
39	GMLAN 串行数据总线高速通信电路(＋)	67	发动机电控单元电源
40	动力转向控制开关	68	点火信号
41	加速踏板位置传感器 1 信号输入	69	未用
42	加速踏板位置传感器 2 信号输入	70	5V 参考电压
43	进气凸轮轴位置执行器电磁阀控制	71	进气温度传感器信号
44	发动机电控单元继电器控制	72	附件供电信号
45	未用	73	节气门低电平参考电压
46	可变进气歧管控制	74	低电平参考电压
47	前氧传感器信号输入	75	未用
48	后氧传感器信号输入	76	低电平参考电压
49	发动机冷却液温度信号输入	77	进气凸轮轴位置传感器信号
50、51	未用	78	道路不平信号
52	节气门位置信号 1	79、80	未用
53	空调压力传感器信号	81	点火线圈 B 控制
54	进气歧管绝对压力传感器信号		

第五节 REGAL（君威）轿车（2010～2015 年款）

一、2.0T（LDK）发动机电控单元端子功能说明

2.0T（LDK）发动机电控单元端子识别见图 10-5-1，端子功能说明见表 10-5-1。

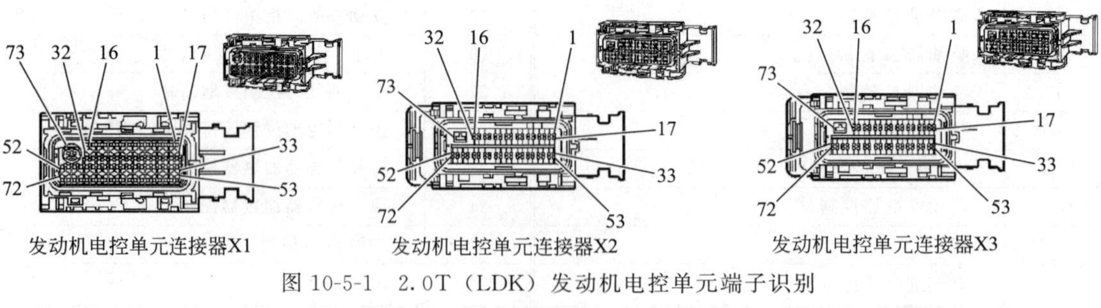

图 10-5-1 2.0T（LDK）发动机电控单元端子识别

表 10-5-1　2.0T（LDK）发动机电控单元端子功能说明

发动机电控单元连接器 X1			
端子	功能说明	端子	功能说明
1～3	未用	42	发动机冷却风扇高速继电器控制
4	进气温度压力传感器压力信号	43	未用
5	5V 参考信号 1	44	燃油泵主继电器控制
6	空调制冷剂压力传感器信号	45	未用
7、8	未用	46	发动机故障指示灯控制
9	燃油油箱压力传感器信号	47	离合器位置传感器电源(手动变速器车型)
10	燃油油箱压力传感器 5V 参考电压	48	离合器位置传感器信号(手动变速器车型)
11、12	未用	49、50	未用
13	进气歧管温度压力传感器温度信号	51	RUN/START 点火 1 电压信号
14	加速踏板位置传感器 5V 参考电压 1	52	蓄电池正极电压
15	加速踏板位置传感器 1 信号	53	加速踏板位置低电平参考电压 2
16～19	未用	54～56	未用
20	进气歧管温度压力传感器低电平参考电压	57	定速巡航/电子节气门控制/变矩器离合器制动系统
21	空调制冷剂压力传感器 5V 参考信号 1		
22	空调制冷剂压力传感器低电平参考电压	58	未用
23、24	未用	59	发动机冷却风扇低速继电器控制
25	主燃油油位传感器信号	60、61	未用
26	低电平参考电压	62	动力传动系统主继电器熔丝电源 2
27	副燃油油位传感器信号	63	起动机启用继电器控制
28、29	未用	64、65	未用
30	加速踏板位置低电平参考电压	66	燃油蒸发排放炭罐通风电磁阀控制
31	未用	67	未用
32	空调压缩机离合器继电器控制	68	离合器位置传感器回路(手动变速器车型)
33	加速踏板位置 5V 参考电压 2	69	未用
34	加速踏板位置信号 2	70	附件供电
35～38	未用	71	未用
39	串行通信电路高速数据总线(＋)	72	动力传动继电器线圈控制
40	串行通信电路高速数据总线(－)	73	动力传动系统主继电器熔丝电源 1
41	未用		

发动机电控单元连接器 X2			
端子	功能说明	端子	功能说明
1、2	未用	12	氧传感器 2 参考电压
3	低电平参考电压	13～15	未用
4～9	未用	16	节气门执行器控制关闭
10	氧传感器 1 参考电压	17	未用
11	未用	18	5V 参考电压

续表

发动机电控单元连接器 X2			
端子	功能说明	端子	功能说明
19	燃油管路压力传感器信号	50	未用
20～25	未用	51	燃油蒸发排放净化电磁阀控制
26	氧传感器 1 低电平参考电压	52	进气流量传感器信号
27	未用	53	发电机接通信号
28	氧传感器 2 低电平参考电压	54	节气门位置传感器低电平参考电压
29	未用	55	发电机磁场占空比信号
30	超限空气电磁阀	56	爆震传感器低电平参考电压 1
31	未用	57	爆震传感器低电平参考电压 2
32	节气门执行器控制开启	58	变速器 P 挡/N 挡信号
33	未用	59	未用
34	节气门位置传感器 5V 参考电压	60	发动机机油油位开关信号
35	未用	61、62	未用
36	爆震传感器 1 信号	63	进气歧管绝对压力传感器低电平参考电压
37	爆震传感器 2 信号	64	5V 参考电压
38～40	未用	65	低电平参考电压
41	氧传感器 1 加热器低电平控制信号	66～68	未用
42	氧传感器 2 加热器低电平控制信号	69	进气温度传感器低电平参考电压
43	进气歧管绝对压力传感器信号	70	节气门位置传感器信号
44	进气歧管绝对压力传感器 5V 参考电压	71	排气泄压阀电磁阀控制
45	大气压力传感器信号	72	未用
46～48	未用	73	接地
49	进气温度传感器信号		

发动机电控单元连接器 X3			
端子	功能说明	端子	功能说明
1～7	未用	29	气缸 3 点火控制
8	发动机冷却液温度传感器信号	30	气缸 1 点火控制
9	机油压力开关信号	31	点火控制低电平参考电压
10	曲轴位置传感器电压	32	燃油泵高压执行器低电平信号控制
11～15	未用	33	进气凸轮轴位置传感器 1
16	燃油泵高压执行器高电平控制	34	进气凸轮轴位置传感器电源电压 1
17～23	未用	35	排气凸轮轴位置传感器
24	冷却液温度传感器低电平参考电压	36～38	未用
25	曲轴位置传感器低电平参考电压	39	进气凸轮轴同步器电磁阀 1
26	曲轴位置传感器信号	40	排气凸轮轴同步器电磁阀 1
27	气缸 2 点火控制	41～45	未用
28	气缸 4 点火控制	46	气缸 2 喷油器高电压控制

续表

发动机电控单元连接器 X3			
端子	功能说明	端子	功能说明
47	未用	60	凸轮轴同步器 X 回路低电平参考电压
48	气缸 3 喷油器高电压控制	61～65	未用
49	未用	66	气缸 2 喷油器高电压电源
50	气缸 4 喷油器高电压控制	67	未用
51	未用	68	气缸 3 喷油器高电压电压
52	气缸 1 喷油器高电压控制	69	未用
53	进气凸轮轴位置传感器低电平参考电压	70	气缸 4 喷油器高电压电源
54	排气凸轮轴位置传感器电源电压	71	未用
55	排气凸轮轴位置传感器低电平参考电压	72	气缸 1 喷油器高电压控制
56～58	未用	73	接地
59	凸轮轴同步器 W 回路低电平参考电压		

二、2.4L（LUK）发动机电控单元端子功能说明

2.4L（LUK）发动机电控单元端子识别见图 10-5-2，端子功能说明见表 10-5-2。

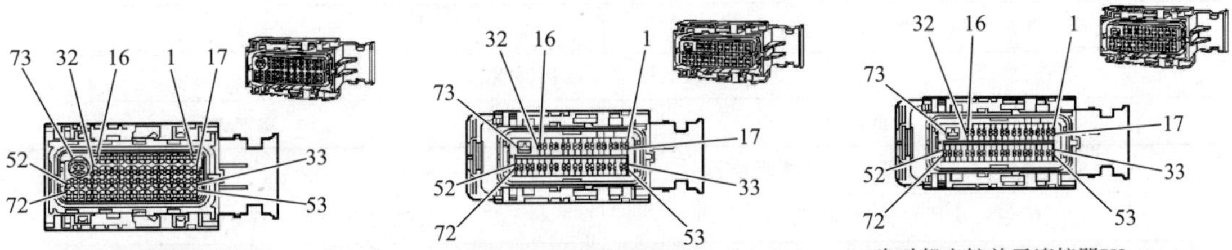

发动机电控单元连接器X1　发动机电控单元连接器X2　发动机电控单元连接器X3

图 10-5-2　2.4L（LUK）发动机电控单元端子识别

表 10-5-2　2.4L（LUK）发动机电控单元端子功能说明

发动机电控单元连接器 X1			
端子	功能说明	端子	功能说明
1～5	未用	23、24	未用
6	空调制冷剂压力传感器信号	25	主燃油油位传感器信号
7、8	未用	26	燃油油位传感器低电平参考电压
9	燃油油箱压力传感器信号	27～29	未用
10	燃油油箱压力传感器 5V 参考电压	30	加速踏板位置低电平参考电压
11～13	未用	31	未用
14	加速踏板位置传感器 5V 参考电压 1	32	空调压缩机离合器继电器控制
15	加速踏板位置传感器 1 信号	33	加速踏板位置 5V 参考电压 2
16～20	未用	34	加速踏板位置信号 2
21	5V 参考信号 1	35	未用
22	空调制冷剂压力传感器低电平参考电压	36	串行通信电路高速数据总线（＋）

续表

发动机电控单元连接器 X1			
端子	功能说明	端子	功能说明
37	串行通信电路高速数据总线(－)	56	空气喷射反应器电磁阀继电器线圈控制
38	未用	57	定速巡航/电子节气门控制/变矩器离合器制动系统
39	串行通信电路高速数据总线(＋)		
40	串行通信电路高速数据总线(－)	58	未用
41	未用	59	发动机冷却风扇低速继电器控制
42	发动机冷却风扇高速继电器控制	60、61	未用
43	未用	62	动力传动系统主继电器熔丝电源 2
44	燃油泵主继电器控制	63	起动机启用继电器控制
45	未用	64、65	未用
46	发动机故障指示灯控制	66	燃油蒸发排放炭罐通风电磁阀控制
47～50	未用	67～69	未用
51	RUN/START 点火 1 电压信号	70	附件唤醒串行数据
52	蓄电池正极电压	71	未用
53	加速踏板位置低电平参考电压 2	72	动力传动继电器线圈控制
54	未用	73	点火 1 电压
55	空气喷射反应器泵继电器线圈控制		

发动机电控单元连接器 X2			
端子	功能说明	端子	功能说明
1	空气喷射反应器泵压力传感器信号	33	未用
2	空气喷射反应器泵传感器电源电压	34	节气门位置传感器 5V 参考电压
3	低电平参考电压	35	未用
4～9	未用	36	爆震传感器 1 信号
10	氧传感器 1 高电平信号	37～40	未用
11	未用	41	氧传感器 1 加热器低电平控制信号
12	氧传感器 2 高电平信号	42	氧传感器 2 加热器低电平控制信号
13～15	未用	43	进气歧管绝对压力传感器信号
16	节气门执行器控制关闭	44	进气歧管绝对压力传感器 5V 参考电压
17	空气喷射反应器控制阀 1 低电平参考电压	45	大气压力传感器信号
18	5V 参考电压	46	未用
19	燃油管路压力传感器信号	47	加热器继电器控制
20～25	未用	48	未用
26	氧传感器 1 低电平参考电压	49	进气温度传感器信号
27	未用	50	未用
28	氧传感器 2 低电平参考电压	51	燃油蒸发排放净化电磁阀控制
29～31	未用	52	进气流量传感器信号
32	节气门执行器控制开启	53	未用

发动机电控单元连接器 X2			
端子	功能说明	端子	功能说明
54	节气门位置传感器低电平参考电压	63	进气歧管绝对压力传感器低电平参考电压
55	未用	64～68	未用
56	爆震传感器低电平参考电压 1	69	进气温度传感器低电平参考电压
57	未用	70	节气门位置传感器信号
58	变速器 P 挡/N 挡信号	71、72	未用
59～62	未用	73	接地

发动机电控单元连接器 X3			
端子	功能说明	端子	功能说明
1～7	未用	46	气缸 2 喷油器高电压控制
8	发动机冷却液温度传感器信号	47	未用
9	机油压力开关信号	48	气缸 3 喷油器高电压控制
10	5V 参考电压	49	未用
11～15	未用	50	气缸 4 喷油器高电压控制
16	燃油泵高压执行器高电平控制	51	未用
17～23	未用	52	气缸 1 喷油器高电压控制
24	冷却液温度传感器低电平参考电压	53	进气凸轮轴位置传感器低电平参考电压
25	曲轴位置传感器低电平参考电压	54	排气凸轮轴位置传感器电源电压
26	曲轴位置传感器信号	55	排气凸轮轴位置传感器低电平参考电压
27	气缸 2 点火控制	56～58	未用
28	气缸 4 点火控制	59	凸轮轴同步器 W 回路低电平参考电压
29	气缸 3 点火控制	60	凸轮轴同步器 X 回路低电平参考电压
30	气缸 1 点火控制	61～65	未用
31	点火控制低电平参考电压	66	气缸 2 喷油器高电压电源
32	燃油泵高压执行器低电平信号控制	67	未用
33	进气凸轮轴位置传感器 1	68	气缸 3 喷油器高电压电压
34	5V 参考电压	69	未用
35	排气凸轮轴位置传感器	70	气缸 4 喷油器高电压电源
36～38	未用	71	未用
39	进气凸轮轴同步器电磁阀 1	72	气缸 1 喷油器高电压控制
40	排气凸轮轴同步器电磁阀 1	73	接地
41～45	未用		

第六节　LACROSS（君越）3.6L 轿车（2010～2015 年款）

发动机电控单元安装位置见图 10-6-1，端子识别见图 10-6-2，端子功能说明见表 10-6-1。

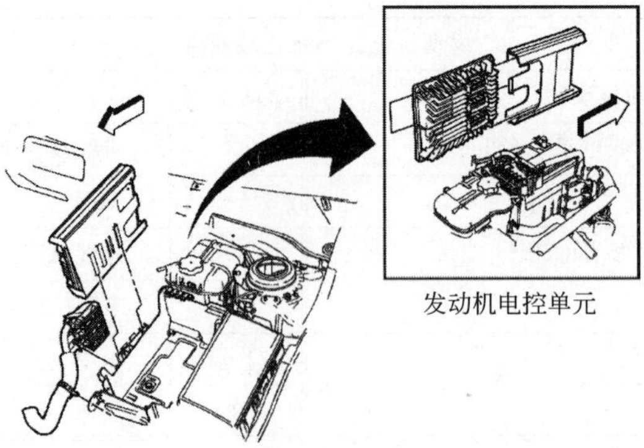

图 10-6-1　发动机电控单元安装位置

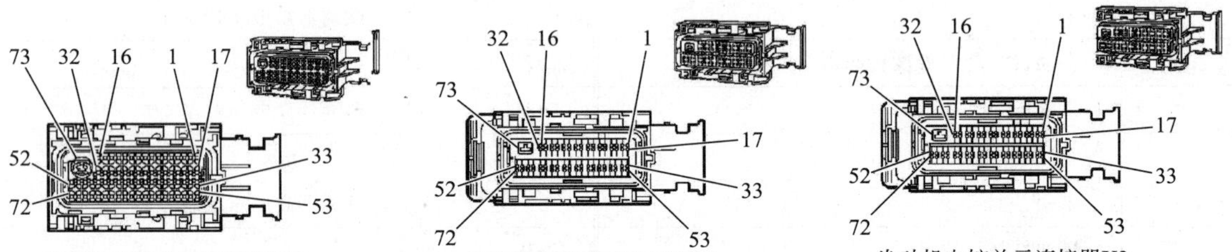

发动机电控单元连接器X1　发动机电控单元连接器X2　发动机电控单元连接器X3

图 10-6-2　发动机电控单元端子识别

表 10-6-1　发动机电控单元端子功能说明

发动机电控单元连接器 X1			
端子	功能说明	端子	功能说明
1～3	未用	27	燃油箱压力传感器-副
4	气压传感器信号	28、29	未用
5	5V 参考电压 1	30	加速踏板位置传感器低参考信号
6	空调制冷剂压力传感器信号	31	未用
7、8	未用	32	空调压缩机离合器继电器控制
9	燃油箱压力传感器信号	33	5V 参考电压 3
10	5V 参考电压 1	34	加速踏板位置传感器 2 信号
11～13	未用	35～37	未用
14	5V 参考电压 4	38	燃油温度/成分信号
15	加速踏板位置传感器 1 信号	39	GMLAN 串行数据总线高速通信＋
16～19	未用	40	GMLAN 串行数据总线高速通信－
20	低参考信号	41	未用
21	5V 参考电压 1	42	冷却风扇高速继电器
22	空调制冷剂压力传感器低参考信号	43	未用
23、24	未用	44	燃油泵继电器控制－主
25	燃油箱压力传感器-主	45	未用
26	燃油油位传感器低参考信号	46	故障指示灯控制

续表

发动机电控单元连接器 X1			
端子	功能说明	端子	功能说明
47	制动位置传感器 5V 参考电压	62	动力传动系统主继电器熔丝电源 2
48	制动位置传感器信号	63	起动机继电器控制
49、50	未用	64、65	未用
51	点火 1 电压	66	燃油蒸发排放活性炭罐通风电磁阀控制
52	蓄电池正极电压	67	动力传动系统主继电器熔丝电源 3
53	加速踏板位置传感器低参考信号	68	制动位置传感器低参考信号
54～56	未用	69	未用
57	定速巡航/电子节气门控制/变矩器离合器制动信号	70	串行数据唤醒信号
		71	未用
58	未用	72	动力传动继电器控制
59	冷却风扇低速继电器	73	点火 1 电压
60、61	未用		

发动机电控单元连接器 X2			
端子	功能说明	端子	功能说明
1、2	未用	35	未用
3	低参考信号	36	爆震传感器 1 信号
4～9	未用	37	爆震传感器 2 信号
10	氧传感器高电平信号(气缸列 1,传感器 1)	38～40	未用
11	氧传感器高电平信号(气缸列 2,传感器 1)	41	氧传感器加热器低电平控制(气缸列 1,传感器 1)
12	氧传感器高电平信号(气缸列 1,传感器 2)		
13	氧传感器高电平信号(气缸列 2,传感器 2)	42	氧传感器加热器低电平控制(气缸列 2,传感器 1)
14	未用		
15	湿度传感器信号	43	进气歧管绝对压力传感器信号
16	节气门执行器控制关闭	44	5V 参考电压 3
17	未用	45、46	未用
18	5V 参考电压 1	47	制动位置传感器低参考信号
19	燃油分配管压力传感器信号	48	制动位置传感器信号
20～25	未用	49	进气温度传感器信号
26	氧传感器低电平参考信号(气缸列 1,传感器 1)	50	未用
27	氧传感器低电平参考信号(气缸列 2,传感器 1)	51	燃油蒸发排放活性炭罐净化电磁阀
28	氧传感器低电平信号(气缸列 1,传感器 2)	52	进气流量传感器
29	氧传感器低电平信号(气缸列 2,传感器 2)	53	充电指示灯
30、31	未用	54	节气门位置传感器低参考信号
32	节气门执行器控制开启	55	发电机磁场占空比信号
33	未用	56	爆震传感器 1 低参考信号
34	节气门位置传感器 5V 参考电压 4	57	爆震传感器 2 低参考信号

续表

发动机电控单元连接器X2			
端子	功能说明	端子	功能说明
58	驻车/空挡信号	63	进气歧管绝对压力传感器低参考信号
59～60	未用	64～67	未用
61	氧传感器加热器低电平控制(气缸列2,传感器1)	68	制动位置传感器5V参考电压
		69	进气温度传感器低参考信号
62	氧传感器加热器低电平控制(气缸列2,传感器2)	70～72	未用
		73	接地

发动机电控单元连接器X3			
端子	功能说明	端子	功能说明
1～7	未用	42	排气凸轮轴执行器电磁阀控制(气缸列2)
8	发动机冷却液温度传感器信号	43～45	未用
9	机油压力传感器信号	46	直接喷射喷油器高电压控制-气缸4
10	曲轴位置传感器参考电压	47	直接喷射喷油器高电压控制-气缸5
11、12	未用	48	直接喷射喷油器高电压控制-气缸2
13	点火线圈6控制	49	未用
14	点火线圈5控制	50	直接喷射喷油器高电压控制-气缸3
15	气缸列2点火控制低参考信号	51	直接喷射喷油器高电压控制-气缸6
16	高压燃油泵执行器高电平控制	52	直接喷射喷油器高电压控制-气缸1
17～23	未用	53	进气凸轮轴位置传感器低参考信号
24	冷却液温度传感器低参考信号	54	5V参考电压1
25	曲轴位置传感器低参考信号	55	排气凸轮轴位置传感器低参考信号1
26	曲轴位置传感器信号	56	进气凸轮轴位置传感器低参考信号2
27	点火线圈4控制	57	排气凸轮轴位置传感器5V参考电压1
28	点火线圈3控制	58	排气凸轮轴位置传感器低参考信号2
29	点火线圈2控制	59	凸轮轴同步器W回路低电平参考电压
30	点火线圈1控制	60	凸轮轴同步器X回路低电平参考电压
31	气缸列1点火控制低参考信号	61	凸轮轴同步器Y回路低电平参考电压
32	高压燃油泵执行器低电平控制	62	凸轮轴同步器Z回路低电平参考电压
33	进气凸轮轴位置传感器信号(气缸列1)	63～65	未用
34	5V参考电压1	66	喷油器4电源
35	排气凸轮轴位置传感器信号(气缸列1)	67	喷油器5电源
36	进气凸轮轴位置传感器信号(气缸列2)	68	喷油器2电源
37	进气凸轮轴位置传感器5V参考电压1	69	未用
38	排气凸轮轴位置传感器信号(气缸列2)	70	喷油器3电源
39	进气凸轮轴同步器电磁阀1	71	喷油器6电源
40	排气凸轮轴同步器电磁阀1	72	喷油器1电源
41	进气凸轮轴执行器电磁阀控制(气缸列2)	73	接地

第十一章

CHEVOLET（雪佛兰）车系

第一节　CAMARO（科迈罗）3.6L 轿车

一、发动机电控单元端子功能说明

发动机电控单元安装位置见图 11-1-1，端子识别见图 11-1-2，端子功能说明参见表 11-1-1。

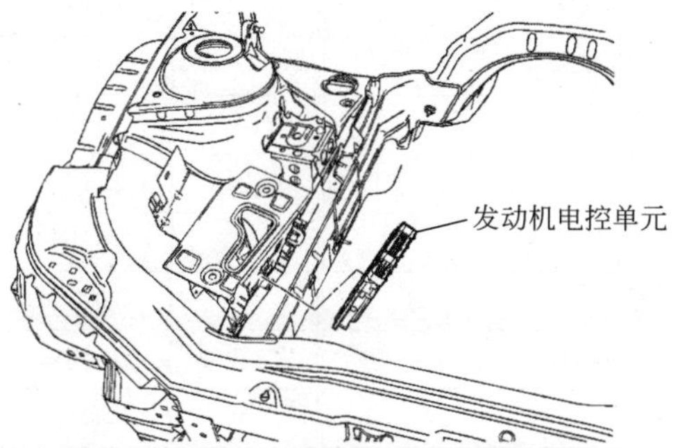

图 11-1-1　发动机电控单元安装位置

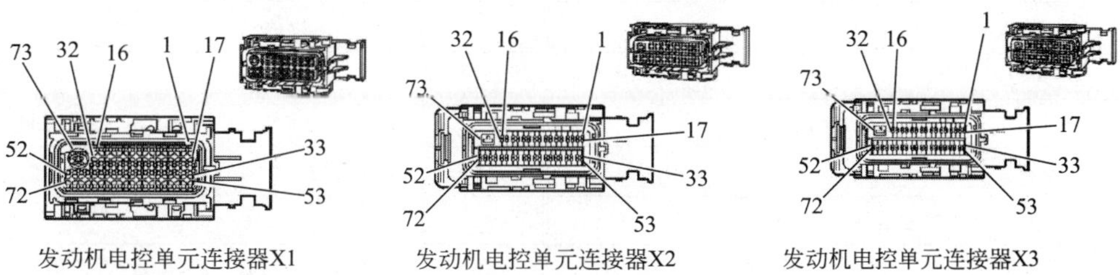

图 11-1-2　发动机电控单元端子识别

表 11-1-1　发动机电控单元端子功能说明

发动机电控单元连接器 X1			
端子	功能说明	端子	功能说明
1～3	未用	7、8	未用
4	大气压力传感器	9	燃油油箱压力传感器信号
5	5V 参考信号 1	10	5V 参考信号 1
6	空调制冷剂压力传感器信号	11～13	未用

续表

发动机电控单元连接器 X1			
端子	功能说明	端子	功能说明
14	加速踏板位置5V参考信号4	45	未用
15	加速踏板位置传感器1信号	46	CHECK ENGINE(检查发动机)故障指示灯控制
16～20	未用	47	制动踏板位置传感器5V参考信号1
21	5V参考信号1	48	制动踏板位置传感器信号
22	空调制冷剂压力传感器低参考信号	49、50	未用
23、24	未用	51	RUN/CRANK点火1电压信号
25	主燃油油位传感器信号	52	蓄电池正极电压信号
26	燃油油位传感器低参考信号	53	加速踏板位置低参考信号2
27	副燃油油位传感器信号	54～56	未用
28、29	未用	57	制动信号
30	加速踏板位置低参考信号1	58	未用
31	未用	59	发动机冷却风扇低速继电器控制
32	空调压缩机离合器继电器控制	60、61	未用
33	加速踏板位置5V参考信号3	62	动力传动主继电器供电2
34	加速踏板位置信号2	63	起动机继电器控制
35～37	未用	64、65	未用
38	未用	66	燃油蒸发排放炭罐通风电磁阀控制
39	串行通信电路高速数据总线(+)1	67	动力传动主继电器供电3
40	串行通信电路高速数据总线(−)1	68、69	未用
41	未用	70	附件唤醒串行数据
42	发动机冷却风扇高速继电器控制	71	未用
43	未用	72	动力传动继电器控制
44	燃油泵继电器控制	73	点火1电压

发动机电控单元连接器 X2			
端子	功能说明	端子	功能说明
1、2	未用	16	节气门执行器控制关闭信号
3	传感器低参考信号	17	未用
4～7	未用	18	燃油管路压力传感器5V参考信号1
8	涡轮转速高输入信号	19	燃油管路压力传感器信号
9	变速器机油温度传感器信号	20～22	未用
10	气缸列1氧传感器1高电平信号	23	倒挡开关信号
11	气缸列2氧传感器1高电平信号	24、25	未用
12	气缸列1氧传感器2高电平信号	26	气缸列1氧传感器1低电平信号
13	气缸列2氧传感器2高电平信号	27	气缸列2氧传感器1低电平信号
14	未用	28	气缸列1氧传感器2低电平信号
15	进气空气湿度传感器信号	29	气缸列2氧传感器2低电平信号

续表

发动机电控单元连接器 X2			
端子	功能说明	端子	功能说明
30、31	未用	52	质量空气流量传感器信号
32	节气门执行器控制电机控制开启信号	53	充电指示器控制
33	未用	54	节气门位置传感器低参考信号
34	节气门位置传感器 5V 参考信号 4	55	发电机磁场占空比信号
35	未用	56	爆震传感器 1 低参考信号
36	爆震传感器 1 信号	57	爆震传感器 2 低参考信号
37	爆震传感器 2 信号	58	变速器 P 挡/N 挡信号
38～40	未用	59、60	未用
41	气缸列 1 氧传感器 1 加热器低控制信号	61	气缸列 2 氧传感器 1 加热器低控制信号
42	气缸列 1 氧传感器 2 加热器低控制信号	62	气缸列 2 氧传感器 2 加热器低控制信号
43	进气歧管绝对压力传感器信号	63	进气歧管绝对压力传感器低参考信号
44	进气歧管绝对压力传感器 5V 参考信号 3	64～68	未用
45～48	未用	69	进气温度传感器低参考信号
49	进气温度传感器信号	70	节气门位置传感器信号
50	未用	71、72	未用
51	燃油蒸发排放净化电磁阀控制	73	接地

发动机电控单元连接器 X3			
端子	功能说明	端子	功能说明
1	机油压力传感器信号	29	气缸 2 点火控制
2	5V 参考信号 1	30	气缸 1 点火控制
3～7	未用	31	低参考信号
8	发动机冷却液温度传感器信号	32	燃油泵高压执行器低信号控制
9	未用	33	进气凸轮轴位置传感器 1
10	曲轴位置传感器电压	34	5V 参考信号 1
11、12	未用	35	排气凸轮轴位置传感器 1
13	气缸 6 点火控制	36	进气凸轮轴位置传感器 2
14	气缸 5 点火控制	37	进气凸轮轴位置传感器 5V 参考信号 1
15	气缸列 2 点火控制低参考信号	38	排气凸轮轴位置传感器 2
16	燃油泵高压执行器电磁阀控制	39	进气凸轮轴相位电磁阀 1
17	低参考信号	40	排气凸轮轴相位电磁阀 1
18～23	未用	41	进气凸轮轴相位电磁阀 2
24	发动机冷却液温度传感器低参考信号	42	排气凸轮轴相位电磁阀 2
25	曲轴位置传感器低参考信号	43～45	未用
26	曲轴位置传感器信号	46	气缸 4 燃油直喷高电压控制
27	气缸 4 点火控制	47	气缸 5 燃油直喷高电压控制
28	气缸 3 点火控制	48	气缸 2 燃油直喷高电压控制

续表

发动机电控单元连接器 X3			
端子	功能说明	端子	功能说明
49	未用	61	凸轮相位 Y 回路低参考信号
50	气缸 3 燃油直喷高电压控制	62	凸轮相位 Z 回路低参考信号
51	气缸 6 燃油直喷高电压控制	63～65	未用
52	气缸 1 燃油直喷高电压控制	66	气缸 4 燃油直喷高电压供电
53	进气凸轮轴位置传感器低参考信号 1	67	气缸 5 燃油直喷高电压供电
54	5V 参考信号 1	68	气缸 2 燃油直喷高电压供电
55	排气凸轮轴位置传感器低参考信号 1	69	未用
56	进气凸轮轴位置传感器低参考信号 2	70	气缸 3 燃油直喷高电压供电
57	排气凸轮轴位置传感器 5V 参考信号 1	71	气缸 6 燃油直喷高电压供电
58	排气凸轮轴位置传感器低参考信号 2	72	气缸 1 燃油直喷高电压供电
59	凸轮相位 W 回路低参考信号	73	信号接地
60	凸轮相位 X 回路低参考信号		

二、ABS 制动系统电控单元端子功能说明

ABS 电控单元端子识别见图 11-1-3，端子功能说明见表 11-1-2。

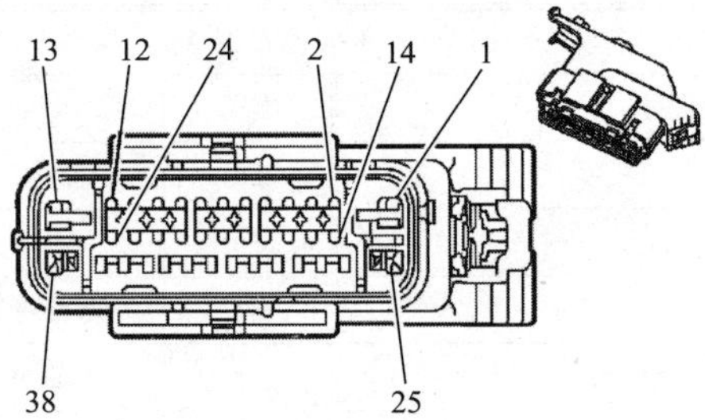

图 11-1-3　ABS 电控单元端子识别

表 11-1-2　ABS 电控单元端子功能说明

端子	功能说明	端子	功能说明
1	蓄电池正极电压	16、17	未用
2～4	未用	18	右前轮速传感器信号
5	制动液液位传感器信号	19	右后轮速传感器信号
6	低参考信号	20	低参考信号
7	未用	21	左前轮速传感器信号
8	可变阻尼控制开关信号	22、23	未用
9～12	未用	24	GMLAN 串行数据总线高速通信电路(－)
13	接地	25	蓄电池正极电压
14	GMLAN 串行数据总线高速通信电路(－)	26	GMLAN 串行数据总线高速通信电路(＋)
15	GMLAN 串行数据总线高速通信电路(－)	27	GMLAN 串行数据总线高速通信电路(＋)

续表

端子	功能说明	端子	功能说明
28～30	未用	35	通信许可信号
31	低参考信号	36	真空辅助泵继电器控制
32	12V 参考电压	37	GMLAN 串行数据总线高速通信电路(+)
33	左后轮速传感器信号	38	接地
34	低参考信号		

三、空调电控单元端子功能说明

空调电控单元端子识别见图 11-1-4，端子功能说明见表 11-1-3。

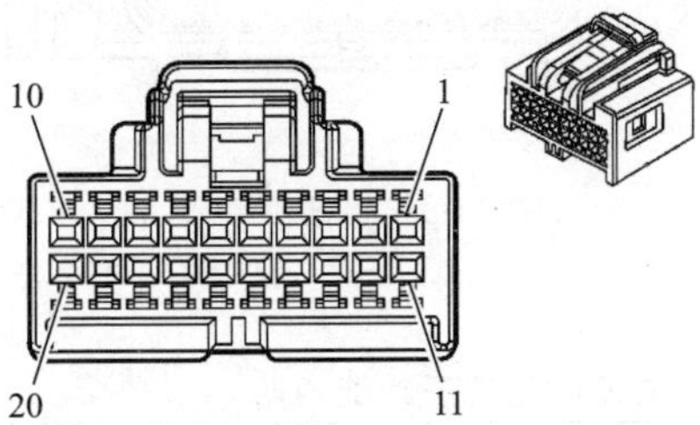

空调电控单元连接器X1

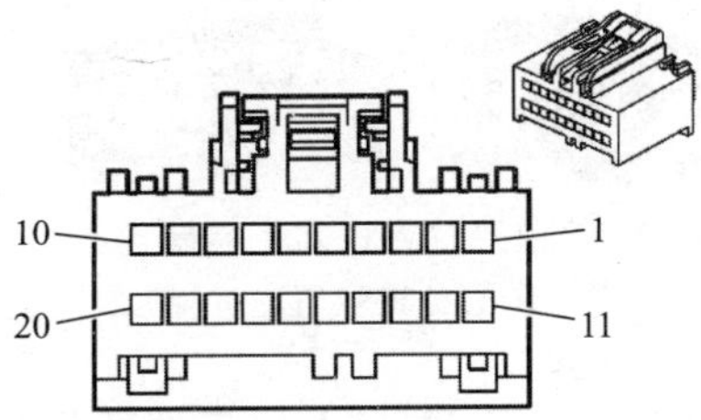

空调电控单元连接器X2

图 11-1-4　空调电控单元端子识别

表 11-1-3　空调电控单元端子功能说明

空调电控单元连接器 X1			
端子	功能说明	端子	功能说明
1	蓄电池正极电压	9	点火电压
2	GMLAN 串行数据低速通信电路	10～14	未用
3	未用	15	鼓风机电机转速控制
4	线性互联网络 9	16～18	未用
5～7	未用	19	后部除霜器继电器控制
8	接地	20	未用
空调电控单元连接器 X2			
端子	功能说明	端子	功能说明
1	未用	12	温度风门步进电机控制 2
2	空调模式风门步进电机控制 3	13	温度风门步进电机控制 3
3	空调模式风门步进电机控制 1	14	温度风门步进电机控制 4
4	空调模式风门步进电机控制 4	15	空调电机供电
5	空调模式风门步进电机控制 2	16	进气风门步进电机控制 1
6～8	未用	17	进气风门步进电机控制 2
9	低参考信号	18	进气风门步进电机控制 3
10	未用	19	进气风门步进电机控制 4
11	温度风门步进电机控制 1	20	蒸发器芯温度传感器信号

四、前照灯光束水平调节电控单元端子功能说明

前照灯光束水平调节电控单元安装位置见图 11-1-5，端子识别见图 11-1-6，端子功能说明见表 11-1-4。

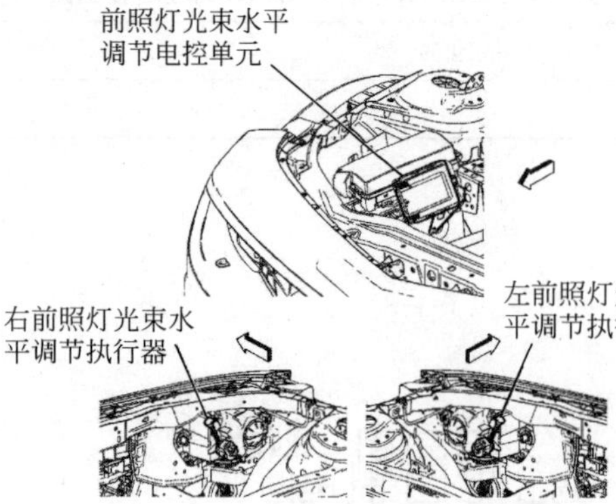

图 11-1-5　前照灯光束水平调节电控单元安装位置

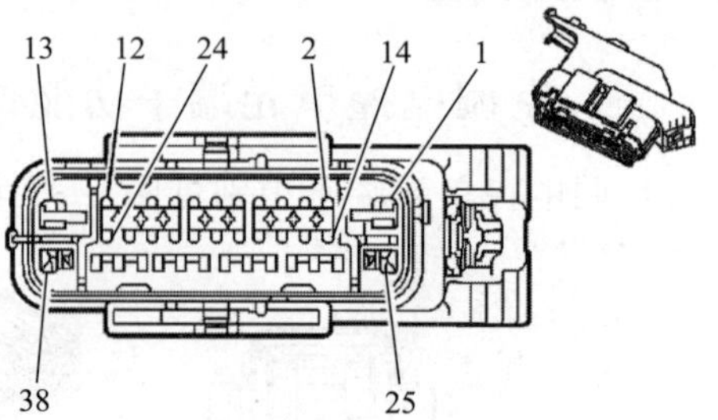

图 11-1-6　前照灯光束水平调节电控单元端子识别

表 11-1-4　前照灯光束水平调节电控单元端子功能说明

端子	功能说明	端子	功能说明
1	蓄电池正极电压	19	GMLAN 串行数据高速通信电路(－)
2	左前照灯光束水平调节电机 2	20	GMLAN 串行数据高速通信电路(＋)
3	左前照灯光束水平调节电机 1	21～23	未用
4	左前照灯光束水平调节电机 3	24	右前照灯光束水平调节电机 2
5	左前照灯光束水平调节电机回路	25	接地
6	未用	26～27	未用
7	GMLAN 串行数据高速通信电路(－)	28	右前悬架滑柱位置传感器电压
8	GMLAN 串行数据高速通信电路(＋)	29	低参考信号
9	未用	30	右前悬架滑柱位置传感器信号
10	右前照灯光束水平调节电机 1	31	左后悬架滑柱位置传感器信号
11	右前照灯光束水平调节电机 3	32	低参考信号
12	右前照灯光束水平调节电机 4	33	左后悬架滑柱位置传感器电压
13	未用	34	串行数据通信启用
14	左前照灯光束水平调节电机 4	35	右前照灯光束水平调节电机回路
15～18	未用	36～38	未用

第二节　CAPTIVA（科帕奇）2.4L 轿车（2012～2015 年款）

发动机电控单元安装位置及端子识别见图 11-2-1，端子功能说明见表 11-2-1。

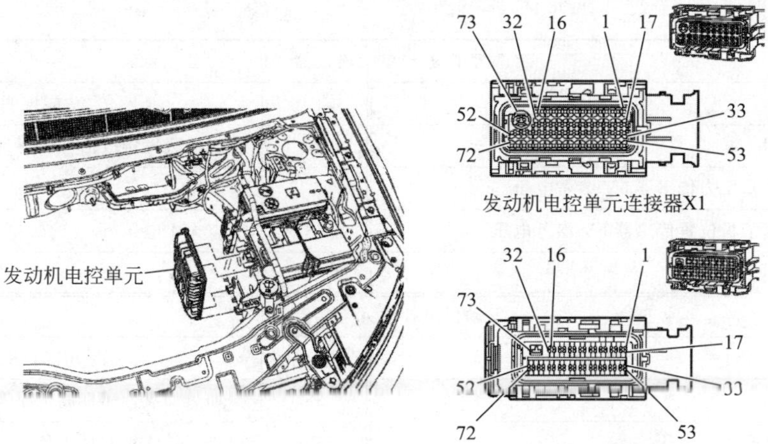

发动机电控单元连接器X2

图 11-2-1 发动机电控单元安装位置及端子识别

表 11-2-1 发动机电控单元端子功能说明

发动机电控单元连接器 X1			
端子	功能说明	端子	功能说明
1	加速踏板位置传感器 1 信号	32	起动机启用继电器控制
2	未用	33	未用
3	附件电压	34	车速传感器低电平信号
4	未用	35、36	未用
5	冷却风扇低速继电器控制	37	空气流量传感器信号
6	燃油泵继电器(主)	38	未用
7～10	未用	39	燃油油位传感器信号
11	离合器位置传感器回路(手动变速器车型)	40	未用
12	未用	41	低电平参考信号
13	动力传动继电器控制	42	燃油箱压力传感器信号
14～17	未用	43	GMLAN 串行数据高速通信电路(＋)
18	加速踏板位置传感器 2 信号	44	GMLAN 串行数据高速通信电路(－)
19	点火 1 电压	45	离合器位置传感器供电(手动变速器车型)
20	蓄电池正极电压	46	未用
21	低电平参考电压	47	加速踏板位置传感器 5V 参考电压
22、23	未用	48～53	未用
24	低电平参考电压	54	车速传感器高电平信号
25	空调制冷剂压力传感器信号	55	制动灯供电
26	未用	56	未用
27	故障指示灯控制	57	离合器空挡启动信号
28、29	未用	58	进气温度传感器信号
30	空调压缩机离合器继电器控制	59、60	未用
31	未用	61	离合器位置传感器信号(手动变速器车型)

发动机电控单元连接器 X1			
端子	功能说明	端子	功能说明
62～65	未用	70	燃油蒸发排放活性炭罐通风电磁阀控制
66	燃油箱压力传感器 5V 参考电压	71、72	未用
67	加速踏板位置传感器 5V 参考电压	73	点火 1 电压
68、69	未用		

发动机电控单元连接器 X2			
端子	功能说明	端子	功能说明
1～3	未用	38	加热型氧传感器高电平参考电压，传感器 2
4	低电平参考电压	39	进气歧管绝对压力传感器信号
5	低电平参考电压	40	低电平参考电压
6	喷油器 1 控制	41	低电平参考电压
7	喷油器 3 控制	42	低电平参考电压
8	喷油器 4 控制	43	发电机磁场占空比信号
9	低电平参考电压	44	未用
10	喷油器 2 控制	45	曲轴位置传感器信号
11、12	未用	46	进气凸轮轴位置传感器
13	5V 参考电压	47	排气凸轮轴位置传感器
14	排气凸轮电磁阀控制	48	加热型氧传感器低电平参考电压，传感器 1
15	进气凸轮电磁阀控制	49	低电平参考电压
16	节气门执行器控制电机控制 1	50	爆震传感器回路
17～19	未用	51	爆震传感器信号
20	进气凸轮轴位置传感器低电平参考电压	52	未用
21	排气凸轮轴位置传感器低电平参考电压	53	5V 参考电压
22	点火线圈 1 控制	54	5V 参考电压
23	点火线圈 3 控制	55、56	未用
24	点火线圈 4 控制	57	节气门位置传感器 1 信号
25	未用	58	发动机冷却液温度传感器信号
26	点火线圈 2 控制	59	节气门位置传感器 2 信号
27～29	未用	60	进气凸轮电磁阀回路
30	燃油蒸发排放活性炭罐清污电磁阀控制	61	排气凸轮电磁阀回路
31	发电机接通信号	62～64	未用
32	节气门执行器控制电机控制 2	65	加热型氧传感器加热器低电平控制，传感器 1
33	进气凸轮轴位置传感器参考电压 1	66	加热型氧传感器加热器低电平控制，传感器 2
34	排气凸轮轴位置传感器参考电压 1	67	机油压力开关信号
35	5V 参考电压	68	加热型氧传感器加热器低电平控制，传感器 1
36	未用	69～72	未用
37	加热型氧传感器低电平参考电压，传感器 1	73	信号接地

第三节　AVEO（爱唯欧）轿车（2012～2015 年款）

一、1.4L 发动机电控单元端子功能说明

1.4L 发动机电控单元端子识别见图 11-3-1，端子功能说明见表 11-3-1。

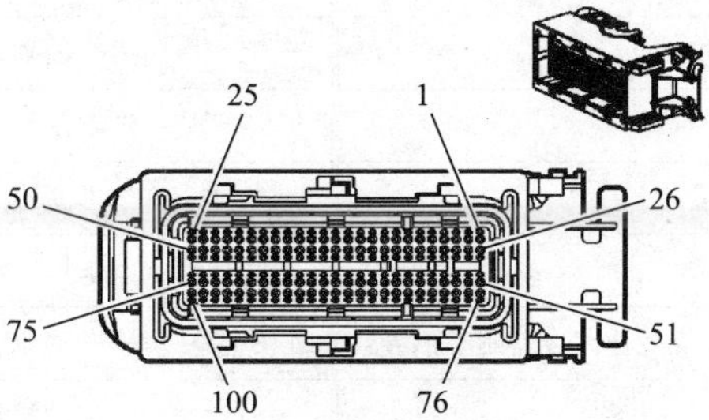

图 11-3-1　1.4L 发动机电控单元端子识别

表 11-3-1　1.4L 发动机电控单元端子功能说明

端子	功能说明	端子	功能说明
1	点火控制 3	25	动力系统主继电器保险丝电源 2
2	点火控制 2	26	点火控制 1
3	点火控制 4	27	接地
4	接地	28	接地
5	凸轮轴凸轮 X 信号	29	接地
6	未用	30	曲轴 60X 传感器信号
7	进气温度传感器信号	31	未用
8	废气再循环位置传感器信号	32	加速踏板位置信号 1
9	未用	33	未用
10	加热型氧传感器低电平信号，传感器 2	34	加速踏板位置信号 2
11	进气歧管绝对压力传感器信号	35	未用
12	低电平参考电压	36	空调制冷剂压力传感器信号
13	5V 参考电压	37	主燃油油位传感器信号
14	低电平参考电压	38	未用
15	低电平参考电压	39	冷却液温度传感器信号
16	5V 参考电压	40	加热型氧传感器高电平信号，传感器 1
17	蓄电池正极电压	41	机油压力开关信号
18	曲轴 60X 传感器电压	42	加热型氧传感器低电平信号，传感器 1
19	低电平参考电压	43	5V 参考电压
20	加热型氧传感器高电平信号，传感器 2	44	低电平参考电压
21	5V 参考电压	45	低电平参考电压
22、23	未用	46	5V 参考电压
24	节气门执行器控制关闭	47	运行/启动点火 1 电压

端子	功能说明
48	附件唤醒串行数据
49	节气门执行器控制打开
50	动力系统主继电器保险丝电源 1
51	高速冷却风扇继电器控制
52	低速冷却风扇继电器控制
53	未用
54	高速 GMLAN 串行数据(＋)
55	高速 GMLAN 串行数据(－)
56	巡航/电子节气门控制/变矩器离合器制动信号
57～62	未用
63	变速器驻车挡/空挡信号/倒挡开关信号
64	离合器踏板位置开关预期信号
65	节气门位置传感器信号 2
66	节气门位置传感器信号 1
67	凸轮轴凸轮 X 接地
68	未用
69	低电平参考电压
70	发电机磁场占空比信号
71	爆震传感器信号 1
72	低电平参考电压
73	未用
74	接地
75	接地
76	延迟停用控制
77	空调压缩机离合器继电器控制
78	喷油器控制 2
79	喷油器控制 3
80	喷油器控制 1
81	喷油器控制 4
82	未用
83	可变进气歧管位置信号
84、85	未用
86	燃油泵主继电器控制
87	起动机继电器线圈控制
88	加热型氧传感器加热器低电平控制，传感器 1
89	未用
90	加热型氧传感器加热器低电平控制，传感器 2
91	未用
92	检查发动机指示器控制
93	蒸发排放炭罐通风电磁阀控制
94	动力系统继电器线圈控制
95	蒸发排放炭罐清洗电磁阀控制
96、97	未用
98	废气再循环电磁阀线圈控制 1
99	未用
100	发电机接通信号

二、1.6L 发动机电控单元端子功能说明

1.6L 发动机电控单元安装位置及端子识别见图 11-3-2，端子功能说明见表 11-3-2。

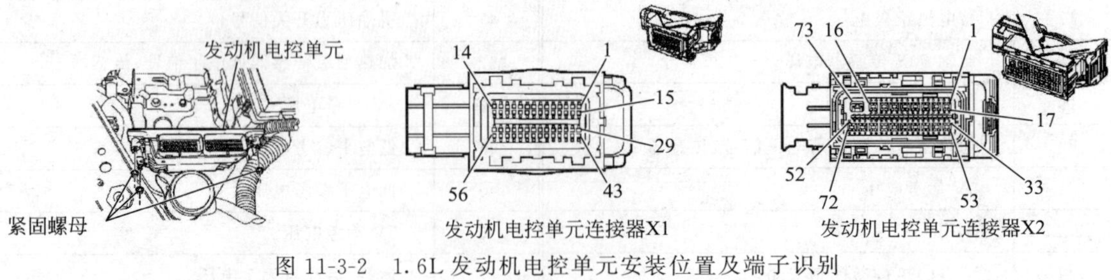

图 11-3-2　1.6L 发动机电控单元安装位置及端子识别

表 11-3-2　1.6L 发动机电控单元端子功能说明

发动机电控单元连接器 X1			
端子	功能说明	端子	功能说明
1	检查发动机指示器控制	29	起动机继电器线圈控制
2	燃油泵主继电器控制	30～32	未用
3	动力系统主继电器保险丝电源	33	5V 参考电压
4	空调压缩机离合器继电器控制	34、35	未用
5	5V 参考电压	36	附件唤醒串行数据
6～9	未用	37	未用
10	高速 GMLAN 串行数据(＋)	38	低电平参考电压
11	高速 GMLAN 串行数据(－)	39	未用
12	蓄电池正极电压	40	加速踏板位置信号 1
13	未用	41	空调制冷剂压力传感器信号
14	运行/启动点火 1 电压	42	加速踏板位置信号 2
15	高速冷却风扇继电器控制	43	发动机冷却系统节温器控制
16	动力系统继电器线圈控制	44	低速冷却风扇继电器控制
17、18	未用	45	低电平参考电压
19	5V 参考电压	46	低电平参考电压
20	低电平参考电压	47～49	未用
21	低电平参考电压	50	离合器踏板位置开关预期信号
22、23	未用	51	质量空气流量传感器信号
24	低电平参考电压	52	主燃油油位传感器信号
25	巡航/电子节气门控制/变矩器离合器制动信号	53	冷却液温度传感器＃2 信号
26	变速器驻车挡/空挡信号 1	54	进气温度传感器信号
27	未用	55、56	未用
28	倒挡开关信号		

发动机电控单元连接器 X2			
端子	功能说明	端子	功能说明
1	发电机接通信号	13	低电平参考电压
2	未用	14	排气凸轮轴同步器电磁阀 1
3	加热型氧传感器高电平信号,传感器 2	15	低电平参考电压
4	加热型氧传感器高电平信号,传感器 1	16	喷油器控制 2
5	节气门位置传感器信号 1	17	未用
6、7	未用	18	曲轴 60X 传感器电压
8	进气歧管绝对压力传感器信号	19	未用
9	节气门位置传感器信号 2	20	加热型氧传感器低电平信号,传感器 1
10	加热型氧传感器低电平信号,传感器 2	21	发电机磁场占空比信号
11	凸轮轴凸轮 X 信号	22、23	未用
12	喷油器控制 4	24	机油压力开关信号

续表

发动机电控单元连接器 X2			
端子	功能说明	端子	功能说明
25	冷却液温度传感器信号	52	加热型氧传感器加热器低电平控制,传感器 2
26	曲轴 60X 传感器信号	53	未用
27	凸轮轴凸轮 W 信号	54	凸轮轴凸轮 W 电源电压
28～31	未用	55	低电平参考电压
32	凸轮轴同步器进气电磁阀 1	56	5V 参考电压
33	凸轮轴凸轮 X 电源电压	57～59	未用
34	未用	60	低电平参考电压
35	爆震传感器信号 1	61	未用
36	5V 参考电压	62	低电平参考电压
37、38	未用	63	未用
39	凸轮轴凸轮 X 接地	64	低电平参考电压
40	凸轮轴凸轮 W 接地	65	未用
41～43	未用	66	蒸发排放炭罐吹洗电磁阀控制
44	进气歧管控制 1	67	未用
45	低电平参考电压	68	节气门执行器控制关闭
46	点火控制 4	69	节气门执行器控制打开
47	点火控制 2	70	点火控制 1
48	未用	71	点火控制 3
49	低电平参考电压	72	加热型氧传感器加热器低电平控制,传感器 1
50	喷油器控制 1	73	接地
51	喷油器控制 3		

三、ABS 制动系统电控单元端子功能说明

ABS 电控单元端子识别见图 11-3-3，端子功能说明见表 11-3-3。

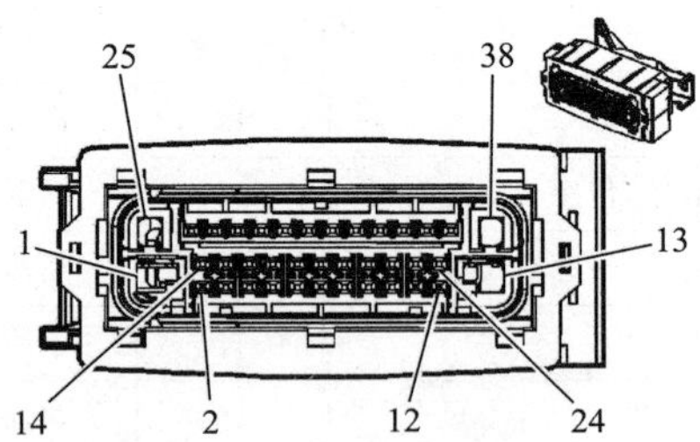

图 11-3-3　ABS 电控单元端子识别

表 11-3-3　ABS 电控单元端子功能说明

端子	功能说明	端子	功能说明
1	蓄电池正极电压	4	组合式车辆惯性传感器电源电压
2、3	未用	5～11	未用

续表

端子	功能说明	端子	功能说明
12	高速 GMLAN 串行数据(+)	25	蓄电池正极电压
13	接地	26	高速 GMLAN 串行数据(+)
14	高速 GMLAN 串行数据(—)	27、28	未用
15～17	未用	29	串行数据通信启用
18	右前轮转速传感器信号	30	未用
19	右后轮转速传感器信号	31	低电平参考电压
20	低电平参考电压	32	低电平参考电压
21	低电平参考电压	33	左后轮转速传感器信号
22	制动液液位传感器信号	34	左前轮转速传感器信号
23	未用	35～37	未用
24	高速 GMLAN 串行数据(—)	38	接地

第四节　SAIL（赛欧）轿车（2010～2015 年款）

一、1.2L（LMU）发动机电控单元端子功能说明

1.2L（LMU）发动机端子识别见图 11-4-1，端子功能说明见表 11-4-1。

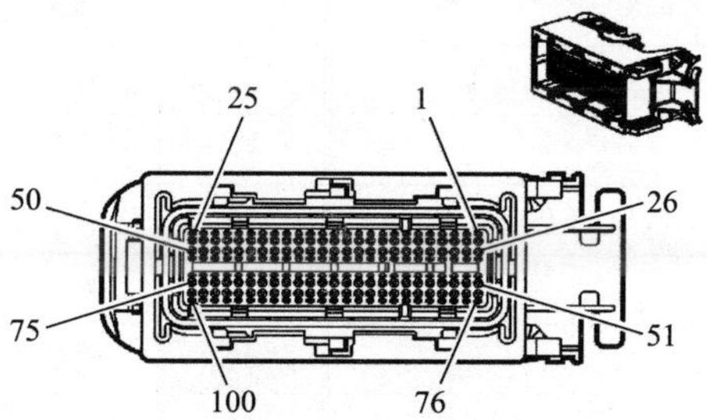

图 11-4-1　1.2L（LMU）发动机电控单元端子识别

表 11-4-1　1.2L（LMU）发动机电控单元端子功能说明

端子	功能说明	端子	功能说明
1	点火线圈控制	11	低电平参考电压
2	点火线圈控制	12	节气门执行器电机控制 1
3	点火线圈控制	13	节气门执行器电机控制 2
4	接地	14	节气门执行器电机控制 1
5	凸轮轴位置信号	15	低电平参考电压
6	未用	16	5V 参考电压
7	进气温度传感器信号	17	蓄电池正极电压
8	废气再循环位置传感器信号	18	未用
9	未用	19	低电平参考电压
10	加热型氧传感器高电平信号，传感器 2	20	加热型氧传感器低电平信号

续表

端子	功能说明	端子	功能说明
21	5V参考电压	58、59	未用
22、23	未用	60	空调压力开关信号
24	5V参考电压	61	动力转向压力传感器信号
25	电磁阀控制	62	未用
26	点火线圈控制	63	节气门执行器电机控制 1
27	接地	64	未用
28	接地	65	节气门位置传感器 2 信号
29	接地	66	节气门位置传感器 1 信号
30	曲轴位置传感器信号	67	未用
31	低电平参考电压	68	车速传感器信号
32	加速踏板位置传感器 1 信号	69	低电平参考电压
33	低电平参考电压	70	发电机磁场占空比信号
34	加速踏板位置传感器 2 信号	71	爆震传感器 2 信号
35、36	未用	72	爆震传感器信号
37	燃油油位传感器信号	73	未用
38	空调制冷剂温度过高型号	74	接地
39	冷却液温度传感器信号	75	接地
40	加热型氧传感器高电平信号，传感器 1	76	质量空气流量传感器信号
41	未用	77	空调压缩机离合器继电器控制
42	加热型氧传感器低电平信号，传感器 1	78	喷油器控制 3
43	5V 参考电压	79	喷油器控制 2
44	低电平参考电压	80	喷油器控制 4
45	低电平参考电压	81	喷油器控制 1
46	5V 参考电压	82、83	未用
47	运行/启动点火 1 电压	84	车载旅程电脑/导航 Class 2 串行数据
48	附件电压	85	发动机冷却液温度传感器信号
49	节气门执行器电机控制 1	86	燃油泵继电器控制
50	电磁阀控制	87	未用
51	高速冷却风扇继电器控制	88	加热型氧传感器加热器低电平控制，传感器 1
52	低速冷却风扇继电器控制	89	电磁阀控制
53	制动灯开关信号或制动灯电源电压	90	加热型氧传感器加热器低电平控制，传感器 2
54	高速 GMLAN 串行数据(＋)	91	燃油油位传感器信号
55	高速 GMLAN 串行数据(－)	92	CHECK ENGINE(检查发动机)指示灯控制
56	制动灯开关信号	93	未用
57	发动机/收音机串行数据 K 电路	94	主继电器线圈控制

续表

端子	功能说明	端子	功能说明
95	蒸发排放炭罐清洗电磁阀控制	98	废气再循环电磁阀供电
96	未用	99、100	未用
97	发动机转速信号		

二、EV GN0 电动发动机电控单元端子功能说明

EV GN0 电动发动机电控单元端子识别见图 11-4-2，端子功能说明见表 11-4-2。

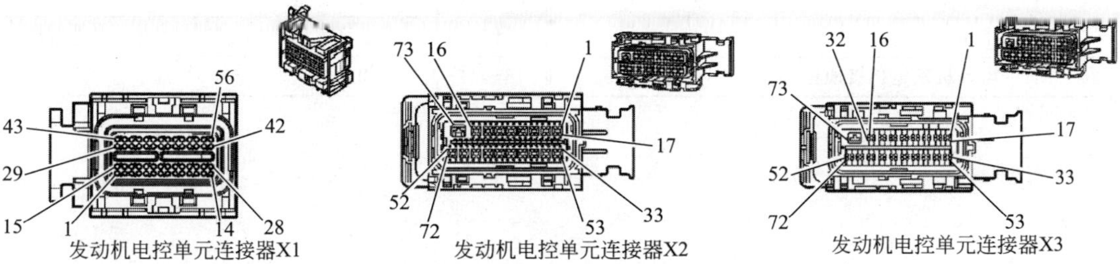

图 11-4-2　EV GN0 电动发动机电控单元端子识别

表 11-4-2　EV GN0 电动发动机电控单元端子功能说明

发动机电控单元连接器 X1			
端子	功能说明	端子	功能说明
1	高速 GMLAN 串行数据(+)1	26	5V 参考电压
2	加速踏板位置信号 2	27、28	未用
3	未用	29	高速 GMLAN 串行数据(+)1
4	电动机发电机低电平控制信号	30	低电平参考电压
5～9	未用	31、32	未用
10	加速踏板位置信号 1	33	定速巡航/电子节气门控制/变矩器离合器制动信号
11	未用		
12	空调制冷剂压力传感器信号	34	电动机发电机低电平控制信号
13	低电平参考电压	35～37	未用
14	未用	38	低电平参考信号
15	高速 GMLAN 串行数据(−)1	39	未用
16	5V 参考电压	40	发动机主继电器控制
17	未用	41	冷却风扇转速信号
18	附近唤醒串行数据	42	未用
19	RUN/START 点火 1 电压	43	高速 GMLAN 串行数据(−)1
20	蓄电池正极电压	44～46	未用
21～23	未用	47	充电指示灯控制
24	5V 参考电压	48～56	未用
25	未用		

发动机电控单元连接器 X2			
端子	功能说明	端子	功能说明
1～27	未用	28	动力系统主继电器保险丝电源

续表

发动机电控单元连接器 X2			
端子	功能说明	端子	功能说明
29、30	未用	32～72	未用
31	电动机发电机低电平控制信号	73	接地

发动机电控单元连接器 X3			
端子	功能说明	端子	功能说明
1	电动机发电机低电平控制信号	21～30	未用
2～16	未用	31	电动机发电机温度信号高电平参考电压
17	充电指示灯控制反馈信号	32～46	未用
18、19	未用	47	电动机发电机温度信号低电平参考电压
20	电动机发电机接地信号	48～73	未用

第十二章

CADILLAC（凯迪拉克）车系

第一节 ESCALADE（凯雷德）6.2L轿车（2012～2015年款）

一、发动机电控单元端子功能说明

发动机电控单元端子识别见图12-1-1，端子功能说明见表12-1-1。

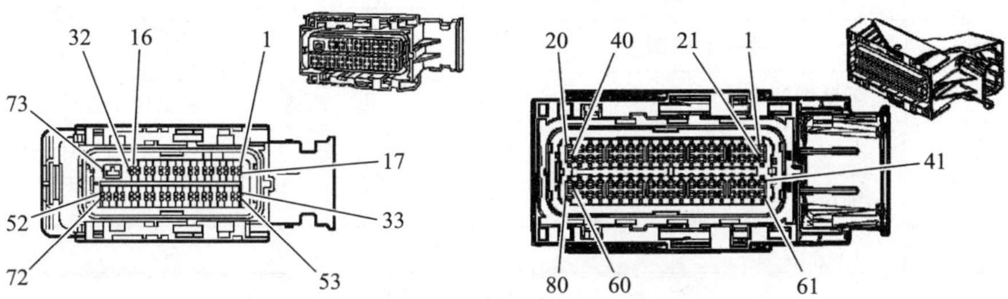

发动机电控单元连接器X1　　发动机电控单元连接器X2

图12-1-1　发动机电控单元端子识别

表12-1-1　发动机电控单元端子功能说明

发动机电控单元连接器X1					
端子	线束颜色	功能	针脚	线束颜色	功能
1	橙/黑	驻车/空挡信号	19	粉红	点火电压
2～8	—	未用	20	红/白	蓄电池正极电压
9	蓝/白	制动开关信号	21、22	—	未用
10	紫/白	气缸列1，氧传感器2高电平信号	23	紫	低参考电压
11	棕黄/白	气缸列1，氧传感器2低电平信号	24	深绿	燃油箱压力传感器信号
12	橙/黑	空调制冷剂压力传感器信号	25、26	—	未用
13	棕黄	低参考电压	27	棕黄	高速GMLAN串行数据总线－
14	紫/白	曲轴位置传感器低电平信号	28	棕黄/黑	高速GMLAN串行数据总线＋
15	—	未用	29	深蓝	加速踏板位置传感器1信号
16	紫	燃油油位传感器信号	30	棕	低参考电压
17	深蓝/白	冷却风扇高速继电器控制	31	棕黄/黑	低参考电压
18	深蓝	附件唤醒串行数据	32	浅蓝	加速踏板位置传感器2信号

发动机电控单元连接器 X1

针脚	线束颜色	功能	针脚	线束颜色	功能
33	灰	5V 参考电压	57	黄/黑	车速信号
34	灰/白	5V 参考电压	58	深绿	冷却风扇低速继电器控制
35	—	未用	59	黄	动力传动系统继电器线圈控制
36	棕黄	5V 参考电压	60	—	未用
37	棕黄/黑	进气温度传感器信号	61	白	燃油蒸发排放活性炭罐通风电磁阀控制
38	棕黄	低参考电压	62	—	未用
39、40	—	未用	63	深绿/白	空调压缩机离合器继电器控制
41	黄	空气质量流量传感器信号	64	橙/白	气缸列 2，氧传感器 2 加热器低电平控制
42～46	—	未用	65	灰/白	气缸列 2，氧传感器 1 加热器低电平控制
47	粉红/黑	点火电压	66、67	—	未用
48	白/黑	曲轴位置传感器高电平信号	68	棕/白	故障指示灯控制
49	棕黄	气缸列 2，氧传感器 2 低电平信号	69	紫	气缸列 2，氧传感器 2 高电平信号
50	深绿/白	主燃油泵继电器控制	70	浅蓝	辅助燃油油位传感器信号
51	棕黄	辅助燃油泵继电器控制	71	橙/黑	变速器输出转速信号
52	黄/黑	起动机启用继电器控制	72	浅绿/黑	信号回路
53～55	—	未用	73	黑/白	接地
56	白/黑	5V 参考电压			

发动机电控单元连接器 X2

针脚	线束颜色	功能	针脚	线束颜色	功能
1	—	未用	15	—	未用
2	紫/白	5V 参考电压	16	紫	凸轮轴执行器电磁阀控制
3	灰	5V 参考电压	17	深蓝/白	喷油器 8 控制
4	—	未用	18	棕黄/白	喷油器 5 控制
5	棕	节气门执行器控制电机控制 2	19	黄/黑	喷油器 6 控制
6	黄	节气门执行器控制电机控制 1	20	棕黄	喷油器 1 控制
7	—	未用	21	黄	发动机冷却液温度传感器信号
8	深绿/白	燃油蒸发排放活性炭罐清污电磁阀控制	22	棕黄	低参考电压
			23～25	—	未用
9	灰	气缸断缸电磁阀控制 3	26	深蓝	爆震传感器 1 信号
10	深蓝	气缸断缸电磁阀控制 1	27	灰	低参考电压
11	橙	气缸断缸电磁阀控制 4	28	—	未用
12	灰/白	气缸列 1，氧传感器 1 加热器低电平控制	29	浅蓝	爆震传感器 2 信号
			30	灰	低参考电压
13	浅绿	气缸列 2，氧传感器 1 加热器低电平控制	31	—	未用
14	浅绿/黑	气缸断缸电磁阀控制 2	32	灰	发电机磁场占空比信号

发动机电控单元连接器 X2					
针脚	线束颜色	功能	针脚	线束颜色	功能
33	棕	机油油位开关信号	60	棕黄	气缸列 2,氧传感器 1 低电平信号
34	黑	低参考电压	61	棕	充电指示灯控制/充电指示灯信号
35	棕黄	低参考电压	62	—	未用
36	—	未用	63	紫	节气门位置传感器 2 信号
37	浅绿/黑	喷油器 2 控制	64	深蓝/白	凸轮轴位置传感器信号
38	粉红/黑	喷油器 3 控制	65	深绿	节气门位置传感器 1 信号
39	浅蓝/黑	喷油器 4 控制	66	棕	低参考电压
40	橙/黑	喷油器 7 控制	67	—	未用
41	灰	5V 参考电压	68	白/黑	曲轴位置传感器信号
42	—	未用	69	灰/黑	低参考电压
43	灰	5V 参考电压	70	紫	点火线圈 1 控制
44	灰	5V 参考电压	71	紫/白	点火线圈 8 控制
45～49	—	未用	72	橙	点火线圈 7 控制
50	棕黄/白	机油压力传感器信号	73	橙/白	点火线圈 2 控制
51	—	未用	74	浅蓝/白	点火线圈 6 控制
52	棕黄	低参考电压	75	深绿	点火线圈 5 控制
53	橙/黑	低参考电压	76	深绿/白	点火线圈 4 控制
54、55	—	未用	77	浅蓝	点火线圈 3 控制
56	棕黄	气缸列 1,氧传感器 1 低电平信号	78	棕	低参考电压
57	紫/白	气缸列 1,氧传感器 1 高电平信号	79	棕/白	低参考电压
58	浅绿	进气歧管绝对压力传感器	80	—	未用
59	紫	气缸列 2,氧传感器 1 高电平信号			

二、悬架电控单元端子功能说明

悬架电控单元端子识别见图 12-1-2，端子功能说明见表 12-1-2 。

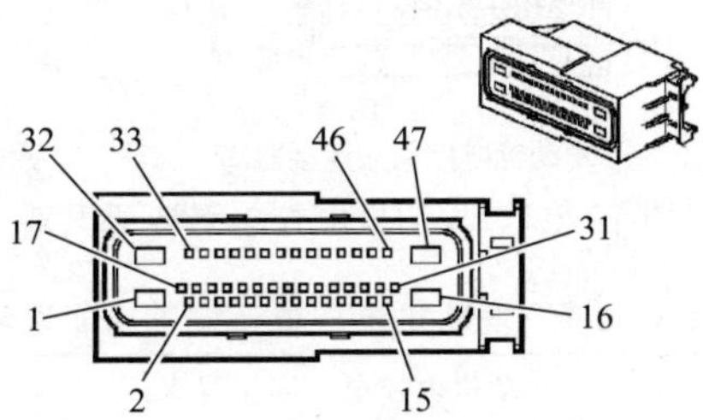

图 12-1-2　悬架电控单元端子识别

表 12-1-2　悬架电控单元端子功能说明

端子	线束颜色	功能	端子	线束颜色	功能
1	—	未用	2	紫/白	5V 参考电压

端子	线束颜色	功能	端子	线束颜色	功能
3	紫	5V参考电压	27	浅蓝/黑	低参考电压
4	橙	5V参考电压	28	深绿	低参考电压
5	橙/黑	5V参考电压	29	灰/黑	低参考电压
6	灰	5V参考电压	30	灰	低参考电压
7	—	未用	31	浅蓝	串行数据通信
8	白	车身自动调平控制排气电磁阀	32	红/黑	蓄电池正极电压
9	浅蓝/白	减振继电器控制	33	浅绿/白	左后悬架位置传感器信号
10	—	未用	34	棕黄	实时减振空气压力传感器信号
11	浅绿/黑	低参考电压	35～38	—	未用
12	棕	低参考电压	39	棕黄	高速GMLAN串行数据总线－
13～16	—	未用	40	棕黄/黑	高速GMLAN串行数据总线＋
17	棕黄/白	左前悬架位置传感器信号	41	浅蓝/黑	低参考电压
18	棕黄	右前悬架位置传感器信号	42	深蓝/黑	右后减振器控制
19	浅绿/白	右后悬架位置传感器信号	43	深蓝/白	左后减振器控制
20～23	—	未用	44	深绿	低参考电压
24	棕黄	高速GMLAN串行数据总线－	45	浅蓝/黑	右前减振器控制
25	棕黄/黑	高速GMLAN串行数据总线＋	46	浅蓝/白	左前减振器控制
26	浅蓝/黑	低参考电压	47	黑	接地

第二节　SRX3.6L轿车（2012～2015年款）

发动机电控单元端子识别见图12-2-1，端子功能说明见表12-2-1。

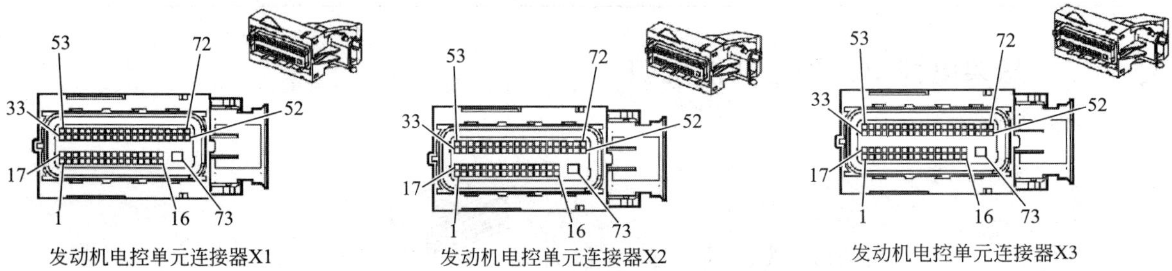

图12-2-1　发动机电控单元端子识别

表12-2-1　发动机电控单元端子功能说明

发动机电控单元连接器X1			
端子	功能说明	端子	功能说明
1～3	未用	6	空调制冷剂压力传感器信号
4	压力信号	7、8	未用
5	低参考信号	9	燃油箱压力传感器信号

续表

发动机电控单元连接器 X1			
端子	功能说明	端子	功能说明
10	5V 参考电压 1	43	未用
11～13	未用	44	燃油泵继电器控制
14	5V 参考电压 4	45	未用
15	加速踏板位置传感器 1 信号	46	故障指示灯控制
16～19	未用	47～50	未用
20	参考电压	51	点火电压
21	5V 参考电压 1	52	蓄电池正极电压
22	低参考信号	53	低参考信号
23、24	未用	54～56	未用
25	燃油箱压力传感器－主	57	制动踏板开关信号
26	低参考信号	58	未用
27	燃油箱压力传感器－副	59	冷却风扇低速继电器
28、29	未用	60、61	未用
30	低参考信号	62	点火电压
31、32	未用	63	起动机继电器控制
33	5V 参考电压 3	64、65	未用
34	加速踏板位置传感器 2 信号	66	燃油蒸发排放活性炭罐通风电磁阀控制
35～37	未用	67	点火电压
38	未用	68、69	未用
39	GMLAN 串行数据总线高速通信＋	70	串行数据唤醒信号
40	GMLAN 串行数据总线高速通信－	71	未用
41	未用	72	动力传动继电器控制
42	冷却风扇高速继电器	73	点火电压

发动机电控单元连接器 X2			
端子	功能说明	端子	功能说明
1、2	未用	17	未用
3	低参考信号	18	5V 参考电压 1
4～9	未用	19	燃油分配管压力传感器信号
10	氧传感器参考电压(气缸列 1，传感器 1)	20～25	未用
11	氧传感器参考电压(气缸列 2，传感器 1)	26	氧传感器低电平参考信号(气缸列 1，传感器 1)
12	氧传感器高电平信号(气缸列 1，传感器 2)	27	氧传感器低电平参考信号(气缸列 2，传感器 1)
13	氧传感器高电平信号(气缸列 2，传感器 2)	28	氧传感器低电平信号(气缸列 1，传感器 2)
14	5V 参考电压 2	29	氧传感器低电平信号(气缸列 2，传感器 2)
15	未用	30、31	未用
16	节气门控制电机 2	32	节气门控制电机 1

续表

发动机电控单元连接器 X2			
端子	功能说明	端子	功能说明
33	节气门位置传感器 1 信号	53	充电指示灯
34	5V 参考电压 4	54	低参考信号
35	节气门位置传感器 2 信号	55	发电机磁场占空比信号
36	爆震传感器 1 信号	56	爆震传感器 1 信号
37	爆震传感器 2 信号	57	爆震传感器 2 信号
38～40	未用	58	驻车/空挡信号
41	氧传感器加热器低电平控制(气缸列 1,传感器 1)	59、60	未用
42	氧传感器加热器低电平控制(气缸列 2,传感器 1)	61	氧传感器加热器低电平控制(气缸列 2,传感器 1)
43	进气歧管绝对压力传感器信号	62	氧传感器加热器低电平控制(气缸列 2,传感器 2)
44	5V 参考电压 1	63	低参考信号
45～48	未用	64～68	未用
49	进气温度传感器信号	69	低参考信号
50	制动助力真空传感器信号	70～72	未用
51	燃油蒸发排放活性炭罐净化电磁阀	73	接地
52	进气流量传感器		

发动机电控单元连接器 X3			
端子	功能说明	端子	功能说明
1～7	未用	32	高压燃油泵执行器低电平控制
8	发动机冷却液温度传感器信号	33	进气凸轮轴位置传感器信号(气缸列 1)
9	机油压力开关信号	34	5V 参考电压 1
10	5V 参考电压 2	35	排气凸轮轴位置传感器信号(气缸列 1)
11、12	未用	36	进气凸轮轴位置传感器信号(气缸列 2)
13	点火线圈 6 控制	37	5V 参考电压 1
14	点火线圈 5 控制	38	排气凸轮轴位置传感器信号(气缸列 2)
15	低参考信号	39	进气凸轮轴执行器电磁阀控制(气缸列 1)
16	高压燃油泵执行器高电平控制	40	排气凸轮轴执行器电磁阀控制(气缸列 1)
17～22	未用	41	进气凸轮轴执行器电磁阀控制(气缸列 2)
23	低参考信号	42	排气凸轮轴执行器电磁阀控制(气缸列 2)
24	低参考信号	43～45	未用
25	低参考信号	46	喷油器 4
26	曲轴位置传感器信号	47	喷油器 5
27	点火线圈 4 控制	48	喷油器 2
28	点火线圈 3 控制	49	未用
29	点火线圈 2 控制	50	喷油器 3
30	点火线圈 1 控制	51	喷油器 6
31	低参考信号	52	喷油器 1

发动机电控单元连接器 X3			
端子	功能说明	端子	功能说明
53	低参考信号	63～65	未用
54	5V 参考电压 1	66	喷油器 4
55	低参考信号	67	喷油器 5
56	低参考信号	68	喷油器 2
57	5V 参考电压 1	69	未用
58	低参考信号	70	喷油器 3
59	低参考信号	71	喷油器 6
60	低参考信号	72	喷油器 1
61	低参考信号	73	接地
62	低参考信号		

第三节　CTS 轿车（2012～2015 年款）

发动机电控单元安装位置见图 12-3-1，端子识别见图 12-3-2，端子功能说明见表 12-3-1。

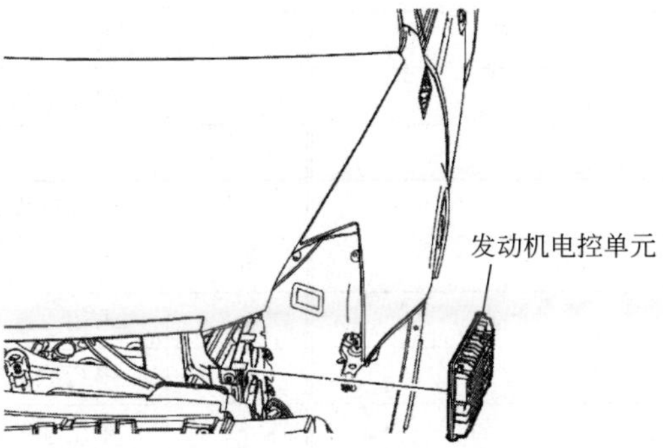

图 12-3-1　发动机电控单元安装位置

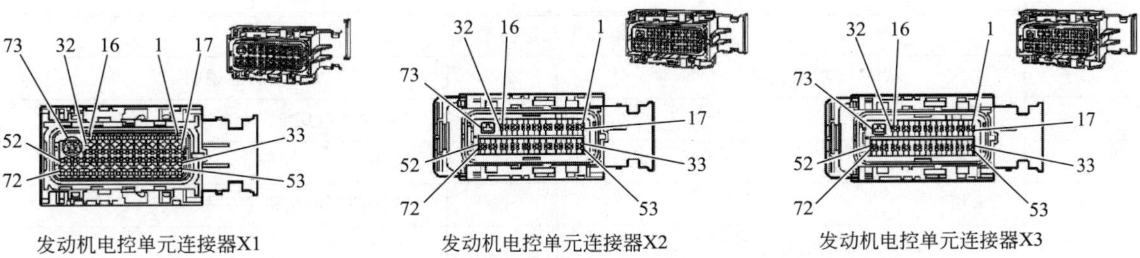

图 12-3-2　发动机电控单元端子识别

表 12-3-1　发动机电控单元端子功能说明

发动机电控单元连接器 X1			
端子	功能说明	端子	功能说明
1～3	未用	4	进气绝对压力信号

续表

发动机电控单元连接器 X1			
端子	功能说明	端子	功能说明
5	5V 参考电压 1	41	未用
6	空调制冷剂压力传感器信号	42	冷却风扇高速继电器
7、8	未用	43	未用
9	燃油箱压力传感器信号	44	燃油泵继电器控制一主
10	5V 参考电压 1	45	未用
11～13	未用	46	故障指示灯控制
14	5V 参考电压 4	47～50	未用
15	加速踏板位置传感器 1 信号	51	点火 1 电压
16～19	未用	52	蓄电池正极电压
20	低参考信号	53	低参考信号
21	5V 参考电压 1	54～56	未用
22	低参考信号	57	制动灯开关信号
23、24	未用	58	未用
25	燃油箱压力传感器一主	59	冷却风扇低速继电器
26	低参考信号	60、61	未用
27	燃油箱压力传感器一副	62	点火电压
28、29	未用	63	起动机继电器控制
30	低参考信号	64、65	未用
31	未用	66	燃油蒸发排放活性炭罐通风电磁阀控制
32	空调压缩机离合器继电器控制	67	点火 1 电压
33	5V 参考电压 3	68、69	未用
34	加速踏板位置传感器 2 信号	70	串行数据唤醒信号
35～38	未用	71	未用
39	GMLAN 串行数据总线高速通信＋	72	动力传动继电器控制
40	GMLAN 串行数据总线高速通信－	73	动力传动继电器供电

发动机电控单元连接器 X2			
端子	功能说明	端子	功能说明
1、2	未用	14	5V 参考电压 2
3	低参考信号	15	未用
4～7	未用	16	节气门控制电机 2
8	车速传感器高电平信号	17	未用
9	未用	18	5V 参考电压 1
10	氧传感器参考电压(气缸列 1,传感器 1)	19	燃油分配管压力传感器信号
11	氧传感器参考电压(气缸列 2,传感器 1)	20～22	未用
12	氧传感器高电平信号(气缸列 1,传感器 2)	23	倒车灯开关信号
13	氧传感器高电平信号(气缸列 2,传感器 2)	24、25	未用

续表

发动机电控单元连接器 X2			
端子	功能说明	端子	功能说明
26	氧传感器低电平参考信号(气缸列 1,传感器 1)	50	未用
27	氧传感器低电平参考信号(气缸列 2,传感器 1)	51	燃油蒸发排放活性炭罐净化电磁阀
28	氧传感器低电平信号(气缸列 1,传感器 2)	52	进气流量传感器
29	氧传感器低电平信号(气缸列 2,传感器 2)	53	充电指示灯
30、31	未用	54	低参考信号
32	节气门控制电机 1	55	发电机磁场占空比信号
33	节气门位置传感器 1 信号	56	低参考信号
34	5V 参考电压 4	57	低参考信号
35	节气门位置传感器 2 信号	58	驻车/空挡信号
36	爆震传感器 1 信号	59、60	未用
37	爆震传感器 2 信号	61	氧传感器加热器低电平控制(气缸列 2,传感器 1)
38～40	未用	62	氧传感器加热器低电平控制(气缸列 2,传感器 2)
41	氧传感器加热器低电平控制(气缸列 1,传感器 1)	63	低参考信号
42	氧传感器加热器低电平控制(气缸列 2,传感器 1)	64～68	未用
43	进气歧管绝对压力传感器信号	69	低参考信号
44	5V 参考电压 3	70～72	未用
45～48	未用	73	接地
49	进气温度传感器信号		

发动机电控单元连接器 X3			
端子	功能说明	端子	功能说明
1	机油压力传感器信号	27	点火线圈 4 控制
2	5V 参考电压 1	28	点火线圈 3 控制
3～7	未用	29	点火线圈 2 控制
8	发动机冷却液温度传感器信号	30	点火线圈 1 控制
9	未用	31	低参考信号
10	5V 参考电压 2	32	高压燃油泵执行器低电平控制
11、12	未用	33	进气凸轮轴位置传感器信号(气缸列 1)
13	点火线圈 6 控制	34	5V 参考电压 1
14	点火线圈 5 控制	35	排气凸轮轴位置传感器信号(气缸列 1)
15	低参考信号	36	进气凸轮轴位置传感器信号(气缸列 2)
16	高压燃油泵执行器高电平控制	37	5V 参考电压 1
17	低参考信号	38	排气凸轮轴位置传感器信号(气缸列 2)
18～23	未用	39	低参考信号
24	低参考信号	40	低参考信号
25	低参考信号	41	进气凸轮轴执行器电磁阀控制(气缸列 2)
26	曲轴位置传感器信号	42	排气凸轮轴执行器电磁阀控制(气缸列 2)

发动机电控单元连接器 X3			
端子	功能说明	端子	功能说明
43～45	未用	59	低参考信号
46	低参考信号	60	低参考信号
47	低参考信号	61	低参考信号
48	低参考信号	62	低参考信号
49	未用	63～65	未用
50	低参考信号	66	喷油器 4
51	低参考信号	67	喷油器 5
52	低参考信号	68	喷油器 2
53	低参考信号	69	未用
54	5V 参考电压 1	70	喷油器 3
55	低参考信号	71	喷油器 6
56	低参考信号	72	喷油器 1
57	5V 参考电压 1	73	接地
58	低参考信号		